KB084010

엘리자베스 홀리

* 이 책의 한국어판 저작권은 EYA(Eric Yang Agency)를 통한
Rocky Mountain Books 사와의 독점계약으로 '하루재클럽'이 소유합니다.
저작권법에 의하여 한국 내에서 보호를 받는 저작물이므로
무단전재 및 복제를 금합니다.

* 이 도서의 국립중앙도서관 출판예정도서목록(CIP)은
서지정보유통지원시스템 홈페이지(http://seoji.nl.go.kr)와
국가자료공동목록시스템(http://www.nl.go.kr/kolisnet)에서
이용하실 수 있습니다.(CIP제어번호: CIP2016021267)

히말라야의 영원한 등반 기록가

엘리자베스 홀리

버나데트 맥도널드 지음
에드먼드 힐러리 경 서문
송은희 옮김

하루재클럽

히말라야의 영원한 등반 기록가

엘리자베스 홀리

초판 1쇄   2016년 9월 20일

지은이   버나데트 맥도널드Bernadette McDonald
옮긴이   송은희

펴낸이   변기태
펴낸곳   하루재 클럽
주소   (우) 06524 서울특별시 서초구 나루터로 15길 6(잠원동) 신사 제2빌딩 702호
전화   02-521-0067
팩스   02-565-3586
홈페이지 www.haroojae.co.kr
이메일   book@haroojae.co.kr
출판등록 제2011-000120호(2011년 4월 11일)

윤문   김동수
편집   유난영
디자인   장선숙

ISBN   978-89-967455-5-6 03900

＊ 책값은 뒤표지에 있습니다.

| 차례 |

이 글쓰기 모험을 도와 준 모든 분들에게 감사드린다. 이 출판 프로젝트에 지원과 격려를 아끼지 않은 '마운티니어스 북스'의 헬렌 체룰로, 이렇게 멋진 제목의 책을 만들어 준 '로키 마운틴 북스'의 돈 고만에게 감사드린다. '밴프 센터[1]'가 6개월간의 휴가를 주지 않았다면, 나는 이 프로젝트를 수행할 수 없었을 것이다. 이 기간 동안 자료를 조사하면서 원고의 상당 부분을 썼다. 자유롭게 일할 수 있는 기회를 준 밴프 센터의 메리 호프스태터와 흔들림 없이 지원해 준 '마운틴 컬처' 드림팀에 감사드린다.

리처드 솔즈버리는 엘리자베스 홀리와 공동 프로젝트를 진행하면서도 긴밀히 협조해 주고 의견을 제시해 줬다. 파울라 론리나는 자료 조사를 도와 줬다. 이본 딕슨은 친절하게도 녹음장비를 빌려 줬고, 맥파일은 카트만두에서 녹

---

1 캐나다 로키산맥에 위치한 밴프의 복합 문화공간이자 밴프 국제 산악영화제와 북 페스티벌이 열리는 곳

음한 오디오테이프가 최상의 음질이 될 수 있도록 도와 줬다. 프란 훈지커는 남아공 케이프타운의 자신의 뒷마당에 있는 오두막집과 함께 독일산 셰퍼드 맥스와 머피를 빌려 줬다. 프랑스의 산악인 캐서린 데스티벨은 프로방스 지방에서 가장 멋진 풍경을 볼 수 있는 작업실을 제공해 줬다. 프로젝트 초반, 찰리 휴스턴은 내가 잡아먹을 듯 덤벼드는 괴물처럼 굴지 않을 것이라며 홀리를 안심시키는 편지를 써 줬고, 힐러리 부부는 나 ― 그리고 홀리 ― 에게 이 프로젝트가 좋은 아이디어라는 확신을 심어 줬다. 브로튼 코번은 참고도서를 빌려 주면서 항상 관심을 갖고 격려해 줬다. 홀리의 조카 부부 멕과 마이클 레너드는 홀리의 어린 시절이 담긴 귀중한 편지와 사진을 한 상자나 빌려 줬다. 마리아 코피는 이전 출판 프로젝트 때 녹음한 인터뷰 테이프를 빌려 주며 지원해 줬다. 리사 최걀은 아주 유용한 이메일과 사진자료를 제공해 줬다. 엘리자베스 홀리와 직접 연락이 닿지 않을 때 팩스를 전달해 준 앙 리타에게 고마움을 표한다. 또한 초기 원고들을 아량 있게 읽어 주고 충고해 준 제프 파우터, 존 포터, 레슬리 테일러 그리고 사실 여부를 꼼꼼히 확인해 준 안느 리올에게 특별한 감사를 드린다. 이 새로운 책을 오랫동안 면밀히 살피면서 교정을 봐 준 밥 A. 셸호우트에게도 깊은 감사를 드린다.

덧붙여 홀리 여사에 대한 이야기를 들려 주기 위해 기억을 짜내 준 모든 분들에게 감사드린다. 이 책에 다 언급할 수는 없지만, 이분들과의 인터뷰가 많은 도움이 됐다. 에드먼드 힐러리, 힐러리 부인, 크리스 보닝턴, 라인홀드 메스너, 조지 밴드, 토마스 후마르, 에드 비에스터스, 장 크리스토프 라파이유, 더그 스콧, 데이비드 브리셔스, 오드리 살켈트, 톰 혼바인, 타시 텐징, 찰스 휴스턴, 로빈 휴스턴, 알린 블룸, 쿠르트 딤베르거, 레베카 슈테판, 보이텍 쿠르티카, 그렉 차일드, 존 포터, 실비오 카로, 안드레이와 마리아 스트렘펠 부부, 타베이 준코, 콘래드 앵커, 프랜시스 클라첼, 켄 윌슨, 카를로스 불러, 크리스티안 벡위스, 제프 파우터, 버나드 뉴먼, 존 로스켈리, 리처드 솔즈버리, 하리시 카파리아, 로디 아이스랜드, 타모추 오니시, 에라르 로레탕, 스티븐 베너블스, 에드 웹스터, 캐서린 데스티벨, 데이브 한, 에릭 심슨, 리사 최걀, 브로톤 콘부른, 메리 로우, 러셀 브라이스, 린지 그리핀, 헤더 맥도널드, 샤론 우드, 마이클 브라운, 멕 레너드, 마이클 레너드, 알렉스 르보프, 엘레인 킹, 리 니어림, 윌 니어림, 엘리노어 슈바르츠, 버나데트 바소, 쿤드라 디시트, 앙 리타, 리디아 브래디, 장 미셸 아셀린, 베카 바하루드타파 박사, 고팔 샤르마, 바하두르 가룽에게 감사드린다.

그리고 사진을 제공해 준 헤더 맥도널드, 멕과 마이클

레너드 부부, 엘리자베스 홀리, 리사 최걀, 콜린 몬티스, 알렉스 르보프, 에디 웹스터, 토마스 후마르, 지미 친에게 고마움을 표한다.

네팔에서 40년 넘게 살아 온 홀리의 인생은 근본적으로 등반과 관련돼 있어, 수많은 산악인들의 노력 또한 그녀의 이야기에서 중요한 역할을 차지한다. 하지만 이런 이야기의 선별 기준은 등산역사에서 그들이 차지하는 비중보다 홀리와의 관계에 맞춰져 있다. 멋진 이야기를 들려 준 모든 산악인들에게 진심으로 감사드린다. 덕분에 책의 내용이 더욱 풍성해질 수 있었다.

이 모든 작업을 진행할 수 있도록 이끌어 준 마운티니어스 북스의 크리스틴 호슬러, 작업에 많은 도움을 주고 뜻밖에도 즐거운 작업을 할 수 있게 해 준 편집장 헬렌 와이브라우 그리고 꼼꼼하게 편집해 준 브렌다 파트슬리에게 감사드린다. 열정적으로 서문을 작성해 준 에드먼드 힐러리 경, 18개월 동안 홀리 여사 이야기에 파묻혀 산 나를 지켜봐 주고 격려해 준 남편 앨런에게도 고마움을 전하고 싶다.

끝으로, 이 프로젝트에 대한 회의적인 관점을 뒤로하고, 전폭적이고 열정적으로 협조해 준 엘리자베스 홀리에게 감사의 말을 전한다. 집과 파일을 공개하고, 개인적인 자료에 접근할 수 있게 해 주고, 놀라운 유머 감각을 보이면서 기대했던 것보다 더 많은 이야기와 이미지를 제공해 주기 위해 기억의 창고 깊은 곳에서 이야기를 꺼내 줘서 고마움을 금할 수 없다. 그녀와 함께한 작업은 경험하기 힘든 영광 그 자체였다.

엘리자베스 홀리와 알고 지낸 지 어느덧 45년이 지났다. 홀리는 카트만두에 터를 잡자마자 독특하고 개성 넘치는 공동체의 일원으로서, 이제 막 새로운 시대로 접어든 도시에 색채와 활기를 더해 줬다. 이 공동체에는 네팔 관광산업의 초석을 다진 잉거Inger와 보리스 리사네비치[2]Boris Lissanevitch부부, 데스몬드 도이그, 모란Moran 신부, 바버라 애덤스[3]Barbara Adams, 지미 로버츠[4]Jimmy Roberts 같은 사람이 속해 있었다. 그리고 이들과 어깨를 나란히 하기엔 부족하지만, 나도 포함돼 있었다.

　홀리는 뉴욕에서 뉴스 자료 조사원으로 일하다가 곧 싫증을 느끼고, 세계 여행을 떠나 새로운 경험과 모험을 마음

2　러시아 태생의 발레리노. 네팔 관광산업에 초석을 깐 인물로 '야크&예티' 호텔 창업자

3　미국 태생의 기자이자 인권운동가. 마헨드라 국왕의 이복동생인 바순다라 왕자와 사실혼 관계를 유지했고, '바버라 평화재단'을 설립해 네팔 민주화와 환경, 빈민교육에 헌신했다.

4　세계 최초로 트레킹 회사를 설립한 인물

껏 즐겼다. 용감한 그녀는 도전에 직면하는 것을 꺼려 하거나, 불확실성과 위험성이 내재된 지역으로 여행하는 것을 결코 두려워하지 않았다.

세계여행을 다니던 중 홀리는 네팔의 사람들과 문화, 살아 꿈틀거리는 정치에 매료돼 이곳에 정착했다. 홀리는 알아야 할 필요가 있다고 생각하는 모든 사람들과 친하게 지냈다. 그리고 로이터 통신원이 됐을 때 카트만두와 히말라야에서 자주 일어나는 사건과 사고의 극적인 드라마를 기사로 써서 보도하기 시작했다. 홀리는 어떤 일이 일어나면 항상 폭스바겐을 타고 등장했기 때문에 사람들은 구형 폭스바겐만 봐도 그것이 홀리의 차라는 것을 알 수 있었다. 산악인은 아니었지만, 카트만두를 거쳐 가는 모든 히말라야 원정대를 인터뷰하며 그들의 모험과 성공, 혹은 실패를 기록했다. 홀리만큼 히말라야 등반에 대해 폭넓은 지식을 갖고 있는 사람은 없다. 그녀는 정말 모든 유명 산악인이 우러러보는 존재다.

홀리는 지미 로버츠 대령의 트레킹 회사 '마운틴 트래블 Mountain Travel' 설립에도 큰 역할을 했다. 대단한 여인이며, 대하기 결코 만만치 않은 상대. 어리석은 짓을 묵과하지 않고, 자신이 존경하는 사람에게만 친절하고 관대하다.

내가 '히말라야 재단Himalayan Trust'을 설립해 산속에 사는 사람들을 위한 학교와 병원을 짓기 시작했을 때, 홀리는 구세주 같은 존재였다. 그녀는 중요한 역할을 맡아 상식적으로 일을 처리했고, 탁월한 지혜로 프로그램과 재정을 관리·감독했다. 함께 일하던 셰르파 직원들도 홀리를 존중하고 존경하면서 정말 효율적인 팀워크를 발휘했다.

홀리는 히말라야 등반 기사 작성, 히말라야 재단 프로그램 운영, 네팔 뉴질랜드 명예영사 업무 등 자신이 맡은 모든 프로젝트들을 열정적으로 해냈다. 전 세계적으로 널리 존경받으면서 모든 일을 능숙하게 해내는 능률과 용기를 지닌 홀리는 많은 훈장과 상도 받았다.

나는 아주 독특하고 파란만장한 그녀의 인생이 마침내 책으로 나와 너무나 기쁘다. 그녀는 흥미로운 시대에 매력적인 장소에서 뛰어난 사람들과 한 시대를 풍미했던 인물이다.

홀리는 아주 대단하고 특별한 존재로 오랫동안 우리의 기억에 남을 것이다.

2005년, 에드먼드 힐러리

홀리의 첫 자가용 — 나무로 된 세발자전거

젊은 시적의 홀리(버몬트 여름 별장에서)

니스의 최고급 호텔 '네그레스코'
의 계단에서 친구 바버라와 함께.
1950년 10월 25일 어머니에게 보
낸 사진엽서

1975년 12월 네팔 중부의 카카니에 있는 영국 대사관 방갈로에서 칵테일 한 잔과 함께 풍경을
즐기는 모습

1964년 마헨드라 국왕 동행 취재 중 찍은 사진

젊은 시절의 홀리

1963년 10월 24일 카트만두에서 퍼레이드가 끝난 다음, 수렌드라 바하두르 샤하 장군과 담소를 나누는 모습

UPI 통신의 통신원 브홀라 라나, 폴란드의 산악인 안드레이 자바다와 함께

카트만두의 아파트 앞
에 주차된 홀리의 첫
자동차

1976년 1월 에드먼드 힐러리 경, 잉게르 리사네비치(보리스의 부인)와 함께 파플루 병원에서

1995년 3월 31일
미국 대사관의 리셉
선에서 힐러리 클린
턴 여사와 함께

1974년 부모님과
함께

1978년 '마운틴 트래블'의 송년파티에서 지미 로버츠 대령, 알 리드와 함께

발가락에 동상이 걸린 한 산악인과 인터뷰하는 모습

크리스 보닝턴과 함께

1988년 에베레스트 캉슝 벽(동벽)으로 떠나는 폴 티어, 스티븐 베너블스와 카트만두에서 인터뷰하는 모습

1996년 미국의 영화 제작자
데이비드 브리셔스, 영국의 역
사가 오드리 살켈트와 함께

1994년 8월의 홀리

1998년 어머니의 화장식에서 불을 붙이는 홀리

네팔 왕족과 인사를 나누는 홀리

2004년 카트만두에서 이탈리아의 산악인 라인홀드 메스너와 이야기를 나누는 홀리

2003년 가을 눕체 등반을 성공적으로 마친 러시아의 산악인 발레리 바바노프, 유리 코첼렌코와 함

2004년 미국의 산악인 에드 비에스터스와 이야기를 나누는 홀리

슬로베니아의 산악인 토마스 후마르로부터 꽃을 받고 있는 홀리

부엌   사무실

출입문에 있는 뉴질랜드 영사관 현판

홀리의 유명한 1963년형 하늘색 비틀

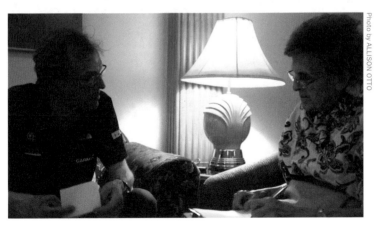

이탈리아의 산악인 시모네 모로와 이야기를 나누는 홀리

이란의 산악인 파바네흐 카제미와 인터뷰하는 홀리

2012년의 홀리

제1장

수수께끼 같은 사람

네팔에 처음 왔을 때 오래 머물 계획은 없었어요.

그냥 떠나지 않았을 뿐이죠.

- 엘리자베스 홀리 -

나는 엘리자베스 홀리Elizabeth Hawley가 히말라야의 '대모'이
자 등반 기록의 최고 권위자로 명성이 대단하다는 사실을 잘
알고 있었다. 그녀는 히말라야 등반에 있어 가장 신뢰할 수
있는 독보적인 통계자료 정보원이자, '여성 혼자 운영하는
네팔 히말라야 등반기관'이었다. 따라서 그녀에 관한 이야기
를 써 보지 않겠느냐는 마운티니어스 북스Mountaineers Books
측의 제안에 나는 상당한 흥미를 느꼈다. 그녀의 명성 뒤
에 감춰진 평범치 않은 개성을 느꼈기 때문이다. 나는 캐나
다 '밴프 국제 산악영화제'를 기획하면서 산과 관련된 다양
한 이슈를 그녀와 서신으로 주고받은 적은 있었지만, 기껏해
야 의례적인 수준의 접촉이었다. 홀리, 그녀에게는 무슨 사연

이 감춰져 있을까? 미국 중부 출신의 한 여성이 어떻게 — 그리고 왜 — 히말라야의 대모라는 독특한 역할을 할 수 있었을까? 그녀는 40년 넘게 수많은 등반 보고서와 기사를 썼지만, 정작 자신에 관해서는 아무것도 쓰지 않았다. 이 점이 놀라웠다. 그래서 홀리를 알고 있는 사람들과 이야기를 나눠 보기 시작했다.

실망스럽게도, 홀리의 지인들은 그녀가 사생활을 매우 중시하는 사람이라며 주의를 줬다. 네팔뿐만 아니라 다른 곳에서도 멋진 삶을 살았지만, 과연 흥미로운 이야기를 털어놓을지는 의문이라는 것이었다. 홀리는 자신의 과거를 묻는 질문을 받을 때마다, 똑같은 방식으로 대응했다. 간단한 사실만 적힌 한 쪽짜리 소개서 — 출생: 1923년, 국적: 미국, 직업: 기자, 뉴질랜드 명예영사, 히말라야 등반 기록가 — 를 건네주는 것이 끝이었다. 홀리를 알고 지낸 지 30년이나 된 뉴질랜드의 등산 가이드 러셀 브라이스[5]Russel Brice조차 그녀의 사생활에 대해서는 아는 게 없었다.

엘리자베스 홀리라는 인물을 파악하는 작업이 만만치 않게 느껴졌다. 미국의 산악인 카를로스 불러[6]Carlos Buhler는

---

5 뉴질랜드의 산악인(1952~). Himalayan Experience 사장으로 초오유를 7번, 에베레스트와 마나슬루를 2번씩 등정했다.

6 주로 비교적 어려운 벽을 겨울에 소규모, 경량, 무산소로 도전하는 미국의 산악인(1954~). 에베레스트 캉슝 벽 초등으로 유명하다.

20대 중반이었던 1979년 홀리를 처음 만났다. 눈앞에 닥친 등반에 대한 준비와 카트만두를 떠나기 전에 처리해야 할 물자 수송 문제에 집중하느라, 그는 홀리의 인터뷰에 심드렁하게 응했다. "이것저것 꼬치꼬치 캐묻는데, 누군지 전혀 몰랐어요. 그래서 생각했죠. '와우, 세상에! 이 여자는 도대체 누구지?'" 홀리가 하는 일에 고마움을 느끼게 된 것은 불러가 아시아를 다섯 번 정도 다녀오고 나서부터였다. 그는 "마치 어머니의 골동품처럼 그 진가를 뒤늦게 깨달은 거죠. 경악과 혼돈 그 자체였던 첫인상을 지울 수 있어 다행이에요."라고 덧붙였다. 그러나 불러는 홀리를 10여 차례나 만났음에도 '웃으며 농담을 주고받은 경우'는 한 번도 없었다. 1979년 처음 만났을 때와 마찬가지로 그녀는 여전히 퉁명스러웠지만, 홀리를 대하는 그의 자세가 바뀌었다. "이젠 홀리의 태도가 기분 나쁘거나 그러진 않아요. 좀 거슬리긴 하지만, 괜찮아요. 처음에는 이런 사람들을 어떻게 받아들여야 할지 인생 경험이 많지 않았을 뿐이죠."

홀리의 20대 시절 『포춘』 직장동료였던 엘리노어 슈바르츠Eleanor Schwartz는 "그 친구의 독특한 개성을 담아내 보세요."라며 그녀의 업적만 나열하지 말고 다른 내용도 함께 다루어 줄 것을 당부했다. 어렵겠지만 '엘리자베스는 그런 노력을 기울여 볼 만한 가치가 있는 사람'이라는 것이었다.

한때 네팔에서 홀리의 비서로 일했던 헤더 맥도널드 Heather Macdonald는 홀리에 관한 책을 쓰려고 했다. 하지만 홀리는 괜히 종이만 버릴 뿐이라며 완강히 거부했다. 맥도널드는 그녀의 기억 속에 엄청난 이야기가 숨겨져 있다는 것을 알고 있었지만 끄집어내는 데 실패하고 말았다. 맥도널드가 홀리에게 네팔에 머물게 된 이유를 묻자 그녀의 대답이 모호했다. "네팔에 처음 왔을 때 오래 머물 계획은 없었어요. 그냥 떠나지 않았을 뿐이죠." 자신에 대한 이야기를 그녀는 이렇게 꺼렸지만, 홀리는 항상 어떤 인상을 남겼다. 미스터리한….

홀리는 다부진 몸으로 산에 빠져 모든 것을 바치면서도, 자기중심적 성향이 강한 남성들의 세계를 다루는 여성이었다. 하지만 이런 남성들이 도리어 그녀에 대해 경외심을 갖거나 무서워했다. 아니면, 소설 속 베일에 가려진 인물로 생각했다. 산악인들은 홀리의 아우라에 두려움과 무서움을 느끼면서, 1930~1940년대 학교 사감선생 같은 캐릭터로 그녀를 이해했다. 어떤 이는 "그녀는 단지 리즈Liz(홀리의 애칭)일 뿐이에요. 드세고 독선적이며, 직선적으로 말하고, 자기중심적이며, 많은 사람에게 무례한 사람이죠."라고 말했고, 또 어떤 이는 홀리 앞에서 '입을 다물고 잠자코 있는 법'과 '집중포화를 벗어나는 법'을 배워야 했다고 고백했다.

에드먼드 힐러리 경은 "다소 두려운 존재죠. 홀리 눈 밖에 나면 조금 힘들어질 수 있습니다. 하지만, 친해지면 평생 좋은 친구가 될 수 있어요."라고 설명했다. 그러면서도 그는 홀리를 두려워하지 않는 사람이 혹시 자신과 아내뿐이지는 않을까 하는 의구심을 내비쳤다. 영국의 산악작가 에드 더글러스Ed Douglas는 "사람들을 공포에 떨게 하지 않을 때 과연 무엇을 할까 추측하는 재미가 있다."라는 한 작가의 말에 맞장구치면서, 홀리가 두려운 존재이긴 하지만 그래도 '매력적인 독신여성'이라고 말했다.

미국의 산악인 콘래드 앵커[7]Conrad Anker는 홀리가 왜소하고 허약해 보이지만, 심술궂을 정도의 위트와 넘치는 자신감 그리고 강력한 권한을 갖고 있다고 주장했다. 14년 동안 '미스 홀리'를 자주 만났던 앵커는 "전보다 많이 노쇠해졌더군요. 허리가 구부정하지만 여전히 아름답고 정정했어요."라면서 2002년 마지막으로 봤을 때의 모습을 설명했다. 그리고 '마치 산악인 같았습니다. 특히 남성 산악인요!"라며 웃었다. 그러면서 항상 그녀의 사생활, 그중에서도 유독 유명 산악인들과의 스캔들이 궁금했었다고 말했다.

사실, 많은 사람들은 미스터리한 남자들 ― 뉴욕에서 만

---

7 미국의 산악인이자 작가(1962~). '노스페이스 클라이밍팀' 리더이며, 1999년 조지 맬러리의 시신을 찾아낸 것으로 유명하다.

난 남자나 네팔 왕족들 — 과 가졌을 법한 홀리의 사생활이 낭만적이었을 것이라고 지레짐작했다. 산악인이자 작가인 그렉 차일드[8]Greg Child도 인터뷰를 마친 후 일행들과 함께 홀리의 사생활에 대해 추측해 보았다고 털어놓았다. "무엇을 할까? 누구와 사귀었을까? 무엇을 숨기고 있을까?" 온갖 추측이 무성했다. 특히 홀리와 사적으로 만나고 있는 남자들 — 소문에 따르면, 홀리는 지미 로버츠와 에릭 십턴, 에드먼드 힐러리 경과도 사귀었다 — 에 대한 궁금증이 강했다.

미국의 산악인이자 내과의사인 찰스 휴스턴[9]Charles Houston은 홀리가 결혼과는 거리가 먼 사람이라고 했다. 너무나도 독립적인 성향 때문이다. 홀리가 어떻게 그리고 왜 카트만두에 오게 됐는지에 대한 이야기는 분분하다. 그중에는 남자친구와 이별한 후에 이곳으로 왔다거나, 여행 중 돈이 떨어지자 카트만두에 눌러앉았다는 이야기도 있다. 이탈리아의 산악인 라인홀드 메스너[10]Reinhold Messner도 홀리가 철저

---

8 호주의 산악인이자 작가, 영화 제작자(1957~). 『아웃사이드』, 『록 앤드 아이스』 등 잡지에 글을 썼고, 많은 저술활동을 했다. 대표작으로는 『Thin Air: Encounters in the Himalayas』, 『Over the Edge』가 있다. 1987년 미국 알파인 클럽 산악문학상을 받았다.

9 미국의 산악인(1913~2009). 1938년 미국 최초의 K2 원정대장, 1963년 난다데비 초등 대원이었다.

10 이탈리아 남 티롤 출신의 산악인(1944~). 히말라야에서 최초로 알파인 스타일 등반(가셔브룸1봉)을 했고, 에베레스트 무산소 등정을 포함해 세계 최초로 8천 미터급 고봉 14개를 완등했다. 등산과 관련된 책을 60권 이상 썼고, 남 티롤에

히 독립적이며 자유분방한 현대여성이라고 주장했다. 1960
년대부터 줄곧 자신이 원하는 것을 정확히 알고 행동에 나서
서 직접 쟁취해 냈다는 것이다. 하지만 이 말이 사실이라면
그녀 역시 모순적인 사람이다. 찰스 휴스턴은 숙녀다운 척하
는 홀리의 모습을 목격했던 일화를 들려 줬다. 한 산악인이
결혼할 여자 친구와 먼저 아이를 낳고 싶다고 말하자, 결혼
을 먼저 하고 나서 아이를 가지라고 꾸짖었다고 한다.

영국의 영화 제작자 리오 디킨슨[11]Leo Dickinson은 영국의
산악인 돈 윌런스[12]Don Whillans에 관한 영화 제작과 열기구를
타고 에베레스트를 오를 목적으로 1990년 네팔을 방문했을
때 홀리와 인터뷰했다. 그는 홀리가 '속을 알 수 없는' 존재였
고, '가슴이 풍만'했으며, 인터뷰하기 어려운 상대였다고 기
억했다. 같은 시기에 홀리를 만난 다른 사람들은 키가 작지
만 다부지고, 외모에 그다지 신경을 쓰지 않는 분주한 여성
으로 그녀를 기억했다. 한 산악인은 홀리가 2미터 키에 40킬
로그램 정도 나가는 사람처럼 느껴졌다고 했다. 이들이 모두
같은 사람을 두고 말하는 것일까?

'메스너 산악박물관MMM'을 세워 산악문화 전파에 앞장서고 있다.

11 영국의 산악 영상 촬영가이자 탐험가(1946~). 산과 관련된 영상과 영화 68개를
    제작했고, 에베레스트 등 많은 산을 올랐다.

12 영국의 산악인(1933~1985). 크리스 보닝턴과 많은 신루트를 개척했고, 1970년
    안나푸르나 남벽을 초등했다. 키가 작고 술을 좋아했지만 등반 실력이 뛰어났으
    며 유머 감각도 출중했다.

디킨슨에 따르면, 홀리는 마치 백과사전을 만들 것처럼 사실과 수치에 집착했고, 사적인 질문에는 중세의 해자moat 와 같은 방어막을 쳤다고 한다. 홀리는 자신의 이야기보다는 다른 사람들이 하고 있는 일에 훨씬 더 많은 관심을 보였다. 돈 월런스와 사귀었던 사이라서 그에 관한 인터뷰에 응했다 고 생각했지만, 디킨슨은 감히 물어 볼 엄두조차 내지 못했다.

영국의 산악인 더그 스콧[13]Doug Scott은 월런스와의 염문 설에 무엇인가 있을 것이라고 말했다. 1970년대 초반에 월 런스, 해미쉬 매키네스Hamish MacInnes와 함께 인터뷰했는데, 홀리는 월런스만 계속 쳐다봤다는 것이다. 그는 홀리가 월런 스를 마음에 두고 있다고 믿었고, 월런스 역시 그렇게 생각 했다. 인터뷰가 끝나자 월런스는 "홀리가 나를 좋아하는 것 같아…. 정말 그런지 알아 봐야겠어."라고 말했다고 한다. 더 그 스콧은 그 뒤 이 둘 사이에 무슨 일이 있었는지는 알지 못 한다고 했다. 그는 '가슴이 풍만한' 홀리와 1미터 65센티미 터밖에 안 되는, 배가 볼록 나온 월런스가 함께 있는 모습을 상상하며 빙그레 웃었다. 홀리가 1960년대 초반에 산악인이 자 과학자인 어떤 사람과 함께 카트만두에 도착했다는 소문 도 있었다. 홀리와 산악인 사이의 소문 중 가장 끈질긴 것은 히말라야의 산악인 모두가 믿고 있는 바로 그것, 즉 에드먼

---

13 1975년 에베레스트 남서벽을 초등한 영국의 산악인(1941~)

드 힐러리 경과 홀리가 오랜 연인 사이라는 것이다. 더그 스콧은 한마디로 정리했다. "에드는 홀리와 연인 사이였어요!" 홀리는 카트만두에 사는 동안 힐러리를 열렬히 옹호했다. '타이거 탑스Tiger Tops' 로지에서 누군가 힐러리에 대해 험담을 하자, 몸싸움까지 해 가며 그 사람과 맞섰던 일화는 유명하다. 목격자에 따르면, 험담을 하는 그 사람에게 주먹까지 휘둘렀다는 것이다. 하지만 홀리는 그 소문을 완강하게 부인했다.

더그 스콧은 이런 염문설을 제외하면 많은 산악인들이 홀리에게 관심을 가졌던 이유가 네팔 히말라야의 등반에 대한 그녀의 해박한 지식과 견해 때문이었다고 확신했다. 에드 비에스터스[14]Ed Viesturs도 이 말에 동의했다. 그가 아는 한 엘리자베스 홀리를 만났거나 아는 모든 산악인들은 그녀의 말 — 그리고 견해 — 을 듣고 싶어 했다. 40년 이상이나 그녀는 네팔을 찾은 산악인들을 인터뷰했다. 홀리는 멋진 등반 이야기를 들었지만, 시즌마다 작성한 등반 보고서에는 주관적인 견해 없이 있는 사실 그대로를 객관적으로 기록했다. 과연 그녀의 주관적 견해는 무엇이었을까?

많은 산악인들과 홀리의 친구들을 인터뷰하고, 홀리의

---

14 미국인으로는 유일하게 8천 미터급 고봉 14개를 모두 무산소로 오른 산악인 (1959~). 에베레스트 등정 7번을 포함, 8천 미터급 고봉을 21번 넘게 올랐다.

조카가 건네준 수천 통의 편지를 읽고 나자, 카트만두로 건너가 그녀를 직접 대면할 시간이 코앞으로 다가왔다. 몇몇 사람은 홀리가 "로봇같이 아주 뻑뻑한 면이 있다."라고 주의를 주며, 경계심을 풀기 위해 함께 위스키든 와인이든 술 한 잔 할 것을 권했다.

또한 "시대별로 중요한 등반 사건을 숙지하고 가야 한다. 만일 그런 사건들을 모르면, 못마땅해 하면서 눈을 치켜뜰 것이다."라는 조언을 받기도 했다. 질문을 하면 그 질문을 돌리기 위한 전형적인 대답을 들을 것이고, 그런 어리석은 질문을 한 것에 자괴감을 느낄 것이라는 말도 들었다. 결코 '미스 홀리' 외에 다른 호칭은 부르지 말라는 말도 여러 번 들었다. 홀리의 친구들은 그녀가 공격적이고 적대적이며, 무례한 여성이라면서 감정적으로 잘 대비하고 가라는 조언을 해 줬다. 인내심을 갖고, 공격적으로 대하지 말고, 함께 호흡을 맞춰 나가라는 권고도 받았다. 그리고 많은 사람이 위스키를 가져가라고 했다.

이런 무시무시한 충고만 있었던 것은 아니다. 긍정적으로 생각할 수 있도록 해 준 말도 있었다. 힐러리 부인은 "그냥 평소대로 하세요."라고 조언하면서, 홀리와의 통화 내용을 들려주었다. 홀리는 이번 출판 프로젝트를 언급하면서, 처음에는 별로 내키지 않았지만 한결 기분이 나아졌다는 말을 했다고 한다. 그리고 기쁜 내색을 드러냈지만, 왜 자신의 이야기를 쓰고 싶어 하는지 그 이유를 이해하지 못했고, 도대체 누가 이 책을 읽겠느냐며 의아해했다고 한다. 힐러리 경은 그녀의 이야기를 알릴 절호의 기회라며 나를 격려했고, 홀리가 협조해 줄 것이라고 확신했다.

산악인들은 카트만두에 도착해 호텔에 체크인 하고 짐을 풀고 나서 샤워를 하면, 홀리가 전화를 걸어 가능한 한 빨리 미팅 날짜를 잡자는 요청을 한다면서 나를 안심시켰다. 하지만 차이가 있다면 산악인들에게는 홀리가 원하는 것, 바로 등반 정보가 있다는 점이었다. 나에게는 그런 정보가 없고, 오히려 그녀가 내가 원하는 것, 바로 인생 이야기를 갖고 있었다.

나는 캐나다 로키에 있는 집을 떠나 캘거리, 런던, 프랑크푸르트, 방콕 그리고 마침내 카트만두까지의 장거리 여행에 나섰다. 나는 며칠간 형편없는 식사와 긴 줄, 비자 서류, 비좁은 좌석에 시달리고, 점점 더워지는 날씨를 느끼며 네팔에 도착했다. 카트만두 공항은 혼잡한 찜질방 같았다. 택시에 몸을 구겨 넣다시피 하고 엘리자베스 홀리의 집 근처 호텔로 향했다. 여행 가방을 풀고 막 이를 닦으려는 순간, 아니나 다를까 전화가 울렸다. 홀리였다. 좋은 징조일까?

홀리는 집으로 오는 방법을 알려 주며, 바로 만나고 싶어 했다. 나는 가방에 위스키를 집어넣고 밖으로 나갔다. 하지만 알려 준 길을 찾지 못해 늦은 오후의 몬순 열기 속에서 한 시간가량을 헤맸다. 도로변은 욕실용품부터 실크제품과 아스피린까지 온갖 물건을 파는 코딱지만 한 가게들로 빼곡했다. 사람들이 오가는 거리는 신선한 야채와 볶은 옥수수를 소리치며 파는 장사꾼들로 시끌벅적했다. 무엇인가 심하게 타는 듯한 냄새가 코를 찔렀다. 끊임없이 이어지는 차량과 구름처럼 피어오르는 까만 디젤 연기 때문에 그 냄새는 더욱 강하게 느껴졌다. 좁은 2차선 도로는 덜컹거리는 버스와 광택 나는 SUV차량, 부르릉거리는 오토바이 대열로 꽉 막혀 있었다. 차량들은 일제히 경적을 울리며 시내로 쏟아져 들어오고 있었다. 보행로에는 갑자기 움푹 꺼진 곳과 가파른 계단, 썩은 쓰레기 더미와 열려 있는 커다란 하수구멍 등 장애물이 많았다. 눈길을 사로잡는 전통적인 3층 벽돌 건물들이 시멘트로 지어진 4~5층 높이의 사원과 나란히 서 있었다. 아름답게 조각된 고대의 목재 문틀이 거리 쪽으로 비스듬히 기울어져 있었는데, 알루미늄이나 콘크리트와는 극명한 대조를 이루고 있었다. 도시의 풍경이 전통에서 현대로, 중세에서 21세기로 변모되고 있음을 보여 주고 있었다. 도심은 혼돈과 아수라장이었다.

마침내 거리 북쪽에서 검은 철사로 된 울타리가 있는 대문 앞에 도착했다. 열려 있는 대문 오른쪽에 관공서처럼 보이는 청동 명판이 보였다. "히말라야 재단, 미스 엘리자베스 홀리, 뉴질랜드 명예영사"라고 적힌 글씨를 보고 안도의 한숨을 내쉬었다. 대문 안으로 들어서자 경비원이 인사했다. 조금 경사진 길을 내려가자, 그곳에는 꽃이 활짝 핀 나무와 관목, 파란 잔디 마당으로 둘러싸인 정원이 있었다. 갑자기 믿을 수 없을 정도로 모든 것이 고요했다.

정원 안에는 집이 몇 채 있었는데, 45년 넘게 홀리가 살고 있는 집은 그 한가운데에 있었다. 1층 출입구는 힐러리 경이 네팔 쿰부 지역에 셰르파의 교육과 의료를 지원하기 위해 설립한 '히말라야 재단' 사무소와 연결돼 있었다. 왼쪽으로 돌아 계단 몇 개를 오르니, 초인종이 달린 출입문이 열려 있었다.

출입문을 지나 가파른 계단을 다시 오르자 깔끔하고 질서 있게 정리된 사무실이 한눈에 들어왔다. 홀리는 그곳에서 컴퓨터로 솔리테르[15]solitaire를 하고 있었다.

그녀는 돋보기안경 너머로 대충 훑어 보더니, 의자의 방향을 틀면서 나를 맞이했다. "길을 잃었나요? 걱정 말아요. 다들 그러니까요." 그녀는 책상에서 일어나 성큼 다가오더니, 안

---

15 혼자서 하는 카드 게임

경 너머로 내 눈을 쳐다보며 손을 잡았다. 생각보다 키가 작았고 말랐으나, 단정했다. 80세 노인의 맑고 까만 눈동자는 나를 살피는 동안에도 흔들림이 없었다. 의자에 앉자 시원한 음료가 나왔다. 만난 지 30분도 안 돼 미스 홀리는 자신을 엘리자베스로 불러달라고 말했다. 우리의 관계는 이렇게 시작됐다.

제2장

백과사전 마인드

퍼즐은 풀리지 않았지만, 집념의 홀리는 포기를 몰랐다.

나는 다음 날 홀리가 펨바 도르제Pemba Dorje와 일행 두 명을
조사차 반대심문 하는 과정을 지켜봤다. 이 조사 과정을 통
해 정직하고 끈질기며, 쉽게 속아 넘어가지 않는 홀리의 명
성을 확인할 수 있었다. 태양에 그을린 피부에 건강하고 탄
탄한 육체를 지닌 펨바는 금방이라도 튕겨져 나올 것 같은,
둥글게 감긴 스프링처럼 소파에 앉아 있었다. 그가 자신의
최근 등반 성과를 설득력 있게 납득시키는 데는 오랜 시간이
걸릴 것이다. 다른 사람들과 기록을 다투고 있었기 때문이다.

27세의 스피드 클라이머에게 이 인터뷰는 역사의 한 페
이지를 장식하는 것은 물론 자존심이 걸린 문제였다. 그의
기록은 『록 앤드 아이스Rock & Ice』와 『그립드Gripped』 잡지의

속보에 실릴 정도로 큰 뉴스거리였다. 하지만 이 신기록 수립이 사실일까? 홀리는 그의 주장을 믿을까? 펨바는 2004년 5월 20~21일 밤 쿰부 빙하 베이스캠프에서 에베레스트 정상까지 3,500미터의 높이를 8시간 10분 만에 올랐다고 주장했다. 그것도 7,900미터 부근 마지막 캠프에서 산소를 사용하고 나서 혼자서···. 하지만 이 놀라운 기록은 다른 셰르파들로부터 의심을 샀다. 펨바가 그전 해 세운 기록을 갱신했었던 라이벌 락파 겔루Lhakpa Gelu가 먼저 의혹을 제기하고 나섰다.

펨바가 바로 1년 전 기록보다 4시간 30분을 단축시킨 것은 놀라운 성과였다. 홀리는 그 주장이 사실인지 조사에 들어갔다. 그는 홀리를 설득시킬 만한 근거를 제시했다. 5월 20일 본격적인 속도등반에 앞서 5월 16일에 무산소로 에베레스트를 오르는 등 정신적으로나 육체적으로 철저히 준비했다고 주장했다. 그러나 팀 동료들은 그가 전에 가끔 산소를 사용했다고 말했고, 두 진술이 일치하지 않자 홀리의 호기심이 발동했다.

그의 주장 가운데 문제가 되는 것은 아무도 없는 한밤중에 에베레스트 정상에 올랐다는 것이다. 카메라가 고장 나는 바람에 정상에서 찍은 사진도 없었다. 정상에 올랐다는 사실을 어떻게 입증할 수 있겠느냐는 질문에 북쪽에서 올라오는 헤드램프 불빛을 봤다는 대답이 돌아왔다. 홀리는 그의 말을 재차 확인했다. 그리고 다른 자료와 기록을 상호 참조하기 위해 이 진술을 기록했다.

한 시간 동안 질문하고 대답하고, 다시 질문하고 상세한 대답을 듣는 과정을 거쳐 방대한 기록을 작성한 후, 홀리는 "축하해요. 수고 많았어요."라는 말을 전했다. 펨바와 그의 일행은 귀에 들릴 정도로 큰 안도의 한숨을 내쉬면서 일어났고, 이 만만찮은 조사력을 가진 여인에게 작별인사를 건넸다. 하지만 이것은 이 기록과 관련된 많은 인터뷰 중 첫 번째에 불과했다. 홀리는 몇 주일 동안 이 기록에 깊은 관심을 기울이며, 수사관다운 탐정 능력을 발휘할 것이다.

본격적인 인터뷰에 들어가기 전, 홀리는 집 안을 구경시켜 주면서 흥미로운 물건들을 설명해 주었다. 사무실에는 기념품과 사진, 등산 서적들 그리고 쿰부 셰르파가 그린 그림 두 점이 있었다. 대부분 목재로 만들어진 가구는 소박했다. 작은 소파와 패브릭 의자 두 개는 조금 닳아 있었다. ⅓정도의 공간은 큰 책상과 작은 테이블, 나무의자와 일반적인 사무용품들이 차지하고 있었다. 사무실 겸 거실로 사용하는 공간은 온통 딱딱한 물건들뿐 부드러운 소재로 된 가구는 하나도 없어 아주 검소해 보였다.

등반 관련 서류들이 빼곡한 고풍스러운 목재 책장에는

홀리가 조사한 모든 등반이 연도와 산, 루트로 구분된 파일로 분류·정리돼 있었다. 각 파일에는 등반신고서, 등반대원들의 신상명세서, 하산신고서, 편지, 사진, 루트 개념도 등이 담겨 있었는데, 흥미롭거나 예사롭지 않은 등반의 경우, 정확한 캠프 위치와 거리, 캠프 간 이동 시간, 산소 사용 정보와 기타 흥미로운 사항들이 기록돼 있었고, 편지나 사진이 있는 경우는 그 파일에 첨부돼 있었다. 홀리는 경우에 따라서는 원정대장에게 매일 매일의 상세하고도 자세한 일정을 물어 기록해 놓기도 했다. 이렇게 정리·기록된 폴더가 수천 개나 있어, 결국 네팔 히말라야의 등산역사가 이 파일들 안에 담겨 있는 셈이었다. 자세히 보니 모든 책장과 서류 캐비닛이 벽에 단단히 고정되어 있었고, 컴퓨터와 탁자 위 팩스기기도 체인으로 연결돼 있었다. 그녀는 웃으며 '지진' 때문이라고 했다. "이곳에서 지진은 드문 일이 아녜요. 지금 당장이라도 큰 지진이 발생할 수 있죠."

사무실 바로 옆은 주방이었다. 소박하고 아름다운 공간으로 6인용 나무탁자가 가운데 놓여 있었고, 그 위에 작은 메모장이 있었다. 찬장에 있는 접시는 아주 질박했다. 프랑스풍의 높다란 창문을 여니 작은 발코니가 있었다. 나는 홀리 여사가 이 테이블의 상석에 앉아 등반에 대해 캐묻는 모습과 유명 산악인들과 모험가들의 이야기를 들으며 기뻐하는 모습을 상상해 보았다. 그러니까 이곳은 흥미로운 사람들과 나른한 점심을 즐기면서, 상상력을 자극하는 대화와 웃음을 나누는 그런 공간이었다.

복도를 지나니 호기심을 불러일으키는 작은 욕실이 나왔다. 벽 주변 구석구석은 나름대로 쓰임새 있는 공간으로 꾸며져 있었다. 한쪽 구석에는 오래된 보일러가, 다른 쪽 구석에는 수건을 넣을 수 있는 오목한 공간이 있었다. 작은 선반에는 또 다른 메모장이 놓여 있었다. 화장실 안 높은 곳에 설치된 구식 물탱크에는 물을 내릴 때 사용하는 길고 가는 체인이 매달려 있었다. 욕조는 겨우 몸만 담글 수 있는 아담한 크기였지만 다행히도 홀리는 체구가 작은 여성이었다.

침실에 킹 사이즈나, 퀸 사이즈, 혹은 더블 사이즈의 물건은 없었다. 옷장은 수수했고, 화장대는 자그마했으며, 캐노피 침대도 우아했지만 작았다. 무더운 여름에 내려서 치는 모기장이 있었고, 협소한 매트리스는 유용해 보이기는 했지만 편해 보이지는 않았다. 또 다른 메모장이 침대 옆 좁은 탁자 위에 놓여 있었다.

이 방 저 방을 둘러보면서 나는 모든 벽이 아이보리 계열의 색들로 칠해져 있는 것을 발견했다. 하지만 홀리는 미묘한 색감 차이가 있으며, 모든 페인트 색을 직접 골랐다고 말했다. 그런데 부엌으로 들어가자 갑자기 다른 색이 나타나 깜짝 놀랐다. 그곳은 놀라울 정도로 밝은 겨자 색으로 칠해져 있었다. 이 색상도 직접 골랐는지 물었더니, "오, 세상에. 아니에요. 요리사가 골랐어요. 부엌에서 시간을 보내는 사람은 바로 요리사니까요. 나는 이런 색을 선택하지 않아요."라며 웃었다. 부엌은 작은 공간이었지만 잘 정리돼 있어 효율적으로 보였다.

발코니에는 트럭용의 커다란 배터리 4개가 놓여 있었다. 전기가 나갔을 때 다양한 전기제품에 전력을 공급하는 비상 배터리였다. 실제로 카트만두에서는 전력이 끊기는 일이 자주 일어난다. 비상 발전기가 닿지 않는 방을 다닐 때는 침대 머리맡에 놓인 충전식 손전등을 이용했다. 아파트 안의 배선은 카트만두의 전기 발전 역사를 알 수 있는 이중 플러그와 삼중 플러그 콘센트가 함께 있었다.

내가 메모장에 대해 묻자 홀리는 마치 기다렸다는 듯이 눈을 반짝거렸다. 언제 무엇이 떠오를지 모르고, 아이디어나 자세한 내용, 또는 해야 할 일을 잊을지 몰라 메모장을 곳곳에 놓아 둔 것이라며, "나는 아주 체계적인 것을 좋아하는 편이에요. 욕실에 들어갔을 때 모든 것이 깨끗하게 잘 정돈돼 있었죠? 일부러 정리한 게 아닙니다."라고 설명했다. 우리는 욕실로 다시 갔고, 홀리는 욕조 가까운 곳에 있는 메모장을 가리키며 설명한 후 욕실 수건 사용법에 대해서도 말해 줬다. "욕조에서 나올 때 수건을 챙긴 다음 4등분하죠. 4등분한 수건으로 몸을 나눠 꼼꼼히 닦아요. 젖은 수건으로 몸을 닦지 않기 위해서죠."

80세가 된 홀리는 정신이 총명했고, 내가 당황할 정도로 농담도 잘했다. 하지만 육신은 쇠약하고 여위어 보였다. 그녀는 가벼운 면 소재로 패턴이 들어간 파스텔 톤의 반팔 드레스를 입고 있었고, 단정하게 올림머리를 한 채 돋보기용 안경을 코에 걸치고 있었다. 가느다란 맨다리는 햇볕에 그을려 있었다. 신장은 1미터 60센티미터 정도로, 생각보다 크지는 않았지만 예전에는 조금 더 컸을 듯했다. 눈 화장을 하고 입술에 밝은 색 립스틱을 바른 홀리는 진갈색의 크고 맑은 눈을 갖고 있었다.

집 구경을 한 후에 사무실로 돌아오자 전화벨이 자주 울렸다. 전화 받는 목소리는 다양했다. 어떤 때는 비단처럼 부드러웠다가, 어떤 때는 무례할 정도로 짜증을 냈다. 전화 받는 목소리는 여태까지 좋게 느껴졌던 대화의 톤과는 다르게 칼칼한 편이었다. 홀리는 업무를 처리하기 위해 찾아온 히말라야 재단 직원 모두에게 날카롭게 쏘아붙였다. 예외가 있다면 '수벤'이라는 잘생긴 젊은 운전수였다. 자동차 부품 교체를 상의하러 들어온 그는 일처리 방법을 잘 아는 듯 보였다. 홀리는 자동차 수리를 하라면서 필요한 비용을 건네주었다.

자동차에 대한 전문 지식이 부족해서였는지 오늘 오후에 그녀의 비난을 피한 사람은 그가 유일했다.

홀리는 아끼는 그림이 벽에서 떨어지자, 문서 보관 캐비닛에 기대어 놓으면서 40년도 넘은 끈이 썩어서 그렇게 된 것이라고 설명했다. 그녀는 끈을 바꾸고 그림을 다시 걸기 위해 온 직원과 목수에게 큰소리로 지시를 내렸다. 시끄러운 망치질 소리가 들린 후, 그림이 다시 벽에 걸렸지만 조금 기울어져 있었다. 그러자 홀리는 무엇이든 제대로 하려면 자신이 직접 나서야 한다며 화를 냈다.

홀리는 자신의 평소 일정을 다음과 같이 설명해 주었다. 먼저 이른 아침을 먹고, 두 종류의 현지 신문을 읽는다. 오전 8시 히말라야 재단의 앙 리타Ang Rita가 학교나 병원 프로젝트에 필요한 자금을 의논하기 위해 들르면 회의를 시작한다. 홀리는 재단 기금을 배분하고, 필요한 금액을 결정한다.

그런 다음, 원정대장에게 전화를 걸어 인터뷰 약속을 잡는다. 홀리의 집으로 찾아오는 것은 쉽지 않다. 따라서 홀리가 그들이 머무는 호텔로 간다. (그 말을 듣고 나만 길을 잃는 것이 아니구나 싶어 안도했다.) 한두 건의 오전 인터뷰를 하러 운전사를 데리고 호텔로 이동하는데, 숙소는 원정대의 재정 상황에 따라 우아하고 비싼 호텔에서부터 누추한 호스텔에 이르기까지 다양하다.

인터뷰를 마친 다음 집으로 돌아와 이른 점심을 먹는데, 책상에서 일하다 점심 먹으러 가는 데 걸리는 시간은 2분이면 충분하다. 수플레 요리[16]나 밥을 곁들인 새우 요리 등 가벼운 식사를 준비해 주는 훌륭한 전담 요리사를 두고 있어서다. 오후에는 인터뷰한 내용을 정리해 입력한다. 어떤 때는 저녁까지 일하면서, 트레킹 회사나 호텔에 전화를 걸어 다음과 같이 묻는다. "그 원정대가 내일 옵니까? 아직 체크인 하지 않았나요? 일정을 변경했나요?" 매일 운항하는 타이항공의 도착시간을 알고 있어서 비행기가 착륙하자마자 원정대장에게 전화를 걸어 다음 날의 약속을 잡는다.

저녁식사는 오후 5시 30분경에 한다. 저녁 시간은 낮에 연락이 닿지 않은 사람들에게 전화하고, 글을 정리하는 데 할애한다. 대부분 컴퓨터로 작업하지만, 트레킹 회사와 호텔, 원정대 목록은 손으로 쓰는 것을 좋아한다. 목록에는 산 이름과 원정대장 이름, 호텔 이름, 예상 도착일과 출국일 등을 기록한다. 시간을 효율적으로 쓰기 위해 원정대를 도착일 순으로 정리한다. 일주일에 몇 차례나 계획이 변경되기 때문에 5쪽 분량의 이 일정표를 자주 고쳐야 한다. '직접 쓰는 것이 훨씬 더 오래 걸리기는 하지만' 그렇다고 컴퓨터로 작업하지

---

16 달걀흰자를 거품 내고 치즈나 고기, 생선 등의 재료를 섞어 틀에 넣고 오븐에 구워 부풀린 요리

는 않는다. 왜냐하면 이 작업은 '대단히 즐거운 저녁 오락거리'이기 때문이다.

밤 9시나 10시경에 일을 마친 후, 『인터내셔널 헤럴드 트리뷴』과 인도 신문을 읽는다. 매일 밤 신문 읽기는 여행을 다니면서부터 몸에 밴 습관이다. 하루의 긴장을 풀기 위해 1시간 동안 컴퓨터 카드 게임이나 신문 낱말 맞추기 퍼즐도 즐긴다. 그런 다음, 컴퓨터를 끄고 침대 옆 철제 가방에 백업 파일을 넣는다. 지진이 일어날 경우, 바로 들고 뒤쪽 계단을 통해 탈출하기 위해서다. 그리고 다음 날 입을 옷을 골라 놓고, 그제야 잠자리에 든다. 대개 하루 16시간을 이렇게 보낸다.

하지만 머리를 식히기 위한 몇 가지 오락거리가 있다. 그중 하나가 매주 목요일 아침 미용실에 들르는 것이다. 그곳에서 머리도 손질하고 현지 소문도 듣는다. 네팔 왕비의 헤어스타일리스트이기도 한 미용사는 항상 흥미로운 이야깃거리를 들려주기 때문에 홀리에게 '목요일 아침은 꽤 즐거운 오락시간'이다. 토요일이 되면 전화 오는 횟수가 줄어들면서 신경 쓸 일이 많지 않아, 모험 여행회사 '타이거 탑스'를 위한 월말 보고서와 시즌별 등반 보고서를 작성하고, 히말라야 재단의 회계 처리를 깔끔하게 마무리한다.

'타이거 탑스' 보고서는 회사 경영진을 위해 작성하는

것으로, 네팔의 정치·경제·관광 뉴스를 아우르는 '네팔 상황' 분석 자료가 담긴다. 이 보고서 작성 준비를 위해, 날마다 일간 신문에서 흥미로운 기사를 발췌해서 저장한다. 홀리는 글쓰기는 싫어하지만, 자료 조사는 좋아한다고 털어놓았다.

80세의 나이에도 불구하고 홀리는 실제로 일을 하지 않고 쉬는 날이 거의 없다. 아니, 가끔 그런 특별한 날이 있기는 한데, 대개 토요일이다. 7월 말 어느 날인가는 아무것도 하지 않고 하루 종일 살인 추리소설을 읽었다고 한다. 지난 몇 년간 정말 실컷 놀아 본 날이 없었는데, 그 멋진 하루 동안 좋아하는 사건과 퍼즐이 가득한 추리소설을 즐긴 것이다. 그녀는 문제나 퍼즐을 푸는 것을 대단히 좋아한다.

홀리의 집 밖 외출은 모두 업무를 위한 것이다. 식료품을 사러 가게에 들른 적은 한 번도 없다. "내가요? 가게에 가냐고요? 아니에요. 직원이 할 수 있는 일은 직원이 하고, 직원이 할 수 없는 일은 내가 하죠." 식료품 구입은 직원들이 할 수 있는 일이다. 요리사가 알아서 다 해주기 때문에 무엇을 먹고 싶은지조차 말하지 않는다.

홀리는 대부분의 시간을 등반에 관한 인터뷰에 쏟아붓는다. 전 세계 등산잡지, 즉 미국의 『아메리칸 알파인 저널 American Alpine Journal』과 스페인의 『데스니벨Desnivel』, 독일의 『클레테른Klettern』 같은 잡지와 신문에 글을 기고하는데,

노멀 루트로 오르는 원정대 관련 기사 대신 평범치 않은 원정대의 도전을 더 자세히 다룬다. 캠프를 어디에 설치했는지, 즉 크레바스 안인지, 돌출된 바위 옆인지, 또는 레지[17]Ledge인지 정확하게 묻는다. 그리고 이런 사실을 토대로 기본 정보를 구축한다.

홀리의 질문서 양식은 해를 거듭하면서 조금씩 발전했다. "이메일 주소가 어떻게 됩니까?"라는 질문은 『아메리칸 알파인 저널』 편집장인 크리스티안 벡위스Christian Beckwith의 제안을 받아 도입한 것이다. 국적을 묻는 질문은 소련처럼 큰 나라가 작게 쪼개지면서 생긴 복잡한 문제 때문에 시민권을 묻는 질문으로 변경됐다. 아나톨리 부크레예프[18]Anatoli Boukreev가 대표적인 예다. 질문서에 러시아인이라고 기입하자, 홀리는 카자흐스탄 여권으로 여행 중이라는 사실을 지적했다. 그러자 부크레예프는 "하지만, 나는 러시아인입니다!"라고 주장했다. 사실 그는 부모가 모두 러시아인이었지만, 카자흐스탄에 살고 있었다. 셰르파가 네팔인이 아니라 셰르파라고 기입하는 것처럼 소련 체제하에서 부크레예프는 부모의 국적에 따라 러시아인이라 기입한 것이다. 홀리는 '유태

---

17 암벽의 일부가 선반처럼 튀어나온 것으로 테라스보다는 좁은 개념이다.

18 카자흐스탄 태생의 러시아 산악인(1958~1997). 8천 미터급 고봉 14개를 모두 올랐는데, 그중 10개를 무산소로 올랐다. 1996년 에베레스트 대재앙 때 많은 사람을 구했다.

인'도 하나의 국적으로 분류했다. 옛 소련 체제 공문서가 이들을 소련인이 아닌 유태인으로 분류했기 때문이다. 어떤 사람은 국적을 묻는 질문에 '집시'라고 써 놓기도 했다.

대개의 사람들은 신상 정보란에 이 모든 것이 다 필요한지 물었고, 모두 써야 한다는 그녀의 고집에 화를 내기도 했다. 왜 이런 정보가 필요할까? 무사히 돌아오지 못하는 산악인들이 있을 경우, 기자로서 사망기사를 작성해야 하기 때문이다.

8천 미터급 고봉 원정을 20번이나 이끈 미국의 산악인 데이브 한[19]Dave Hahn은 모든 원정의 시작과 끝에 홀리를 만났다. 그는 문서 양식을 시대의 변화에 맞추지 않는 홀리의 태도를 지적하면서 빙그레 웃었다. 질문서에 '여자 친구와 동거 중'이라는 항목은 있지만, '남자 친구와 동거 중'이라는 항목은 아직까지도 없다. 이처럼 추가해야 할 항목이 많지만, 홀리는 변화의 필요성을 느끼지 못하고 있다. 한번은 한 여성 산악인이 '여자 친구와 동거 중'이라는 항목에 표시를 했다. 홀리는 실수로 표시했다고 생각하고 고쳐 놓았다. 하지만, 등반에서 돌아온 여성 산악인은 '여자 친구와 동거 중'이 맞다며 웃었던 일도 있었다.

---

19 전문 등산 가이드이자 저널리스트, 강연자(1961~). 에베레스트를 15번, 미국 알래스카의 디날리를 21번 등정했다.

홀리는 네팔과 인근 지역에 있는 고산을 오르는 모든 원정대를 다룬다. 이유는 '에베레스트를 절반만 뚝 떼서' 다룰 수는 없기 때문이다. 인터뷰 작업은 매년 3개월 반 정도 걸린다. 등반 시즌은 봄, 가을, 겨울 세 시즌으로 구분되는데, 봄 시즌이 가장 분주하다. 봄 시즌은 날씨가 좋고 따뜻한 편이지만 몬순이 시작되는 시기라 위험이 도사리고 있다. 등반 시즌 동안 홀리는 '깨어 있는 시간 절반'을 인터뷰와 등반 결과를 기록하는 데 할애한다.

미국의 산악인 에드 비에스터스는 가끔 호텔에 체크인을 하자마자 울리는 전화벨 소리를 좋아했다. "우린 홀리의 전화를 기다려요. 즐겁거든요." 홀리가 산악계의 최신 소식을 들려주면, 그도 알고 있는 정보로 화답한다. 대부분은 비교적 편하게 대하지만, 가끔 까다롭게 굴면서 무엇인가를 알려고 들들 볶아대기도 한다. 한번은 원정대에서 설치한 2캠프의 위치를 교차심문하며 캐물은 적이 있었다. 그는 기억이 잘 나지 않는다고 말했지만, 홀리는 분기별 등반 보고서 작성을 위해 정확한 캠프의 위치를 알려달라고 집요하게 물고 늘어졌다. 그래서 대충 대답했는데 불행히도 그 위치가 아니었다. 이 실수로 그는 홀리에게 호된 꾸지람을 들어야 했다. 비에스터스는 돌이켜 보니 재미있는 기억이라고 말했다. 홀리는 항상 약속 시간에 맞춰 호텔에 도착했는데, 언제나 '잘 손질된' 머리에 깔끔한 모습이었다. 사실, 그 역시 홀리를 만날 때면 옷을 제대로 갖춰 입고 머리도 단정하게 만졌다. 그는 일반적인 예의와 존중 차원에서 깔끔하게 차려입었지만, 인터뷰할 때 무엇을 어떻게 말할지 그 내용과 방식에 있어서 반드시 신중해야 한다는 것을 본능적으로 알았다고 했다.

하지만 모두가 비에스터스처럼 협조적인 것은 아니다. 유명 산악인 찰스 휴스턴 박사의 아들이며, 의사이자 산악인인 로빈 휴스턴Robin Houston은 홀리의 인터뷰를 여러 번 지켜 본 경험이 있었다. 홀리를 어려워해서인지 사람들은 대체로 관심과 존중을 나타내는 데 주저했다. 그러나 해박하고 경험 많은 산악인들은 협조적이었고, 홀리의 정확성과 근면 성실함에 존경을 표했다. 또한 그녀가 자신들의 등반 이야기를 쉽게 전달해 줄 수 있도록 해 준다는 사실을 고맙게 생각했다. 홀리가 등반 계획과 소식을 미리 알고서 직접 찾아오니 발품을 팔 필요도 없었다. 이들이 해야 할 일은 단지 등반의 목적을 밝히고, 정확한 등반 정보를 제공하며, 실제로 무슨 일이 일어났는지 말하는 것이다. 그러면 나머지는 홀리가 조심스럽고 정확하게 처리해 준다.

텐징 노르가이[20]Tenzing Norgay의 손자 타시 텐징Tashi

20　네팔 셰르파족 산악인(1945~1986). 1953년 세계 최초로 힐러리 경과 에베레스트 등정에 성공했다. 1935년 에릭 십턴이 이끄는 영국원정대에 포터(짐꾼)로 참

Tenzing은 일부 산악인들이 협조하지 않으려는 이유를 이해하지 못한다. "홀리가 자신들의 소중한 시간을 빼앗는다고 생각하나 봐요. 사실은 시간을 벌어 주고, 시간과 공을 들여 정말 중요한 정보를 정확하게 기록해 주는데 말이죠."

하지만 어떤 사람들은 홀리가 차갑고 무시하는 태도를 지니고 있다고 귀띔했다. 미국의 산악인이자 영화 제작자인 데이비드 브리셔스[21]David Breashears는 읽어야 할 책을 읽지 않았다며 그녀가 누군가를 꾸짖는 소리를 엿들은 적이 있었다. 오만할 정도로 상대를 무시하는 홀리의 모습은 상당히 공격적이었다. 이것은 공손하고 호의적인 네팔 직원들을 오랫동안 두었기 때문인데, 어떤 사람들은 바로 이런 홀리의 태도를 몹시 거슬려 했다. 브리셔스는 이것이 바로 홀리가 가진 유일한 단점이라고 말했다.

호주 출신의 산악인 그렉 차일드[22]Greg Child는 멘룽체Menlungtse에 갔다 온 후 인터뷰한 이야기를 들려줬다. 정상

가한 이래 고소포터로 능력을 인정받았고, 1952년 스위스 원정대 정식 대원으로 8,500미터까지 올랐다. 에베레스트 초등 후, 인도 다르질링에서 히말라야 등산학교의 훈련 감독관을 지냈고, 1978년 트레킹 회사를 설립했다.

21 미국의 산악인이자 영화 제작자, 작가(1955~). 1985년 등산 가이드로 리처드 베스를 에베레스트 정상에 올려 최초로 '7대륙 최고봉' 등정을 도왔고, 미국인 최초로 2번 이상 에베레스트를 오른 기록을 세웠다.

22 호주의 산악인이자 작가(1957~). 많은 매체와 등산 관련 잡지에 글을 기고하고 있다.

에 올랐는지 물어 아니라고 대답했더니 "흠, 거기 쉬운 곳인데…."라고 말한 뒤 주문한 차가 나오기도 전에 그냥 떠나 버렸단다. 인터뷰를 하고 싶은 다른 누군가가 있을 것이라고 생각했지만, 그녀는 자신을 만나러 온 것이었다. 그는 홀리를 한마디로 '골치 아픈 노인네'라고 표현했다.

홀리의 인터뷰를 여러 차례 지켜본 휴스턴은 그녀가 복잡하고 논란 많은 등반의 진상을 규명하기 위해 노력하던 모습을 떠올렸다. 보통 홀리는 같은 원정대라 하더라도 많은 사람을 만나 이야기를 듣는다. 특히 신기록이 의심되거나, 원정대 내 불화가 있는 경우는 다른 관점으로 보고 진실을 알기 위해, 또한 제3자의 관점에서 자료를 만들기 위해 많은 인터뷰를 한다. 휴스턴은 그녀가 서미트 호텔에 앉아 젊은 산악인에게 거친 질문을 해대며 '심문'한 장면을 기억하고 있었다.

내가 며칠간 관찰한 모습도 바로 그랬다. 펨바 도르제를 인터뷰한 후 홀리는 탐정가가 되어 그 시간대에 에베레스트 북쪽을 오른 사람이 있는지 파일을 뒤지기 시작했다. 불가리아 산악인이 실종된 동료를 찾으러 8,500미터까지 올랐을 뿐, 그날 정상에는 단 한 명도 오르지 못했다. 홀리는 기록을 확인하다, 펨바가 마지막 캠프 위쪽에서 헤드램프 불빛을 봤다는 주장을 발견했다. 그녀는 불가리아 원정대 파일을 다시 뒤져 한 사람이 실종된 동료를 찾기 위해 그날 밤 밖에 있었다는 사실도 알아냈다. 펨바는 3개의 헤드램프 불빛을 봤다는데, 이들은 대체 어디서 올라왔을까? 머리가 복잡해지자 홀리는 잠시 이 문제를 뒤로 제쳐놓았다.

홀리는 그날 밤 늦게 북쪽에서 에베레스트를 올랐던 셰르파 출딤을 떠올리고, 그 상황에서 헤드램프 불빛을 볼 가능성에 대해 물어 봐야겠다고 생각했다. 이틀 후, 출딤은 소파에 앉아 사진을 자세히 들여다보고는 "정상에서 그쪽 면을 볼 수는 없습니다."라고 단호하게 말했다. 작은 능선이 시야를 가려 북쪽에서 올라오는 헤드램프 불빛을 보는 것은 불가능하다는 것이었다.

퍼즐은 풀리지 않았지만, 집념의 홀리는 포기를 몰랐다. 이제 베이스캠프에 있는 '사가르마타 오염 감시위원회' 직원 누루 장부Nuru Jangbu와 밤새 교신했다고 주장한 펨바의 등반 일지가 사실인지 본격적인 조사에 착수했다. 히말라야의 형사이자 살아 있는 기록자, 엘리자베스 홀리가 인정사정없는 질문, 꼼꼼한 사실 확인 작업과 지칠 줄 모르는 진실 규명 노력에 나선 것이다.

함께 10일 이상을 보내는 동안, 나는 홀리가 정치와 역사에 대해 무한한 관심을 갖고 있고, 좋은 교육에 대한 확신이 있으며, 세계 곳곳을 여행했고, 온라인 친구가 많고, 확고

한 직업윤리를 갖고 있다는 것을 알아냈다. 특출한 유머 감각은 물론 히말라야 등반에 대한 폭넓은 지식도 지니고 있었다. 오스트리아의 산악인이자 영화 제작자인 쿠르트 딤베르거[23]Kurt Diemberger는 내게 이렇게 말한 적이 있다. "홀리가 입을 열기만 한다면, 산악인에 관한 책 한 권 분량 정도는 뽑아낼 수 있을 겁니다. 당신을 위해 그렇게 해 줬으면 좋겠네요." 그랬다. 홀리가 입을 열고 이야기를 풀어내 놓자, 완전히 새로운 관점의 네팔 등산역사가 열리기 시작했다.

---

23 오스트리아의 산악인(1932~). 1957년 브로드피크, 1960년 다울라기리를 초등했다.

제3장

홀리의 성장 배경

직업으로 삼고 싶지 않은 단 한 가지,
그것은 누군가의 비서가 되는 것이었다.

홀리의 출신 배경은 많은 추측을 불러일으켰다. 미국의 일부 산악인들은 그녀가 영국인이 틀림없다고 생각했다. 어떤 사람들은 미국인이기는 한데 이미지 연출을 위해 영국식 억양과 말투를 사용한다고 미루어 짐작했다. 또는 보스턴 출신이 틀림없다고 주장하는 사람들도 있었다. 하지만 홀리의 조카는 '메이플라워호'를 타고 온 영국계 이민자의 후손이라 무뚝뚝하고 윗입술이 뻣뻣하다고 설명해 주었다.

　속을 꿰뚫어 보는 듯한 홀리의 시선에 두려움을 느끼며 자세한 가족사를 물었는데, 그녀는 놀랍게도 아주 기꺼이 대답해 주었다. 집안 가계도와 가족관계를 설명하고, 사진과 편지를 보여 주면서 지난 이야기를 들려주었다. 그녀의 기억은 생생하고 강렬했다. 수십 년 전에 쓰인, 수천 통의 편지들 가운데 하나를 읽어 보고선 그때의 이야기를 해주었다. 그리고 그 이야기가 끝나면 또 다른 이야기를 이어갔다. 그러다 보니 1시간이 훌쩍 지나갔다.

홀리의 외할아버지 에드워드 에버렛 고어는 광산촌인 일리노이 주 칼린빌Carlinville 태생으로 블랙번대학을 거쳐 일리노이 주 잭슨빌에서 경영 과정을 수료한 뒤, 칼린빌 법률사무소에서 4년간 '법률 지식'을 쌓았다.

1895년 회계사 일자리를 소개받은 외할아버지와 외할머니 아만다는 첫째 딸 플로렐과 함께 시카고로 이사했다. 하지만 외할아버지는 출근을 하자마자 일자리가 없어졌다는 뜻밖의 말을 들어야 했다. 외할아버지는 큰 충격을 받았지만 잠재된 사업가 기질을 발휘해 사무소를 직접 열었다. 홀리는 당시의 이야기를 들려주면서, 외할머니는 생활력이 강했고 부족한 살림을 잘 꾸려 나갔다고 설명했다. 그러면서 자신은 이런 외할머니의 기질과 정신을 물려받았다고 했다.

외할아버지는 교육과 공공사업에 적극적인 관심을 기울인 덕분에 시카고의 사업계와 시민사회에서 지도자 역할을 했다. 그는 '시카고 범죄위원회' 위원장을 지내던 중 마피아 두목 알 카포네[24]와 그의 일당으로부터 몇 차례 생명의 위

24　미국 시카고를 중심으로 조직적인 범죄단을 이끌었던 유명한 갱 두목

협을 당한 적도 있었다. 그러나 그는 갱과의 전쟁이 최고조에 달하던 무렵 시카고 폭력배들을 기소하는 데 도움이 될 만한 증거를 모으는 비밀그룹인 '비밀 6인회'를 조직하기도 했다.

외할머니 아만다는 대학을 졸업한 엘리트 여성이었다. 홀리의 어머니 역시 대학교육을 받았는데, 그 당시에는 흔치 않은 일이었다. 홀리는 외할머니가 긴 머리를 올려 쪽머리를 하는 모습을 지켜보는 것을 좋아했다. 그리고 외할아버지 무릎에 앉아 달콤한 초콜릿을 함께 먹던 기억을 떠올렸다. 외할아버지는 매주 금요일 오후 4.5킬로그램의 초콜릿을 사 왔는데, 월요일 아침이면 모두 다 없어지곤 했다.

이들의 첫째 딸이자 홀리의 어머니인 플로렐은 1894년생으로, 두 이모인 플로라와 신데렐라에서 따온 흔치 않은 이름의 소유자였다. 어머니는 그 이름을 싫어했고, 의미를 묻는 사람들의 질문에 피곤해했다. 그녀는 노스웨스턴대학 영문학 과정을 최우수로 졸업하고, 1930년대 중반 '여성 유권자동맹'에서 일했다. 홀리도 어머니처럼 뉴욕 주에 있는 이 단체에서 회계 담당자로 일했었다고 한다.

아버지 쪽은 영국 이민자 후손으로 17세기에 코네티컷에 도착, 홀리빌에 정착했다. 아버지 프랭크도 1893년 이곳에서 태어났다. 프랭크와 플로렐은 노스웨스턴대학에서 만나 사랑에 빠졌고, 결혼에 성공했다. 프랭크는 제1차 세계대전 당시 해군에서 복무한 후, 회계사 자격증을 취득해 부친 소유의 시카고 회계사 사무소에서 일했다. 그래서 이들 부부는 시카고 근교 라 그랜지La Grange에 터를 잡았다.

엘리자베스 앤 홀리Elizabeth Ann Hawley는 1923년 11월 9일 시카고에서 태어났다. 어린 홀리는 심각한 소화 장애를 앓아 거의 죽을 뻔했고, 결국 글루텐과 전분 거부반응이라는 진단을 받았다. 생일 파티를 좋아하는 어린 소녀에게는 슬픈 소식이었다. 케이크뿐만 아니라 아이스크림도 먹을 수 없었고, 대신 젤로[25]Jell-O를 만들어 먹어야 했다. 하지만 소화기관이 녹말 탄수화물을 받아들일 준비가 되면 언제든 다시 먹을 수는 있었다. 11세가 되던 해 으깬 감자를 먹어 봤는데, 글루텐 거부반응이 나타나지 않았다. 14세가 되던 1937년에 쓴 편지에서 홀리는 "할아버지, 지난 밤 파티에 갔어요. 재미있게 놀았고, 아이스크림과 케이크도 먹었어요!"라고 자랑하기도 했다. 불행히도 글루텐 거부반응은 70대가 돼서 다시 나타났고, 그녀는 디저트로 다시 젤로를 먹어야 했다.

홀리가 태어나고 나서 얼마 후에 가족은 뉴욕 남동부의 용커스Yonkers로 이사했다. 당시 가족은 부모님과 홀리 그리고 세 살 많은 오빠 존 이렇게 넷이었다. 오래지 않아 어머

---

25 과일 맛과 빛깔, 향을 낸 디저트용 젤리

니는 두 아이를 데리고 돌아가신 시아버지의 부동산 문제를 해결하기 위해 인디애나 주 헌팅턴으로 옮겨 갔다. 은행장을 지낸 할아버지가 유산으로 남긴 부동산 처리 문제는 혼란스럽고 복잡했고, 그 문제를 푸는 데만 4년이라는 시간이 걸렸다. 이 기간 동안 홀리는 아버지와 떨어져 살았다. 이 때문에 홀리는 아버지에게 친밀감을 강하게 느끼지 못했다. 아버지를 사랑하기는 했지만 어머니만큼 깊은 유대감은 없었다.

　홀리의 집안 분위기는 엄격하지도 종교적이지도 않았다. 하지만 사회적 지위 때문에 일요일이면 주일학교에 참석해야 했다. 홀리는 바로 이곳에서 뭔가에 의구심을 품는 태도를 갖기 시작했는데, 이런 성향은 평생 지속됐다. 겨우 네 살인 홀리는 어느 날 주일학교에서 이런 노래를 따라 불러야 했다. "땡그랑, 땡그랑, 땡그랑/ 동전이 떨어지는 소리를 들어봐./ 이 모두가 예수님을 위한 것이야./ 예수님이 모두 거두어들여 가질 거야." 그때 아주 현실적이던 홀리는 혼자 이렇게 생각한다. '예수님은 동전을 거두어들이지 못할 거야. 살아 있는 사람이 아니니까. 내 동전을 갖지 못할 거야.' 어린 시절의 홀리는 스포츠 활동에 그다지 적극적이지 않았다. 대신 바느질과 망치질, 나무 쪼개기 등 실용적인 소일거리를 즐겼다. 홀리는 사람들과 잘 어울리지 않는 외톨이였다. 하지만 오빠는 홀리보다 사교성이 뛰어나 쉽게 사람들과 어울렸고, 동생을 자주 놀렸다.

홀리는 미네소타 주 미네통카Minnetonka 호수에 위치한 증조할아버지 소유의 집에서 보낸 여름휴가를 기억하고 있었다. '푹푹 찌는 무더운' 날씨에 대가족이 호숫가에 모였는데, 당시에는 잘 알려지지 않은 아름다운 곳이었다. 대공황 시절이라 비포장도로에는 차들이 거의 없었고, 농부들은 말이 끄는 수레를 타고 다녔다. 부모의 감시나 책임감에서 벗어난 아이들은 새벽부터 해질녘까지 숲속을 헤매며 놀았다.

부동산 문제가 정리되자, 어머니는 애들을 데리고 남편이 살고 있는 미시간 주 디트로이트 외곽의 버밍엄으로 이사했다. 홀리는 이곳에서 초등학교를 다녔다. 하지만 소아마비 전염병으로 학교가 문을 닫자 안전을 위해 할머니 댁으로 피신했는데, 이동하는 동안 홀리는 잠을 이루지 못한 채 열병을 앓았다. 그리고 오른손을 어깨 위로 올릴 수 없게 됐다. 이럴 경우 대체로 팔을 쓰지 말라고 하지만, 다행스럽게도 홀리를 치료한 의사는 좀 더 현대적인 치료법을 알고 있어 팔이 기형으로 변하는 것을 막아 주었다. 그 의사는 하루 23시간 동안은 팔을 움직일 수 없도록 고정해 주었다. 어머니는 매일 밤 1시간가량 고정 장치를 풀고 마사지를 하면서 최대한 팔을 움직여 주었다. 이렇게 3개월 반 동안 치료를 받고 홀리는 팔을 움직일 수 있게 됐다. 가족들 말에 따르면, 당시

버밍엄에서 소아마비에 걸린 환자는 모두 3명이었다. 그중 1명은 사망했고, 1명은 영구 마비가 됐으며, 1명은 완치됐는데, 그게 바로 홀리였다.

그 후 가족은 아버지의 사업 전망이 더 나아 보이는 뉴욕으로 이사했다. 이사를 하기 전, 홀리의 부모는 학군이 가장 좋은 곳을 조사했고, 마침내 스카스데일Scarsdale로 위치를 정했다. 어머니는 아주 훌륭한 학교라고 생각했다. 왜냐하면 그곳에서 홀리의 미국 중서부 사투리 억양을 고쳐 주었기 때문이다.

홀리의 가족은 이후 몇 차례 더 이사를 하지만 대체로 쾌적한 집에서 살았다. 마지막에 산 곳은 골동품과 책으로 가득 찬 넓은 집이었지만, 이들은 꽤 소박한 생활을 유지하며 지역 도서관을 아주 잘 활용했다. 가족의 친구들은 선물을 해야 할 경우 고민을 깊게 하지 않았다. 책을 사 주면 되었기 때문이다.

홀리는 책의 세계에 빠졌고, 끊임없이 책을 읽는 열렬한 독서가가 되었다. 18세 무렵 가족의 친구들과 우드스톡Woodstock에 머물렀는데, 매주 어머니에게 보낸 편지에 그해 여름 읽은 책 제목을 적어 넣었다. 읽은 책으로는 『히틀러와 비즈니스 하지 마라You Can't Do Business with Hitler』,『노르웨이에서 보았네I Saw It Happen in Norway』,『하얀 절벽The White Cliff』

을 적었고, 읽을 책 목록에는 『유럽의 봄Europe in the Spring』이 있었다. 오빠 존은 프린스턴대학을 다니는 훌륭한 학생이었지만 책벌레는 아니었다. 사교성과 운동 신경이 뛰어났던 존은 프린스턴대학교 조정부에서 활약했다.

3년 후, 홀리는 뉴욕 사케츠Sackets 항구에 위치한 캠프에서 여름휴가를 보냈다. 매주 어머니에게 쓰는 편지 — 평생 습관이 되는데 — 에서 홀리는 수영, 승마, 게임, 소풍 등 좋아하는 취미로 짜여진 일정에 대해 복잡한 심경을 전했다. 어머니가 캠프에서 무엇을 먹는지 알고 싶어 하자, 홀리는 상상의 여지를 남기지 않고 어릴 적 좋아했던 것을 이렇게 적어 보낸다.

아침: 토마토 주스 1잔, 버터 2스푼, 우유 1잔, 바나나 1개
점심: 감자 샐러드, 물, 빵과 버터, 산딸기와 블랙베리
저녁: 삶은 콩 요리(좋아하지 않음), 물, 빵과 버터, 땅콩을 곁
　　　들인 초콜릿 캔디 바

그러면서 캠프 체험은 "좀 낯설지만, 그래도 좋아요."라고 한마디로 정리했다.

고등학교 시절, 부모님은 버몬트 주 도싯[26]Dorset 그린 마

---

26 미국 북동부의 버몬트 주 남서쪽에 있는 도시. 예술가와 작가의 피서지로 유명하다.

운틴에 있는 오래된 여름 별장을 구입했다. 할로우 로드 끝에 있어 "할로우스 엔드Hollow's End"라고 불린 이 별장에서 부모님은 가족모임을 갖고, 집과 넓은 대지를 끊임없이 손질하며 즐거워했다. 홀리는 별장을 수리하는 동안 몇 시간이고 목수들이 일하는 모습을 지켜봤고, 필요한 물건들이 만들어진다는 사실에 감탄했다. 가족과 함께 숲속을 산책하고 돌을 줍기도 하면서 휴식을 취했다. 가끔 아버지와 하이킹을 즐겼는데, 그녀는 훗날 이것은 등산이 아니라 하이킹이라는 점을 분명히 했다. 가장 높이 오른 곳이 1,219미터에 불과한 맨스필드 산이었기 때문이다. 홀리는 도싯 주변 산들을 사랑했다. 그런데 먼 훗날 카트만두 주변에도 그런 산들이 있었다.

홀리는 어머니와 사이가 더 가까웠으나, 인생에 영향을 끼친 인물로 아버지의 존재감을 무시하는 것은 온당치 않다. 어떤 사람은 홀리의 아버지가 일에만 집중하는 전형적인 회계사라서 가족에게는 무관심한 인물이었다고 묘사한다. 하지만 홀리가 아버지와 주고받은 편지에는, 딸의 일과 교육, 친구에 대한 활발하고 구체적인 관심이 드러나 있다. 아버지는 딸이 만나고 싶어 하거나, 도움이 될 만한 사람들에게 딸을 소개시켜 줬다. 그의 투철한 경제관념은 가족에게 축복이었다. 특히 그는 전쟁 중에 안락한 중산층의 삶 — 도싯의 여름 별장과 두 자녀를 대학에 보내는 경제력 — 을 유지하기 위해 고군분투했다. 그래서 그는 가장 작은 단위의 지출까지도 고민했다. 1942년 아내에게 보낸 편지에는 그의 고뇌가 여실히 드러난다. "우리 예산을 몇 시간이고 생각해 봤는데, 여기서 이걸 줄이고 저기서 저걸 좀 짜내면서 마침내 우리가 따라야 할 예산안을 만들었다오."

어린 소녀였지만, 홀리는 상당히 부유한 집안에서 태어난 것을 행운으로 느꼈다. 하지만 자신은 ― 지금에 와서 생각해 보니 ― 부모님이 안락한 삶과 좋은 교육을 제공하기 위해 견뎌야만 했던 고생을 제대로 이해하지 못한 것 같다고 고백했다.

고등학교 시절 문법모임을 특별히 좋아했던 홀리는 '아주 훌륭한 학생'이었다. 그녀는 선생님이 질문지를 나눠 줄 때 긴 종이를 피할 정도로 경쟁하기를 좋아했다. 긴 종이에 적힌 질문들이 더 어려웠기 때문이다. 한 고등학교 선생님이 졸업 후 무엇을 하고 싶은지 반 학생 모두에게 물었다. 홀리는 모르겠다고 대답했지만, 되고 싶지 않은 한 가지는 알고 있었다. 직업으로 삼고 싶지 않은 단 한 가지, 그것은 누군가의 비서가 되는 것이었다. 그녀는 여성의 고정 역할을 경멸했기 때문에 일부러 속기나 타자 기술을 배우지 않았다. 시간이 흐른 후, 제60회 고등학교 동창회 ― 홀리는 이 모임에 나가지 않았는데 ― 소식지에 동창생들의 다양한 활약을 소개하는 뉴스가 실렸다. 그때 한 동창생이 쓴 내용은 다음과 같았다. "홀리의 직업은 에베레스트와 네팔의 고산을 등반하려는 산악인들과 인터뷰하는 일이다." 결국 그녀는 비서가 되지 않겠다는 다짐을 실천한 것이다.

1941년 홀리는 미시간대학교에 입학했다. 그녀는 60년 전의 이 인격 형성기에 대한 이야기를 하면서 자신이 만난 사람들, 수업과 사건들을 마치 어제 일어난 일처럼 선명하게 떠올렸다.

홀리는 당시 정치학, 영어, 동물학, 역사 강의를 열심히 들었다. 교수를 까다롭게 골랐는데, 슬로슨Slosson 교수를 선택한 것은 가장 보람 있는 성과였다. 그는 저명한 역사 교수이자 숭배에 가까운 존경을 받는 학자였다.

오리엔테이션 기간 동안 치른 시험에서 홀리는 영어에서 상위 4%, 적성검사에서 상위 7%를 차지했다. 대학 1학년 첫 학기의 가장 큰 사건은 여학생 클럽의 입회 권유 사교행사였다. 14개 클럽으로부터 오픈 하우스에 초대를 받았던 홀리는 몇 군데서 다시 방문해 달라는 초청을 받고 기뻐했다. 몇 군데 중 가장 흥미로운 곳은 알파 시 델타Alpha Xi Delta 클럽이었다. 기숙사의 전화가 쉴 새 없이 울렸고, 여학생들은 가능한 한 최고의 사교클럽 회원이 되기 위해 쟁탈전을 벌였다. 하지만 홀리를 위한 사교클럽은 없었다. 어느 곳으로부터도 초대 받지 못한 것이다. 한편으로는 안도감도 들었다. 모든 활동을 하면서 아주 다정한 소녀들과 함께 사는 것은 상상할 수 없었다. 어머니는 여학생 사교클럽에 가입하지 못한 것에 별로 신경 쓰지 않았지만, 할머니는 실망감을 드러냈다.

10월에 많은 특강과 콘서트가 열렸다. 홀리는 영국 노동법부터 유럽 전쟁, 교향곡에 이르기까지 여러 방면에 호기심을 드러냈다. 하지만 관심을 보이지 않는 동료 학생들에게는 실망했다. 비록 노골적으로 드러내지는 않았지만, 홀리는 어머니에게 보낸 편지에서 "엄청 인위적인 삶을 살고 있는 것처럼 보여요. 신문도 읽지 않고, 세상에 무슨 일이 일어나는지도 모르고, 최소한의 관심도 없어요. 전쟁이 없는 다른 세상에 살고 있는 것 같아요."라고 말했다. 또한 일본 전투기가 미 태평양함대를 침몰시켰을 때 기숙사에 있는 학생 몇 명이 진주만이 어디냐고 물었다며 실망감을 표출했다.

홀리에게 대학은 책과 시험만이 전부인 곳은 아니었다. 대학 시절 초기에 상대방을 콕콕 찌르는 특유의 유머 감각이 발현되기 시작했다. 어머니에게 남자와 교제할 것이라면서 "동네잔치를 크게 열어 주세요. 다음 주 토요일 춤을 출 거예요. 파트너는 2학년 학생인데 인디아나 주 로체스터 출신으로 변호사가 될 사람이에요. 아주 훌륭하진 않지만 룸메이트가 될 수도 있답니다."라고 말했다. 한편, 자신이 책을 너무 좋아하는 것처럼 보일까 봐 다른 학생들처럼 자신의 허리 사이즈 — 저녁을 먹으면 0.7인치 정도 변화가 있었지만 — 같은 민감한 이슈에 신경을 쓰기도 했다. 그리고 노란색 스웨터, 공연 관람용 신발, 체크무늬로 된 스코틀랜드풍 스커트, 막 발간된 칼 판 도런의 『미국 혁명의 비밀역사』 등을 화제로 삼기도 했다. 어머니는 뉴욕에서 다양한 옷을 사다 주었고, 홀리는 정확한 치수를 알려 주었는데, 언제나 '허리: 27.5, 엉덩이: 35.5, 가슴: 33인치'였다.

첫 중간고사 시험의 동물학, 정치과학, 역사에서 B학점을 받았는데, 홀리는 동물학을 싫어했다. 학기 말에도 B학점을 받았으나 역사에서는 A학점을 받아 안도했다. 아버지는 미시간대학이 보낸 축하 편지를 받았다. 교무과장은 그녀의 노력을 치하하고, 계속 좋은 성적을 낼 수 있을 것이라고 격려했다.

홀리는 숨 돌릴 새도 없이 다음 학기를 준비해야 했다. 수천 명의 학생에 비해 유명 교수가 적은 큰 대학이었기에 원하는 수업을 듣기가 힘들었다. 홀리는 어머니에게 "내가 아는 한 가장 냉혹한 학교 — 미시간대학교 — 와 싸우러 갑니다. 다시 말해서 수강신청 하러 가요."라고 하면서 "물방울이 바위를 뚫듯, 과연 내 불굴의 의지가 수강신청의 벽을 뚫을 수 있을지 지켜보세요!"라고 덧붙였다.

미지의 세계에 강한 호기심을 느낀 홀리는 인도에 관한 강연과 영화 상영회에 참석했다. 하지만 강연을 듣고 실망해 "만일 모든 것을 비꼴 의도가 있는 게 아니었다면, 이 강연은 얄팍하고 우스꽝스럽고, 뭔가 잘못됐어요."라고 어머니에게 말했다. 더 실망스러운 것은 친구들의 반응이었다. 친구들은 그게 재미있다고 생각했다. 하지만 홀리는 "'재미있기는 개뿔!' 그 강연은 무지막지한 여행기가 아닌 교육적인 강연이었어야 했어."라며 신랄한 평가를 내렸다. 홀리의 이 유명한, 성마르고 날카로운 화법은 당시에도 진화하고 있었다. 그녀는 수준이 아주 높은 편이었다.

사실, 수준에 맞는 강의는 없었지만 홀리는 슬로슨 교수의 강의를 들으며 갈증을 해소했다. 홀리는 슬로슨 교수를 좋아했고, 슬로슨 역시 홀리를 총애하면서 사교모임에 초대했다. 그곳에서 홀리는 전쟁과 교육, 경제, 정부, 또는 선택한 주제에 대해 집중적인 토론을 즐겼다.

슬로슨 교수의 강의는 형식과 내용면에서 최고였다. 역사와 형이상학을 융합시킨 그의 강의 덕분에 홀리는 특수 분야나 일반적인 사안을 쉽게 이해할 수 있었다. 그는 배움의 즐거움을 알게 해줬고, 살아 있는 지식을 알려줬다. 홀리는 슬로슨 교수의 식견에 감탄했고, 그의 집에서 보고 들은 모든 것을 소중하게 여겼다. 슬로슨 교수는 대단히 지적이고 심성도 좋은, 친절하고 재미있는 사람이었다. 홀리는 슬로슨 부인과 한동안 친하게 지냈지만 점차 사이가 멀어졌다. 부인의 지적 수준이 높은 편이 아닌 데다 '쓸데없는 잡담만 하는 사람'처럼 느껴졌기 때문이다. 가장 눈에 거슬렸던 것은 다른 사람 위에 군림하려 드는 성격이었다. 홀리는 그런 여성을 좋아하지 않았는데, '불쌍한 사람'이라며 한숨을 내쉴 정도였다.

당시 대학가의 비공식 토론과 공식 논쟁은 주로 제2차 세계대전에 관한 것이었는데, 슬로슨 교수의 관점은 홀리에게 큰 영향을 미쳤다. 그는 평소와는 다르게 이 주제에 대해서만큼은 객관적인 관점을 취했다. 누가 전쟁에서 이기든지 간에 문명은 사라지지 않을 것이고, 전후에 얻는 결과가 ― 정도의 차이일 뿐이지 ― 순수한 민주주의의 형태는 아닐 것이라고 주장했다. 다른 사람들은 그의 의견에 동의하지 않았다. 홀리는 이 논쟁에 어느 때보다도 훨씬 더 강한 호기심을 느꼈다.

홀리는 미국을 벗어나 해외로 관심을 돌리기 시작했다. 이것은 어느 정도는 주변 사람들(주로 교수진), 또 어느 정도는 강의와 토론 그리고 또 어느 정도는 전쟁 때문이었다. 그녀는 국내문제만큼이나 국제문제에도 관심을 기울였고, 독일에 맞서 싸우는 영국의 입장을 안타깝게 생각했다. 그래서 전쟁에 개입하기를 원치 않는 미국인들의 고립주의 관점에 반대했다.

또한 사회철학, 자유의 의미, 역사와 민주주의, 파시즘, 사회주의에 관한 유물론적 개념에 깊이 빠져들었다. 고급 역사 프로그램을 수강하고 싶었지만 교수의 추천이 필요했다. 홀리는 역사에 흥미를 느끼면 느낄수록, 과연 이 지식으로 무엇을 할지 고민했다. "역사를 가르치는 것이 유일한 답인가?" 현명하게도 19세의 홀리는 여유를 갖기로 결심했다. 왜냐하면 아직 미래가 실체를 드러내지 않아, 그 모습을 상상할 수 없었기 때문이다.

홀리에게는 점차 깨어 가는 자신의 의식을 공유할 친구들이 거의 없었다. 하지만 어머니와는 꾸준히 의견을 교환했고, 이것은 자신의 생각과 상상력을 발산할 수 있는 건전한 토대가 되었다. 대학 수업이 사고력을 키우는 데 훌륭한 자극제 역할을 했다. 하지만, 그녀는 "스스로 생각하고 싶은데, 그럴 시간이 없어요. 그렇지만 다른 사람의 생각을 모아 보는 것도 흥미로워요."라면서 어머니에게 교수의 시각에 너무 의존하게 된다는 문제점을 지적했다. 홀리는 어머니에게 보낸 편지를 통해 전쟁이 벌어지고 있는 현 상황에서 나름의 도덕질서 이론을 정립하고 시험해 보기 시작했다. 그리고 가족과 뉴욕, 여름 별장이 있는 도싯의 그린 마운틴을 그리워하며 가족과 집이 가장 중요하다면서, '그 어떤 것과도 바꾸지 않을 것'이라고 애정을 드러냈다.

홀리는 아버지와의 대화를 조금 힘들어했다. 아버지가 수학이나 미적분학과 같은 실용적인 학문을 공부하라고 강요했기 때문이다. 그녀는 잠시 아버지의 비위를 맞추기는 했지만 결국 자신의 뜻대로 밀고 나갔다. 실망한 아버지는 '이기적이고 비애국적인' 처사라고 야단쳤다. 그러면서 전쟁에 실제로 기여할 수 있는 공장 작업에는 미적분학과 다른 실용적인 과정이 도움이 될 수 있다고 지적했다. 그녀는 아버지와 몇 달에 거쳐 치열한 논쟁을 하면서 현재 역사 공부에 매진하는 것이 '평화를 쟁취'하는 데 있어 더 나은 방법이라고 주장했다. "만일 이것이 반역이라면, 최대한 즐길 겁니다." 그녀는 이렇게 쏘아붙이기도 했다.

홀리는 데이트도 꾸준히 즐겼다. 하지만 머리가 반 벗겨진 졸업생, 담배를 권하는 프랑스인, 집까지 걸어서 바래다준, 사람 좋은 건축가… 어느 누구도 마음에 들지 않았다. 그러다 프레드라는 젊은 남성과 데이트하기 시작했다. 영화를 보고, 춤을 추고, 오랜 시간 산책을 즐겼다. 함께 있는 시간이 즐거웠고, 그의 지적인 면을 좋아했다. 하지만 특별히 흥분이 되거나 매력적인 존재는 아니었다. 특히 보수적인 정치 시각이 마음에 들지 않았다. 그녀는 의견 충돌 직전의 '위험한' 감정이 들 때면, 와인을 마시면서 그 감정을 억누르기도 했다. 청혼을 받았지만 결혼할 생각이 없었다. 특히 프레드와는 더더욱 결혼할 생각이 없었다. 그러나 만남은 계속 이어갔다.

홀리는 오빠와 달리 스포츠에 관심이 없었다. 하지만 미식축구의 모든 홈경기는 관전했다. 특히 어머니 학교와의 시합에서 승리하자 어머니를 이렇게 놀려댔다. "분명 이렇게 묻겠죠. 뭐 그리 대단한 승리라고 난리야?" 그녀는 특별 강의와 이벤트를 담당하는 학생회 조직인 '전후위원회Post War Council'에서도 활동했다. 이곳에서 기획한 다양한 프로그램 목록에는 철학자 버트런드 러셀과 베토벤 전문가, 피아니스트 아르투르 슈나벨의 강연도 있었다. 홀리는 특히 전쟁과 관련이 있는 '증오'와 같은 주제를 훌륭한 논쟁으로 이어갈 학생-교수 간의 주기적인 토론을 조직하는 데 중요한 역할을 했다. 토론에서 전쟁을 승리로 이끌기 위해서는 조직화된 더 많은 증오가 필요하다는 주장이 나왔지만, 그녀는 동의하지 않았다. 영국의 처칠 총리 역시 해결책으로 보지 않았다. 그녀는 "처칠은 미래를 내다보지 못하는 것 같다."라고 하면서 이렇게 결론을 내렸다. "영국인들은 갈팡질팡하면서 우수한 인재 기용을 기피하고 있다."

홀리는 학생회에서 조직을 만드는 방법과 운영을 배울

수 있었다. 그녀는 집행위원회에 결원이 생기자 임시 위원으로 참여했다. 전략적인 측면에서 볼 때 교수와 대학 고문, 주요 결정권자 등 중요한 인사들과 가까이 할 수 있는 기회였다. 봄 학기에 위원장으로 선출됐고, 캠퍼스에서 가장 큰 기숙사 대표가 되어 달라는 요청을 받았다. 분주해진 홀리는 어머니에게 "나만큼 바쁜 사람은 루즈벨트 영부인 말고는 없을 거야."라고 투덜댔다.

하지만 직선적으로 말하는 성향이 있어 학생회 간부들과 마찰이 생겼고, 결국 소란 끝에 위원장직을 박탈당했다. 초청강사와 함께 연단에 설 수 없다는 규칙을 만들어 놓고서, 그 원칙을 위반하는 바람에 비난을 받은 것이다. 자신을 홍보하려는 목적으로 비춰지면서 위원장직에서 물러나라는 요청을 받았고, 대신 재무담당 자리를 제안 받았다. 실망감과 수치심에 휩싸였지만 어머니에게는 이렇게 말했다. "저 자신을 더 단련시켜 더욱 현명한 사람이 되겠습니다." 그리고 얼마 후 다시 지위가 강등됐는데, 이번에는 프로그램 위원장이었다. 하지만 홀리는 가치 있는 일이라 생각하고 학생조직에 열정을 쏟아부었다.

홀리에게 어머니는 지적인 논쟁 상대였을 뿐만 아니라 현실적인 문제도 해결해 주는 존재였다. 어머니는 딸을 위해 뉴욕에서 옷을 구입해 줬고, 옷 수선도 도맡아 해 줬다. 1943

년 1월 '양말 사건'이 일어났다. 홀리의 괴팍한 유머 감각은 이때 여실히 드러난다. 초록색 양말 한 짝을 집으로 보내면서 꼭 필요한 양말이기 때문에 수선해 달라고 간청했다. 양말에 대한 이런 집착을 어머니가 놀려대자 홀리는 자신을 이렇게 옹호했다. "제가 이 양말을 너무 너무 잘 길들여 놔서, 휘파람 소리에 따라 초록색이 다른 색으로 변하기도 하고 그래요." 그리고 꾸준히 어머니에게 먹을 것을 보내 달라고 부탁했다. "멀리 떨어져 있는 학교에 다니는 자식을 가진 부모가 어느 날 자식에게 특별한 이유 없이 먹을 것을 보내는 것처럼, 그냥 레몬 쿠키 한 박스와 퍼지(설탕, 버터, 우유로 만든 연한 사탕)를 받는다면 얼마나 멋질까!" 이렇듯 홀리는 원하는 것을 어머니에게 주저 없이 요구했다.

1943년 2월 기쁜 소식이 들려왔다. 역사학과위원회에서 우등학사 학위[27] 과정을 승인해 준 것이다. 그들은 홀리의 학점과 전쟁의 발발 원인을 분석한 논문을 높이 평가했다. 홀리 자신도 이 논문에 만족했다. 혼자서 연구하고 직접 자료 조사를 통해 자체적으로 결론을 도출해 냈기 때문이다. 19세의 소녀가 덤벼들기에는 복잡한 주제였지만, 그녀는 잘해냈다. 겉으로 드러나지 않는 사람들의 심리상태가 싸우려

---

27 원래 Bachelor는 학사, Honours는 우등학사로 학사 졸업자 중에 거의 다 A 성적을 받은 학생들이 Honours를 지원할 수 있으며, 보통 1년 과정이다.

는 의지를 만들고, 그래서 전쟁이 쉽게 일어난다고 파악한 것이다. 또한 전쟁을 피하기 위해서는 빌미를 제공하는 것보다 싸우고 싶어 하는 심리 자체를 제거하는 것이 중요하다고 강조했다.

어머니는 사람들이 법과 질서를 지키고 전쟁을 피하는 방법을 알면, 평화가 올 것이라는 견해를 제시하며 딸의 의견에 반박했다. 그러자 홀리는 어머니의 주장은 한계가 있다면서, 인류 공동의 목표인 평화를 위해 전 세계가 동맹하면 더 많은 것을 얻을 수 있다고 주장했다. 또한 법과 질서가 필요하다는 입장에 동의하지만, 진정한 평화를 위해서는 규칙에 복종하기보다는 창조적이고 역동적인 무엇인가가 필요하다고 말했다.

바로 이 시기에 홀리는 역사가의 역할을 정립하기 시작했다. 흥미롭게도, 이는 자신이 미래에 하게 될 업무에 대한 복선이었다. 홀리는 『뉴욕 타임스』에 "미국역사, 대학 필수과정으로 지정해야 하나"라는 제목의 글을 기고했다. 만일 역사를 정확하게 교육시키지 않는다면, 필수과목으로 넣는 것은 옳지 않다는 주장을 펼쳤다. 그러면서 고등학교 역사 교육은 상대적으로 중요한 역사 혹은 제대로 된 관점이 아닌 있는 사실만 가르쳤고, 그래서 나무만 볼 뿐 숲을 보지 못한다고 역설했다. 홀리는 역사적인 사실도 중요하지만, 그것을 이해할 수 있는 관점이 필요하다는 것을 느꼈다. 그러면서 사실을 배우는 것은 골동품 수집에 불과하다고 주장했다. 그녀는 진정한 역사가라면 맥락을 이해해야 한다고 생각했다. 하지만 홀리는 50년 후에 세계 산악계가 히말라야 등산역사를 기록하는 자신의 평생 작업을 둘러싸고 똑같은 논쟁을 벌일 것이라고는 꿈에도 생각하지 못했다.

이후 한 남자가 홀리의 인생 속으로 파고 들어왔다. 그 남자는 학생회 간부인 해롤드 속위튼Harold Sokwitne이었다. 함께 일할 기회가 많았던 둘은 사적으로 만나기 시작했다. 미시간 주 힐스데일 출신으로 큰 키에 머리색이 붉은 그는 종교적인 가풍 속에서 성장했고, 성직자를 꿈꾸는 사람이었다. 홀리는 성격이 활발한 데다 대화가 통하는 20세의 이 젊은이에게 푹 빠져들었다. 당시 남자 친구 프레드와도 계속 만나고 있었는데, 해롤드와 비교하자면 상당히 다른 사람이었다. 프레드는 함께 있으면 즐겁지만 칭찬이 너무 과한 편이었다. "프레드는 내 눈을 좋아했어요. 내가 뛰어난 사람이며, 굉장한 능력이 있는 사람이라고 생각했죠." 홀리는 그의 이런 태도가 너무 부담스러웠다. 반면 해롤드는 프레드처럼 세련된 매너도 없었고, 찬사를 늘어놓지도 않았다. 오히려 홀리의 결점을 완벽하게 꿰뚫고 있었다. 하지만 1943년 8월 해롤드에게 해군 입영통지서가 날아왔다. 홀리는 그와 디트로

이트에서 단 한 번의 마지막 밤을 멋지게 보낸 후 헤어졌다.

11월에 홀리는 역사학부에서 조교로 일했다. 출석을 확인하고 논문의 오자를 수정하는 일을 하면서 학기당 250달러를 받았다. 돈을 버는 것도 버는 것이지만, 인정을 받고 있다는 느낌이 들자 스스로를 자랑스럽게 여겼다. 그녀는 역사학부에서 일하던 중 슬로슨 교수 — 지금은 그냥 프레스턴이라고 이름만 부르는데 — 가 주선한 장소에서 종종 강연도 했다. 지역사업 단체와 전문여성 클럽, 로터리 클럽, 고등학교 같은 곳에서 깊은 관심을 갖고 있는 '국제문제'를 주제로 한 강연이었다.

업무가 계속되면서 슬로슨 가족과의 관계도 깊어졌다. 토요일 오후와 저녁 대부분을 그들과 함께 지냈는데, 밤새 이야기를 나눌 때도 있었다. 1944년 여름, 홀리는 어머니의 충고를 무시하고 교수 가족과 함께 지내기 위해 그곳으로 거처를 옮겼다.

홀리는 그해 9월 학교 공부를 마쳤다. 가족의 축하 속에 졸업식을 마쳤으나, 오빠 존은 심각한 병에 걸려 참석하지 못했다. 프린스턴대학에서 철학을 전공한 오빠는 콜롬비아 대학교 의대의 내·외과 대학에 진학해 뛰어난 성적으로 주목받았다. 그러고 나서 해군에 입대했는데, 결핵에 걸려 뉴욕주 레이크 플래시드Lake Placid 근처 트루도 요양원으로 이송

됐다가, 의병 제대했다.

졸업을 하기 직전, 홀리는 공부를 계속하기로 결심하고 대학원에 진학했다. 대학원생이 되자 강의수업은 이전보다 훨씬 줄어들었고, 대부분 개별 연구수업 형식으로 진행됐다. 이런 교육환경 속에서 홀리는 재능을 꽃피우며 성장했다.

전쟁의 양상이 바뀌기 시작하자 홀리는 안도의 한숨을 내쉬었다. 그녀는 이제 자신의 미래를 진지하게 고민하기 시작했다. 먼저, 해외로 나갈 수도 있고, 북대서양조약기구NATO와도 일할 수 있는 공무원 쪽을 생각해 보았다. 다른 한편으로는 국무부에서 일하는 것도 생각해 보았다. 하지만 국무부에 문의해 본 결과, 자격은 충분하지만 공석이 생기면 그 자리는 참전용사들에게 먼저 기회를 주기로 되어 있었다.

그때 오클라호마여자대학에서 교수직을 제안해 왔다. 대학총장은 '아름다운 심성과 매력, 고상한 매너, 사회적인 식견과 시대적인 소명을 성공적으로 수행하려는 의지와 능력을 지닌 유능한 젊은 여성을 성장시키는 것이 목표'라고 말했다. 홀리는 이 제안을 고려해 보았지만 그리 끌리지 않았다. 그 이유 중 하나는 대학 전체의 학구적인 분위기가 마음에 들지 않아서였다. 하지만 현실적으로 봤을 때 장차 다른 훌륭한 대학에서 교수직을 얻는 데 좋은 경험을 쌓을 수 있는 장점도 있었다. 또한 임시직도 아니고 승진할 가능성도 있다는 측면에서 보면 매력적인 제안이었다. 그러나 장점보다 단점이 더 많았다. 허허벌판에 위치한 작은 대학이었다. 어머니는 단호히 반대했다. 그곳에서 삶의 질이 떨어질까 봐 우려했던 것이다. 어머니의 의견이 우세했다. 따라서 홀리는 대학을 졸업한 후 오클라호마가 아니라 뉴욕으로 갔다.

오랫동안 치열하게 공부를 끝마친 홀리는 이제 익숙한 미시간대학을 떠날 준비를 해야 했다. 그녀는 만약 박사과정을 밟더라도 미시간대학에서는 하지 않겠다고 다짐했다. 무엇보다 지쳤고, 휴식이 필요했다. 편히 쉴 수 있는 곳으로는 도싯이 좋았지만, 일자리가 없다는 것이 문제였다. 홀리는 실천가라서 행동 계획을 갖고 움직이는 것을 좋아했다. 그녀는 할 일이 없으면 불안을 느꼈다.

제4장

『포춘』시절

산악계의 셜록 홈스

홀리를 직접 만나기 전, 사람들은 그녀가 사실을 있는 그대로 기록하기 위해 세부적인 것에 얼마나 신경 쓰고, 강하게 몰아붙이는지 귀띔해 주었다. 그게 바로 홀리 특유의 스타일이라는 것이었다. 1990년대에 몇 년간 홀리의 비서로 일했던 헤더 맥도널드는 홀리가 등반 내용을 자세히 캐묻고, 7,550미터인지 7,555미터인지 확인하려고 들들 볶았다고 주장했다. 몇 주 동안 고산지대에서 등반하다 온 산악인들은 탈진해서 '뇌가 반쯤 녹아내린' 상태였지만, 홀리는 포기하지 않았다. 이 집요한 추리능력 덕분에 홀리는 산악계의 셜록 홈스로 소문나게 되었다. 그녀의 이런 근면성과 세부적인 것에 집중하는 능력은 어디서 시작됐을까? 이것이 궁금했다. 누가 홀리에게 이러한 기술을 가르쳤고, 그녀는 대체 어떻게 그토록 권위적인 방식으로 세계적인 산악인들을 조사하고 심문하는 자신감을 갖게 된 것일까?

강한 독립심은 홀리의 가장 큰 특징이다. 그녀는 성인이 된 후 대부분 혼자 살았고, 새롭고 낯선 곳에서 홀로 기반을 다졌다. 힐러리 경의 부인은 홀리를 '오리지널 페미니스트'라고 부르면서도 그녀가 이 표현을 좋아할지 조심스러워했다. 헤더 맥도널드는 홀리의 초기 자신감이 끝없는 호기심의 발로라고 확신했다. 만일 그렇다면, 그녀는 바로 이 호기심 덕분에 베테랑 산악인과 왕족, 고위 관료들이나 작가들과 편하게 어울릴 수 있었을 것이다. 홀리는 의전에 있어서도 타고난 감각을 지니고 있었는데, 나는 어떻게 이 젊은 미국 여성이 그토록 신임을 얻게 됐는지 궁금했다. 하지만 수십 년에 걸친 홀리의 인생 이야기를 듣고 보니, 이런 미스터리가 풀리기 시작했다.

1946년 뉴욕으로 간 홀리는 직장을 구하기 위해 대학 우등 졸업장을 손에 들고 수많은 협회와 재단을 전전했다. 『타임』, 『라이프』, 『스포츠 일러스트레이티드』 등을 발행하는 출판 재벌 소유의 『포춘』 잡지사에도 지원서를 냈는데, 운 좋게도 바로 편집자료 조사 수습사원으로 채용되어 주급 39.40달러를 받고 일했다. 자료 조사원은 먼저 6개월간 '조사부'에서 견습생으로 일해야 했다. 이곳에는 사람과 사건을 정리한 수많은 파일 자료가 보관돼 있었다. 각 파일에는 특정 주제와 관련된 기초자료 ― 찢어진 종이, 편지, 사진 등 ― 가 있었다. 이 파일들에 무엇이 있는지 파악하는 것이 그녀의 일이었다. 그리고 신문과 다른 자료를 발췌해 정기적으로 업데이트하고, 잡지에 필요한 정보를 찾아내는 것도 업무의 일부였다. 훗날 그녀가 등반자료를 조사하고 분류하는 방식은 이 업무 체계와 비슷했다.

당시 『포춘』은 업무 분담 체계가 분명했다. 자료 조사원은 여성이고, 글을 작성하는 기자는 모두 남성이었다. 그 틀을 깰 수 있는 방법은 없었다. 하지만 홀리가 당시 글을 쓰는 기자가 되려고 했는지는 분명치 않다. 옛 동료에 따르면, 홀리는 '똑똑하고 문학적'이었으나, 상상력이 남달리 풍부하지는 않았다. 홀리는 자료 조사원이라는 위치를 십분 활용해 열심히 일했다. 홀로 여행하며 미국은 물론 캐나다, 브라질에서도 자료 조사 작업을 했고, 기자가 원고를 작성해 보내오면 문장마다 검토, 재검토, 교차검토 했다는 표시로 점을 찍어서 보냈다.

홀리는 매디슨 가 220번지 아파트에서 살았다. 그녀의 타임&라이프 사무실은 엠파이어스테이트 빌딩에 있었지만, 이후 록펠러센터로 이전했다. 매일 아침 홀리는 『뉴욕 타임스』를 읽으며 하루 업무를 시작했다. 보통 10시나 11시부터 시작해서 새벽 2시에 근무가 끝나면, 걸어서 귀가했다.

대학에서 세계 정치를 공부한 홀리는 멀리 떨어져 있는 곳들에 대한 호기심을 키워 나갔고, 월급쟁이 처지이기는 했지만 연차휴가와 무급휴가를 과감히 활용해 여행을 다니기 시작했다. 적은 월급으로 검소하게 지냈고, 점심은 대부분 마요네즈를 바른 빵에 토마토를 끼워 넣은 샌드위치로 때웠다. 검소한 생활 덕분에 그녀는 세계 곳곳을 멋진 방식으로 여행할 수 있는 넉넉한 돈을 모았다.

홀리는 여행을 거의 혼자 다녔다. 1948년 10월 RMS 퀸 메리 호를 타고 사우스햄턴을 거쳐 런던에 도착한 홀리는 빅벤과 의사당, 런던 택시, 건축물, 안개 등 런던의 모든 것에 매료당했다. 그러고 나서 북쪽의 스코틀랜드와 웨일스의 시골 지역, 다시 영국의 여러 전원 지역을 여행했다. 공부와 독서, 영화를 통한 간접경험과는 달리 직접 보고 경험하는 것이 얼마나 풍부한 감흥을 불러일으키는지 제대로 깨달은 그녀는 "영국은 멋진 곳이에요. 인생 최고의 나날을 보내고 있어요."라는 편지를 어머니에게 보냈다.

영국을 여유 있게 여행한 뒤에 홀리는 파리, 로마, 피렌체 등 다른 유럽 대도시의 매력에 빠져들었다. 도시의 거리마다 다른, 개성 있는 소리와 냄새를 즐기면서, 박물관과 여사 기념물, 왕궁, 정원, 성당을 찾아다니며 걷고 또 걸었다.

여행이 끝났지만 집으로 돌아가고 싶은 마음이 들지 않았다. 다시 한 번 맛보고 싶은, 잊을 수 없는 경험이었다. 하지만 홀리는 여행을 하고 싶은 강렬한 욕망을 누르고 일을 하기 위해 뉴욕으로 돌아왔다. 그리고 다시 검소한 생활을 하면서 다음 여행을 위해 돈을 모았다.

그 무렵, 홀리의 집안에 비극적인 일이 발생했다. 의병 제대 후, 건강을 회복한 그녀의 오빠는 의사 면허를 취득해 내과 수련의로 일했고, 병원에서 만난 앤과 결혼해 아들 마이클을 낳고 잘 살고 있었다. 그런데 호지킨 병[28] 진단을 받고 나서 병세가 악화돼, 5년간의 투병 끝에 총명한 오빠이자 유일하게 피를 나눈 존이 1955년 35세의 나이로 세상을 떠나고 말았다.

친지들은 홀리가 오빠의 죽음에도 불구하고 격한 감정에 휘둘리지 않고, 의연하게 대처했다고 한다. 하지만 사실 그녀는 오빠의 갑작스런 죽음에 엄청난 심적 충격을 받았다. 얼마 후 올케는 바로 재혼을 해서 자녀를 더 가졌고, 조카 마이클은 새로운 변화에 쉽사리 적응하지 못하고 청소년기에 말썽을 피웠다. 홀리는 어머니와 주고받은 서신을 통해 조카의 소식을 접하고 그의 미래를 걱정했다.

---

28 악성 림프종의 일종으로 림프절 종창과 부종을 주 증상으로 하는 질환

훗날 마이클은 고모 홀리가 청소년기의 자신을 적극 옹호하고 지지해 주었다는 사실에 감동받고, 놀라워했다. 멀리 떨어져 있었지만, 그녀는 조카에게 무슨 일이 일어나고 있는지 다 알고 있었던 것이다. 조카의 어린 시절과 청소년기를 시종일관 관심있게 지켜봤으나, 한 번도 참견한 적이 없는 홀리는 후에 조카가 좋은 교육을 받게 됐다는 사실을 알고도 기쁜 감정조차 내보이지 않았다. 조카를 걱정하는 마음과 마찬가지로 조카를 대견하게 바라보는 심정도 드러내지 않은 것이다.

홀리는 오빠의 장례식을 치른 후, 『포춘』으로 돌아가 충실하게 업무를 수행하는 한편, 시간을 쪼개 친구도 사귀었다. 그중 한 명이 사무실 바로 옆자리에서 일하던 엘리노어 슈바르츠였다. 그녀는 홀리가 수줍음이 많고 상당히 명석했으나, 그리 여성적이지 않고 사교성도 부족했다고 설명했다. 몇 년 후, 홀리가 카트만두로 떠나자 엘리노어는 바로 그녀가 살던 아파트로 들어가 살았다. 홀리는 직장 상사 메리 존스턴을 존경하고 친구처럼 지냈는데, 그녀 역시 열렬한 여행 애호가였다. 남자친구 프레드는 그녀의 마음을 얻기 위해 여전히 주변을 맴돌았지만, 결혼 승낙을 얻어내지는 못했다.

1951년 홀리는 여배우를 꿈꾸던 사촌 리 니어림Lee Kneerim과 함께 살게 됐다. 홀리는 사촌이 명배우 주디스 앤더슨[29]Judith Anderson을 만나는 것이 꿈이라는 것을 알고, 그 꿈을 이루어 주기로 마음먹었다. 먼저 주디스 앤더슨이 출연 중인 연극 <메데아[30]Medea>의 로빈슨 제퍼스 번역본을 구입한 뒤, 앤더슨에게 사인을 받아 다음 공연 티켓과 함께 생일 선물로 줬다. 섬세한 배려가 담긴 이런 선물을 받고 엄청나게 감동한 사촌동생은 사인 받은 이 책을 수년간 소중하게 간직했다. 그녀는 전형적인 버몬트 사람인 홀리가 — 무뚝뚝한 면이 있기는 하지만 — 이 사려 깊은 선물을 주었을 때 따뜻한 사랑을 느꼈다고 회상했다.

어느 날, 할머니의 매우 유명한 친구가 집을 방문한 적이 있었다. 『요리의 즐거움』이라는 책을 쓴 이르마 롬보어[31]Irma Rombauer를 사촌동생은 "이르마 이모할머니"라고 부르며 따랐다. 요리에 관심이 없었던 홀리는 이르마가 유명한 요리책의 저자라는 사실을 알지 못했다. 계란을 삶고, 토스트를 굽는 것 빼면 할 수 있는 요리가 많지 않았지만, 홀리는 뉴욕을 방문한 이르마의 전화를 받고 저녁식사에 초대했다. "홀리가 이르마를 위해 요리를 하다니!" 어머니는 기겁했다.

---

29 연극, 영화, TV에서 개성 있는 연기를 펼친 호주의 여배우(1934~1992). 히치콕 감독의 걸작 <레베카>에서의 광기 어린 가정부 역할이 가장 유명하다.

30 그리스 3대 비극 작가 중 한 명인 에우리피데스가 쓴 비극

31 유명한 요리책 저술가(1877~1962). 1931년 첫 출간된 『요리의 즐거움The Joy of Cooking』은 1,800만 부 이상 팔렸다.

이르마와 저녁식사를 하던 중 홀리는 그녀가 요리책 사인회를 위해 뉴욕에 왔다는 것을 알게 됐다. 어머니가 다음 날 전화로 "무슨 요리를 대접했니?" 하고 묻자, "뭐, 그냥 평범한 저녁 요리였어요."라고만 대답했다. "그래, 근데 그게 무슨 요리였지?" 하고 더 캐묻자, "베이컨을 곁들인 양고기 파이와 신선한 콩과 복숭아 그리고 크림치즈 샐러드를 대접했어요."라고 답했다. 어머니는 이 말을 듣고 경악했지만, 이르마는 자필 서명한 『요리의 즐거움』과 함께 잘 먹었다는 감사의 편지를 보냈다. 물론 홀리가 요리할 줄 아는 유일한 음식이 이것뿐이라는 사실은 꿈에도 알지 못한 채….

홀리는 그 후 8년 동안 집중적으로 여행을 다녔다. 관심사가 다양해지고 자신감이 늘자 더 먼 곳으로 여행을 가기 위해서 허리띠를 졸라맸다. 그녀는 항상 혼자 여행을 다녔다. 1949년 여름 독일과 오스트리아를 여행하면서 전쟁의 참상을 이해하기 시작했다. 호기심에 이끌려 오베르찰츠베르크 산 정상에 있는 히틀러의 별장 '독수리 둥지Eagle's Nest'를 방문하고, 다하우 강제 수용소 화장터를 찾기도 했다.

몬테카를로 카지노에서 1,000프랑 — 당시의 미국 달러로 환산하면 3달러 정도 — 을 잃은 다음, 오스트리아 심플론에서 오리엔트 익스프레스를 타고 이탈리아 트리에스테에 잠시 들렀다. 그러고 나서 취재기자증을 지니고 유고슬라비아로 향하던 중 이곳으로 발령받아 뉴욕에서 온 『타임』의 자료 조사원 주디 프라이드베르그Judy Friedberg를 열차 객실에서 만났다.

이렇게 우연히 만난 주디와 함께 홀리는 유고슬라비아와 주변국을 여행했다. 유고슬라비아 정보부는 홀리에게 여러 차례 인터뷰를 주선해 주었다. 인터뷰가 없는 날에는 주디와 함께 베오그라드에 있는 외국 통신사에 들렀다. 『포춘』에 실을 정보를 모으는 일은 홀리가 상상했던 것보다 힘들었다. 베오그라드에서 하는 일들은 더디게 진척됐다. 별 이유도 없이 약속이 취소되거나 연기되는 일도 자주 일어났다. 더군다나 특정 질문에 답변해 줄 적임자를 찾는 일도 힘들었다. 홀리는 법무부 차관, 노동조합 중앙위원회 위원, 여성 반파시스트 조직의 한 간부와 겨우 인터뷰했다.

그녀는 마케도니아와 보스니아 헤르체고비나를 여행하고, 달마시안 해안을 따라가면서 완벽하게 고립된 어느 시골 마을을 방문했다. 그곳의 풍경은 거칠고 황량하고 드라마틱했다. 그곳에서 이슬람 종교를 처음으로 취재하면서 그녀는 외국인과는 한 번도 인터뷰한 적이 없는 사람들을 취재했다. 홀리는 베오그라드로 돌아오는 길에 유고슬라비아 국경일을 축하하는 행사에 초대를 받았고, 그곳에서 티토[32]Tito 대통령을 만났다. 그녀는 어머니에게 보낸 편지에서 티토를 '공손한 사람'으로 묘사했고, 함께 다양한 이슈에 대해 이야기를 나눴다고 밝혔다. 홀리는 『포춘』이 티토 인터뷰 기사를 아주 흡족해할 것이라는 사실을 알고 있었다. 또한 정부 고위층부터 시골의 척박한 환경에 이르기까지, 유고슬라비아가 당면 과제를 어떤 방향으로 해결할지 알게 돼서 뿌듯하게 생각했다.

1951년 홀리는 베를린 여행에 나섰다. 그곳의 유력 인사들은 그녀를 칵테일파티에 초청하고, 베를린 이곳저곳을 보여 주었다. 하지만 둘러볼 만한 곳이 그리 많지는 않았다. 베를린은 전쟁으로 무참히 파괴되어서, 가장 흥미로운 장소는 한때 중요한 건물이 서 있던 폐허라는 결론을 내렸다.

그녀는 핀란드 헬싱키로 이동해 그곳 외무부 언론담당 부서의 도움을 받아 공장을 돌아보고, 핀란드 전쟁보상 프로그램 담당자들과 인터뷰했다. 제2차 세계대전 후 해결해야 할 문제가 산적해 있는 상태에서 국가 재건에 박차를 가하는 핀란드의 이야기는 흥미로웠다. 당시 그곳의 공산품은 여전히 부족했고 비쌌다. 하지만 러시아에 대한 전쟁 보상금 지

---

32 요시프 브로즈 티토(1892~1980). 유고슬라비아 사회주의 연방공화국의 제1대 대통령

급을 그다음 해까지 마치면, 핀란드는 자신감을 갖고 세계시장에 진입할 것이라는 전망이 일반적이었다. 홀리가 AP통신사에 보낸 최고의 인터뷰 기사는 핀란드 총리의 정부情婦로 알려진 한 여성과의 인터뷰였다. 홀리는 "이 여성이 내부 정보를 갖고 있는 것이 확실하다."라고 주장했다.

그러고 나서 북극권에 가까운 핀란드 랩랜드의 주요 도시 로바니에미를 방문했다. 그곳은 밤에는 영하 24도로 떨어지고 매일 오후 3시만 되면 어두워졌다. 홀리에게는 사미족 — 당시 랩족이라 불렸는데 — 과 순록도 인상적이었지만 1944년 독일의 랩랜드 방화에도 불구하고 재건을 위해 애쓰는 주민들의 모습이 강렬한 기억으로 남았다.

그녀가 로바니에미 북쪽으로 가고 싶다고 하자, 현지 경찰서장은 경찰차를 내주며 경찰 2명의 안내하에 핀란드-스웨덴 국경지역을 보여 주겠다고 약속했다. 경찰의 공식 업무는 밀수 단속이었다. 홀리는 3일간 소나무, 자작나무, 눈으로 덮인 경사진 언덕을 여행하면서 즐거운 시간을 보냈다. 연보라와 보랏빛 그리고 푸른색과 분홍색 하늘, 그곳 풍경의 색감은 정말 환상적이었다. 이 색감은 태양의 낮은 각도로 인해 생기는 현상이었다. 여행 중 단 한 명의 밀수업자도 찾아내지 못했는데, 홀리는 과연 이들이 진지하게 살펴보았는지 의심했다.

사우나를 체험할 기회도 있었다. 홀리는 토요일 밤에 사우나를 즐기는 핀란드 전통에는 별 관심을 갖지 않았지만, 핀란드 사람들이 전후 도시를 재건할 때 제일 먼저 사우나 시설을 짓는다는 말을 듣고 흥미를 느꼈다. 어머니가 편지로 핀란드에 대해 궁금해하며 계속 물어 보자 "랩족은 조상이 누군지 모르는 신비한 사람들이에요. 에스키모인과는 다른 인종으로 이들의 문화 수준이 좀 더 높아요. 루터 파에 속하거든요."라는 독특한 답변을 했다.

1953년 홀리는 튀니지와 알제리, 모로코로 여행을 떠났다. 아프리카 땅은 처음이었다. 여느 때처럼 현지 미국 영사관의 공보 담당자에게 연락하자 요청한 지역들을 둘러볼 수 있도록 많은 도움을 주었다. 그녀는 튀니지의 여러 도시와 인근의 카르타고를 둘러본 후, 미국인들과 함께 수도 튀니스에서 150킬로미터 떨어진 이슬람 성지 카이르완[33]Kairouan을 방문했다. 수백 년간 인류가 거주해 온 익숙한 삶의 터전 유럽에서 많은 시간을 보낸 터라, 사막의 공허함 속에서 웅장하게 건설된 고도를 여행하는 것이 멋지다는 생각이 들었다. 그리고 알제리의 콘스탄틴[34]Constantine에서 카스바(성채)의 미로를 배회할 때는 그곳이 어두컴컴하고 먼지 가득한 신비

---

33 튀니지의 성도이자 이슬람의 정신적 수도 중 하나로 유네스코 세계유산이다.
34 알제리 수도 알제에서 동쪽으로 약 320킬로미터 떨어진 도시

로운 장소라고 생각했다. 매혹적이긴 하지만, 낙후된 곳이라 살기 힘들어 보였다.

홀리는 야간기차를 타고 이동하다 알제리의 외딴 역에서 기차를 기다리던 중 일어난 해프닝도 기억했다. 인적이 드문 곳이었는데, 한 남자가 프랑스어로 로젠버그 사건[35]을 계속 질문해 와서 새벽 1시에 열띤 토론을 벌였다. 기차로 모로코 마라케시[36]에서 카사블랑카로 이동하던 중에는 옆에 앉은 프랑스인이 청혼을 해 왔다. 홀리는 바로 거절했지만, 그는 "왜 안 되나요? 내가 잘생기지 않았나요?"라고 끈질기게 달라붙었다.

모로코의 공공장소에는 할 일 없이 빈둥대는 남자들은 많은 반면, 여자들은 없었다. 알고 보니 여자들은 중노동 현장에서 베일을 쓴 채 무거운 물건을 나르고 있었다. 극심한 빈곤이 곳곳에 만연해 있었다. 홀리는 인간이 동물보다 조금 더 나은 조건에서 살고 있다는 현실을 받아들이기 힘들었고, 마음이 불편했다.

아프리카 북부지역을 여행한 후, 그녀는 3년 동안 매

---

35 로젠버그 부부(夫婦)가 미국 원자력의 비밀을 캐내 소련에 제공했다는 이유로 처형된 사건. 로젠버그 자신은 최후까지 무죄를 주장했는데, 이 사건은 미국과 소련의 대립으로 국제적인 긴장을 불러왔으며 세계 각지에서 구명 운동이 일어났다.

36 모로코 중부에 위치한 중세 오아시스 도시. 1985년 유네스코 세계유산으로 지정됐다.

년 여행을 떠났다. 그리고 중동지역을 여행하다가 카르툼[37]Khartoum에서 마문 엘 아민Mamoun El Amin이라는 수단 남성과 사랑에 빠졌다. 그는 큰 키에 진한 흑색 피부를 지닌 무슬림이었다. 홀리는 이 사나이를 이집트 아스완에서 나세르 호수 남쪽에 있는 와디 할파라는 마을까지 나일 강 상류를 거슬러 올라가는 증기선 여행 중에 만났다. 이들은 증기선 갑판에서 야자수가 스쳐 가는 풍경을 감상하고, 많은 시간 이야기를 나누면서 가까워졌다.

당시 수단은 영국과 이집트의 공동 통치를 받고 있어서 공식적으로는 영국-이집트령이었다. 따라서 영국식 교육과 영국식 사회제도가 운영되고 있었다. 카르툼에서 선임 행정관으로 일하고 있던 마문은 홀리의 마음을 사로잡았다. 이국적이고 신비로운 느낌의 이 남자는 제대로 된 영국식 억양을 구사하는 엘리트였다. 그들은 호텔 베란다에서 함께 위스키를 마시면서 그의 업무 이야기와 홀리가 경험한 여행 이야기를 나누었다. 짧고도 강렬한 로맨스였다. 홀리는 케냐(그때는 영국령 동아프리카)로 떠나면서 마문을 다시는 만나지 못했지만, 편지를 주고받으며 깊은 감정을 나누었다. 10년 후, 다시 편지를 주고받았을 때 홀리는 진지하게 만나 볼까도 고민했다. 홀리는 그가 보내 온 "사랑하는 엘리자"로 시작하는 색

37　수단의 수도. 아랍어로 '코끼리의 코'라는 뜻을 갖고 있다.

이 바랜 편지를 만지작거리면서 결혼을 고려했던 남자라고 털어놓았다.

『포춘』에서 일한 지 11년째가 되자, 34세의 홀리는 권태를 느끼기 시작했다. 1956년, 자료 조사원으로서의 업무 능력은 높은 평가를 받았지만, 더 이상 승진되지 않을 것이 분명해지자 제2의 인생을 위해 무엇을 해야 할지 확신도 없었고 깊이 사귀는 상대도 없었던 홀리는 뉴욕을 떠나 세상을 경험해 보는 것이 최선이라고 생각했다. 그래서 『포춘』을 발행하는 '타임사'에서 이익배당 펀드를 구입한 뒤, 돈이 떨어질 때까지 여행에 나서기로 결정했다. 새 인생의 출발, 그것도 아주 철저하게 준비된 출발이었다.

1957년 홀리는 세계여행에 나섰다. 전체 스케줄과 보고 싶은 것과 가고 싶은 곳, 여행 일정을 직접 결정했다. 몸에 밴 업무 습관, 마감 시간에 대한 압박을 모두 벗어던진 홀리는 여행 중 관심 있는 사람들을 만나기 위해 많은 소개장까지 들고서 약 2년에 걸쳐 세계여행을 다녔다. 1957년에는 동유럽과 소련, 1958년에는 중동, 터키, 이스라엘, 이란, 아랍 국가 그리고 1959년에는 네팔과 일본을 포함한 남아시아와 동남아시아 여행을 마치고 미국으로 돌아왔다.

홀리는 위풍당당하게 여행을 다녔다. 새로운 도시를 여행할 때마다, 마치 상관처럼 '타임사' 통신원 사무소로 걸어

들어갔다. 그녀는 몇 차례 통신원 사무소 출입 후 자연스레 '존재감'을 드러내기 시작했다. 혼자 여행하는 똑똑하고 호기심 많은 여성은 주목을 받았고, 가는 곳마다 매력적인 사람들을 만났다.

1957년 4월 16일, 뉴욕에서 'SS 스테이튼담 호'를 타고 유럽에 도착한 홀리는 초반에 파리를 중심으로 여기저기 돌아다녔다. 그런 다음 기차를 타고 바르샤바로 향했다. 장시간 이동하면서 풍경과 건물이 바뀌는 모습을 유심히 관찰하고, 프랑스와 독일의 전통적인 서구 스타일이 체코슬로바키아와 폴란드 양식으로 바뀌는 모습을 감상했다. 홀리는 여행 중 이동수단으로 기차를 선호했다. 문명화 속도에 발맞춰 변화를 흡수하기 위해서였다. 바르샤바에서는 전에 유고슬라비아를 여행할 때 만났던 주디 프라이드베르그와 우연히 다시 만났다. 미국 잡지사에 기고하던 주디는 그곳 정세에 밝았고, 미국과 영국, 독일 통신원들을 홀리에게 소개시켜 주었다.

바르샤바를 처음 보고 느낀 인상은 충격 그 자체였다. 도시가 너무 많이 파괴돼 건물이 들어섰던 도심은 폐허로 변해 있었다. 홀리는 도시 곳곳을 걸어 다니며, 성당과 문화과학궁전, 바로크풍으로 재건되고 있는 구시가를 둘러보았다. 바르샤바 시민들은 스탈린이 선물로 지어 준 문화과학궁전을 흉측하게 생각했다. 그들은 "문화과학궁전 30층 전망대는

바르샤바를 한눈에 전망할 수 있는 최고의 전망대에요. 문화
과학궁전이 안 보이는 유일한 장소거든요."라고 농담을 했
다.

홀리는 새로 알게 된 기자들과 노동자의 날May Day 행진에
참가했다. 새로 창당된 노동당 대표 고무우카[38]Gomułka가 열
렬한 환영을 받았지만, 가장 열띤 반응은 비신스키[39]Wyszyński
추기경이 봉헌식을 위해 쳉스트호바[40]Częstochowa 시민 50만
명을 이끌고 행진에 나섰을 때였다. 주디 프라이드베르그는
3년간의 가택연금을 당했다가 막 풀려난 주교에 관한 기사
를 작성했고, 그의 사진은 『타임』의 표지를 장식했다.

홀리는 우츠Łódź에서 폴란드의 유태인 시민단체 회장과
인터뷰했다. 그와 그의 가족은 폴란드에 거주하는 7천 명의
유태인 대부분과 함께 이스라엘 이민 수속을 밟고 있었다.
폴란드에는 반유태주의가 뿌리 깊게 박혀 있어 희망이 없었

---

38 폴란드의 정치 지도자(1905~1982). 1956부터 1970년까지 폴란드 초대 공산
    당 중앙위원회 서기를 지냈다. 1956년에 폴란드 노동자당 중앙위원회 제1서기
    가 되어 자유화 운동을 탄압했다. 1970년에 일어난 식량 폭동으로 실각했다.

39 스테판 비신스키(1948~1981). 폴란드 가톨릭교회의 고위 성직자로 바르샤바 대
    교구장 주교를 지냈고, 1953년 교황 비오 12세에 의해 추기경에 서임됐다. 폴란
    드와 교회의 자유와 독립을 위해 맞서 싸운 공로로 오늘날 교황 요한 바오로 2세
    와 더불어 폴란드의 국민적 영웅으로 추앙받고 있다.

40 폴란드 남부의 바르타 강 유역에 있는 도시. 검은 성모 성화를 보관한 야스나고
    라의 바오로회 수도원이 있어, 매년 세계 각지에서 수백만 명의 순례자가 방문한
    다.

던 것이다. 그가 들려준 이야기는 놀라웠다. 제2차 세계 대전 막바지 9개월 동안 이들 부부는 딸 한 명과 함께 빌나(현재의 빌뉴스) 수녀원의 도서관 책장 뒤에서 숨어 지냈다고 했다. 전쟁 전에는 폴란드령이었으나 현재는 리투아니아 수도인 빌뉴스에서 이들은 다른 가족 9명과 함께 살았다. 그들은 침대 3개가 전부인 공간에서 소곤거리는 소리 외에는 아무 소리도 낼 수 없었다. 화장실은 밤에만 조용히 그리고 은밀하게 다녀와야 했다. 숨어 지내는 동안 독일인들은 빌나 게토[41]ghetto를 체계적으로 파괴했다. 결국 빌나의 유태인 인구는 8천 명에서 5백 명으로 줄어들었다. 우츠에서 인터뷰한 회장의 가족을 포함해 단 8가족만이 화를 면했다. 미시간대학교 재학중 상상했던 것보다 훨씬 더 비참한 상황이었다.

홀리는 폴란드 여행을 통해 많은 것을 배웠다. 독실한 가톨릭 국가가 사회주의 국가로 변신하기 위한 몸부림은 극적인 대비를 이뤘다. 이러한 대비는 사람들의 경제력에서도 드러났다. 폴란드는 가난한 나라였지만 바르샤바 거리에는 캐비어를 먹을 수 있는 부유층도 있었다. 폴란드에서 지낸지 3주일이 되자 홀리는 따분하고 지겨워졌다. 칙칙한 잿빛 도시들뿐 제대로 설계된 멋진 건물은 하나도 없었다. 그래서

---

41 중세 이후의 유럽 각 지역에서 유태인을 강제 격리하기 위해 설정한 유태인 거주 지역

그녀는 홀가분하고 가벼운 마음으로 폴란드를 떠나 스웨덴과 핀란드로 향했다. 홀리는 어머니에게 "이곳은 그래도 색깔과 디자인을 조금 이해하고 있는 듯 보여요."라는 내용의 편지를 보냈다.

홀리는 취재허가를 받고 불가닌[42]Bulganin과 흐루시초프[43] Khrushchev가 핀란드의 헬싱키 기차역에 도착하는 모습을 지켜봤다. 사진으로만 수백 번 본 소련의 흐루시초프 총리가 기차에서 내리는 모습을 보자 그녀는 묘한 감정에 빠져들었다. 며칠 후, 홀리는 올림픽 경기장에서 열린 전당대회에 참석했고, 두 사람의 자리 바로 밑에 1시간 동안 앉아 있었다. 그리고 정부가 주최하는 만찬에도 참석했다. 불가닌이 홀리를 보고 미소지었을 때, 공허하고 푸른 눈동자를 가진 이 사람에게서 어떤 차가움이 느껴졌다. 하지만 빈틈없고 남을 꿰뚫어 보는 듯한 깊은 눈동자를 가진 흐루시초프에게는 호감을 느꼈다.

헬싱키에서 레닌그라드 행 기차를 타고 오랫동안 고대해 왔던 소련 여행을 떠난 홀리는 한 달간 모스크바와 스탈

---

42 니콜라이 알렉산드로비치 불가닌(1895~1975). 소련 국방장관과 총리를 역임한 정치인

43 니키타 흐루시초프(1894~1971). 러시아의 혁명가, 노동운동가로 소련 국가원수 겸 공산당 서기장, 총리를 지낸 정치인. 탈스탈린화 정책과 반스탈린주의 정책은 공산주의 국가들에 충격과 폭넓은 반향을 불러일으켰다.

린그라드(현재의 볼고그라드) 그리고 시골을 방문했다. 가이드 겸 통역사는 홀리를 위장잠입 기자로 여기고 계속 따라다니면서 좋은 모습만 보여 주려고 했지만, 그녀는 현지인과 접촉하려 애썼다.

이어, 볼가 강과 낭만적인 돈 강을 따라 로스토프[44]Rostov를 거쳐 조지아로 향했다. 트빌리시에서 비행기를 타고 가면서 내려다본 조지아, 눈 덮인 코카서스 산맥[45]Caucasus Mountains과 강렬한 햇볕에 말라 딱딱하게 굳은 깊은 계곡은 인상적이었다. 그곳의 모든 것이 흥미로웠는데, 특히 짙은 색 피부에 강렬한 인상을 지닌 조지아 사람들이 그랬다. 2세기와 5세기에 지어진 수도원과 산성을 걷고, 고리[46]Gori도 방문했다. 스탈린의 고향으로 유명한 이곳에는 그가 태어난 후 4년 동안 살았던 쿠르드풍 가옥이 잘 보존돼 있었다.

홀리는 키예프를 둘러본 후 긴 기차여행 끝에 모스크바로 돌아왔다. 2인용 객실을 함께 쓴 모스크바 출신의 남성이 치근덕거리자, 딱 잘라 거절했지만 불안한 마음이 가시지 않았다. 여행 중 이런 치근덕거림이 처음은 아니었다. 그렇다고 자주 있는 일도 아니었다. 대개, 여행 중 만난 남성들 대부분

---

44 모스크바에서 북동쪽으로 약 200킬로미터 떨어진 돈 강 하류의 항구도시

45 코카서스 지방의 흑해와 카스피 해 사이에 있는 산맥으로 아시아와 유럽의 경계를 이룬다. 최고봉은 엘브루스(5,633m)이다.

46 조지아 수도 트빌리시에서 약 80킬로미터 북서쪽에 있다.

은 매력적이었다. 사실 홀리는 여성보다는 남성과 여행 다니는 것이 더 좋았다. 당시 여성이 홀로 여행하는 것, 그것도 오지를 여행하는 것은 흔치 않았다. 하지만 홀리는 전혀 개의치 않고 당당하게 혼자서 여행을 계속 이어갔다.

모스크바에서 『뉴욕 타임스』 통신원들과도 만났다. 이들은 소련 공산당 중앙위원회 내에서 벌어지고 있는 정치적 암투와 관련된 이야기를 취재하고 있었다. 그녀는 이들을 따라 전신국을 방문했다가 통신원들이 기사를 어떻게 보내는지 호기심을 갖고 지켜봤다. 통신원들은 검열관에게 기사를 보여 준 후 런던 전화선을 기다려 기사를 보냈다. 홀리는 늦은 밤 통신원들의 아파트로 가서 스크램블과 위스키를 곁들이며 대화를 나눴는데, 처음으로 경험한 외국 통신원의 삶에 마음이 끌렸다.

7월 12일 익숙한 도시 비엔나에 도착하자 홀리는 안도했다. 그녀는 낯설지 않은 언어와 상식적인 뉴스를 전하는 신문, 냉온수가 나오는 멋진 욕실, 독서등이 딸린 침대가 있는 비엔나에서 사치스러운 시간을 보내며 한껏 게으름을 피웠다. 매일 아침 10시까지 늦잠을 자고, 룸서비스로 핫 초콜릿과 롤 케이크를 즐겼다. 근처 공원에서 『뉴욕 타임스』와 『헤럴드 트리뷴』을 읽은 후 점심을 먹고, 『라이프』에 핀란드 사회주의와 관련된 기사를 쓰고 책도 읽으면서 시간을 보냈다.

그러면서 다음 여행도 준비했다. 루마니아와 체코슬로바키아를 방문하고 싶었지만, 루마니아가 개별 여행자들의 입국을 허용하지 않는다는 이야기를 듣고 실망했다. 다행히 체코슬로바키아 입국 허가를 받고 7월 말 프라하를 방문했다. 전쟁을 겪었지만 도시 대부분이 파괴되지 않고 남아 있어 다행이었다. 프라하에는 멋진 성과 탑, 오래된 다리, 궁전과 성당이 그대로 보존돼 있었다.

이후 몇 달 동안 그녀는 체코슬로바키아와 서독, 그리스, 이탈리아, 유고슬라비아를 방문했다. 베오그라드에서 『뉴욕 타임스』 기자 엘리 아벨을 만나 최근 일어난 사건·사고를 전해 들었고, 행사모임에 함께 참석했다. 그곳은 6년 전 방문했을 때보다 훨씬 많이 변해 있었다. 호텔에는 손님용 비누와 문구류가 구비돼 있었다. 가로등과 새 건물도 들어섰고, 상점에는 많은 물건들이 쌓여 있었다. 대부분 독일과 이탈리아, 프랑스에서 수입된 것이었다.

홀리는 루마니아 입국 비자를 받기 위해 대사관 문턱이 닳도록 방문했다. 하지만 끝없는 연기 작전과 모든 것을 복합적으로 처리하는 이들의 업무 방식에 실망했다. 베오그라드를 방문한 후 "밤에는 행사와 약속 참석으로 정신이 없었고, 낮에는 루마니아 비자 문제로 골머리를 앓았어요."라고 어머니에게 말했다.

그녀는 12월 중순까지 베오그라드에 머물렀다. 겨울이 다가오자 도시가 어느새 눈으로 뒤덮였다. 도시를 둘러보는 것은 즐거웠다. 홀리는 매일 아침 『뉴욕 타임스』 국제판을 파는 신문 가판대까지 걸어가서, 신문을 처음부터 끝까지 집어삼킬 듯이 읽었다. 신문을 통해 다른 세계와 접촉하는 이 의식을 홀리는 소중히 여겼고, 이 습관을 평생 유지했다.

제5장

아시아로 가는 길

서둘러 떠나야 할 이유가 없네요.

- 엘리자베스 홀리 -

1957년 말 루마니아 정부로부터 입국비자 승인을 기다리다 지친 홀리는 유럽을 떠나 다른 곳으로 가기로 결심했다. 바로 중동이었다. 어머니는 영국의 탐험가이자 정계 막후 실력자였던 거트루드 벨[47]Gertrude Bell을 좋아했고, 덕분에 홀리도 중동지역에 관심이 많았다. 서간문 형식으로 나온 거트루드 벨의 책을 읽은 홀리는 중동지역에 국가가 건설되는 과정을 지켜보고, 혼자서 세계의 일부를 경험하고 싶었다. 그녀는 거트루드 벨 외에도 세계를 돌아다닌 여러 여성들로부터 영감

---

47 영국의 작가, 여행가, 탐험가, 고고학자이자 정보원(1868~1926). 중동지역을 여행하며 글을 썼고, 요르단과 이라크의 건국에 중요한 역할을 했다. 1900년 그녀가 초등한 알프스 엥겔호른 제5봉은 현재 "거트루드봉"으로 불리고 있다.

을 받았다. 예를 들어, 이삭 디네센[48]Isak Dinesen은 아프리카 케냐로 이주해 힘들게 농장을 일구었고, 알렉산드라 다비드 넬[49]Alexandra David-Néel은 순례자로 위장하고 아시아의 오지를 여행했다. 이외에도 여러 여성 탐험가들로부터 영향을 받았다. 훗날 홀리는 카트만두에서 프레야 스타크[50]Freya Stark를 직접 만나 그녀의 모험 이야기를 듣기도 했다. 홀리는 아주 열심히 여성 탐험가들의 긴 모험담을 탐독하고, 그들의 용기와 호기심에 탄복하면서 직접 모험에 나섰다.

홀리는 비엔나에서 발칸 익스프레스를 타고 유고슬로비아, 그리스를 거쳐 이스탄불까지 여행했다. 이 긴 여행 동안 만난 사람들은 흥미로웠다. 그리스인들은 친절을 베풀며 조언을 해 주었고, 그리스 와인을 맛볼 수 있는 기회도 주었지만, 터키 여행계획에 대해서는 비판적이었다. 터키는 지저분한 국가며, 사람들 자체도 지저분하고, 이스탄불은 악취가 난다고 했다. 하지만 그녀는 이런 말들을 대수롭지 않게 여겼다. 터키에 가 본 적이 없는 사람들의 충고였기 때문이다.

---

48 덴마크의 여류소설가(1885~1962). 본명은 카렌 블릭센Karen Blixen으로 영화 <아웃 오브 아프리카>의 원작자다. 제2차 세계대전 후에는 예술파 작가로서 세계적인 명성을 떨쳤다.

49 프랑스의 탐험가이자 불교학자, 작가(1868~1969). 20세기 초반 금단의 땅이던 티베트의 라싸에 들어간 최초의 백인 여성으로 30여 권의 책을 저술했다.

50 영국의 여성 탐험가이자 작가(1893~1993). 제2차 세계대전 때 현지인 정보조직을 만들어 영국의 승리에도 이바지했다.

사실, 그리스를 통해 터키로 가는 사람들 대다수는 더 나은 삶을 찾아 나선 유고슬라비아 이민자들이었다.

이스탄불의 미나레트[51]minaret와 둥근 돔이 만들어 내는 스카이라인은 황홀할 정도였다. 하지만 가까이 다가가서 본 실상은 달랐다. 지저분한 골목들과 황폐한 건물들, 때에 찌든 모습들. 멀리서 보면 아름답기는 했지만…. 그녀는 오래된 술탄 왕궁의 하렘 구역을 둘러본 후 어머니에게 "옛 전성기에는 황홀할 정도로 아름다웠겠지만, 여성들에게는 무척 지루한 공간이었을 것 같아요."라고 전했다. 그리고 어느 날 오후 힐튼 호텔 커피숍에서 이라크의 누리 알 사이드[52]Nuri al-Said 수상이 파르페를 마시는 것을 흥미롭게 지켜보면서, "그는 파르페 맛을 어떻게 생각할까?" 하고 궁금해했다.

홀리는 이스탄불에서 타우루스 익스프레스를 타고 시리아 알레포Aleppo로 향했다. 사막 탐험가 거트루드 벨이 아꼈던 하인의 고향이자, 초창기에 사막여행을 했던 곳이다. 알레포의 모스크와 궁전, 수크(아랍 시장) 그리고 13세기 성채를 둘러보면서, 여행을 안내한 아르메니아 출신 소년과 친한 친구가 됐다.

---

51 이슬람 사원의 첨탑

52 이라크의 군인, 정치가(1888~1958). 두 차례 총리를 역임한 후 1947년 UN대표를 맡고, 다시 총리로 재임하던 1958년 폭동이 일어나 피살됐다.

알레포에서 돌무쉬(승합차)를 타고 7시간 만에 도착한 레바논 베이루트에 잠시 머물던 중 일주일 만에 옛 여행 친구들을 다시 만났고, 새로운 친구도 사귀었다. 그중에는 킴 필비[53]Kim Philby라는 호기심 많은 젊은이도 있었다. 그는 후에 영국 정보국과 소련 KGB의 이중첩보원으로 활동했던 인물이다. 그녀는 킴의 아버지이자 유명한 아라비아 학자인 존 필비도 만났는데, 그는 네지드[54]Nejd 남부 지방을 방문한 첫 유럽인으로 유명했다. 거트루드 벨과 친분이 있던 존은 평판에 비해 벨의 아랍어 실력이 사실은 그리 대단치 않다며 폄하했다. 홀리는 그를 남성 우월주의자라고 생각했다.

국제 정세상 레바논에 오래 머물 수 없었다. 1958년 2월 21일이 시리아와 이집트가 양국의 새로운 동맹관계를 확정짓기 위해 국민투표를 실시하는 날이었기 때문이다. 처음부터 뻔한 결과가 예상됐지만 기념비적인 사건이라서, 홀리는 다마스쿠스에서 그 투표현장을 직접 보고 싶었다. 바로 그때 유엔 난민구제 사업국UNRWA에서 수만 명의 팔레스타인 난민을 위한 사업을 6개월간 취재해 달라는 요청을 해 왔다. 취재활동은 난민촌은 물론이고 레바논과 시리아, 요르단, 이

---

53 해럴드 에이드리언 러셀 킴 필비(1912~1988). 소련과 영국의 이중간첩. 1963년 '케임브리지 5인조'라는 간첩조직이 드러나면서 정체가 밝혀졌다.

54 사우디아라비아 중동부 지방. 주민의 대부분은 와하브파(派)의 이슬람교도로 원래는 독립 왕국이었다.

집트 방문도 포함돼 있었다. 난민을 돕기 위해서 후원이 필요했던 유엔 난민구제 사업국은 특히 영어권 국가에서 인지도를 높여야 할 필요성이 있었다. 이 제안을 어떻게 거절할 수 있겠는가? 홀리는 경제적으로 돈을 벌 수 있을 뿐만 아니라, 기자로서 자신의 역량을 시험해 보고 싶어 기꺼이 이 취재요청을 수락했다.

난민 사업 취재를 시작하기 전, 홀리는 시간이 좀 있어 국민투표를 보러 다마스쿠스에 들렀다. 아랍 지역에서 가장 아름다운 도시로 손꼽히는 다마스쿠스는 자못 실망스러웠지만, 국민투표는 그녀의 기대를 저버리지 않았다. 나세르[55]Nasser 이집트 대통령이 카이로에서 날아오자, 시리아 전역에서 수만 명의 군중들이 몰려들면서 활기가 넘쳤다. 대규모 군중행렬은 대체로 나세르 대통령과 범아랍주의를 지지하는 구호를 외쳤고, 이스라엘, 요르단의 후세인 왕, 아이젠하워 미국 대통령 등 제국주의 지도자 타도를 외쳤다. 처음 나세르를 지지한다고 외치던 군중은 걷잡을 수 없이 과격해졌고, 어린아이 8명이 짓밟혀 죽는 참사까지 발생했다. 검은 피

---

55 가말 압델 나세르(1918~1970). 이집트의 혁명가이자 정치가로 이집트 대통령 (1956~1970)을 지냈다. 1952년 쿠데타를 주도해 이집트를 왕정에서 공화국으로 바꾸고 산업화를 일으켰다. 시리아와 연합하여 아랍 민족주의를 일으켰고, 1964년 팔레스타인 해방기구 설립에 지대한 역할을 했으며, 반식민주의와 범아랍주의 혁명을 일으키도록 민족의식을 고취했다.

부의 나세르는 큰 키에 잘생긴 얼굴과 지도자다운 면모를 지닌 굉장히 매력적인 사람이었다.

다마스쿠스에는 팽팽한 긴장감이 감돌았다. 홀리는 자신이 소련에서처럼 끊임없이 감시를 받고 있다는 느낌을 지울 수 없었다. 카메라 필름을 보여 달라는 요구를 거부하자 군 경찰이 본부까지 끌고 가려고 해서 실랑이가 벌어졌지만, 필름을 빼앗기지는 않았다. 군중 폭동이 일어났을 때 홀리는 한 남자의 도움으로 위험에서 벗어났는데, 나중에 알고 보니 그 역시 비밀경찰이었다. 호텔 안내원조차 끊임없이 그녀에게 누구와 어디를 함께 가는지 캐물었다.

레바논의 베이루트로 돌아온 홀리는 감시가 없는 상황을 느긋하게 즐겼다. 호텔 로비와 베란다에서 당시의 상황을 마음 놓고 편하게 이야기할 수 있어 기뻤다. 대화 주제는 나세르의 미래부터 사우디아라비아 정권에 대한 비난, 요르단의 후세인 왕에 대한 암살 루머, 누리 알 사이드 이라크 수상의 강점과 약점, 중동 정세 등 다양했다. 그런데 새 업무에 대한 기대감으로 부풀어 있던 홀리에게 반갑지 않은 일이 일어났다. 시리아 다마스쿠스에 있는 동안 일자리가 없어진 것이다. 실망한 그녀는 원래의 계획대로 이탈리아 선박을 타고 이집트로 향했다.

홀리는 3월 17일 카이로에 도착 후, 세미라미스 호텔의 객실 베란다에서 드넓고 잔잔한 나일 강의 경치를 감상했다. 며칠 후, 1955년 여행 당시 만났었던 이집트 의사의 방문을 받은 후 좀처럼 찾아볼 수 없던 낭만적인 감수성이 모습을 드러냈다. 그녀는 보름달빛에 젖은 환상적인 피라미드를 보려고 3주간 노심초사했다. 카이로가 '예스러우면서 다소 혼란스러운 동방도시'가 아닐까 우려했지만 그렇지는 않았다. 카이로는 다양한 개성을 지닌 도시였다. 나일 강과 야자수 숲, 사막과 피라미드, 그리고 모래와 하늘, 야자수가 만들어 내는 색채감이 독특했다.

청바지 차림으로 홀리는 피라미드 꼭대기까지 올라가 멋진 광경을 즐겼지만 평소에 쓰지 않던 근육을 쓴 탓에 다음 날 걸을 때마다 온몸이 쑤셨다. 그녀는 정치적 집회에 참석하고, 의사 친구 집을 방문하고, 볼쇼이 발레단 공연을 감상했다. 그리고 이집트 의사와 저녁식사를 하기도 했다. 이곳에서의 시간이 기분 좋고 즐거웠던 홀리는 애초 계획보다 더 오래 머물기로 결정했다. 그녀는 "서둘러 떠나야 할 이유가 없네요."라고 어머니에게 편지를 썼다. 카이로는 많은 국적의 사람들이 북적이는 국제적인 도시였고, 다양한 사고방식이 허용되는 곳이었다. 홀리에게 카이로는 아랍, 아시아, 아프리카의 3개 세계관을 동시에 경험할 수 있는 '만남의 광장' 같은 곳이었다.

가장 기억에 남았던 것은 시나이 반도에 있는 성 카타리나 수도원[56]St. Catherine's Monastery을 여행했을 때였다. 모래 사이로 솟은 가파르고 뾰족한 산들이 있는 시나이 반도는 가장 황량하고, 가장 건조하고, 가장 덥고, 가장 모래가 많은 곳으로 그때까지 경험한 곳 중 가장 사람이 살기 힘든 곳이었다. 수도원 근처에 있는 산 두 곳을 올랐는데, 대부분 낙타를 타고 가긴 했지만 마지막 가파른 정상부는 직접 걸어서 올라갔다. 한 곳은 예언자 모세가 십계명을 계시 받은 모세 산이었고, 다른 한 곳은 해발 2,438미터의 성 카타리나 산이었다. 그녀는 탁 트인 전망을 즐기면서, 노란색과 갈색, 붉은색의 대지 풍경과 멀리 있는 홍해를 바라보았다. 하지만 이 산행으로 또다시 근육통이 발생해 며칠간 절뚝거렸다.

그 기간에 서유럽을 여행 중이던 어머니는 이집트의 광신적인 상황을 전해 듣고, 딸의 안전을 걱정했다. 홀리는 신중하게 처신하고 있으니 아무 걱정하지 말라고 어머니를 안심시켰다. 아랍인은 이집트 밖으로 나가는 모든 우편물을 검열했기 때문에 솔직하게 털어놓을 수 없었던 것이다. 그녀는 베이루트, 키프로스, 로도스를 거쳐 터키의 이스탄불과 이즈미르까지 가는 10일간의 항해여행을 시작하고 나서야 이스라엘 여행계획을 자유롭게 편지에 쓸 수 있었다. 아랍 검열

---

56 이집트 시나이 산 기슭에 있는 동방 정교회 소속의 기독교 수도원

관이 읽는 편지에 이스라엘을 언급하는 것은 불가능했다. 잘못 걸리면, 다시는 이집트를 방문하지 못할 수도 있기 때문이었다. 홀리는 자유롭게 돌아다니기 위해 감리교 주일학교 수료증 등 독특한 증빙서류를 지니고 다녔다. 이 단순한 종이쪽지가 유태인이 아니라는 사실을 증명해 주는 충분한 증거물이 됐다. 아랍 지역과 예루살렘을 여행할 때 출입국 직원은 여권에 출입국 흔적을 남기지 않기 위해 별도의 종이에 비자스탬프를 찍어 주었다.

홀리는 터키 남부의 이즈미르와 안탈라를 여행하면서, 그곳을 전초기지로 삼아 주변 산악지대에 있는 유적지를 탐사했다. 그녀는 한 덴마크 건축가와 함께 시데[57]Side라고 불리는 폐허가 된 고대도시를 방문하기로 결정했다. 먼저 두 사람은 택시로 이동한 후, 차에서 내려 도로에서 5킬로미터 떨어진 해변에 있는 유적지까지 걸어갔다. 폐허를 둘러보고 수영을 즐긴 다음, 해변 카페에서 근사한 점심을 먹고서 오후 5시에 다시 차가 다니는 도로까지 걸어 나가 택시나 버스를 기다렸다. 6시 45분 트랙터 한 대가 멈춰 섰는데, 그 뒤에 달린 짐칸에는 어른들과 아이들 몇 명이 타고 있었다. 짐칸에 올라타고서 30분 정도 이동하니 어떤 마을에 도착했다. 트랙터 운전사는 몸짓으로 안탈라까지 가려면 상당히 멀다면

---

57 터키에 있는 고대도시로 기원전 7세기에 세워진 원형극장과 신전이 있다.

서 버스가 없으니 자기 집에서 자고 가라고 했다. 하지만 다음 날 아침 이스라엘 행 비행기를 타야 했던 홀리는 이 제안을 거절했다. 다시 길을 걷기 시작한 지 얼마 지나지 않아 지프 한 대가 멈춰 섰다. 차 안은 남자 두 명과 여자 한 명, 그리고 아이들 네 명과 여행가방, 다양한 보따리들과 연료 통, 연장 등으로 빼곡했다.

차 안은 이미 비좁을 대로 비좁았지만, 그들은 낯선 두 이방인들을 위해 앉을 자리를 만들어 주었다. 홀리는 덴마크인의 무릎 위에 앉았다. 그렇게 어렵사리 출발했는데 갑자기 지프의 엔진이 꺼지고 말았다. 지프를 고치는 동안 택시 한 대가 멈춰 섰는데, 그 택시 역시 사람들로 가득 차 있었다. 택시 운전사는 몸짓으로, 두 사람을 내려 준 후 바로 돌아오겠노라고 약속했다. 그는 약속을 지키겠다는 표시로 한 사람을 내려놓고 갔고, 그 사람은 지프 수리를 거들었다. 이윽고 택시가 돌아왔지만, 방향을 돌리던 중 택시의 엔진도 꺼지고 말았다. 오래된 복스홀Vauxhall 자동차가 나타나자, 그 차를 타고 가장 가까운 다음 도시로 이동했다. 홀리는 기운을 차리기 위해 식당을 찾았다. 그곳에서 만난 현지 학교의 교장은 저녁과 라키스(현지의 술)를 대접하면서 영어로 이야기를 나누고 싶어 했다. 엔진의 수리가 끝난 택시가 도착했고, 이들은 밤 10시 30분이 되어서야 안탈라로 돌아왔다. 20세기 중반에 터키의 오지에서 홀리가 경험한 여행은 이렇게 끝났다. 그녀는 다음 날 아침 비행기를 탔다.

당시 홀리에게 가장 인상 깊었던 것은 — 터키를 여행해 본 사람들도 그렇겠지만 — 거칠고 강렬한 외모와는 다른 예상 밖의 친절한 행동이었다. 버스 운전기사도 마찬가지였다. 도로에 앉은 비둘기를 치지 않기 위해 버스의 방향을 트는 기사도 있었고, 또 다른 기사는 다리 없는 거지를 보자 승객들 — 그들 역시 가난하기는 마찬가지였는데 — 이 차에서 내려 그에게 돈을 줄 수 있도록 버스를 세웠다. 홀리는 한창 전쟁 중인 이스라엘에서도 이런 친절을 목격할 수 있을까 궁금해했다.

6월 18일 홀리는 이스라엘의 하이파에 도착했다. 이곳은 중동보다는 유럽의 분위기를 풍겼는데, 카멜 산의 비탈에는 현대식 건물들이 빼곡히 들어서 있었다. 홀리는 항상 어떤 나라를 가기 전에 그 나라의 문학작품을 읽으면서 여행을 준비했다. 그녀는 이번 여행을 위해 숄럼 아시[58]Sholem Asch의 논란 많은 소설 『나사렛 사람』을 읽었는데, 저자는 이 작품을 통해 유태교와 기독교의 화해를 촉구하고 있었다.

예루살렘에서는 금요일 저녁 일몰과 함께 사바스

---

58 폴란드계 유태인 소설가이자 극작가(1880~1957). 소설·희곡 등을 통해 유태어를 문학적으로 표현하는 데 기여했다.

[59]Sabbath가 선언되면, 성인 남자와 소년들이 작은 집에서 나와 근처 시나고그[60]Synagogue로 엄숙한 표정을 지으면서 천천히 걸어갔다. 동유럽 게토에서 입었던 중세풍의 의복을 걸친 이들의 조용한 예배 행렬이 인상적이었다.

이곳 사람들은 홀리가 레바논을 다녀온 사실을 알고, 레바논이 이스라엘과 화해를 원하는 것이 진실인지 그곳 상황을 알고 싶어 했다. 이들은 곧 화해가 이루어질 수 있다는 기대를 갖고 평화를 간절히 희망했다. 그러나 쉽사리 화해가 될 수 없다고 본 홀리는 긍정적인 대답을 해줄 수 없었다. 이스라엘과 화해하고 싶어 하는 아랍 국가는 없는 것 같았다. 다른 아랍 국가들로부터 보복을 당하지는 않을까 하는 두려움 때문이었다. 홀리는 아랍-이스라엘 간 충돌의 이면에 호기심을 느꼈고, 더 심도 있게 갈등의 이유를 이해하고 싶었다. 대부분 국제 원조에 의존하고 있었지만 이스라엘이 나라를 건설하는 속도는 인상적이었다. 사회·종교·정치적 갈등은 복합적이었고, 아주 흥미롭기도 하면서 불안감을 주기도 했다. 하지만 그녀는 몇 십 년이 지난 후에도 여전히 이런 갈등이 지속될 것이라고는 미처 상상하지 못했다.

그해 9월 홀리는 이스라엘을 떠나 요르단의 수도 암만

---

59 안식일(유태인들에게는 토요일, 기독교도들에게는 일요일)

60 유대교의 공적인 기도·예배 장소(회당)를 가리키는 말

으로 향했다. 그곳은 마치 하룻밤 사이에 갑자기 쑥 커버린 어린아이 같은 모습을 한 도시였다. 고대에 건설된 성벽도 그 성장 속도를 막아 내지 못했는지, 현대적인 건물들이 7개의 언덕을 빼곡히 뒤덮고 있었다. 마흐무드 아부 레이시의 친구들 덕분에 이 도시를 보는 눈이 새롭게 열린 그녀는 "이곳 요르단에서 초창기 낭만적 동양학자가 묘사한 대로 아랍의 매력을 발견하기 시작했어요."라는 편지를 써서 어머니의 호기심을 자극했다.

홀리는 그곳에서 아랍 내셔널리즘의 다양성과 복잡성을 알게 됐다. 제1차 세계대전의 아랍 봉기를 이끈 하시미테 가문과 사우디아라비아의 종교적 광신도인 와하브파Wahhabis, 예루살렘의 회교법전 추종자들, 하시미테 가문과 싸운 팔레스타인 가문, 팔레스타인에서 아랍 테러리스트 활동을 이끈 파벌 그리고 나세르를 우상화하는 범아랍계파 등 파벌 간의 경쟁이 치열했다. 무력 외교와 팽팽한 긴장관계로 인해 악화일로에 있던 파벌 간의 불화는 서쪽에 들어선 이스라엘 때문에 더욱 악화됐다. 요르단에서는 이 갈등이 힘과 부, 영광을 차지하기 위한 이론적인 투쟁이 아니라, 생사가 걸린 문제였다.

지인을 통해, 홀리는 마안Ma'an에 주둔해 있는 아랍 지역 대령의 손님 자격으로 요르단 남부 지역으로 여행을 떠났다. '아라비아의 로렌스'의 T. E. 로렌스가 사랑했던 마안과 페트라, 아카바와 광활한 남쪽 사막을 볼 수 있는 이 여행은 특이한 방식으로 시작됐다. 그녀는 대령과 함께 차를 타고 케락Kerak 근교에 있는 부대로 간 후, 그곳에서 식사 대접을 받고 병원 간이침대에서 잤다. 일행은 계속해서 마안으로 향했다. 오아시스에 보잘것없는 흙벽돌로 건설된 이 마을에는 영화와 술을 멀리하고 남자가 외출할 때 여성을 감금하는 보수적인 무슬림들이 거주하고 있었다. 홀리는 또 다른 군 간부의 말을 타기도 하고 걷기도 하면서 고대도시 페트라를 둘러본 후, 요르단에서 유일하게 바다와 맞닿아 있는 항구도시 아카바를 여행했다. 그리고 광대한 와디 럼 사막을 차로 횡단한 후, 샘터에서 휴식을 취했다. 그곳으로부터 몇 백 미터 떨어진 곳에서는 검은 피부의 베두인들이 막 잡은 비둘기를 불에 굽고 있었다. 암만으로 돌아오는 여행은 거친 사막을 14시간이나 달리는 고행이었다. 새벽 4시가 되어서야 숙소에 도착한 홀리는 목욕을 하고 몇 시간 잠을 잔 후, 예루살렘으로 돌아왔다.

홀리는 10월 말 바그다드에 도착해 중동여행을 계속 이어갔다. 그녀는 지인들의 소개장과 미국 대사관의 도움 덕분에 거트루드 벨의 여행기와 성경에서 읽은 지역 ─ 바벨탑과

니네베[61]Nineveh, 우르[62]Ur, 에덴의 정원이 있었던 곳으로 추정되는 지역 — 을 방문할 수 있었다. 고대를 연상시키는 유적지에서는 발굴 작업이 한창이었다. 그녀는 바그다드 고고학 박물관에 들러서 발굴된 유물들을 자세히 감상하기도 했다.

홀리는 바그다드에서 남서쪽으로 105킬로미터 떨어진 이슬람의 중요 성지 카르발라Karbala와 잘 보존된 유적지 알 우카이디르[63]Al-Ukhaidir, 바스라[64]Basra를 방문할 수 있는 허가증을 이라크 보안당국으로부터 간신히 받아 냈다. 현지인들에 따르면 홀리는 바그다드를 돌아다니는 거의 유일한 여행자였다. 하지만 그녀는 '이 지역을 여행하는 대부분의 미국인들은 차라리 집에 있는 편이 낫다.'라고 생각했기 때문에 개의치 않았다. 홀리는 바스라에서 비행기를 타고 족장국가 전통을 지닌 쿠웨이트로 향했다.

쿠웨이트는 전통적이고 누추한 동양식 삶과 새롭고 의기양양하고 부유한 서양식 삶이 대조를 이루는 아주 매력적인 곳이었다. 부유한 삶은 거대한 유전을 발견함으로써 갑작스레 누리게 된 것이었다. 사막용 복장을 한 채 맨발로 커다란 캐딜락을 운전하는 사람이 있는가 하면, 좁고 꼬불꼬불한

---

61 고대 아시리아의 수도

62 티그리스 강 하류에 있는 옛 수메르의 도시

63 이라크 카르발라 인근에 있는 압바스조 초기의 궁전 유적

64 이라크 동남부 페르시아 만에 있는 항구

골목길에는 미국산 대형 자동차들이 빼곡했다. 서양 복장을 한 남자들이 검은 베일로 온몸을 감싼 여인과 걸어가는 모습도 눈에 띄었다. 홀리는 카이로에서 벌 수 있는 돈의 10배를 쿠웨이트에서 번 이집트 노동자를 만났다. 전화번호부 책의 첫 두 페이지 반이 셰이크Sheikh(족장)들에게 할애되어 있는 것도 흥미로웠다.

그리고 뜻밖에도 쿠웨이트 부총리 압둘라 무바라크 Abdullah Mubarak의 비서로부터 해변 별궁을 방문해 달라는 흔치 않은 초대를 받았다. 그녀는 그가 초청한 진짜 의도가 무엇인지 간파할 수 없었지만 호화로운 별궁에서 즐거운 시간을 보냈다. 멋진 응접실 천장에는 예상과는 달리 아름다운 유럽 여성들의 초상화가 그려져 있었다. 여성을 숨기는 나라에서는 보기 드문 광경이었다. 그녀는 이 지역을 여행하면서 로렌스의『지혜의 일곱 기둥』을 읽고, 그의 유명한 이야기와 자신이 직접 관찰한 것을 연결도 해 보고 비교도 해 보았다.

홀리는 12월 중순 테헤란에서 겨울을 맞았다. 밤에는 기온이 급격하게 내려갔다. 하얀 눈으로 뒤덮인 설산은 아름다운 풍경을 연출했다. 친구 주디가 1월 중순에 테헤란에 도착해 함께 인도로 떠날 계획을 세웠다. 인도로 가는 도중 처음 멈춘 곳이 카라치였다. 이곳은 무심한 여행자들의 관심을 붙잡아 둘 만한 것이 아무것도 없는 덩치만 큰 볼썽사나운 곳이었다. 프리랜서 기자로 일하던 주디가 볼 일이 있어 잠시 카라치에 들렀지만, 이들은 곧바로 인도 봄베이(현재의 뭄바이)로 떠났다. 홀리와 주디는 『정오의 어둠』이라는 책을 쓴 저자 아서 쾨슬러[65]Arthur Koestler와 상당히 닮은 남자와 택시를 같이 탔다. 알고 보니 그가 바로 그 작가였다. 홀로 여행 중이던 그는 홀리와 동행하면서 오랜 시간 많은 대화를 나눴다. 국가와 개인 간의 관계에 대해서도 활발히 토론했는데, 소련의 전체주의 전략에 대한 그의 관점은 특히 인상적이었다. 홀리는 뉴델리를 거쳐 마침내 카트만두에 도착했다.

---

65 헝가리 출생의 영국 소설가이자 언론인(1905~1983). 독일 및 영국 신문의 특파원으로 활약했고, 공산당에 입당하기도 했다. 『정오의 어둠』으로 정치 소설가의 기반을 굳혔으며, 그 밖의 작품으로는 희곡 『도착과 출발』, 소설 『밤의 도둑』 등이 있다.

제6장

네팔이 손짓하다

네팔은 세상이 어떻게 변하는지 볼 수 있는 곳이다.

— 엘리자베스 홀리 —

1959년 2월 8일, 세계여행에 나선 지 2년이 다 되어 갈 무렵 홀리는 네팔의 수도 카트만두에 도착했다. 당초 2주일 정도의 짧은 일정으로 방문할 예정이었지만, 네팔은 『뉴욕 타임스』에서 이 왕국을 최초로 방문한 여행자들을 다룬 기사를 읽은 1955년부터 늘 그녀의 마음속에 있던 곳이었다. 그 후 그녀는 네팔이 흥미로운 여행 목적지가 될 것이라고 생각하며, 훗날을 위해 열심히 정보를 수집했었다.

비행기가 인도의 베나레스(현재의 바라나시)에서 네팔 남쪽 국경으로 접근하자 홀리는 흥분을 감추지 못했다. 테라이[66]Terai 지역은 넘을 수 없는 장벽에 갇힌 야생 동물이 그 안

---

66   네팔 남부의 저지대로 늪과 울창한 숲이 있다. 고지대는 '히말'이라고 한다.

에서만 돌아다니는 것은 아닐까 생각될 만큼 울창한 삼림지대였다. 비행기가 북쪽으로 향하자 풍경이 바뀌며 정글 너머로 갈색 산비탈들이 모습을 드러냈다. 조각 같은 계단식 논밭의 미로 속에 작은 집들이 점점이 박혀 있고, 야산 위로 외딴 마을과 연결되는 길이 가느다란 실처럼 연결돼 있었다. 그러다 갑자기 넓은 계곡이 나오면서 카트만두가 나타났다. 인근의 야산과 멀리 하얗게 빛나는 히말라야 고봉들에 둘러싸인 카트만두를 보고, 홀리는 "동화 속 신기루 같은, 산들의 바다에 떠 있는 풍요로운 오아시스"라고 어머니에게 보낸 편지를 통해 설명했다. 하늘 가까이 치솟은 봉우리들로 인해 지구가 반으로 잘려 나간 것처럼 보이기는 했지만, 왠지 친숙한 느낌이 들었다. 홀리가 처음 본 네팔은 세상과 완전히 동떨어진 외딴 곳 ― 자신이 방문한 다른 어떤 지역보다도 더 20세기와는 동떨어진 ― 같아 보였다. 홀리는 어머니에게 보낸 편지에서 "시간이 그대로 멈춘 아시아에 온 기분이 들었어요."라고 적었다.

카트만두는 중세 분위기가 물씬 풍겼다. 오래된 3층 집들이 좁은 거리에 비스듬히 서 있고, 나무 창틀은 장인들의 섬세함이 깃든 장식용 세공품으로 단장되어 있었다. 상인방[67] 위에는 네팔의 신들이 조각되어 있었는데, 대부분 네팔인

---

67 문틀과 창틀의 일부로 문과 창문을 가로지르는 가로대

들은 이곳에 잠시 멈춰 서서 푸자(힌두식 기도)를 하고 갔다. 홀리는 거리의 작은 가게에 진열된 화려한 빛깔의 과일과 야채, 놀랍도록 선명한 고깃덩어리들을 보고 감탄했다. 균형 있게 발달된 도시에서는 조화와 번영이 느껴졌고, 실제 삶도 비교적 풍족해 보였다. 네와리Newari 족이 티베트와 인도 사이에 끼어 있는 전략적 위치를 이용한 무역을 통해 수 세기 동안 부를 창출해 온 것이다.

홀리는 지은 지 50년 된 싱하 두르바르[68]Singha Durbar 궁전에 위치한 정부청사를 방문했다. 웅장한 궁전의 화려한 정문을 들어서자 제대로 손질되지 않은 정원이 나왔다. 특별한 경우에만 사용된다는 호화로운 연회실들은 대리석과 샹들리에로 번쩍거렸다. 유일하게 일반인의 출입이 허용되는 행정 사무국은 — 예전에는 이곳이 후궁들의 거처였는데 — 좁고 조명도 어두워 토끼 사육장 같았다. 수상 관저는 놀랄 만큼 호화로웠다. 4층 건물은 잔잔한 호수 표면에 반사되어 마치 우주를 떠다니는 듯했다.

홀리는 두르바르 광장과 커다란 잔디 광장 툰디켈 Tundikhel을 둘러보았다. 그곳 마이단(잔디 광장)은 활력이 넘

---

68 사자의 궁전이라는 뜻으로, 1908년 제5대 라나 수상 Chandra Shumsher JBR이 건설한 신고전주의 건축양식의 건축물. 2015년 4월에 일어난 지진으로 큰 피해를 입었다.

치는 공간으로, 카트만두의 맥박을 느낄 수 있는 이상적인 장소였다. 10여 명의 소년들이 친위대원들의 감시하에 축구 연습을 했고, 한가로이 풀을 뜯고 있던 소들은 소리 지르며 뛰어 노는 아이들의 모습을 바라보고 있었다.

카트만두의 여성들을 만난 곳은 시내 길거리가 아니라, 카트만두의 젖줄이자 성스러운 바그마티 강[69]Bagmati River에 서였다. 그들은 그곳에서 머리를 감거나 몸을 씻었고, 빨래를 하기도 했다. 활기가 넘쳐흐르는 카트만두 시장은 아수라장이었다. 자전거 가게, 거지, 소들과 가끔 지나가는 최고급 외제차 롤스로이스까지 조합이 쉽지 않은 요소들이 온통 거리를 메우고 있었다. 향신료와 쌀더미, 후추와 바나나 더미, 실크와 면제품, 값싼 플라스틱 보석, 환전상들이 눈에 띄었다. 온갖 냄새와 소음이 거리를 가득 메웠다. 카트만두 계곡에 있는 5천 개도 넘는 사원에서는 끊임없이 종이 울렸다. 북 치는 소리가 들리는가 하면, 경적 소리가 고막을 자극했다. 자동차는 많지 않았지만, 마치 기능을 최대한 활용이라도 하려는 듯 경적을 울려댔다. 하지만 저녁이 되면 신기할 정도로 거리가 조용했다.

---

69 카트만두 계곡에서 발원해 카트만두와 파탄을 경계로 흐른다. 힌두교와 불교 모두 신성시 여겨 강을 따라 많은 사원이 세워져 있다. 네팔인들은 시신을 바그마티 강에 세 번 담근 다음 화장한다.

홀리가 네팔에 온 것은 개인적인 호기심 때문만이 아니라 직업적인 목적도 있었다. 인도를 떠나기 직전, 그녀는 네팔이 역사상 최초의 총선거를 앞두고 있다는 사실을 알게 됐다. 그래서 인도 뉴델리의 '타임사' 사무소에 들러 카트만두 통신원 일을 할 수 있는지 알아 보았다. 이 제안이 받아들여지자, 그녀는 두 기자와 함께 네팔로 넘어왔다. 한 명은 아주 유능한 『뉴욕 타임스』 통신원 엘리 아벨이었고, 또 한 명은 점잖고 위트가 넘치는 『런던 옵저버』의 통신원 시릴 둔Cyril Dunn이었다. 셋은 한 팀으로 움직였고, 네팔의 지도자급 정치인들과 인터뷰했다. 그녀는 경험 많은 기자들을 지켜보면서 자신이 정확히 있어야 할 곳에 와 있다는 느낌을 받았다. 당시 네팔은 마헨드라[70]Mahendra 국왕이 최초의 헌법을 제정하려는, 역사상 가장 흥미로운 시기에 진입해 있었다.

첫 국회의원 선거 이전까지 네팔의 정세는 음모와 오랜 시대의 유물인 권력의 대물림으로 점철되어 있었다. 라나 가문은 19세기 중반부터 사실상 네팔을 통치해 왔는데, 수상은 죽을 때까지 그 지위를 유지했다. 그들은 권력을 빼앗기지 않기 위해 강력한 라나 가문을 A, B, C로 분리한 카스트 제도를 교활할 정도로 정교하게 발전시켰다. 오직 A등급만

---

70 트리부반 국왕의 첫째 아들(1920~1972). 1955년부터 1972년까지 17년간 네팔을 통치했다.

이 권력의 상층부에 오를 수 있었다. 당연히 이 제도를 고안한 사람들은 A등급에 속한 사람들이었다. 그들은 여자와 위스키, 사냥을 좋아했다. 그러면서 종교와 정치에 대한 연설의 자유를 용인하지 않았다. 이를 증명이라도 하듯 감옥은 정치범들로 가득했다.

라나 가문의 통치로 왕족들은 힘을 잃고 궁전에서 죄인처럼 살았다. 이렇게 되자 네팔의 강력한 두 세력 사이에 긴장감이 흘렀다. 홀리가 카트만두에 도착했을 때 1955년 취임한 마헨드라 왕이 부친 트리부반Tribhuvan(물질, 영혼, 인간이라는 3가지 세계의 거주자라는 뜻이다.)의 뒤를 이어 네팔을 통치하고 있었다. 왕궁은 수상 관저만큼 화려하지는 않지만 '영국의 시골 정원과 비슷한 동화 같은 영지'였다. 실제 권한이 없어 허수아비에 불과했던 트리부반은, 그러나 신처럼 떠받든 네팔 국민들 덕분에 왕위를 유지할 수 있었다. 마헨드라 국왕은 13세에 라나 가문의 주선으로 같은 날 친자매인 두 여자와 결혼식을 올렸고, 14세에 각각의 아내에게서 아들을 한 명씩 얻었다. 국왕이 방탕할 뿐만 아니라 아편과 여자에 빠져 지낸다는 소문이 외국인들 사이에 자자했지만, 이는 사실이 아니었다. 총명하고 자기절제가 철저한 그는 홀리가 카트만두에 도착했을 때 막 시작된, 새로운 통치와 삶의 방식을 이끌 용기 있는 지도자라는 것을 훗날의 역사가 증명해 주었다. 네팔 국민이 라나 가문에 저항하기 시작하면서부터 네팔은 민주주의로 가는 길고 힘겨운 여정에 들어섰다.

1950년 트리부반 국왕과 가족은 왕궁연금을 벗어나기 위해 카트만두의 인도 대사관을 거쳐 인도로 피신했다. 국왕이 인도에 있는 동안 무장한 네팔 의회주의 지지자들은 남쪽 지방을 침략해 라나 가문을 인질로 잡고 임시정부를 수립했다. 서쪽 지방에서는 농민 게릴라까지 이 반란에 참여했다. 인도의 네루 총리가 이 사건을 보는 시각은 다음의 연설문에 잘 나타나 있다. "네팔에 평화와 안정이 정착될 수 있을지 걱정스럽다. 이 목적을 이루는 데는 상당한 정치개혁이 필요할 것이다." 라나 가문이 몰락하자 국왕은 네팔의 헌법상 수장이 되어 귀국했다. 그는 라나 가문 사람 7명과 정당 대표 7명으로 임시내각을 구성하고, 모든 정치범을 석방할 것이며 다음 해에 투표로 헌법을 제정할 것이라고 공표했다.

이것은 국민과 군주가 함께 이루어낸 이상한 종류의 혁명이었다. 트리부반 국왕은 최선을 다했지만, 내각 운영을 제대로 하지 못해 라나 가문의 억압 통치에 대한 대안이 될 것 같지 않았다. 상황은 더 복잡하게 꼬여 갔다. 마헨드라 왕세자가 라나 가문의 여성 인드라와의 결혼을 고집한 것이다. 결혼이라는 중요한 문제를 두고 부모와 갈등을 빚은 마헨드라는 결혼에 성공했고, 인드라가 죽자 그녀의 동생 라트나와 재혼했다. 정치개혁을 위해 애쓰던 트리부반 국왕은 지쳐 쓰러졌고, 스위스의 한 병원에서 사망했다.

1955년 마헨드라 왕세자가 왕위에 올랐고, 둘째 부인 라트나가 왕비가 됐다. 왕세자가 스스로 세자비를 선택한 선례가 얼마나 중요한지는 50년 후에 드러난다. 라트나 왕비가 70대가 됐을 때 손자 왕세자가 부모의 결혼계획에 반발한 것이다. 결국 이것은 왕실 전체를 몰살시키는, 국민들이 도저히 이해할 수 없는 살인참극을 낳고 말았다. 어쨌든 당시 국왕은 100년간 계속된 라나 가문의 독재정치를 끝내고, 20세기에 걸맞은 민주주의 국가를 만들고 싶어 했다. 네팔 최초로 헌법을 제정했고, 역사상 최초의 총선거를 실시했다. 홀리는 바로 이 변화를 직접 목격했다.

투표가 끝난 다음 몇 주가 지나자 네팔 국민의회당NCP의 승리가 발표됐다. 이 정당은 무려 70%의 지지를 받았다. 『뉴욕 타임스』 통신원 엘리 아벨은 네팔을 떠나야 했는데, 떠나기 직전 뉴욕의 국제뉴스 편집 담당에게 홀리를 추천했다. 으쓱해진 홀리는 돈이 떨어지기 직전이라서 기쁜 마음으로 이 제안을 받아들였다. 홀리는 캘커타로 날아가 『타임』 뉴델리 사무소장에게 원고를 넘긴 다음, 집으로 돌아가는 긴 여행길에 올랐다. 그녀는 미얀마 랑군(현재의 양곤)과 말레이시아 페낭, 싱가포르를 거쳐 홍콩, 부산까지 가는 화물선을 탔지만, 홍콩에서 배를 갈아타고 오사카로 갔다. 그곳에서 육로로 도쿄까지 간 홀리는 요코하마 항구에서 다시 배를 타고 미국 샌프란시스코에 도착했다.

2년 만에 미국으로 돌아온 홀리는 포근함을 느꼈다. 하지만 미국에서는 할 수 있는 것이 별로 없었다. 배가 금문교를 지나 샌프란시스코에 도착하자 그녀는 곧장 사탕과 소다수를 파는 유니온 스퀘어의 블럼Blum으로 달려가, 초콜릿 소스와 호두를 얹은 아이스크림 선디[71]를 주문했다. 그녀는 한 손에 선디를 들고 광장을 거닐며, 2년간 보지 못한 미국적인 풍경을 마음껏 즐기면서 고민에 빠졌다. "굉장한 곳이지만… 진짜 세상의 모습은 아니야. 진짜 세상 — 대다수의 사람들이 살고 있는 — 에서 몇 년간 살고 싶어." 여행은 홀리에게 큰 영향을 미쳤다. 이제 그녀의 인생은 과거로 돌아갈 수 없었다.

그러나 여행만 하고 살 수는 없었다. 편안하게 살고 싶었던 홀리는 카트만두가 제격이라고 생각했다. 날씨가 좋고 생활비가 저렴하며, 버몬트를 연상시키는 아름다운 언덕이 있고, 필요한 일들을 날마다 돌봐 줄 수 있는 가정부를 고용할 수 있었다. (요리할 필요가 없다!) 이 결정을 내리는 과정에서 등반이나 탐험은 전혀 고려 사항이 아니었다. 그때까지

---

71 기다란 유리잔에 아이스크림을 넣고 시럽, 견과류, 과일 조각 등을 얹은 음료

홀리는 히말라야 정상에서 벌어지는 힘센 영웅, 즉 '헤라클레스' 같은 산악인들의 노력을 전혀 모르고 있었다. 당시 홀리에게 에르조그와 헤르만 불은 아무 의미도 없는 이름이었다. 어쨌든 이 새로운 계획을 실현하기 위해서는 먼저 뉴욕으로 돌아가 직업을 구해야 했다.

　　메디슨 가의 아파트로 돌아온 홀리는 세계의 오지에서 번 돈으로 자리를 잡았다. 새로운 일을 구했으나 떠날 자금을 마련할 때까지만 일할 셈이었다. 그렇게 찾은 직장 중 하나가 『라이프』 잡지사였다. 그녀는 이곳 사업부에서 그전처럼 자료 조사원으로 일했다. 그리고 나서 넬슨 록펠러[72]**Nelson Rockefeller** 대통령 선거운동을 위해 짧게 일했다. 홀리는 그곳에서 자료실과 모든 파일에 접근하는 능력을 발휘하며 유능함을 입증해 보였다.

한편, 미국 국무부 산하 해외정보국**USIA**에도 입사지원서를 냈다. 해외에서는 미국문화원**USIS**으로 알려져 있는 이 기관의 역할은 미국의 국가적 이익을 증진시키기 위해 대외정책을 이해시키고 알리며 영향력을 행사하는 것이었다. 해외 정보활동은 전 세계의 열람실과 도서관, 작전수행 중인 요원, 대사관 그리고 야전 우체국을 중심으로 다양하게 이루어졌

72　미국의 기업인 출신으로 부통령을 지낸 정치인(1908~1979)

다. 아이젠하워 대통령은 미국문화원을 운영하기 위해 몇 명의 고위 간부들 — 국무부 차관, 국방부 차관, 외국원조기관 국장, CIA 국장, USIA 국장 — 로 구성된 작전조정위원회를 만들었다. 이 조직은 일주일에 한 번씩 오찬모임을 열어, 전 세계에서 일어나는 일들에 대해 자유롭게 의견을 나누었는데, 당시 원자력 실험과 소련과 관련된 비밀 정보, 정치체제의 변동, 시민운동 등이 주요 화제였다.

홀리는 USIA에서 일할 수 있는 훌륭한 자격을 갖추고 있었지만, 합격 가능성은 높아 보이지 않았다. USIA 부국장으로부터 "아주 좋은 인상을 남겼지만 외교 분야에서 여성이 일할 수 있는 자리는 극히 제한적입니다."라는 편지를 받았기 때문이다. 독립적이고 경험도 많고 지성과 유능함을 갖춘 홀리 같은 여성이 받아들이기는 힘든 내용이었다. 그녀는 포드 재단의 외국 장학 연수 프로그램에도 지원 신청서를 냈다. 네팔의 전후 역사 연구 — 제2차 세계대전 이후 정치와 경제 발전, 특히 국경을 접하고 있는 인도와 티베트의 영향과 침투에 중점을 둔 — 를 하겠다는 제안서였다. 이를 위해 『타임』 설립자의 보좌관인 앨버트 퍼스Albert Furth와 편집장 헨리 R. 루스가 홀리를 위해 추천서를 써 주었다.

"엘리자베스 홀리는 『포춘』 직원 가운데 몇 안 되는 유능한 조사원입니다. … 가장 능력 있는 필진이 항상 찾는 사람입니다. … 철두철미하고 날카로운 취재뿐만 아니라 자료의 함축적 내용을 파악하는 데 있어 탁월한 능력을 겸비하고 있기 때문입니다."

12월 초 홀리는 워싱턴으로 와서 3명의 USIA 남성 심사위원 앞에서 면접을 보라는 연락을 받았다. 그녀는 인사와 언론, 문화를 담당하는 사람들 앞에서 1시간 30분 동안 과거의 경험, 미국의 대외정책에 대한 견해와 USIA에 입사하면 어떻게 할 것인지, 임무를 제대로 이해했는지 심층면접을 치렀다. 홀리는 좋은 인상을 남겼고, 10일 후 1차 관문을 통과했다는 편지를 받았다. 다음은 신원조사, 신체검사, 심리정신질환 검사였다. 그녀는 USIA에서 일하게 될 것 같다는 느낌을 강하게 받았다.

홀리는 1960년 4월 포드 재단으로부터 '불합격' 통지서를 받았다. 남아시아에 대한 충분한 학위나 자격증이 없다는 것이 불합격 사유였다. 반면, USIA에서는 합격 통지서와 함께 외국 근무 발령 지침을 보내 왔다. 하지만 홀리는 자신이 발령 국가를 선택할 수 없다는 이유로 이 제안을 거절했다.

어머니 역시 USIA 근무를 만류했다. 자유로운 정서를 지닌 홀리에게는 너무 관료적인 직업이었기 때문이다.

이 시기에 홀리는 네팔에 더 많은 애착을 갖게 됐다. 이 나라의 정치와 더불어 고립된 한 나라가 20세기로 진입한다는 사실에 매료된 그녀는 몇 년간 그곳에서 살기로 결심했다. 네팔이 변화하고 발전하는 과정을 지켜보고 싶었던 것이다. 그녀는 이렇게 묘사했다. "네팔은 세상이 어떻게 변하는지 볼 수 있는 곳이다." 그해 여름 그녀는 9월에 카트만두로 돌아가 시간제 통신원으로 일하기로 '타임사'와 업무 협의를 마무리 지었다. 결국 그로부터 2년 후 그녀는 로이터 통신원으로 일을 하기 시작했다. 한편 니커보커 재단Knickerbocker Foundation으로부터도 꽤 괜찮은 보수의 일을 제안 받았다. 그녀는 이 제안을 수락했는데, 뉴욕의 친구들은 그 선택을 의아하게 생각했다. 대학 동기들과 친구들은 홀리가 재단을 구실 삼아 미국 정부를 위한 정보원 역할을 할 것이라고 지레짐작했다. 홀리는 계약서에 서명하자마자 곧바로 네팔로 향했다.

제7장

새로운 삶

이곳은 정상에 오르고 싶어 안달이 난 미친 사람들로 들끓어요.

- 엘리자베스 홀리 -

홀리는 네팔에 정착할 생각이었기에 더 깊은 관심을 갖고 카트만두와 인근 지역을 둘러보았다. 먼저 카트만두에 인접한 고대도시 파탄Patan으로 가 아름다운 비단과 은제품, 보석을 파는 가게들이 즐비한 시장을 방문했다. 북적거리고, 비좁은 시장 골목을 벗어나니, 벽돌이 깔린 거리를 따라 나무 창틀에 용과 신, 여신이 조각으로 장식된 넓은 집들이 나왔다.

차를 타고 찾아 간 바드가온[73]Bhadgaon에는 도금된 수많은 사원 지붕들이 강렬한 햇빛에 반짝이고 있었다. 불교와

---

73 현재의 박타푸르Bhaktapur. 카트만두에서 동쪽으로 약 15킬로미터 떨어진 중세 도시. 15~18세기경 카트만두 계곡에서 네팔 역사상 가장 찬란한 문화를 꽃피우며 번성했던 말라 왕국의 3대 고도(카트만두, 파탄, 박타푸르) 중 하나. 영화 <리틀 붓다> 촬영지로 유명하다.

힌두교 사원의 건축양식은 달랐지만 신의 형상화 측면에서는 서로 뒤얽혀 있었다. 네팔에서 종교 축제는 일상적이었고, 카트만두 지역은 모든 고대 종교를 다 품어 안은 듯 보였다.

티베트 밖에서 가장 성스러운 티베트 성지로 불리는 보드나트[74]Bodhnath에도 들렀다. '스투파stupa'로 알려진 옥수수 모양의 불교사원이 눈부셨다. 탑 상층부는 금으로 덮여 있었고, 하층부에는 부처의 푸른 눈이 선명하게 그려져 있었다. 마니차(기도·명상 때 돌리는 바퀴 모양의 경전)를 돌리는 소리와 함께 정제 버터로 만든 초 타는 냄새가 대기 속으로 퍼져 나갔다. 홀리는 서성거리면서, 스투파를 도는 수많은 불교 순례자들을 지켜보았다. 엄청난 광경이었다. 밤색 가사 차림의 승려들, 돼지꼬리 모양의 머리를 한 은둔자들, 학자들과 농부들이 종소리, 징소리, 경적소리 그리고 항상 풍기는 버터 냄새와 한데 섞여 있었다. 이곳에 모여든 사람들 중에는 순례자만이 아니라 티베트 난민도 있었다. 중국이 티베트를 점령하자 이 지역으로 몰려든 이들은 강렬한 눈빛의 전사처럼 거리를 배회했다.

홀리는 자신이 선택한 제2의 고향이 복잡하지 않고 평화로워 마음에 들었다. 세계의 다른 곳과는 달리 시끌벅적하

---

74 네팔에서 가장 큰 불탑으로, 카트만두 중심가에서 동쪽으로 약 7킬로미터 떨어져 있다. 기단 높이 36미터, 탑 높이 38미터, 지름이 무려 100미터에 달하는 웅장한 규모이며, 유네스코 세계문화유산이다.

지 않고, 갈등과 불화, 전쟁, 빠른 변화와는 거리가 먼 곳이었다. 물론 그렇지 않다는 것을 곧 알게 됐지만, 그때는 우선 이런 외국에 집을 갖는다는 사실에 그녀는 색다른 즐거움을 느꼈다.

로열 호텔에 머물면서 아파트를 찾던 홀리는 일주일도 안 돼 마음에 드는 보금자리를 발견했다. 도시 중심부에 위치한 침실 2개짜리 아파트였다. 널찍한 방에는 창문이 여러 개 나 있었는데, 그중 3개는 발코니가 딸려 있었다. 전력은 약했지만 모든 방에 전기가 들어온다는 점이 만족스러웠다. 부엌은 너무나 간소해서 싱크대와 찬물이 나오는 수도가 전부였고, 욕실에는 작은 온수탱크와 물을 내릴 수 있는 변기가 있었다. 월세 95달러짜리였다. 두꺼운 휘장을 걷어 낸 후 기존 가구를 다시 배치하고, 정원에서 꺾은 갖가지 꽃들을 새로 산 청동 꽃병에 꽂아 놓고 보니, 분위기가 그럴 듯했다.

진짜 집 같은 느낌을 살리기 위해 홀리는 미국에서 '필수품' — <마이 페어 레이디>와 <오클라호마>, <왕과 나> 레코드 앨범, 저자 사인이 된 『요리의 즐거움』, 헨델의 <메시아> 레코드판 — 을 가져왔다. 성경을 챙기면서는 "하나님은 그 이유를 알 거예요."라고 어머니에게 농담을 했다. 또한 실용적인 용도로 사용하려고 플라스틱으로 된 디너용 접시 세트, 시트와 수건, 지도책, 웹스터 대학생용 사전, 유의어 사전, 문

고판 백과사전, 영어 사용법 책, 핀란드식 요리 철판 등도 챙겨 왔다.

10월 중순경, 홀리는 집 정리가 끝났을 뿐만 아니라 요리사와 하인, 세탁부, 작은 정원을 관리하는 사람까지 고용했다는 편지를 어머니에게 보냈다. 두 번째로 고용한 요리사 쿠마르Kumar는 미국인 집에서 일한 적이 있어 영어를 조금 했고, '미국식으로 요리하고 청소할 줄' 알았다. 빵과 설탕 쿠키를 굽거나 수프와 마요네즈를 만들 수 있고, 가계부를 잘 쓰는 등 쿠마르가 자신이 할 수 없는 거의 모든 일을 해내는 것을 보고 그녀는 만족스러워했다.

그러나 쿠마르가 요리사 자리를 람 크리슈나에게 내주고 다른 일을 맡으면서 그와 홀리는 '어려운' 관계라고밖에 설명할 수 없는 사이가 됐다. 홀리는 옛날을 뒤돌아보면서 쿠마르에게 못되게 군 것을 인정하면서도, 그가 먼저 성미를 건드렸고 전혀 체계적이지 못한 사람이라고 강변했다. 홀리가 극도로 체계적이었기에 이것은 피할 수 없는 재앙이었다. 그녀는 쿠마르를 조롱했던 것이 용서받을 수 없는 일이었음을 인정했지만, 그가 짜증나게 한 것에 대한 앙갚음으로 못되게 군 것이라며 분명히 선을 그었다. 그래도 홀리는 그와 40여 년 세월을 함께했다. 친구들은 홀리가 '진짜 마님 같은 사람'으로, 네팔인들을 시키면 시키는 대로 하는 하인쯤으로 생각했다고 설명했다. 홀리의 사촌 리 니어림의 아들 윌은 홀리와 네팔 직원들과의 관계는 19세기의 전통적인 주종 관계라고 말했다. 사려 깊은 쿠마르는 2003년 은퇴할 때 좋은 교육을 받아 체계적인 손자 바원을 자신의 후임자로 선택해 은퇴 6개월 전부터 완벽하게 훈련시켰다. 홀리는 그의 이런 작별 방식에 고마워하면서 쿠마르를 제대로 대해 주지 못한 것을 후회했다.

당시 카트만두에는 물건을 파는 상가가 2개밖에 없었는데, 쓸 만한 물건을 파는 가게가 거의 없었다. 그나마 괜찮은 가게가 '블루 버킷Blue Bucket'으로, 캔이나 포장 식료품을 파는 시골의 구멍가게 같은 곳이었다. 식재료는 보통 시장이나 노점에서 구입했지만, 콜리플라워, 당근, 무, 감자, 양파, 마늘밖에 없을 정도로 야채 종류는 많지 않았다. 빵은 카트만두에서 최초로 빵을 굽기 시작한 '크리슈나 로프Krishna Loaf'에서 구입했고, 서양식 의류를 파는 곳이 없어 모든 옷은 재단사에게 맞춰 입거나 해외에서 직접 구입했다. 가로등이 없었고, 포장도로도 드물었다. 사람들은 대부분 걸어 다니거나 자전거를 탔다. 우체국에서 국제 우편 서비스를 취급하지 않아 홀리는 미국 대사관을 통해 우편물을 주고받았고, 인도 대사관을 통해 전보를 송·수신했다.

1960년의 카트만두 거리에서 서양 여성과 마주치는 것은 낯선 일이었다. 한번은 집 근처에서 티베트 난민들과 마주쳤는데, 그들은 무릎길이의 치마를 입고 나일론 스타킹을 신은 그녀를 보자 여학생들처럼 킥킥거리면서 서둘러 자리를 피했다. 홀리가 얼마나 눈에 띄는 존재였는지, 세월이 한참 흐른 후 한 젊은 직원이 "20년 전쯤 어린 시절에 뵌 기억이 있어요."라고 말할 정도였다. 처음에는 자전거를 타고 도시를 돌아다녔지만, 청록색의 1952년형 피아트 500 컨버터블을 잠깐 빌려 탄 순간 모든 것이 바뀌었다. 비를 맞지 않고 돌아다닐 수 있어 짜릿했고, 크기도 적당했다. 1965년, 홀리는 결국 바순다라Basundhara 왕자로부터 2년 된 하늘색 폭스바겐 비틀을 1,500달러에 구입했다. 이후 이 자동차는 카트만두에서 홀리의 트레이드마크가 됐다. 내가 방문했던 2004년 봄에도 그 차는 당당하게 차고를 차지하고 있었다. 그녀는 1996년까지 직접 이 차를 운전하고 다녔다.

독신의 젊은 미국 여성 홀리는 카트만두 사교계에서 환영받았다. 사교모임은 레스토랑이나 호텔보다는 주로 개인주택에서 이루어졌지만, 그녀가 자주 갔던 곳 중 하나는 유명인사 보리스 리사네비치가 운영하는 로열 호텔이었다. 넓지만 그다지 안락하지 않은 이 사교장은 바하두르 바완Bahadur Bhawan이라는 이름의 옛 라나 궁전 한편에 있었다. 그래도 홀리가 가장 빈번하게 찾았던 곳은 로열 호텔의 레스토랑이 아니라 화려한 파티가 열리는 보리스의 멋진 아파트였다. 카트만두에 사는 매력적인 인사들 가운데서도 보리스는 단연 눈에 띄는 존재였다. 검은 피부에 긴 생머리를 한, 신비로운 분위기를 풍기는 이 잘생긴 남자의 과거는 무척 다채로웠다. 러시아에서 자란 그는 볼셰비키 혁명 때 잠시 그곳을 탈출했다가 디아길레프 러시아 발레단의 유명 발레리노가 됐다. 발레 공연으로 전 세계를 여행한 그는 캘커타에 회원 전용 클럽인 '300클럽'을 열어 왕족과 모험가들을 친구로 삼았고, 그때 네팔의 트리부반 국왕을 비롯해 라나 가문의 통치 종식을 도운 혁명 인사들과도 친분을 쌓았다. 네팔에 들어온 것도 바로 이 친분 덕분이었다. 그는 바순다라 왕자와 함께 로열 호텔을 운영했는데, 사람들은 그곳을 카트만두의 "바로크 궁전"이라고 불렀다.

왕족과의 인맥도 있었고 막강한 권력자들과 친분도 쌓았지만, 보리스는 빚 때문에 얼마간 감옥 생활도 했다. 너무나도 비현실적인 사업감각 탓에 늘 부채를 안고 살았던 그는 출소 직후 마헨드라 국왕 즉위식에 맞춰 성대한 연회를 준비해 달라는 요청을 받았다. 연회는 네팔에서는 결코 볼 수 없을 정도로 성대했고, 보리스는 이내 네팔 엘리트 사교계의 구심점이 됐다.

카트만두를 거쳐 가는 모든 원정대가 로열 호텔에서 보

리스와 함께 지냈기 때문에 그의 사교모임에는 산악인들도 있었다. 그는 친구들을 통해 독특한 모양의 돌을 수집했는데, 그중에는 배리 비숍Barry Bishop이 에베레스트 정상에서 가져온 돌, 장 프랑코Jean Franco가 마칼루 정상에서 가져온 돌도 있었다. 보리스는 높은 산에서 돌을 가져온 산악인들에게 유명한 과일케이크를 대접했는데, 사실 대가성이라기보다는 초기 원정대원들 모두에게 일괄 제공한 일종의 서비스였다. 홀리가 산 위에서 일어난 흥미진진한 이야기를 듣기 시작한 곳도 바로 보리스의 이 아파트였고, 산악인들을 만나기 시작한 곳 역시 바로 이곳이었다.

홀리는 두 군데에서의 수입으로 생활을 꾸려 나갔다. 첫 번째 수입은 전 직장인 『포춘』, 『타임』, 『라이프』를 출간하는 '타임사'의 비상근 통신원으로 일하면서 받는 돈이었다. 그녀가 정치를 비롯해 다양한 뉴스를 취재하고 조사해서 뉴욕이나 뉴델리로 보고서를 보내면, 편집자 한 명이 그것을 토대로 기사를 작성했다.

두 번째 수입원은 니커보커 재단이었다. 홀리의 업무는 네팔의 정치 상황에 대한 정기 보고서를 쓰는 것이었지만, 재단을 위해 하는 일 자체가 별 특징이 없어 큰 호기심을 느끼지 못했다. 영국과 미국, 소련을 필두로 한 여러 나라들은 1960년대 초반 세계 대부분의 지역과 특히 전략적 요충지인 네팔에서 꾸준한 정보수집 활동을 했다. 오랫동안 사람들의 흥미를 끌었던 이 산악지대가 주변 강대국들 사이의 중요한 완충지대라고 판단했기 때문이다. 물론 카트만두에 거주하는 많은 외국인들도 이 사실을 알고 있었다. 1967년의 『팩츠 온 파일Facts on File』 연감에 따르면, 니커보커 재단은 CIA 위장 기관이라는 의심을 받았지만, 홀리는 매달 재단에 보내는 보고서가 미국 정부의 분석용으로 사용됐는지 개의치 않는다며 완강하게 물었다. "왜 안 되나요? 뭐가 문제죠?" 그녀는 자신의 업무가 '스파이 행위'라고 생각하지 않았다. 한 나라가 다른 나라에서 어떤 방법으로든 정보를 수집하는 것은 당연한 일이라고 믿었던 것이다. 오히려 그녀는 미국 정부를 돕는다는 사실에 뿌듯해했다.

홀리는 매일 BBC 라디오 뉴스를 듣고, 『인터내셔널 헤럴드 트리뷴』을 읽었다. 그녀는 그전 해에 만났던 고위급 정치인들과 접촉하면서 이내 미국 대사관 칵테일파티에 초대를 받았고, 계속해서 인맥을 넓혀 갔다. 네팔 유엔협회는 유엔 창립기념일 회의를 개최하면서 『타임』과 『라이프』 대표로 홀리를 초대했는데, 그녀는 이곳에서 B. P. 코이랄라[75]Koirala 네팔 총리와 만났다.

---

75 네팔의 정치가(1914~1982). 1959년 네팔 최초의 민주적인 선거로 총리가 됐으나 1960년 마헨드라 국왕이 정당 활동을 금지하자 이에 맞서 절대왕정 폐지를

업무가 한가한 틈을 타서 지프와 전동스쿠터를 타고 가까운 시골을 돌아다니던 홀리는 11월 중순 처음으로 카트만두에서 북쪽의 멜람치Melamchi까지 가는 10일간의 트레킹에 나섰다. 그녀는 오랫동안 걷고, 가파른 언덕길을 오르고, 추운 밤을 보내느라 고생했다. 즐거운 경험이기는 했지만, 10일이 무척이나 길게 느껴졌다. 하지만 그녀는 고생한 대가로 많은 것을 얻었다. 우선 경치였다. 경치는 정말 아름다웠다. 그리고 만난 사람들 ― 특히 셰르파들 ― 은 카트만두의 정치적 변화를 전혀 알지 못했는데, 홀리는 그들의 고립된 환경이 고난을 가중시키고 있다고 어머니에게 말했다. 그녀는 자신의 몸이 금세 건강하고 단단해지는 느낌을 받고 상당히 기뻐했다.

산악지역에 다녀오고 나서 얼마 후, 홀리는 B. P. 코이랄라(홀리는 훗날 그를 그냥 B. P.라고 불렀다.) 총리가 12월에 직접 트레킹을 떠날 계획이라는 것을 알았다. 그는 지적이면서도 격식을 따지지 않아 친근감을 주는 사람이었고, 홀리에게 미인이라고 칭찬해 줄 정도로 타인을 치켜세워 주는 면도 있었다. 그녀는 총리에게 직접 연락해, 트레킹에 동행해서 네팔 정부의 총리가 민주주의를 구현하기 위해 어떻게 난관들

주장하다 가택연금과 추방생활을 했다. 네팔의회당 창당 이후 60여 년간 실질적으로 당을 지배해 온 정치 명문 집안 출신으로 네팔 국민들의 존경을 받은 정치인이며, 작가로도 유명하다.

을 극복하는지 『라이프』에 기사를 쓰겠다고 제안했다. 총리는 열의를 보였고, 홀리는 희망을 품었다.

그러나 홀리의 주도면밀한 계획은 떠나기로 한 바로 전날 희박한 공기 속으로 날아가 버렸다. 코이랄라 총리가 해임되었기 때문이다. 1960년 12월 15일 정오, 모든 정부 각료들 ― 일부는 잠적했고, 일부는 해외로 도피했지만 ― 은 마헨드라 국왕의 명령에 따라 구금됐다. 정부의 무능과 실수투성이 정책을 참지 못한 국왕이 특단의 조치를 취한 것이다. 코이랄라가 총리로 선출된 지 1년 6개월 만의 일이었고, 왕과 총리의 권력 다툼의 결과였다. 국왕은 상징적인 지도자로만 남고 싶어 하지 않았다. 그러면 부친 트리부반 국왕이 굳게 믿었던 모든 것이 무효가 되어 버릴 수 있었기 때문이다.

국왕은 비상상황에서 권력을 무력화시킬 수 있는 권한이 있었다. 비상상황 여부를 결정하는 당사자가 바로 국왕이기에 이 일은 그냥 그렇게 간주됐다. 마헨드라 국왕은 부친의 정치를 잇겠다고 약속했고, 과학적이고 효율적으로 이를 완수하기 위해서는 부패도, 정당의 압박도 없어야 한다고 주장했다. 그가 내린 특단의 조치로 모든 정당 활동이 무기한 금지됐다. 헌법과 국회는 존속시켰지만, 왕궁에서 하달된 결정에 도장을 찍는 역할이 전부였다. 총리와 장관도 국왕이 직접 지명했다.

마헨드라 국왕은 정당을 없애는 대신 인도의 정부제도, 즉 5인의 고문을 두는 '판차야트[76]Panchayat' 위원회를 네팔에 도입하고, 수감된 정치인들 일부를 석방해 위원회에 포함시켰다. 국왕의 부름을 받지 못한 코이랄라 총리는 가택연금 생활을 하다가 몇 년간 해외에서 망명생활을 이어갈 수밖에 없었다. 홀리는 마침내 정말로 '국왕의 정당해산'이라는 흥미로운 뉴스를 취재했으나, '타임사'가 이 정보를 어떻게 처리할지 걱정이 됐다. 그들이 정보를 어떻게 해석하느냐에 따라 향후 그녀가 네팔에서 일하는 것이 어려워질 수도 있었기 때문이다. 국왕은 외국원조와 경제개발 프로그램을 통해 문호를 개방하고 발전을 꾀했지만, 한편으로는 철권을 휘두르고 있었다. 홀리는 권력의 중심에 선 국왕이 네팔의 개혁·개방과 국내정치를 야무지게 처리하는 모습이 마음에 들었다.

개인적으로 미묘한 입장에 놓이기는 했어도 홀리는 고립된 변방국인 네팔의 정치가 결코 시시하지 않다는 사실에 자못 흥미를 느꼈다. 중국과 인도 사이의 전략적인 위치에 있는 네팔은 두 강대국 사이에서 노련한 외교를 펼쳤다. 네팔의 독립 유지에 주안점을 둔 국왕은 중국이 인도와, 소련이 미국과 대치하도록 만들었고, 어느 정도 성과를 올렸다.

---

76 5인 위원회를 일컫는 말로 아주 오래전부터 내려오는 촌락 단위 원로모임을 모방한 정치제도. 직접 선거로 선출한 112명과 국왕이 임명한 28명을 더해 140명의 의원은 정당을 구성하지 못하고 국왕의 뜻대로 움직였다.

그것도 자신만의 독특한 독재정치를 통해서 이룬 성과였다. 통신사 기자로서 홀리는 사실에 근거한 기사를 써야 했다. 그녀는 현재 일어나고 있는 상황을 다루면서 주관적인 견해가 드러나지 않도록 조심했다.

'타임사'의 이사장과 인도 뉴델리 사무소장이 카트만두를 방문한 1962년 1월, 네팔의 주요 인사들과 만나 대접받기를 바랐던 상관들을 위해 홀리는 노련하게 그 기대를 충족시켜 주는 작은 성과를 올렸다. 네팔 상류층과 친분을 유지해 온 덕분에 주요 장관들과의 인터뷰와 오찬 자리를 마련한 것이다. 뿐만 아니라 홀리는 30분에 걸친 국왕과의 인터뷰까지 주선했다. 국왕으로서는 정부를 장악한 후 가진 첫 번째 언론 인터뷰였다. 홀리는 부드러운 어조로 자신의 생각을 분명히 밝힌 국왕의 인터뷰 자세가 마음에 들었다.

그해 2월 초 홀리는 미키 웨더올Micky Weatherall이라는 영국인을 인도 국경 근처 심라Simra로 가는 비행기 안에서 만났다. 다르질링에서 자란 토목기사인 그는 라나 가문 유력 인사 소유의 거대한 궁전인 바베르 마할[77]Baber Mahal에 거주하면서 라나 가문이 시행하는 교량건설 사업 책임자로 일하고 있었고, 네팔어와 힌디어를 비롯해 6개 언어를 구사했다.

---

[77] 라나 가문 5대 수상을 지낸 찬드라 숨세르 라나가 1913년 사랑하는 아들 바베르를 위해 지은 궁전

홀리와 웨더올은 심라에서 네팔로 돌아갈 때는 육로를 이용해 며칠간 모험을 함께 즐겼다. 웨더올은 몇 대의 트랙터에 커다란 강철 대들보를 끌고 갔고, 홀리는 랜드로버를 타고 그 뒤를 따랐다. 두 사람은 가파르고 거친 지역을 힘들게 차로 여행하며 좋은 친구가 됐다. 여행에서 돌아온 후, 웨더올은 라나 가문의 한 인사를 위해 마련된 깜짝 파티에 홀리를 초대했고, 그 파티 덕분에 별 어려움 없이 네팔 사교계로 진입할 수 있었다. 특히 리젠드라 숨세르 정 바하두르 라나 Mrigendra Shumsher Jung Bahadur Rana 장군과 그의 부인, 자녀들과 친분을 쌓게 된 계기도 그 파티였다.

홀리는 웨더올과 가깝게 지내며 카트만두에서 많은 시간을 함께 보냈고, 건설 사업이 진행 중인 남쪽 지역으로 함께 여행도 다녔다. 그녀는 미국인 저널리스트 바버라 애덤스 Barbara Adams, 국왕의 동생 바순다라 왕자 커플과도 가깝게 지냈다. 바버라는 카트만두에서 호기심의 대상이었다. 1961년 로마에서 이탈리아 출신 사진작가인 남편과 함께 휴가차 네팔을 방문한 그녀는 남편이 떠난 후에도 계속 이곳에 머물렀고, 얼마 뒤 바순다라 왕자와 로맨틱한 사이로 발전했다. 바버라는 네팔에서 기사 쓰는 일을 좀 하기는 했지만, 대부분 사교활동을 하면서 보냈다. 자신만만하고 화려한 스타일의 바버라는 4개 국어를 구사할 정도로 재능도 뛰어났다.

바버라와 바순다라 왕자는 네팔 이곳저곳을 돌아다니며 모험에 가까운 여행을 즐겼다. 두 사람은 결혼을 꿈꿨지만, 결과적으로 이뤄질 수 없는 꿈이 되고 말았다. 유부남인 왕자는 새롭게 제정된 재혼법에 따라 국왕에게 재혼을 허용해 줄 것을 요청했다. 부인이 이혼에 합의할 경우에만 가능하다는 조건으로 국왕이 승낙했지만, 왕자비 자리를 내놓고 싶지 않았던 부인은 이혼을 거절했다. 결국 이들은 오랫동안 연인 사이로 남을 수밖에 없었다.

바버라와 바순다라 왕자가 헤어지게 됐을 때 홀리와 웨더올이 중재에 나섰으나 타협점을 찾지 못했다. 바버라와 몇 차례 여행을 다녀온 홀리는 그녀가 자기중심적이라고 생각했고, 결국 그들의 우정도 시들해졌다. 하지만 몇 년 후, 두 사람의 갈등은 한 가든파티에서 폭발했다. 바버라는 현지 신문에 정치와 환경문제에 관한 정기칼럼을 연재하면서 총리와 내각을 공개적으로 비판했다. 그랬던 바버라가 가든파티에서 자신의 네팔 비자 갱신 문제에 대해 강하게 불평하자 홀리는 "그런 기사를 쓰면서 도대체 뭘 기대해?"라고 한마디 했고, 모욕감을 느낀 바버라는 화를 내며 그 자리를 떴다. 그 일 이후로 두 사람의 관계는 소원해졌다. 하지만 가끔 만나게 되면 서로를 공손하게 대했다.

당시 카트만두의 외국인 공동체는 모두가 서로 알고 지

낼 만큼 작았다. 그 가운데 예수회 소속인데도 사람들로부터 "미국인 라마승"이라 불리던 모란Moran 신부는 평범치 않은 인물로 꼽을 만했다. 학자 내지는 네팔 홍보대사로 인식되던 그는 카트만두에 사는 소년들을 위한 초등학교와 중·고등학교를 세웠고, 항상 지프나 오토바이를 타고 이곳저곳을 분주하게 돌아다녔다.

스위스 지리학자 토니 하겐[78]Toni Hagen 역시 범상치 않은 사람이었다. 홀리가 배우고 싶어 할 만큼 카트만두에서뿐만 아니라 네팔에서 자신이 무엇을 해야 할지 정확히 알고 있었던 그는 12년 동안 수많은 계곡을 탐험했고, 수천 킬로미터의 트레일을 답사하며 네팔 방방곡곡을 돌아다녔다. 하겐은 10여 개의 사투리를 구분해 낼 줄 알았고, 외국인이 한 번도 발을 들여 놓지 못한 곳에도 잠입해 들어갔다. 많은 이들은 그의 엄청난 유랑과 모험, 특히 티베트 국경에서 이루어진 탐사의 속셈이 무엇인지 의심을 품기도 했으나, 그는 진짜 모험가였고, 이를 입증해 줄 충분한 모험담도 갖고 있었다.

이들보다 훨씬 조용한 사람이어서 홀리의 관심을 그리 끌지는 못했지만 오스트리아 출신의 페터 아우프슈나이

---

78 외국인 최초로 네팔을 답사한 스위스 지리학자(1917~2003). 1950년 스위스 개발원조 사절단으로 방문한 후, 1952년 네팔 정부와 UN에 고용되어 히말라야 지역을 지질, 지리학적으로 조사했다.

터[79]Peter Aufschnaiter도 유명한 이방인이었다. 하인리히 하러 [80]Heinrich Harrer와 티베트에서 7년을 보낸 그는 먼저 나서서 이야기보따리를 푸는 스타일은 아니었지만, 홀리는 종종 그의 독특한 경험담을 들을 수 있었다. 페터는 하러와 함께 인도의 포로수용소를 탈출해 '금지된 땅'으로 들어간 후, 티베트가 외국에 문호를 개방하기 전까지 오랫동안 라싸Lhasa에 머무르면서 달라이 라마 가족과 가깝게 지냈다.

1961년 3월 초, 영국의 엘리자베스 여왕이 외국 언론사 대표 기자들을 대동하고 네팔을 방문했고, 이 기간 동안 몇몇 기자들은 홀리의 집에서 지냈다. 홀리는 여왕의 네팔 방문을 취재하던 중 자신과 이름이 같은 여왕과 짧은 대화를 나눴다. (어떤 친구들은 엘리자베스 여왕과 이름이 같다며 홀리를 여왕 폐하라고 부르기도 했다.) 그러나 홀리가 가장 중점적으로 취재한 것은 여왕을 보기 위해 쿰부 계곡에서 카트만두를 방문하려고 한 셰르파 부부에 관한 '인간적인' 기사였다. 임신 중이던 부인의 출산일이 임박했다는 것이 문제

---

79 오스트리아의 산악인(1899~1973). 1939년 하인리히 하러와 낭가파르바트 독일 원정대에 참가했다가 전쟁포로로 잡혔지만, 1944년 티베트로 탈출해 8년간 머물렀다. 1952년 네팔에 도착, 지도 제작과 UN 식량농업기구 농업 전문가로 네팔을 도왔다.

80 오스트리아의 산악인 겸 작가(1912~2006). 1938년 아이거 북벽을 초등했고, 1939년 낭가파르바트 독일 원정대에 참가했다가 포로로 잡혔지만, 1944년 2,000킬로미터를 걸어 티베트로 잠입해 7년을 머물렀다. 대표작으로는 『티베트에서의 7년』, 『하얀 거미』가 있다.

이기는 했지만, 이 부부는 카트만두까지 긴 도보 여행을 감행했다. 도중에 진통을 느낀 부인은 1시간 만에 아이를 순산한 다음 곧바로 길을 나서 일주일 후 카트만두에 도착했다. 부부는 갓 태어난 사내아이에게 여왕의 남편 이름을 따서 '필립'으로 지어 주고 여왕의 방문을 기념했다.

영국 여왕의 방문으로 자신의 재능을 마음껏 펼쳐 보일 기회를 잡은 로열 호텔 사장 보리스 리사네비치는 연회, 피크닉, 캠프, 에베레스트 모형 제작 등에서 역량을 발휘했다. 행사의 하이라이트로 외국 대표단을 접대하는 네팔의 전통 중 하나인 호랑이 사냥을 기획했는데, 문제가 생겼다. 여러 국제 환경보존기구를 후원하고 있던 필립 공이 호랑이를 쏘는 ─ 더욱이 죽은 호랑이를 배경으로 사진을 찍는 ─ 모습은 상상조차 할 수 없는 일이었다. 그렇다고 그를 접대한 네팔 왕실 측을 비난할 수도 없는 노릇이었다. 그러나 다행히도 외교적 해결책을 찾아냈다. 행사 당일 아침, 필립 공이 방아쇠를 당기는 엄지손가락에 깁스를 하고 텐트에서 나오는 것으로, 국제적 '이슈'로 비화될 뻔한 사건을 미연에 방지할 수 있었다.

많은 화제를 뿌린 보리스의 기획 중에서도 그에게 국제적인 명성을 안겨 준 것은 코끼리 인사 이벤트였다. 여왕과 필립 공, 그리고 수행원들이 호랑이 사냥 캠프를 떠날 때 보리스는 무려 376마리의 코끼리를 화려하게 치장하고 금색과 은색으로 칠해 살아 숨 쉬는 거대한 벽을 만들었다. 여왕이 정글 모험을 떠날 때 코끼리는 한 마리씩 차례로 코를 들어 올려 근엄하고 장엄한 환영의식(로열 살루트[81]Royal Salute)을 연출해 냈다. 홀리는 "보리스가 기획한 이벤트의 규모를 보고 모두가 입을 쩍 벌렸다."라고 당시를 회상했다.

네팔 도착 후 맞는 첫 번째 송년행사로 로열 호텔의 갈라파티에 참석한 홀리는 바로 그곳에서 뉴질랜드 산악인 에드먼드 힐러리 경을 만났다. 그는 예티雪人의 것으로 추정되는 가죽을 갖고 산에서 막 내려온 참이었다. 힐러리 경의 예티 원정대는 역대 최대 규모로, 뉴질랜드, 영국, 인도, 미국, 호주 출신의 20여 명으로 구성되었는데, 당시에는 대단한 다국적 원정대였다. 5명의 기자와 사진사, 11명의 과학자, 1명의 무선통신사, 1명의 건축기사가 있었고, 히말라야 등반 경험이 한 번 이상인 베테랑 산악인들도 7명이나 됐다. 원정대의 목적은 고소에서의 생리학과 기상학, 빙하학을 연구하는 것이었다. 하지만 힐러리 경이 가져와 상당한 주목을 받은 '예티 가죽'은 결국 티베트에 사는 갈색 곰의 가죽으로 판명됐다.

원정대의 가장 중요한 과학적 목적은 고도가 인간의 신

---

81 왕국의 국왕이나 원수를 환영하는 의식

체에 미치는 영향을 조사하고 기록하는 것이었다. 이들은 5,791미터[82]에 세운 반원형 막사에 생리학 연구소를 만들어, 8명의 생리학자와 내과의사 팀이 5개월간 연구에 매진하도록 했다. 원정대는 허가 없이 아마다블람Ama Dablam도 등정했는데, 이 일로 네팔 정부의 분노를 사고 말았다. 기분이 상한 네팔 정부는 당장 원정대의 출국을 명령했지만, 힐러리 경이 카트만두로 날아가 체류 허가와 더불어 8,485미터의 마칼루 등반 허가까지 받아냈다. 원정대는 에베레스트에서 동쪽으로 20킬로미터 떨어진, 세계 제5위의 고봉인 마칼루 등정에 나섰지만, 정상에 오르지 못했다. 뉴질랜드인 3명 — 힐러리, 피터 멀그루, 조지 로우 — 이 참가한 당시 마칼루 원정대는 무산소로 8,350미터까지 올랐고, 6,400미터에서 고산병에 걸린 힐러리를 성공적으로 구조했다.

그해 늦은 봄, 홀리는 고소에서 심장발작을 일으킨 힐러리 경의 건강에 대한 기사를 써 달라는 요청을 받았다. 산악인으로서 힐러리 경은 이제 끝났다고 확신한 홀리는 그가 뉴질랜드로 돌아가면 국회의원에 출마하지 않을까 생각했다. 그게 아니라면, "양봉장으로 돌아갈지도 몰라요."라며, 그녀는 어머니에게 그의 직업을 넌지시 언급하기도 했다.

당시는 네팔 히말라야 등반 초창기라서 미등봉이 많았

---

82 『Fallen Giants』 9장에서는 막사를 세운 고도가 5,720미터로 나온다.

고, 그만큼 흥미로운 시기였다. 예를 들면 7,855미터의 눕체 Nuptse는 아무도 시도한 적이 없었다. 존 헌트John Hunt의 사진을 보면 남릉이 가장 가능성 있어 보였지만, 영국의 산악인 크리스 보닝턴Chris Bonington과 원정대장 조셉 웜슬리Joseph Walmsley는 곧장 정상으로 이어진 중앙릉이 더 낫다고 판단했다. 1961년, 6주 동안의 어려운 기술 등반을 펼친 끝에 정상 공격조 두 팀은 전인미답의 눕체 정상에 올라 에베레스트의 멋진 풍광을 만끽했다.

홀리는 무용담이 넘쳐나는 등산 세계에 점점 이끌렸으나, 네팔의 정치 기사를 쓰느라 바빴다. 10월 『타임』은 중국을 국빈 방문 중인 네팔 국왕이 중화인민공화국 당서기와 서명한 국경조약의 내용 — 그 안에는 '에베레스트 소유권' 문제도 포함되어 있었는데 — 을 알아내 기사를 써 달라는 요청을 해 왔다. 카트만두에 있는 사람 어느 누구도 그 내용을 알지 못해, 홀리는 인맥을 동원해 다음과 같은 사실을 확인했다; "네팔에서 보이는 곳, 즉 남쪽은 에베레스트의 네팔 지명인 사가르마타로 남기고, 중국의 티베트 쪽에서 보이는 곳은 티베트 이름인 초모룽마로 남기기로 한다." 네팔 정부 고위직과 맺은 인맥 덕분에 이 정보를 얻은 홀리는 마감일에 맞춰 기사를 완성할 수 있었다.

한편, 이 시기에 홀리는 네팔어를 배우려 시도했으나 좌절만 겪었다. 다른 언어를 습득하는 감각이 떨어지는 데다 틀에 박힌 수업 방식이 싫어 포기하고 만 것이다. 처음부터 내키지 않은 도전이었다. 사실 그녀는 네팔어보다 영어로 대화하는 것이 낫다고 믿었다. 몇 차례 네팔어 수업을 받다가 중도에 포기해 버린 홀리는 몇 년 후 비서인 헤더 맥도널드가 네팔어를 배우고 있다고 하자 그 이유를 물었다. 문화를 더 잘 이해하고 싶어서라는 비서의 대답에 홀리는 '이곳 사람들은 모두 영어로 말한다'면서, 마치 네팔이 대도시 뉴욕과 영국령 인도가 함께 섞여 있는 공간인 것처럼 설명했다. 이후 그녀는 한 번도 네팔어를 배우려 하지 않았다.

1962년 5월, 그리 큰 변화는 아니지만 직장이 바뀌었다. 로이터는 카트만두에 한 인도 남성을 시간제 통신원으로 두고 있었는데, 그는 『타임스 오브 인디아』에도 글을 기고하고 있었다. 마헨드라 국왕이 갑자기 헌법을 폐지하고 정부 각료들을 감옥에 집어넣은 다음 정당 활동을 불법이라고 선언하자 이 통신원은 그에 대한 기사를 썼고, 그 글에 불쾌감을 느낀 네팔 당국은 그에게 출국을 명령했다. 이 사건으로 그의 후임자를 물색 중이던 2명의 로이터 간부와 뉴델리 사무소장이 홀리의 사무실로 찾아와 일자리를 제안했다. 보수가 그리 좋지는 않았지만, 그녀는 네팔에서 일어나는 사건들에 보다 더 깊이 접근할 수 있다고 보고 그들의 제안을 흔쾌히 수락했다.

　처음에는 매일 아침 젊은 네팔인을 통해 현지 신문과 관보 그리고 네팔 통신사의 보도에 어떤 뉴스가 실렸는지 듣고, 새로 산 전화로 사실 여부를 정확하게 확인하는 정도의 일밖에 없었다. 그러나 홀리는 6월 11일부터 일주일 동안 펼쳐질 마헨드라 국왕의 생일 축하연이 시작되면서 로이터 업무가 많아지리라는 것을 알았다.

　홀리의 로이터 첫 특종은 정치 관련 뉴스가 아닌 우드로 윌슨 세이러Woodrow Wilson Sayre(윌슨 대통령의 손자)의 소규모 원정대 뉴스였다. 세이러는 깊은 산속에서 악천후로 실종됐다가 살아서 돌아왔는데, 인터뷰 직후 홀리는 그가 이상하고 무책임한 사람이라는 판단을 내렸다. 그녀는 어머니에게 쓴 편지에 이 원정대는 전에 히말라야에 가 본 적도 없고 특별히 경험도 많지 않으면서 셰르파를 베이스캠프에 남겨 두고 위험한 지역을 등반해 위기를 자초했다고 적었다. 어머니로부터 세이러가 책을 출간할 계획이라는 소식을 들었지만, 그녀는 호기심을 느끼지 못했다. 실제로 세이러는 『에베레스트와 맞선 네 사람』이라는 책을 냈는데, 홀리는 "신은 우리가 세이러와 같은 산악인이 되지 않도록 지켜 주실 거예요."라는 조소와 함께 읽을 가치도 없는 책이라고 비꼬았다.

　홀리의 업무에 변화가 일어나는 동안 집안에도 변화가

있었다. 애완견으로 수컷 라사압소[83]Lhasa apso를 입양한 것이
다. 가슴팍의 일부와 발이 하얀 것을 빼고는 완전히 새까만
개였다. '머리털이 눈 위를 덮을 정도로 털이 많고, 끝이 말
려 올라간 덥수룩한 꼬리는 걸으면서 흔들지 않으면 눈에 보
이지 않는 개'였다. 그 개의 이름은 셰르파어로 '작은 사자'를
뜻하는 '신두'였지만, 홀리의 눈에는 사자보다는 곰처럼 보
였다.

새 식구가 된 신두를 떼어 놓고 미국으로 건너가 가족과
함께 크리스마스를 보내고 네팔로 돌아온 홀리는 웨더올과
서먹한 사이가 되어 버린 것에 적잖이 실망했다. 2년 넘게 홀
리와 여러 생각과 고민, 감정을 공유하며 추억을 쌓아 오던
웨더올은 영국대사관 비서와 더 많은 시간을 보내는 쪽을 선
택했다. 두 사람은 같은 사교클럽 회원이라 계속 마주치기는
했지만, 더 이상 함께 파티에 참석하지는 않았다.

사생활이 더 복잡해지고 꼬여 갔다. 그다지 끌리지 않
는 미국 고속도로 엔지니어가 청혼을 해 왔고, 얼마 후에는
외무장관이자 육군 소장인 파드마 바하두르 카트리Padma
Bahadur Khatri가 놀라울 정도로 적극적인 애정 공세를 펼쳤다.
'매우 똑똑하고 다정하지만 놀랍게도 속내가 훤히 들여다보

---

83 두상이 짧고 아름다운 털을 지닌 종으로 적응력과 판단력이 뛰어나며, 장수하는
    개로도 유명하다. 조용하고 독립심이 강하며 집을 잘 지킨다.

이는' 파드마 장관을 두고 홀리는 어머니에게 "아주 좋은 사람이에요. 단 하나 흠이라면 결혼해서 아내가 있다는 거죠."라고 이야기하기는 했지만, 유부남인 그와 자주 만났다.

수렌드라 바하두르 샤하Surendra Bahadur Shaha 장군도 홀리와 자주 어울린 친구였다. 그녀는 영어를 잘 구사하는 그와 농담을 주고받으며 즐거운 시간을 보내곤 했다. 그들은 끊임없이 열리는 연회와 칵테일파티에서 언어유희를 즐기고 말장난을 쳤는데, 40년이 흘렀는데도 홀리는 그가 지어낸 유치한 문장을 외우고 있었다.

> "사람이 할 수 있는 것을 고양이는 할 수 없지요. 고양이가 할 수 있는 것은 사람이 할 수 없고요. 하지만 여기 카트만두 출신 남자가 있습니다.[84]"

홀리의 복잡한 사생활은 소문이 빨리 퍼지는 카트만두에서 화젯거리가 되지 않을 수 없었다. 특히 절친한 친구 리젠드라 장군과의 애정행각을 은폐하기 위해 그녀가 웨더올과 결혼을 계획하고 있다는 소문이 파다했다. 사실이 아니었지만, 파티에서는 좋은 화젯거리가 됐다.

---

84 What a man can do, a cat can't do, What a cat can do, a man can't do, But here is a man from Kathmandu. '카트만두' 발음이 cat do man do와 유사하다.

홀리는 중요한 원정대와 관련된 기사를 쓰는 데 많은 시간을 할애하기 시작했다. 1963년 노먼 다이렌퍼스Norman Dyhrenfurth가 이끄는 미국 에베레스트 원정대에는 짐 휘태커 Jim Whittaker, 배리 비숍, 루트 저스태드, 지미 로버츠 대령, 톰 혼바인이 있었다. 이들이 에베레스트로 출발하기 전, 그녀는 비숍과 언솔드를 통해 원정대가 최초의 에베레스트 횡단이라는 야심 찬 도전에 나선다는 것을 알게 됐다.

미국 에베레스트 원정대의 등반기간 동안 매일 진행된 언론 브리핑은 베이스캠프에서 들어오는 정기적인 보고를 토대로 이루어졌다. 하지만 홀리는 미국 대사관에서 군 담당관으로 일하고 있는 친구 빌 그레샴의 도움으로 에베레스트 베이스캠프에서 들어오는 무선통신 내용을 엿들어 추가적인 정보를 알아냈다. 그녀는 이 무선통신을 통해 얻은 흥미로운 정보를 로이터 통신에 보냈고, 이 단신은 세계로 퍼져 나갔다. 결국 다른 기자들이 홀리에 대한 '특별대우'에 항의하자, 그녀는 무선통신을 통해 정보를 들었다면서 전파 청취는 자유라고 반박했다. 하지만 사실 전파 청취는 자유가 아니었다. 다른 기자들은 그녀처럼 접근할 수 없었다. 이런 이유로 홀리는 상당한 비난을 감수해야 했고, 결국 대사관에 들어가 통신 내용을 엿듣는 행위를 단념할 수밖에 없었다.

다행히 대사관 친구가 여분의 무선통신 장비를 빌려 준

덕분에 홀리는 침실에서 계속 통신내용을 엿들을 수 있었다. 미국 원정대의 에베레스트 등반은 순조롭게 진척되고 있었고, 1차 공격조가 정상에 올랐다는 소식이 들려왔다. 이어 특종이 될 만한 또 다른 소식이 이어졌다. 1차 공격조에 이어 2차 공격조가 신루트로 등정하면서 최초로 에베레스트 횡단에 성공한 것이다. 이 등반은 뉴스로서 상당한 가치가 있었다. 다른 기자들이 이 소식을 아는 것은 시간 문제였지만, 홀리는 특종을 원했다. 그녀는 직원을 시켜 미국 사무소의 전화선을 어느 누구도 이용할 수 없게 끊어 버리도록 했다. 그리고 동시에 외선으로 전신국을 연결해 이 내용을 전송했다. 이렇게 해서 그녀는 다른 통신원들보다 몇 분 먼저 기사를 보냈는데, 결국 이것이 먹혀들었다. 홀리의 로이터 속보는 한발 먼저 전 세계에 알려졌다. 케네디 대통령의 언론비서관 피에르 샐린저Pierre Salinger도 홀리가 보도한 내용을 대통령에게 보고할 정도였다. 이 특종으로 홀리는 로이터에서 탄탄한 입지를 구축했고, 얼마 후 『타임』과 『라이프』로부터 이 기사를 심층 취재해 달라는 요청까지 받았지만, 카트만두 주재 통신원들로부터는 신뢰를 잃었다.

에베레스트 횡단등반은 1960년대에 이루어 낸 가장 중요한 성과였다. 홀리가 처음으로 방대하고 상세한 기록을 남긴 1963년 원정대는 미국 최초로 에베레스트 등정에 성공했을 뿐만 아니라 사상 최초의 에베레스트 횡단등반으로 역사의 한 페이지를 장식했다. 이들의 전략은 일부 대원이 사우스콜을 거치는 노멀 루트로 정상에 오르는 한편, 톰 혼바인 Tom Hornbein과 윌리 언솔드Willi Unsoeld가 서릉으로 정상에 도전하는 것이었다. 이것은 과거에 어느 누구도 검토해 본 적이 없는 진정한 개척등반으로, 상당한 위험을 무릅써야 하는 도전이었다. 시간도 물자도 부족했던 대원들은 능선에서 바람에 날려 추락할 뻔한 위기도 넘겨야 했지만, 정상에 오른 후 고정 로프도 없는 노멀 루트로 안전하게 하산해 횡단등반을 성공리에 마무리했다. 원래는 두 팀이 반대편 루트로 올라 정상에서 만나려 했으나, 서릉 팀의 등반이 늦어져 이 계획은 실현되지 못했다. 5월 1일 짐 휘태커Jim Whittaker와 나왕 곰부Nawang Gombu가 먼저 남동릉으로 정상 등정에 성공했다. 5월 22일에는 2차 남동릉 팀인 루트 저스태드Lute Jerstad와 배리 비숍이 정상에 올라 서릉 팀을 기다렸지만 만나지 못한 채 하산을 시작했다. 곧 어둠이 깔렸고, 계획에 없던 비박을 해야 했던 이들은 휴대용 손전등을 켜고 서릉에서 올라온 팀을 큰소리로 불렀다. 극적으로 만난 두 팀은 추운 고도에서 비박을 할 수밖에 없었는데, 이때 윌리 언솔드와 배리 비숍이 발가락에 심각한 동상을 입었다.

당시 카트만두에 살고 있던 언솔드는 네팔에 새로 설립

된 평화봉사단[85]Peace Corps.의 부단장으로 일하고 있었다. 홀리는 그는 물론 그의 가족들과도 친하게 지냈다. 에베레스트 등정 후, 언솔드의 집을 방문했던 홀리는 그때 그가 했던 말을 떠올렸다. "침대에 누워 있었던 것으로 기억하는데, 작은 발가락으로 장난치려고 했어요. 그 발가락이 마치 흔들리는 이빨인 것처럼. 왜, 흔들리는 이빨을 빠질 때까지 갖고 노는 아이들 있잖아요." 윌리 언솔드는 에베레스트 정상 부근에서 예상치 못한 비박을 한 대가로 결국 9개의 발가락을 잃고 말았다.

성공적인 등반이 끝나자 홀리는 윌리 언솔드를 귀빈으로 초대해 침대에 앉혀 놓고 칵테일파티를 열었다. 초대된 손님 중에는 바순다라 왕자와 리시케시 샤하Rishikesh Shaha 전 장관, 리젠드라 장군도 있었다. 좋은 교육을 받아 언변에 능했던 언솔드는 열정적으로 등반과 평화봉사단 일을 해냈다. 그는 매력적이었고, 등반의 신비로움을 잘 표현할 줄 알았다. 어머니에게 언솔드와 힐러리를 비교하면서, "전직 양봉업자 역시 상당히 자기 성찰적인 사람이긴 한데, 솔직한 표현을 넘어 이야기가 난해해지면 식은땀을 많이 흘려요."라며 힐러리를 따뜻한 시선으로 묘사했다.

---

85 미국 연방정부의 독립 기관. 케네디 대통령이 "인생의 2년을 개발도상국에서 봉사해 세계 평화에 기여하자."라는 캠페인을 펼치면서 1961년에 설립했다.

훗날 윌리 언솔드는 미국 레이니어 산에서 가이드 등반을 하다 죽었고, 그의 딸 난다데비 역시 자신의 이름을 따온 산에서 등반을 하다 죽었다. 윌리 언솔드를 좋아했던 홀리는 그를 '평생 기억에 남는 사람'으로 꼽았다.

등반대원들이 모두 집으로 돌아가고 언론 간담회가 끝난 후, 홀리는 흥미진진했던 로이터 특종과 그 일로 만난 사람들을 생각해 보았다. 6월 21일 그녀는 어머니에게 편지를 쓰면서 "이곳은 정상에 오르고 싶어 안달이 난 미친 사람들로 들끓어요. 나는 이들 모두가 아내와 자식들과 함께 집에 있으면 좋겠다는 생각을 종종 해요."라고 말했다.

1963년 11월, 40세 생일을 맞은 홀리는 칵테일파티를 열었다. 당시 카트만두에서 열린 모든 이브닝파티 참석자는 드레스를 입었기에, 홀리도 긴 이브닝드레스를 입고 나타났다. 손님으로 초대된 사람들은 모두 거물급 인사들이었다. 라나 가문 사람들과 왕족, 외교관들, 정치인, 화가, 산악인 그리고 카트만두의 모든 '유명인사'들까지. 그 가운데 미키 웨더올과 그의 아내도 있었다. 3년이라는 짧은 시간 만에 홀리는 카트만두 사회에 완전히 뿌리를 내렸다. 흥미로운 직업을 갖고, 멋진 사람들을 만났으며, 편안하게 살 수 있을 만큼 돈도 벌었다. 그녀는 카트만두를 떠날 이유가 없었다.

제8장

등반 기초 배우기

그가 고래고래 고함을 지르면 홀리는
인터폰을 꺼 버리고 하던 일을 계속했다.
결국 이 방법은 두 사람 모두에게 도움이 됐다.

1964년 이른 봄, 매일 반복되던 일상의 흐름이 2주일간의 모험여행으로 깨졌다. 홀리는 『타임』과 『라이프』에 기사를 쓰기 위해 마헨드라 국왕 동행 취재에 나섰다. 국왕 일행은 비행기로 네팔간지[86]까지 가 지프를 타고 정글로 이동했고, 거기서 다시 헬기를 이용해 사냥터가 있는 북쪽의 거친 바위투성이 산속으로 날아갔다. 홀리는 코끼리의 높은 등 위에 올라 국왕이 직접 호랑이 세 마리와 사슴 두 마리를 사냥하는 모습을 지켜보았다. 이들의 사냥법은 독특했다. 먼저 호랑이가 자주 출몰하는 넓은 지역에 하얀 천으로 울타리를 만

---

86 인도와의 국경지역에 있는 네팔 남서부의 상업 중심도시. 네팔군지Nepalgunj라고도 한다.

든 다음 몰이꾼들이 그 안으로 들어가 큰 소음을 내 호랑이를 확 트인 지역으로 몰아낸다. 하얀 천이 심리적 장벽이 되기 때문에 밖으로 도망가지 못하는 호랑이는 쉽게 사냥꾼의 표적이 되고 만다. 이 사냥법은 대체로 효과를 보지만, 호랑이가 죽지 않고 총상만 입는 경우도 있다. 그러면 반쯤 미쳐 날뛰면서 하얀 장벽을 뚫고 빠져 나가려는 그 호랑이를 10여 명의 군인들이 코끼리 등에 올라탄 채 추격해 잔인하게 숨통을 끊어 놓는 것이다.

저녁에 국왕은 몇 시간 동안 그곳 주민들의 소박한 민원을 접수했고, 그 후 노래와 춤 공연이 이어졌다. 국왕과 함께한 네팔의 야생지역 여행이 독특한 경험이기는 했지만, 홀리는 편안한 집으로 돌아와 피로와 먼지를 씻어내자 더없이 행복했다. 그녀에게 뿐만 아니라 국왕 역시 힘든 여정이었다. 국왕은 늘 빡빡한 일정을 소화해야 했지만, 의사의 경고 — 부친이 젊은 나이에 심장마비로 사망했고, 그도 허약한 체질을 물려받았는데 — 도 무시한 채, 계속 자신이 좋아하는 사냥을 하러 다녔다.

이 무렵 진정한 모험에 도전하는 한 원정대가 홀리의 관심을 끌었다. 데니스 그레이Dennis Gray가 이끄는 영국인들이 카트만두에 도착한 것이다. 돈 윌런스가 속한 이 원정대는 몇 주일간 사람의 발길이 닿지 않은 곳에 길을 만들고 로프를 설치해, 몇 개의 계곡과 능선을 넘어 마침내 7,134미터의 가우리상카르Gaurishankar 사면에 도착했지만, 무시무시한 얼음 상태와 눈사태에 가로막혀 초등의 꿈을 이루지 못했다. 홀리는 이때 돈 윌런스를 처음 만났다. 이후에도 자주 카트만두를 찾은 윌런스는 걸걸한 목소리와 고약스러운 유머감각, 뛰어난 등반실력으로 유명했고, 홀리는 그가 시가를 피우면서 들려주는 재미난 이야기에 빠져들곤 했다. 산악인으로서는 너무 뚱뚱하다는 홀리의 지적에 그는 카트만두에서 일부러 맥주를 많이 마셔 칼로리를 섭취한다며 유쾌하게 되받아쳤다. 그는 등반하면서 살을 뺄 것이라고 말했고, 실제로도 그렇게 했다. 돈 윌런스와 연인 사이였다는 소문에 대해 묻자, 홀리는 "세상에, 말도 안돼!"라고 강하게 부인했다. 그녀는 설사 윌런스가 자신을 좋아했더라도 그것은 쌍방의 감정이 아닌 짝사랑에 불과하다고 주장했다. 홀리가 '유명 산악인의 연인'이라는 첫 번째 가설은 이렇게 무너졌다.

한편, 중국에 점령당한 티베트와 네팔 사이의 미묘한 긴장관계 때문에 1965년부터 1969년까지 등반이 금지되는 일이 발생했다. 중국은 국경지역의 모든 산악인을 스파이로 규정했고, 실제로 스파이도 있었다. 홀리는 1962년 세이러의 티베트 잠입 시도가 네팔이 전면 등반금지를 선언하게 된 하나의 계기가 됐을 것이라고 생각했다. 1955년 시드니 위그

놀Sydney Wignall이 이끄는 웨일스 원정대는 네팔 북서쪽에서 티베트 국경을 넘다가 붙잡혔다. 그로부터 40년 후 위그놀은 『세계의 지붕에 선 스파이』라는 책에서 인도 비밀 정보국을 위해 일했던 자신의 대담한 스파이 활동을 털어놓았다. 1963년 일본 원정대도 웨일스 원정대와 같은 지역에 들어갔다가 붙잡혔고, 1960년대 중반에는 스코틀랜드 선교단이 중국의 억압에 항거해 캄 지역에서 일어난 티베트인들의 용기 있는 저항을 촬영하기 위해 국경을 넘으려 했다. 문화혁명 기간 동안 중국은 티베트-네팔 사이의 국경지역 수비를 더 강화했다. 중국과 지리적으로 가까운 데다 눈치를 볼 수밖에 없는 처지에 있던 네팔은 티베트 국경을 폐쇄해 버렸다.

카트만두에서 새로운 관광산업이 태동한 것이 바로 이 시기였다. 1963년 초 영국 국방담당관에서 퇴역한 지미 로버츠 대령은 네팔에서 고용을 창출할 수 있는 새로운 사업을 추진하기 시작했다. 예전 한 여행사가 캠핑장비, 포터와 가이드, 도구 등을 챙겨 기획한 카슈미르 사냥여행을 즐거운 추억으로 간직하고 있던 그는 이 아이디어를 상업화시키기로 했다. 그가 필요한 장비를 구입하고, 『홀리데이』잡지에 모집광고를 싣자 마침내 트레킹의 세계가 탄생했다. 지미 로버츠가 세운 '마운틴 트래블Mountain Travel'은 네팔 최초이자 세계 최초의 트레킹 전문 여행사였다.

1965년 처음으로 발간된 『마운틴 트래블』 소식지에서 지미 로버츠는 고객에게 자신을 이렇게 소개했다. "저는 30여 년 동안 히말라야 탐험과 여행을 경험했고, 네팔과 그 주변국에서 10여 년을 살았습니다. 또한 방대한 산악지대를 알고 있어 이 일을 하기에 충분한 자질을 갖췄다고 자신합니다." 1965년 3월에 출간된 소식지 부록에 실린 에베레스트 트레킹 요금표 — 30일에 1인당 500달러 — 를 보고 많은 문의가 들어왔고, 지미 로버츠는 3명의 미국인 여성으로 구성된 소규모 팀을 조직해 직접 트레킹에 나섰다.

지미 로버츠는 이 새로운 모험사업을 할 준비를 갖춘 다채로운 경력의 소유자였다. 인도에서 군의관의 아들로 태어난 그에게 아시아는 자신의 고향이었다. 아버지를 따라 군인이 된 그는 영국 구르카 군대에서 복무했고, 국방담당관으로 퇴역했다. 그가 홀리에게 들려준 구르카 군대 시절 버마 정글에서 겪은 모험담은 정말 섬뜩하고 끔찍할 정도였다. 그는 계속해서 깊은 산속을 돌아다니면서 많은 정보 — 현지인들의 동향, 국경 상황, 네팔인들이 정부를 보는 시각과 기타 정보 — 를 인도로 전송했다. 퇴역 후에 무엇을 해야 할지 몰라 많은 위스키를 마시며 고민하고 급기야 우울증까지 겪던 그때 트레킹 사업에 대한 아이디어가 떠올랐다. 사실상 이 아이디어가 그의 인생을 구원해 준 셈이었다. 바로 그 시기에 지미 로버츠와 홀리는 친구가 됐다.

지미 로버츠는 산에 대한 열정이 대단했고, 등반과 탐험에 대한 사랑이 깊은 사람이었다. 네팔의 등산역사에 대한 지식이 상당했던 그는 자신이 알고 있는 것을 홀리에게 자상하게 알려주었고, 그녀가 산악계와 친해지도록 도와주었다. 그는 수줍고 예민하고, 쉽게 상처받는 성격이었는데, 많은 이들은 수줍음만을 보고 그를 멍하거나 애매모호한 사람으로 오해했다. 1953년 존 헌트가 그에게 역사적인 에베레스트 원정대 합류를 제안한 적이 있었다. 그러나 그 제안은 원정대가 네팔에 도착한 후, 그것도 지미 로버츠가 영국에서 뒤늦게 도착한 산소통을 베이스캠프로 가져가자 그때서야 나온 것이었다. 지미 로버츠는 그 제안을 거절했다. 이미 그가 네팔 히말라야에서 뛰어난 등반 기록을 세운 것을 감안하면, 뒤늦은 초청은 모욕적인 처사였다. 카트만두에 있는 대다수 사람들은 그의 거절을 당연하다고 여겼다.

지미 로버츠는 확고한 독신주의자로 여자 친구가 없었지만, 홀리와 깊이 사귄다는 소문이 카트만두에 떠돌았다. 홀리는 이를 일언지하에 부인하며, 지미 로버츠는 이성에게 수작을 거는 남자가 아니고, 여자에 대해 신경조차 쓰지 않았다고 말했다. 파티에서 만나면 술을 많이 마시기는 했지만, 그가 여자와 함께 있는 모습은 한 번도 보지 못했다는 것이다. 홀리는 지미 로버츠가 도리어 페르템바 셰르파와 무척 가까웠고, 서로를 흠모했다고 이야기했다. 그러나 트레킹 사업을 도와주던 페르템바가 다른 회사로 가 버리는 명백한 배신행위로 지미 로버츠에게 상처를 남겼고, 그렇게 두 사람의 관계는 끝나 버렸다. 어쨌든 탁월한 기획자인 그의 아이디어는 독창적일 뿐만 아니라 시의적절했고, 사업은 점점 번창하기 시작했다.

고객과 함께 트레킹 하는 쪽을 선호했던 지미 로버츠는 사업규모가 커져 카트만두에서 연락을 주고받을 사람이 필요해지자 홀리에게 도움을 청했다. 이 제안을 흔쾌히 받아들인 그녀의 첫 업무는 캘리포니아대학교 해양학 연구소에서 온 한 생리학자를 위해 다울라기리-안나푸르나 구간 트레킹 준비를 돕는 것이었다. 홀리는 공항에 마중 나가는 일부터 시작해 수건과 비누 등 개인용품을 구입하는 것을 도와주었고, 쉴 새 없는 질문에 대답해 준 다음 공항까지 배웅해 주었다. 그는 '혼자서는 아무 일도 못하는 과학자 스타일'이었다. 다른 고객들도 하나둘씩 들어오기 시작했다. 이들은 이국적인 현지 묘사나 에릭 십턴Eric Shipton(마운틴 트래블에서 잠시 가이드로 일했는데, 홀리의 또 다른 염문설 상대로 거론되기도 했다. 하지만 이 역시 그녀는 강력하게 부인했다.) 같은 유명 탐험가를 만날 수도 있다는 희망을 갖고 네팔을 찾았다.

네팔 히말라야 등반 초창기는 원정대가 반드시 트레킹 회사를 통해야 한다는 법적 조항은 없었지만, 그때도 마운틴 트래블은 여러 원정대의 물자 수송을 담당했다. 마운틴 트래블의 직원이 된 홀리는 원정대가 산에 있는 동안 우편물을 처리해 주었고, 그 대가로 등반 상황을 정기적으로 알려줄 것을 요구했다. 원정대와 홀리는 비행기나 트럭, 메일 러너[87]를 통해 우편 가방을 주고받았는데, 거기에는 각 원정대의 등반 상황을 알려주는 자료가 들어 있었다.

마운틴 트래블이 카트만두에서 성장을 거듭하고 있던 바로 그 시기에 '타이거 탑스'라는 한 미국 개인투자회사가 여행객들을 네팔 남부의 테라이 지역으로 유치하고 있었다. 정글 로지 설립은 텍사스 출신 오일 투자가 허브 클레인Herb Klein과 토디 윈 주니어의 아이디어였다. 이들은 인도 신학교 교사의 아들인 존 코프먼John Coapman을 고용해 테라이에 로지를 짓도록 했다. 당시 사냥 금지구역 안에 조성된 로지는 네팔 역사상 최초로 정글에 세워진 숙박시설이었다. 후에 이

---

87 히말라야와 같은 교통 여건이 열악한 고산지대에서 등반 활동을 할 때 외부와의 연락 임무를 맡은 사람

지역은 — 왕족들이 계획적으로 수많은 야생동물을 죽인 다음 — 치트완 국립공원[88]Chitwan National Park이 됐다.

타이거 탑스는 금세 모험 여행지로 유명해졌다. 1964년 크리스마스와 신년 사이에 이곳 로지를 찾은 홀리는 코끼리를 타고 호랑이 사냥을 지켜보았다. 로지 자체는 환상적이었다. 네 기둥이 떠받치고 있는 형태의 전통 가옥에 숙박시설이 갖춰져 있고, 식당과 라운지 건물의 한가운데에는 모닥불을 피울 수 있는 공간도 있었다.

타이거 탑스의 사업이 급속도로 번창하던 1966년 2월 무렵, 존 코프먼은 홀리에게 카트만두 자택에서 로지 예약 업무를 도와 달라고 부탁했다. 홀리는 『타임』과 『라이프』, 로이터에서 비상근 통신원으로 일하면서 마운틴 트래블 업무도 맡고 있었지만, 추가로 수입을 올릴 수 있다는 생각에 이 제안을 기꺼이 수락했다. 당시 로지에는 방이 8개뿐이어서 홀리는 노트에 일주일 단위로 8칸을 만들어 예약 상황을 확인했다. 전보가 오면 답장을 보내고, 코프먼과 연락을 주고받았으며, 현지 호텔과 여행사들의 예약 문의를 처리했다. 1년도 안 돼 홀리는 이 일에 많은 시간을 할애해야 할 정도로 분주해졌고, 사업도 번창했다. 그러나 이상하게도 수익이 남지

---

88 수도 카트만두에서 비행기로 30분, 다시 차로 45분 걸린다. 1984년 유네스코 자연유산에 등록됐다.

않았다.

1971년, 텍사스 출신의 타이거 탑스 투자가들은 ― 사업 아이디어가 괜찮다는 확신에는 변함이 없었지만 ― 물자수송과 행정적인 문제 그리고 의문스러운 수익구조에 지쳐갔다. 그들은 돈 버는 일에만 익숙했지 손해를 보는 일에는 그렇지 못했다. 이 시기에 타이거 탑스는 직원에게 월급조차 줄 수 없는 상황이었고, 그 바람에 총파업이라는 난관과 맞닥뜨리게 된 코프먼은 타이거 탑스에서뿐만 아니라 카트만두에서도 종적을 감추어 버렸다. 그러나 회사가 부도나기 직전에 해고를 당한 홀리는 이 일로 별다른 영향을 받지는 않았다. 코프먼도 까탈스러운 사람이었지만, 강하고 고집스러운 홀리를 감당해 낼 수 없었던 것이다.

한편, 카트만두에 거주하며 사냥여행을 즐기던 짐 에드워즈Jim Edwards와 척 맥두걸Chuck McDougal은 네팔에서 사냥여행사를 운영하고 있었다. 타이거 탑스에 눈독을 들이고 있던 짐은 때마침 코프먼이 도망가 버리자 텍사스 투자자들을 만났고, 1972년 사장으로 임명됐다. 짐은 평소 친분이 있던 홀리에게 회사로 다시 돌아와 달라고 간곡히 요청했고, 그 후 두 사람은 코프먼이 남겨 두고 떠난, 엉망진창인 회사를 바로잡기 시작했다. 월급은 밀려 있고, 코끼리는 죽어 나가고, 직원들은 파업하고, 카트만두에서는 신용까지 잃어버린 끔찍한 상태였지만, 짐과 홀리는 단기간에 회사를 극적으로 회생시켰다.

짐은 이 성공을 바탕으로 로열네팔항공사를 설득해 로지까지 연결되는 정기 항공노선을 취항시켰다. 결코 수월한 일이 아니었다. 네팔에 오기 전 뉴욕 팬암항공사에서 일했던 그는 세일즈맨으로 탁월한 능력을 발휘해 로지에 관광객을 유치하고, 더 많은 투자자들을 끌어들였다. 짐은 꽤 괜찮은 사람이기는 했지만, 늘 그렇지만도 않았다. 그는 화가 나면 큰소리를 쳤고, 사무실 인터폰을 통해 고래고래 고함을 지르는 등 함께 일하기가 무척 까다로운 사람이었다. 홀리는 몰래 인터폰을 끄는 방법을 알고 있었다. 그가 고래고래 고함을 지르면 홀리는 인터폰을 꺼 버리고 하던 일을 계속했다. 결국 이 방법은 두 사람 모두에게 도움이 됐다.

타이거 탑스를 경영하던 짐은 트레킹 회사도 운영하고 싶어 했다. 지미 로버츠가 마운틴 트래블 운영에 지쳐 있다는 것을 알게 된 홀리는 두 사람을 서로에게 소개해 합병을 성사시켰다. 짐은 확장된 회사를 위해 새로운 투자자를 계속 끌어들였다. 마운틴 트래블은 이름을 그대로 유지했고, 타이거 탑스도 마찬가지였다. 짐은 계속해서 히말라야 계곡 탐험 Himalayan River Exploration을 기획하면서 두 곳에 로지를 더 건설했다. 여행 산업 측면에서 이 무렵은 꽤 흥미로운 시기였다. 마운틴 트래블은 네팔 그리고 세계 최초로 탄생된 모험 여행사였고, 타이거 탑스 역시 네팔 최초의 정글 로지였다. 이 사업은 모두 성공적이었을 뿐만 아니라 여행에 대한 사람들의 사고방식도 변화시켰다. 나중에 이 회사는 '타이거 마운틴Tiger Mountain'이라는 이름으로 변경됐다.

1975년 타이거 탑스에 입사한 젊은 영국 여성 리사 반 그라이센[89]Lisa van Greisen이 여러 유명인사 ― 로버트 레드포드Robert Redford, 골디 혼Goldie Hawn, 헨리 키신저[90]Henry Kissinger 미국 국무장관, 지미 카터[91]Jimmy Carter 대통령 등 ― 를 고객으로 유치하기 시작하면서 타이거 탑스는 국제적으로 유명해졌고, 전성기를 맞았다. 리사는 감당하기 힘든 홀리의 무뚝뚝한 매너를 모두가 염려했기에 가능하면 그녀와 고객을 떼어 놓으려 했다고 당시를 회상했다. 하지만 홀리의 태도는 사람에 따라 다른 것뿐이었다. 네팔 정부가 홀리의 관광성 출입을 금지했을 때 어떻게 호감을 샀는지 모르겠지만, 지미 카터가 그녀를 위해 네팔 국왕에게 로비를 시도했다. 비록 원하는 결과를 얻지는 못했지만 그녀는 대통령의 관심을 고맙게 여겼다. 지미 카터 대통령은 에베레스트 베이

---

89 현재의 이름은 리사 최걀Lisa Choegyal

90 노벨 평화상을 수상한 미국의 정치가이자 정치학자. 하버드대학 교수, 대통령보좌관 겸 미국국가안전보장회의 사무국장과 국무장관을 역임했다.

91 제39대 미국 대통령(재임기간: 1977~1981)

스캠프까지 동행한 24시간 밀착 경호원이 고도와 피로가 겹쳐 뻗어 버리는 바람에 난처한 상황에 놓이기도 했다. 헨리 키신저는 타이거 탑스 로지에서 코끼리를 올라타려다 현기증 때문에 대신 지프를 타고 투어를 해야 했다. 이때 그와 동석한 리사는 고급 정치 음모와 외교술에 관한 이야기를 들을 수 있었다.

1995년 힐러리 클린턴[92]Hillary Clinton 여사가 타이거 탑스를 방문했을 때 리사는 힐러리를 마침 그곳에 있던 또 다른 힐러리 ─ 기사 작위를 받은 그 힐러리 ─ 에게 소개시켜 주자는 아이디어를 냈다. 홀리와 리사가 함께 기획한 이 이벤트로 두 힐러리는 무더운 공항 활주로에서 극적인 만남을 가졌다. 힐러리 클린턴은 자기 어머니가 에드먼드 힐러리 경을 따라 이름을 지어 주었다며 이 만남을 무척 영광스럽게 생각했다. 빌 클린턴Bill Clinton 미국 대통령도 2004년 출간된 베스트셀러 『마이 라이프My Life』에서 아내 이름이 에베레스트를 최초로 오른 사람의 이름에서 따온 것이라고 언급했다. 하지만 이 이야기에는 한 가지 큰 문제가 있다. 힐러리 경은 1953년 5월 29일에 에베레스트를 올랐는데, 힐러리 여사는 그때 이미 다섯 살이었다. 그녀가 태어났을 때 에드먼드 힐러리 경은 뉴질랜드 양봉장에서 일하는 평범한 사람에 지나

---

92 제42대 미국 대통령 빌 클린턴의 부인이자, 2016년 미국 민주당 대통령 후보

지 않았다. 당시 리사와 홀리는 힐러리의 이름에 얽힌 사연을 듣고 미심쩍어하기는 했지만, 이 이벤트는 "힐러리가 힐러리와 만나다"라는 제목으로 언론의 헤드라인을 장식했다.

회사가 정상 궤도에 오르자, 짐은 이사회를 새로 구성하고 홀리를 이사로 승격시켰다. 이후 그녀는 상임고문으로 활동하다 종국에는 매달 네팔의 정치, 경제, 주요 관광 소식을 담은 보고서를 제공하는 등 자문 이상의 역할을 했다.

홀리는 마침내 자신이 기사에서 자주 다루었던 셰르파의 땅이자 많은 원정대가 거쳐 가는 쿰부를 방문할 기회를 만들었다. 쿰부는 꼭 가 보고 싶었던 곳이었다. 1965년 홀리와 친구 바버라 애덤스는 몇몇 미국인 친구들과 함께 비행기를 타고 루클라로 간 뒤, 2주일 동안 트레킹에 나섰다. 홀리는 편지로 트레킹 계획을 알리면서 "등반은 아예 하지 않을 거예요. 무슨 말인지 아시죠? 트레킹이나 하이킹만 할래요."라는 추신을 달아 어머니를 안심시켰다. 그녀는 남체 바자르와 텡보체, 쿰중 트레킹을 마치고 집으로 돌아온 뒤 어머니에게 "가파른 산을 몇 시간 동안 힘들게 오르내려야 해서 몸이 단련되지 않은 사람은 피곤을 느끼기 쉬워요."라고 적었다. 그러나 홀리는 멋진 경치와 셰르파들의 마을 그리고 그들이 살아가는 방식을 볼 수 있었기 때문에 이 고생은 할 만한 가치가 있다고 생각했다.

카트만두의 모든 시민이 들떠 있던 1967년 3월 9일, 그 날은 타이거 탑스가 훨씬 더 많은 고객을 끌어들일 수 있게 된 시발점이었다. 카트만두 공항에 처음으로 국제선 여객기 보잉 707이 착륙한 것이다. 전문가들은 높은 봉우리들로 둘러싸인 작은 카트만두 계곡 안에 있는 2,103미터의 짧은 활주로에 제트기가 착륙하는 것은 불가능하다고 말했지만, 루프트한자 제트기는 1,067미터를 미끄러져 착륙에 성공했다. 단 한 번의 시험비행 성공으로 향후 더 많은 국제선이 취항하리라는 기대가 모아졌고, 실제로 몇 달 후 네팔 정부는 주 2회 타이항공 국제선의 카트만두 취항을 승인했다. 타이항공 취항으로 타이거 탑스는 안정적으로 더 많은 고객들을 유치할 수 있게 됐지만, 이 경쟁을 달갑게 여기지 않았던 로열네팔항공사는 타이항공 측에 거액의 수수료를 지불하라고 요구했다. 이 분쟁의 중재자 역할을 맡은 홀리는 왕세자 비서와 태국 정부 고위 관료들의 만남을 주선해 관계를 정상화시켰고, 아시아의 어느 도시든 갈 수 있는 공짜 항공권을 선물로 받았다. 6월 초에는 카트만두에서 티베트 국경까지 포장도로가 건설됐고, 그다음 해 3월에는 카트만두의 신축 호텔에 카지노가 들어섰다. 그 호텔은 부탄, 알바니아, 영국계 인도인 등 여러 사람의 공동 소유였다. 매니저는 부탄 총리를 지낸 인사로, 홀리의 말마따나 '사교계의 진정한 명사'였지만, 그를 통해 네팔의 비밀들이 새어 나갔다.

국제선 취항과 새로운 도로 개설로 카트만두가 국제적인 도시로 변모하던 1968년 3월, 네팔의 정치 상황은 엄청난 격랑에 휩싸였다. 마헨드라 국왕이 네팔 서부에서 호랑이 사냥을 하다 심장발작을 일으킨 것이다. 2개월간 치료를 받은 그는 5월에 건강을 완전히 회복한 듯한 모습으로 공식 석상에 나타나 첫 대중연설을 했다. 홀리는 그가 중대한 정치적 결단을 내린 이유가 아마도 죽을 고비를 넘긴 경험 때문이 아닐까 추측했다.

국왕의 가장 중요한 정치적 결단은 바로 네팔의 B. P. 코이랄라 총리를 체포하고 그 권한을 차지한 1960년 정당해산 사건이었다. 국왕은 이때 코이랄라 총리를 재판도 없이 감금시켰고, 종국에는 추방시켰다. 홀리는 1월 말의 어느 날 아침 총리 측근이었던 전 내무부 장관으로부터 뜻밖의 전화를 받았다. 7년 전 감옥에서 풀려나 카트만두에서 조용히 살고 있던 그는 코이랄라 부인의 집에서 차나 한 잔 하자고 초대했다. 그곳에 도착하자 다른 기자들도 와 있어서 홀리는 분명 무슨 일이 있을 것이라고 직감했다. 아니나 다를까 저녁 8시 경 낯익은 두 사람이 네팔 육군 소속의 러시아제 지프에서 내렸는데, 바로 총리와 교통통신 장관이었다. 이들은 그동안 줄곧 수감생활 아니면 해외에서 추방생활을 해 왔었다.

코이랄라는 더 야위기는 했으나 힘든 감옥 생활에도 불구하고 건강해 보였다. 홀리는 국왕과 총리가 국가 경영을 위해 다시 한 번 힘을 합친다면 흥미로운 시기가 펼쳐질 수 있으리라 생각했지만, 실망스럽게도 그전 해에 실각했던 부총리 키르티니디 비스타Kirtinidhi Bista가 총리가 되고 말았다. 키르티니디는 유쾌한 사람이었으나, 홀리는 그가 코이랄라만큼 충분한 통치 경험과 정치적 비전을 갖췄다고 보지 않았다.

정치적 음모와 탄압은 계속됐다. 홀리와 친한 정치인 리시케시 샤하는 국가안전법 위반으로 3개월간 구속됐다 세부 법률 조항 덕분에 풀려났지만 법원에서 집으로 가는 도중에 또다시 체포당했다. 이번에는 어떤 세부 법률 조항도 도움이 되지 못했다. 네팔 정부는 샤하를 정치적으로 대단히 위험한 인물로 간주하고, 완전히 정치권 밖으로 퇴출시키려 했다. 이 사건으로 홀리는 항상 내부 정보를 흘려 주던 믿을 만한 정보원을 잃게 돼 무척이나 낙담했다.

사랑하는 애완견 신두가 노화 기미를 보이자, 홀리는 9개월 된 라사압소를 입양하기로 했다. 올빼미와 똑같은 얼굴에다 갈색과 검정색, 흰색 털이 섞인 수컷이었다. 홀리는 앙증맞고 귀여운 그 강아지에게 "티거Tigger"라는 이름을 지어주었다.

신두는 새 친구를 그리 달가워하지 않고 차갑게 대했지만, 눈치 없는 티거는 신두와 홀리에게 끊임없이 장난을 쳤다. 티거는 장난을 받아 주지 않으면 혼자 공을 갖고 놀면서 아파트 주변을 뛰어다녔다. 홀리는 이 재롱둥이가 '너무 귀여워 가슴이 아릴 정도'였다고 한다. 신두는 결국 티거와 놀아 주기 시작했지만, 바보같이 장난에 속아 쉽게 지치곤 했다. 그해 가을 힌두교 축제가 열리는 동안 신경과민증에 걸린 불쌍한 신두는 커다란 폭죽 소리와 이상한 불빛에 엄청난 경기를 일으켰다. 반면 티거는 아무 일도 아니라는 듯 잠만 실컷 잤다. 신두는 나이 든 티를 내기 시작했는데, 음식을 씹을 수 있기는 했지만 앞니 몇 개가 밖으로 45도 정도 튀어나와 뻐드렁니가 되고 말았다.

1969년 봄, 뉴욕에서 온 『포춘』의 젊은 자료 조사원 엘레인 킹Elaine King은 한동안 홀리와 함께 지내다 결국 일까지 함께 하게 된다. 처음 며칠간 카트만두의 이곳저곳을 둘러본 엘레인이 네팔을 떠나기 전날 밤, 홀리는 안나푸르나 호텔에서 그녀에게 술을 한잔 사 주면서 "이곳이 어때?"라고 물었다. "멋진 곳이라고 생각해요."라는 엘레인의 대답에 홀리는 타이거 탑스에 자리가 있으니 일해 볼 생각이 없느냐고 물었다. 외국과 연락하며 예약을 담당하는 일이었다. 이미 마음을 굳힌 여행 일정이 있어 네팔에 더 머물 수가 없었던 엘레인은 처음에 이 제안을 거절했다. 그러나 마음 한편에 아쉬움을 느낀 그녀는 이란에 도착해 자신의 결정이 옳은 것인지 진지하게 고민했다. '인생에서 집을 벗어날 수 있는 기회가 또 있을까?' 그녀는 정해진 삶의 틀을 깨고 싶은 강렬한 욕구를 느꼈고, 24세의 나이에 카트만두로 다시 돌아왔다.

하지만 미리 연락하지 않고 돌아온 것이 문제였다. 카트만두에서 엘레인과 재회한 홀리는 그녀가 떠난 지 2주 만에 한 여행사에 예약 업무를 맡겨 버려 일자리가 날아갔다는 비보를 전해야 했다. 망연자실한 엘레인은 실망감을 추스르고, 홀리를 통해 알게 된 몇몇 직장을 알아보러 다녔다. 다행히 영어를 가르치고 영문 소식지를 만드는 직장을 찾은 엘레인은 취직 소식을 알리러 들렀다가 홀리가 그동안 자신을 위해 일자리를 마련해 놓았다는 사실을 알게 됐다. 타이거 탑스 예약 업무를 대행하는 여행사에 이야기해 만일 직원이 필요하다면 엘레인이 적임자라고 귀띔해 놓았던 것이다. 그녀는 두 가지 일 — 영어를 가르치는 일과 코끼리를 탈 기회가 주어지는 일 — 을 놓고 고민했고, 결국 코끼리 타는 쪽을 선택했다.

우여곡절 끝에 홀리와 같은 사무실에서 타이거 탑스 예약 업무를 담당하게 된 엘레인은 전 세계에서 오는 고객들을 상대로 일하며 재미난 경험을 했다. 엘레인은 힐러리 경이 사무실에 자주 들렀는데, 홀리는 그를 "에드Ed"라고 불렀다고 했다.

엘레인이 보기에 홀리는 요리사와 심부름꾼을 두고 살정도로 항상 높은 생활수준을 유지하고 있었다. 엘레인은 "홀리는 홀리로 살았어요. 네팔인이 되지는 않았죠."라고 설명하면서, 겉으로는 강해 보였지만 속내를 좀체 드러내지 않는 사람이었다고 평가했다. 또, 둘 다 비슷한 유머 감각을 갖고 있어 함께 배꼽 빠지게 웃으면서 즐거운 시간을 보냈다고 회상했다. 엘레인은 홀리를 통해 정치인과 왕족, 산악인이나 작가를 만나며 카트만두 사회의 단면을 알게 됐다.

그러나 타이거 탑스가 악화일로의 상황에 놓인 데다 코프먼까지 종적을 감춰 버리자 월급이 지급되지 않았고, 엘레인은 어쩔 수 없이 회사를 그만 둘 수밖에 없었다. 그녀는 카트만두를 떠나면서 홀리와의 작별을 아쉬워했다. 이후로도 몇 년간 이들은 가끔 뉴스레터 같은 — 홀리의 표현대로라면 — 크리스마스 카드를 주고받으며 서로 연락하고 지냈다. 하지만 엘레인은 웃으면서 '뉴스레터 같다'기보다는 '알쏭달쏭 수수께끼 같은 편지'였다고 말했다.

홀리는 여행사 업무를 하면서도 계속 기자로 활동했다. 그녀가 작성한 속보 중에는 미국 부통령 스피로 애그뉴[93]Spiro

---

93 1968년 공화당 대통령 후보인 R. M. 닉슨의 러닝메이트로 부통령 후보에 당선

Agnew가 이끄는 미국 사절단에 관한 내용도 있었다. 사실 이 사절단에 '관심을 받을 자격도 없는 사람(스피로 애그뉴)'이 속해 있어서 걱정을 했지만 홀리는 직접 나서서 사전작업뿐만 아니라 방문행사까지도 준비했다. 학생들의 시위와 히피들의 항의가 있을 것이라는 소문도 들려 왔지만, 행사는 큰 탈 없이 잘 마무리됐다. 홀리는 "애그뉴는 단 한 번의 말실수밖에 안 했어요."라고 어머니에게 말했다. 실상 그 실수도 외교 사절단이 네팔을 인도라고 부르는 흔한 것으로 심각한 수준은 아니었다. 연설문이 비교적 잘 작성된 데다, 다행히 방문행사도 짧게 끝났다.

홀리는 국제 유선 서비스를 이용하는 네팔 주재 통신원들에게 등반 소식이 중요한 뉴스라는 것을 깨달아 가고 있었다. 초등과 탐험이 이루어지던 개척시대에 원정대를 향한 언론의 관심은 지금보다 훨씬 높았다. 따라서 그녀는 카트만두로 들어오는 모든 원정대를 만나서 인터뷰하고, 파일을 정리하기 시작했다. 홀리의 성향과도 잘 맞았던 이 일은 해마다 그녀의 삶에서 더 큰 비중을 차지하게 됐고, 자연스레 상당한 시간을 투자했다. 이렇게 그녀의 삶은 온전히 등반의 세계에 바쳐졌고, 네팔에서 엘리자베스 홀리라는 이름과 등반

됐다. 보수적 성향의 정치가이며 1973년 매스컴 비판으로 물의를 일으켜 사임했다.

을 따로 떼놓기가 점점 어려워졌다.

역사 교육과 뉴욕에서 자료 조사원으로 일한 경험 덕분에 홀리는 자료 수집 작업을 정교하게 할 수 있었고, 아울러 통계학에도 매력을 느끼게 됐다. 그녀는 로이터에는 객관적인 사실 위주의 기사를 작성했지만, 어머니에게 쓰는 편지에는 종종 자신의 견해를 곁들여 여러 원정대와 사람들에 관한 이야기를 털어놓았다. 1969년 봄, 중부 히말라야의 칼리 간다키[94]Kali Gandaki 계곡 서쪽에 있는 다울라기리1봉에 도전한 미국 원정대가 대표적인 예였다. 원정대장 보이드 에버렛 Boyd Everett은 증권 분석가로 일했는데, 홀리는 '지금까지 만난 사람 중 가장 차가운 인물'이며, 네팔에 있는 산보다는 주식과 채권에 둘러싸여 집에 있는 것이 더 어울리는 사람이라고 비판했다. 이 원정대는 큰 사고를 당했다. 산의 위쪽에 있던 빙벽이 무너지면서 7명의 산악인이 모두 사망한 것이다. 당시 현장에 있던 등산 가이드 알 리드Al Read는 『아메리칸 알파인 저널』에 다음과 같은 글을 썼다. "등산에서 죽음은 드문 일이 아니다. 차가운 죽음의 마수가 쿨르와르[95]까지 따라온다. 커니스[96] 밑을 지나갈 때도 죽음의 가까운 손짓을 느낀

---

94 안나푸르나와 다울라기리 산맥 사이에 있는 깊은 계곡. 오래전부터 티베트와 네팔 사이를 오가는 통로였다.

95 눈이나 얼음이 있는 가파르고 비교적 넓은 계곡. 산중턱의 협곡

96 벼랑 끝에 차양처럼 얼어붙은 눈더미를 가리킨다. 산능선에 쌓인 눈이 바람에 밀

다. … 생생하게 살아 있는 히말라야의 빙하가 끊임없이 움직이며 슬그머니 다가온다." 하지만 다울라기리에서 목격한 빙벽은 상상을 초월했다. 그는 "모두 다 죽을 수밖에 없는 엄청난 규모였다."라고 밝혔다.

홀리는 뉴스를 작성하는 한편, 구조 헬기를 띄우고, 유족들을 위한 자리를 마련하는 등 이 비극적 사고의 뒷수습을 적극적으로 도왔다. 그녀는 이 다울라기리 원정대가 등반을 나서기 전후로 많은 대원들을 만나 이야기를 나누었다. 대장을 제외한 대원들은 모두 유쾌한 사람들이었지만, 홀리는 이들이 등반에 나서기 전에 이 산이 얼마나 어렵고 거대한지 제대로 이해하지 못했을 것이라고 확신했다.

이 시기에 마운틴 트래블은 모든 원정대가 요구하는 물자 수송을 카트만두에서 처리하느라 분주했기 때문에, 지미 로버츠는 홀리에게 많은 일을 맡겼다. 홀리는 한 팀을 이루어 일했던 지미 로버츠를 자신에게 중요한 영향을 끼친 사람으로 여겼다. 그는 초반에 등반 관련 기사를 작성하는 데 많은 도움을 주었고, 중요한 자료도 제공해 주었다. 특히 그녀에게 특정 원정대의 의미를 설명하면서 아울러 히말라야 등산역사에 대한 탄탄한 기초교육까지 제공해 주었다.

1950년에 네팔이 원정대에 어떻게 문호를 개방했는지

려 처마처럼 걸쳐져 있어 위험하다.

설명해 준 사람도 바로 지미 로버츠였다. 안나푸르나를 초등한 모리스 에르조그[97]Maurice Herzog, 에베레스트를 탐험한 찰스 휴스턴, 빌 틸먼[98]Bill Tilman 그리고 레이몽 랑베르[99]Raymond Lambert와 같은 초창기 산악인과 탐험가에 대해 말해 준 사람 역시 지미 로버츠였다. 네팔에 들어올 때 등반에 대해 문외한이었던 홀리는 지미 로버츠의 도움을 받아 전문가로 변모해 갔다.

홀리가 지미 로버츠로부터 한창 등반에 대해 배우고 있을 때, 여러 등반 관련 매체에 기사를 쓰고 있던 인물은 마이크 체니Mike Cheney였다. 홀리가 산악인들과 만나서 얻은 기본 정보를 주면, 그는 내용을 다듬어 기사를 작성했다. 체니는 지미 로버츠와 같은 구르카군 출신이었지만, 등반경력은 그리 대단치 않았다. 때문에 그녀는 그를 등반 전문가로 소개하는 것은 어딘지 모르게 잘못됐다고 생각했다.

1970년대와 1980년대 『아메리칸 알파인 저널』 필진에 먼저 이름을 올린 사람은 체니였다. 이후에는 홀리의 이름이

---

97 인류 최초로 8천 미터급 고봉 등정에 성공한 1950년 프랑스 안나푸르나 원정대장(1919~2012)

98 영국의 산악인이자 탐험가(1898~1977). 에릭 십턴과의 환상적인 파트너십은 너무나 유명하다. 1930년대 영국 에베레스트 원정대원이었으며, 1936년 찰스 휴스턴과 함께 난다데비를 초등했다.

99 스위스의 산악인(1914~1997). 1952년 텐징 노르가이와 함께 에베레스트를 8,500미터까지 올랐다.

함께 올랐고, 1980년대 후반 체니가 사망한 이후부터는 홀리의 이름만 올랐다. 체니의 죽음 직후 신문 및 잡지사와 원고 계약을 맺은 홀리는 앞으로는 다른 스타일로 기사를 쓰겠다고 강조했다. 다르게 쓴다는 말은 바로 편집 방향을 달리하겠다는 뜻이었다. 체니는 종종 자신의 견해를 밝혔지만, 홀리는 기사에서 사견을 드러내는 것은 부적절하기 때문에 논평 없이 시즌별 등반에 대한 설명을 포함해 원정대와 원정대장 목록, 원정대의 기본 정보, 사망자 목록만 제공하겠다고 말했다. 그녀는 자신의 생각이 가끔 행간에 드러날지도 모른다는 점을 인정하기는 했지만, 가급적 개인적인 의견의 노출은 피했다. 홀리는 자신이 산악인도 아니고, 몇몇 사람들의 생각처럼 폭넓은 관점도 갖고 있지 않기 때문에 주관적으로 논평할 만한 자격이 있다고 여기지 않았다. 시간이 흐르면서 이런 식의 기사는 산악인들 사이에서 논쟁을 촉발했고 논란거리가 됐다.

그렇지만 홀리는 자신이 알고 있는 정보와 내용을 산악인들에게 나누어 주는 면에서는 인심이 후한 편이었다. 특히 창의적인 개척등반을 하려는 사람들에게는 더욱 관대했다. 미국의 산악인 카를로스 불러Carlos Buhler는 이와 관련된 일화를 하나 들려주었다. 정보가 거의 없는 안나푸르나의 사면에 대한 자료를 찾고 있을 때였다. 홀리에게 물어 보자, 그녀는 놀랍게도 수집한 자료 파일을 건네주며 "카를로스, 온전한 상태로 다시 돌려준다고 약속해줘요. 가져가서 기록을 베껴 쓰거나 복사해도 돼요."라고 말했다. 그는 홀리의 태도에 내심 놀랐다. 안나푸르나에 관한 완벽한 서류철, 평생 꼼꼼하게 작업한 결과물을 내준 것이다. 그 순간 그는 홀리의 정보를 하나도 훼손하지 않고 꼭 되돌려 주리라 다짐했다고 한다. 왜냐하면 그것은 단순한 기록이나 기사 작성을 위한 자료가 아니라, 훗날 홀리를 찾아와 자신의 꿈을 이야기하고 그 대가로 도움을 받게 될 산악인을 위한 자료가 되리라는 것을 이해했기 때문이다.

하지만 홀리는 자신에게 정보를 얻으려면 예리한 질문을 던질 줄 알아야 한다고 귀띔했다. "리즈, 다울라기리에 대해 좀 알려 주세요." 그녀는 이렇게 단순히 자료만 요구하는 사람들을 참지 못했다. 홀리는 잘 준비되어 있고, 필요한 것을 명확히 요구하는 사람들에게만 최선을 다해 응대했다.

제9장

평생 친구 힐러리

마님 사고가 났어요.

무슨 일이야? 쿠마르!

좋지 않은 사고가 났어요. 비행기가 추락했어요.

홀리가 네팔에서 만난 가장 특별한 친구는 에드먼드 힐러리 경Sir Edmund Hillary이었다. 그는 1953년 에베레스트 초등으로 이미 유명인사였기 때문에 두 사람의 만남은 우연이라기보다는 필연에 가까웠다.

홀리는 힐러리 경의 등반에 담긴 중요성을 두 가지로 정리했다. 첫째, 텐징 노르가이와 함께 세계 최초로 에베레스트 정상을 오른 다음 살아서 돌아왔다. 둘째, 나중에 "힐러리 스텝"이라 명명된 어려운 구간을 돌파해 정상으로 가는 문의 열쇠를 발견했다. 홀리는 어머니에게 "힐러리, 그 사람은 혼신을 다해 신루트를 개척했어요. 하느님만이 아실 거예요. 어려운 침니를 통과해 정상에 서기 위해 그가 얼마나 고군분투했는지…."라고 편지를 썼다.

홀리는 힐러리 경이 등반 경험과 체력, 야망을 밑바탕으로 초등을 이루어 냈다고 하면서도, 하루아침에 세계적인 유명인사가 되면서 그가 겪어야 했을 어려움도 직감했다. 그녀는 "초라하고 보잘것없던 양봉가에서 세계적인 영웅이 되었어요."라고 말한 뒤, 그를 알면 알수록 존경심도 더 커져 갔다고 설명했다. "힐러리는 여러 면에서 특별한 사람이에요. 이렇게 특별한 사람이 된 이유 중 하나가 겸양을 잃지 않는 태도 때문인 것 같아요. 결코 잘난 척하지 않고 겸손하죠. 우쭐거리는 법도 없어요."

홀리가 카트만두에 정착한 지 얼마 안 돼 힐러리 경은 다시 네팔을 찾았는데, 돌아온 이유가 등반 때문만은 아니었다. 뉴질랜드에서 건축 전문가들을 데려온 그는 현지 물자와 사람들의 도움을 받아 가며 네팔인에게 절실했던 학교 건물을 짓기 시작했고, 이 활동은 히말라야 재단Himalayan Trust 설립으로 이어졌다. 홀리는 이 재단을 매개로 힐러리 경과 다양하고 깊은 우정을 나누는 관계로 발전했고, 재단 내에서 그녀가 맡은 업무도 해를 거듭할수록 늘어나 물자 수송과 여행 기획, 일정 짜기, 고용, 재정에 이르기까지 다방면으로 확대됐다.

히말라야 재단의 출발은 힐러리 경의 평소 성격처럼 소

박했다. 셰르파들에게 각별한 애착을 느꼈던 힐러리 경은 그들의 도움과 우정에 뭐라도 보답하고 싶어 『월드북 백과사전』 발행사에 재정 후원을 요청해 1961년 쿰중[100]Khumjung에 학교를 세웠다. 히말라야 재단은 쿰중의 힐러리 스쿨을 필두로 수많은 학교를 지었고, 다리와 상수도, 병원, 비행장도 건설했다. 이런 프로젝트의 재원을 마련하는 일은 언제나 쉽지 않았고, 힐러리 경은 자금 확보 문제에 많은 시간과 품을 들였다. 1972년 홀리가 공식적으로 맡은 역할은 재단의 재정 관리와 여러 프로젝트 추진에 필요한 정부 허가를 받아 내는 것이었다.

1970년 초 홀리와 각별한 사이였던 또 다른 친구 보리스 리사네비치는 네팔과 티베트 문화재를 불법 취득한 죄로 체포되어 또다시 곤경에 빠졌다. 보리스는 아내와 함께 조각상과 목공예, 탕카[101]thanka를 열심히 수집했는데, 공교롭게도 그가 체포되기 얼마 전 사원에서 도난당한 문화재 거래에 대한 합동수사가 진행됐다. 홀리는 보리스에 대한 네팔 당국의 뒷조사를 이상하게 생각했다. 그의 장모가 도난당한 문화재를 구입하기는 했지만, 문화재 암거래는 카트만두에서 흔한

100　솔루쿰부 지역 남체 근처 3,970미터에 위치한 마을

101　티베트 불교화를 일컫는 말로, 10세기경부터 그려지기 시작했다. 보통 면이나, 비단에 부처와 관련된 그림을 그려 두루말이 형태로 보존한다.

일이었다. 때문에 홀리는 문화재 암거래가 보리스를 가두기 위한 명분일 뿐이라고 확신했다. 보리스는 왕실 의식과 행사가 있을 때마다 케이터링(음식 공급)을 도맡아 왔는데, 네팔 왕실은 솔티 호텔Soaltee Hotel을 오픈하면서 보리스가 아닌 국왕 동생의 부인 솔티에게 케이터링을 맡겨야 한다고 생각했다. 그렇게 이들은 케이터링 사업에서 보리스를 손쉽게 배제할 수 있었고, 체포된 보리스는 로열 호텔의 문을 닫아야만 했다.

협상에 다소 시간이 걸리기는 했지만, 4월이 되자 그는 풀려났다. 출소하자마자 야크&예티 호텔[102]Yak&Yeti Hotel을 오픈했지만, 보리스는 뛰어난 사업가가 아니었다. 모든 사업이 적자로 허덕이자 동업자로 로열 호텔의 재정을 지원했던 바순다라 왕자가 야크&예티 호텔을 위해 세계은행뿐만 아니라 인도인 투자자까지 연결해 도와주었다. 보리스는 자신의 청사진을 실현하기 위해 건축가와 디자이너까지 고용해가며 새 사업에 열의를 보였지만, 결국 주요 투자자와 사이가 틀어져 호텔 개장식에 참석조차 하지 않았다.

이후 보리스는 몇 개의 레스토랑을 열었지만 줄줄이 실패했다. 사람들은 마약에 중독된 둘째 아들이 금고에 손을 대서 망했을 것이라며 수군거렸다. 언젠가 보리스는 홀리에

---

102 네팔 최고의 5성급 호텔로 현재도 운영 중이다.

게 세 아들의 비밀을 털어놓은 적이 있었다. 그는 "한 놈은 색정광이고, 한 놈은 도벽증이 있고, 또 한 놈은 알코올 중독자"라며 한탄했다. 홀리는 맞장구를 쳐주고 싶었으나, 가정교육을 지적하며 나무랐다. 아이들은 로열 호텔의 위층 아파트에서 '무지하고 의심쩍으며, 뚱뚱하고 문맹인 네와리족 보모'의 손에 자랐는데, 그 보모는 그들을 전혀 통제하지 못했다.

보리스는 멋진 친구였고 탁월한 엔터테이너였다. 그의 아파트에 있는 커다란 거실은 종종 세계 최고의 명사들 — 추리 소설가 아가사 크리스티[103]Agatha Christie와 여행작가 프레야 스타크, 유명 영화배우와 정치인, 산악인, 왕족들 — 로 북적거렸다. 힐러리 경은 다방면에서 재주가 많은 홀리의 친구들을 보고 깊은 인상을 받았다. "홀리는 흥미로운 사람들, 뭔가를 이룬 사람들, 고루하지 않은 사람들을 정말 좋아했어요. … 평범치 않은 독특한 사람들을요." 홀리는 이 별난 사람들과 맺은 우정뿐만 아니라 카트만두에서 존경 받는 인사들과 알고 지내는 것도 즐거워했다. 그녀는 왕족 몇 명과도 친하게 지내기는 했지만, 힐러리 경이 기억하기로는 가깝게 지낸 왕족들이 '왕실의 최고 권력자들'은 아니었다. 이들은 권력

---

103 영국의 여류 추리작가(1890~1976). 주요 작품으로는 『그리고 아무도 없었다』, 『오리엔트 특급 살인사건』 등이 있다.

주변부에 머문 사람들로, 국왕이나 왕비와는 자주 왕래하지 않는 사람들이었다. 한편, 힐러리 경은 홀리와 바버라 애덤스의 우정을 전혀 이해할 수 없었다. 그가 보기에 바버라는 자신을 있는 그대로 드러내는, 강한 성격을 지닌 독특한 사람으로 홀리와 잘 맞지 않았다. 이 둘의 성격은 정반대였다. 바버라는 허세기가 있는 외향적인 성격이어서 가끔 터무니없는 말을 하기도 했다. 그럼에도 둘은 오랫동안 친한 친구로 지냈고, 함께 러시아를 횡단하는 기차여행 — 당시에는 상당히 도전적인 여행이었는데 — 에 나서기도 했다. 힐러리 경은 러시아 횡단이 즐겁기보다는 많은 불편을 감내해야 하는 여행이었을 것이라고 짐작했다.

힐러리 경의 에베레스트 초등 이후 20년 동안, 세계 최고봉에서 또 다른 역사를 만들려는 산악인들은 이런 저런 곡예 등반을 궁리해 냈다. 1970년 일본 스키선수 미우라 유이치로Miura Yuichiro가 에베레스트에서 스키 활강을 시도한다는 소식에 전 산악계가 들썩거렸다. 이 도전은 <에베레스트를 스키로 하산한 사나이The Man Who Skied Down Everest>라는 제목의 영화로도 제작될 정도로 관심을 받았으나, 홀리는 "스키를 제대로 타고 내려온 것도 아니었어요. 정상에서 출발하지도 않았고, 미끄러져 죽을 뻔했죠. 운이 좋아 아이스폴 부근 크레바스 바로 직전에 멈춰서 목숨은 구했어요."라며 그

의미를 깎아 내렸다.

　같은 시기에 진정으로 의미있는 등반은 안나푸르나의 거대한 남벽에서 펼쳐지고 있었다. 원정대장 크리스 보닝턴을 필두로 영국인 돈 윌런스, 마틴 보이슨Martin Boysen, 믹 버크Mick Burke, 두걸 해스턴Dougal Haston, 닉 에스트코트Nick Estcourt와 미국인 톰 프로스트Tom Frost까지 막강한 멤버로 구성된 원정대는 고도의 기술을 요하는 위험천만한 구간을 힘겹게 통과해 마침내 정상 부근까지 접근했다. 공격조로 선발된 두걸 해스턴과 돈 윌런스는 거센 바람과 극심한 추위를 뚫고 등반을 계속했고, 초인적인 노력을 기울인 끝에 1970년 5월 27일 오후 2시 30분 정상에 도달했다. 비록 하산 도중 이안 클로Ian Clough가 낙빙에 맞아 죽는 불상사[104]가 발생했지만, 이 등반은 산악계와 영국에 커다란 반향을 불러일으켰다. 그 당시 비교적 초보 기자였던 홀리도 이 등반의 중요성 ─ 히말라야 등반이 능선에서 좀 더 어렵고 위험한 벽으로 본격적으로 변화하고 있다는 ─ 을 이해했기에 그런 논조로 기사를 작성했다.

　그로부터 1년 후인 1971년, 결국은 재앙으로 끝난 다국적 원정대가 에베레스트 등반에 나섰다. 홀리는 이 원정대에서 연락 담당관 역할을 맡았고, 그 대가로 특종을 제공 받아

104　『Fallen Giants』에는 2캠프 아래쪽에서 눈사태로 사망한 것으로 나온다.

곧바로 로이터에 보냈다.

국가 간 이해와 협력을 바탕으로 구성된 이 다국적 원정대는 실험적인 성격이 강했고, 인원도 13개국을 대표하는 대원들과 9명의 BBC 영상팀, 1명의 호주 기자를 포함해 총 30명에 달했다. 노먼 다이렌퍼스[105]Norman Dyhrenfurth와 지미 로버츠가 함께 지휘한 이 원정대는 두 팀으로 나뉘어 정상 공략에 나섰는데, 한 팀은 남서벽으로, 다른 팀은 서릉을 능선만으로 오를 계획[106]이었다. 하지만 일부 대원들이 짐 수송을 거부하거나 베이스캠프를 아예 떠나 버리는가 하면, 사우스콜로 루트를 변경하자고 주장하는 등 분란이 일어났다. 설상가상으로 다이렌퍼스가 남서벽으로 오르려는 원래 계획을 고수하던 와중에 인도인 대원이 남서벽 등반 중 사망하는 사고가 발생했고, 이 일로 2명의 스위스인과 이탈리아인, 프랑스인이 항명하면서 일찌감치 원정대를 이탈 ─ 다이렌퍼스는 이를 "라틴족의 반란"이라고 불렀는데 ─ 했다. 프랑스인 피에르 마조[107]Pierre Mazeaud로부터 "앵글로색슨족을 위해 일하는 셰르파가 되고 싶지는 않았습니다.(여기서 앵글로색슨

---

105 스위스계 미국인 산악인이자 영화 제작자(1918~). 1963년 미국 에베레스트 원정대를 이끌어 6명을 정상에 올려 보냈다.

106 미국 원정대가 서릉을 초등한 1963년에는 북벽 쪽의 유명한 '혼바인 쿨르와르'를 통해 올라갔었다.

107 프랑스의 법학자, 정치인, 산악인(1929~). 1978년 프랑스인 최초로 에베레스트를 등정했고, 2004년 프랑스 헌법위원회 위원장을 지냈다.

족이 갑자기 미국인과 일본인이 됐다.)"라는 얘기를 들은 홀리는 "일본인을 가리켜 앵글로색슨족이라고 하는 말은 난생처음 들었다."라고 비꼬았다. 그러나 그는 언론 인터뷰에서 "국회의원인 나 피에르 마조는 물론이고 프랑스도 함께 모욕을 당했다!"라며 비난을 멈추지 않았다.

홀리는 '항명 사건'을 보고받고 처음에는 원정대장 다이렌퍼스를 탓했으나, 대원들 역시 문제가 있다는 결론을 내렸다. 그녀는 "다이렌퍼스가 대원들을 좀 더 신중하게 선발하지 않은 게 안타깝다. 등반능력도 중요하지만 자존심이 너무 강하지 않은 대원을 선발했어야 했다."라고 주장했다.

대원들 — 특히 라틴족 — 에게 거센 비난을 퍼붓기는 했지만, 다이렌퍼스는 원정대와 자신의 리더십을 옹호하는 한편, 어째서 개개인의 우선순위와 목표들이 험난한 등반 도중에 바뀌었는지를 적극적으로 분석하려고 애썼다. 이 다국적 원정대에 대한 홀리의 혹독한 비난이 기회주의적인 처사였을 수도 있다. 만일 원정대가 성공을 거두었다면, 평가는 완전히 정반대였을지도 모른다. 하지만 그녀는 사실이 아닌 것은 결코 싣지 않았다며 "있었던 일을 바꿀 수는 없잖아요?"라고 스스로를 변호했다.

이 시기에 홀리는 국제적인 명성을 쌓아 가고 있었다. 1970년 8월 『방콕 월드』는 "1인 2역"이라는 제하의 기사로 그녀의 활약상을 소개했고, 『쿠알라룸푸르 스트레이츠 타임스』는 "히피처럼 보이지 않는 히피"라는 제목으로 홀리를 다루었다. 1973년 부모님을 뵈러 캘리포니아를 방문했을 때는 『산호세 머큐리 뉴스』와 인터뷰를 하기도 했다. "소셜리 유어스Socially Yours"라는 칼럼에 실린 질문들을 보면, 기자가 네팔에 대해서는 잘 모르지만 홀리에 대해서는 상당한 호기심을 갖고 있었던 것 같다. 왜 네팔에 갔는지, 그곳에 눌러앉은 이유가 무엇인지, 어떻게 사는지 등 사적인 질문에 홀리는 독자가 무엇을 알고 싶어 하는지 꿰뚫어 볼 줄 아는 기자다운 감각을 십분 발휘해 재미있고 신기한 이야기와 이국적인 생활을 소개했다. 자신이 맡고 있는 다양한 역할을 이야기하던 홀리는 타이거 탑스에 대해 '비행기 탑승객들이 코끼리 인사를 받을 수 있는 세계 유일의 공항'이라고 설명했고, 원정대와 관련해서는 "구조 헬기 같은 것들이 필요한 경우 내게 부탁한다."라고 말했다. 힐러리 경의 히말라야 재단에 대해 기자는 "재단 설립자이자 에베레스트를 초등한 힐러리 경을 열렬히 지지하고 있음을 느꼈다. …"라고 썼다. 홀리는 "에드먼드 힐러리 경은 네팔에서 받은 성공의 대가를 그대로 되돌려 주려는 사람입니다. 격식을 차리지 않고, 상냥하고, 친절한 분이긴 하지만, 그렇다고 남의 눈치나 보는 줏대 없는 사람은 아닙니다. 그는 가야 할 길을 잘 알고 있는 사람입니다. 네팔 사람들을 돕고자 하는 히말라야 재단을 인도하는 등대 같은 존재죠."라고 언급하며, 힐러리 경의 공로를 인정해야 한다고 강조했다. 사교생활에 대한 질문에 그녀는 많은 친구들이 외국인이지만 100년 이상 네팔을 통치한 라나 가문 사람 몇 명과도 친하다고 자랑하며, 끊임없이 이어지는 칵테일파티와 디너파티, 그리고 TV 없는 삶이 어떤 것인지 이해시키려 했다. 인터뷰는 부모님 집에서 소파에 기대앉은 채 미소 짓고 있는 홀리의 커다란 사진과 함께 특집기사로 실렸다.

그러나 홀리의 실제 네팔 생활이 그렇게 낭만적인 것만은 아니었다. 1971년 말 인도-파키스탄 전쟁[108]으로 네팔을 오가는 대부분의 항공편이 중단됐고, 네팔은 고립상태에 놓였다. 사실상 모든 물류는 인도를 통해 들어왔는데, 인도는 전쟁에 집중하느라 네팔을 신경 쓸 틈이 없었다. 네팔의 은행들은 더 이상 외환수표를 받지 않았다. 우편물과 신문 배달도 불규칙해졌고, 휘발유 부족 사태가 빈번하게 일어났다. 관광산업 역시 잠시 중단 상태에 빠졌다.

게다가 1972년 1월, 51세에 불과한 마헨드라 국왕이 심

---

108 인도-파키스탄 전쟁은 1947년, 1965년에 이어 1971년까지 세 차례 일어났다. 제1차와 제2차는 카슈미르 분쟁 과정에서 일어났으며, 제3차는 방글라데시의 독립에 즈음하여 일어났다.

장발작 — 그것도 자신이 가장 많은 열정을 바쳤던 사냥여행 도중에 — 으로 타계했다는 소식에 네팔 전역은 큰 충격에 빠졌다. 네팔의 모든 정치적 결정은 전부 국왕의 승인을 거쳐야 했기 때문에 마헨드라 국왕의 급작스러운 서거는 모든 사람들의 삶에 적지 않은 영향을 끼쳤다. 국왕의 화장식은 전례에 따라 파슈파티나트[109]Pashupatinath에서 엄수됐다. 다른 기자들과 강 맞은편 언덕에 서서 화장식을 지켜본 홀리는 아직도 그 장면을 생생하게 기억하고 있었다. 이복동생인 바순다라 왕자가 국왕의 시신을 운구해 왔을 때는 이미 어두워지고 있었다. 삼나무 장작더미 위에 시신을 올리고 엄숙하게 불을 붙이자 불길이 타오르며 삼나무의 톡 쏘는 향이 강 건너까지 퍼졌다. 순식간에 거세진 불길의 커다란 불꽃은 하늘 위로 튀어 올랐는데, 그때 언덕 너머로 주황색의 둥근 보름달이 휘영청 떠오르고 있었다.

아버지의 뒤를 이어 26세의 나이에 새 국왕이 된 비렌드라Birendra는 화장식에 가지 않고 왕궁에 머물렀다. 네팔의 국왕은 선왕의 화장식에 참석하지 않는다는 관례 때문이었다. 개혁적인 성향의 새 국왕이 변화를 모색하리라는 기대도 있었지만, 그의 앞에는 만만치 않은 가시밭길이 펼쳐져 있었

---

109 카트만두 동쪽 바그마티 강변에 있는 힌두 사원. 파슈파티나트 사원과 바그마티 강변에 있는 아랴갓은 화장터로 이용되고 있다.

다. 그는 선친 마헨드라 왕이 남겨놓은 산적한 문제를 해결해야 했다. 홀리는 이 모든 것은 마헨드라 국왕이 권한을 위임하는 능력이 없었기 때문에 발생했다고 생각했다. 하지만 이 두 국왕 사이에는 또 다른 큰 차이가 있었다. 비렌드라 국왕은 아버지와는 전혀 다른 시대를 산 인물이었다. 라나 가문의 통치가 거의 끝나갈 때 태어난 그는 영국의 이튼스쿨에서 5년, 미국의 하버드대학에서 1년, 일본의 동경대학에서 몇 개월을 공부하며 세계를 두루 경험했지만, 그에게는 고대의 불길한 예언이 뻗쳐 있었다. 200년 전 한 예언가는 "개국 군주 프리트비 나라얀 샤의 직계 후손은 10대에 걸쳐서만 이 나라를 통치할 것"이라고 주장했었다. 그의 예언대로라면 비렌드라가 바로 마지막 왕인 셈이다.

또 다른 원정대가 카트만두에 도착해, 다시 에베레스트 남서벽 등반에 나섰다. 홀리는 이 원정대에서 우편과 필름 발송, 연회를 책임졌다. 이 영국 원정대에는 돈 윌런스와 더그 스콧, 해미쉬 매키네스가 포함돼 있었다. 하지만 영국인 대원들과 카를 헤를리히코퍼[110]Karl Herrligkoffer 대장 사이에 문제가 발생했다.

　　홀리는 이 다국적 원정대가 왜 제대로 시도도 하지 못하

110　1934년 독일·미국 낭가파르바트 원정대를 이끌었던 빌리 메르클의 이복동생

고 실패했는지 추정해 보았다. 에베레스트 등반 경험이 있는 헤를리히코퍼는 남서벽을 상단까지 등반한 적 있는 3명의 영국인을 대원에 포함시켰다. 하지만 등반 전략이 서로 맞지 않아 오해가 생겼다. 영국인들은 독일인들이 힘과 물자를 낭비하고 있다고 생각했고, 독일인들은 영국인들이 게으르다고 생각했다. 홀리는 "예컨대 윌런스는 늦잠을 자고, 차를 한잔 마시고, 담배를 한두 개비 피우고 나서 움직이는 것을 좋아했다. 그러다 보니 그는 보통 오전 11시나 정오쯤에 등반을 시작했다. 그 높은 고도에서…."라고 기록했다.

원정대 셰르파들의 파업으로도 골머리를 앓았던 헤를리히코퍼는 그들의 요구를 충족시키기 위해 원정 도중 두 번이나 뮌헨으로 날아가 더 많은 등반장비를 공수해 와야 했다. 결국 지친 그는 일찌감치 원정대를 떠났고, 원정대는 바로 와해됐다.

1972년 가을, 영국인들이 에베레스트 남서벽으로 다시 돌아왔다. 크리스 보닝턴이 이끄는 강력한 영국팀에는 공동 대장 지미 로버츠 그리고 더그 스콧, 믹 버크, 두걸 해스턴, 해미쉬 매키네스, 닉 에스트코트가 있었다. 홀리는 이 원정대의 정기 서신을 받아 진행상황을 보고하는 통신담당을 맡았다. 11월경 이들 역시 혹독한 추위와 강풍으로 8,230미터에서 등정을 포기하고 내려왔지만, 홀리는 실패를 안타까워하면서 이들이야말로 정상에 오를 자격이 있었다고 평가했다.

하지만 홀리는 쿰부 아이스폴 지대에서 일어난 사망사고 때문에 크리스 보닝턴과의 관계가 틀어졌다. 등반이 거의 끝나갈 때쯤 보닝턴은 등반허가를 받지 않은 호주인 토니 타이Tony Tighe가 베이스캠프 위쪽의 아이스폴 지대로 올라가는 것을 몇 차례 묵인해 줬는데, 세락[111]serac이 무너지면서 그가 수백 톤에 달하는 얼음덩어리에 깔려 숨지고 만 것이다. 보닝턴은 규정을 어겼지만 카트만두 당국으로부터 가벼운 징계를 받는 데 그쳤다. 하지만 보닝턴은 홀리가 이 비극에서 '무허가' 부분을 너무 크게 다루었다고 생각했다. 홀리가 1972년 11월 16일자 『데일리 텔레그라프』에 "보닝턴, 에베레스트 사망사고로 입국금지 위기에 처하다"라는 제목과 함께 네팔 정부가 입국을 제한할 수도 있다는 기사를 실었던 것이다. 보닝턴은 타이의 죽음에 슬퍼하면서도 홀리의 골치 아픈 기사에 언짢아했고, 결국 이들은 언쟁까지 벌였다. 홀리는 "보닝턴은 성질이 급한 편이죠. 그 성질을 못 이겨 한두 번 화를 낸 적이 있지만, 난 이미 용서했어요."라며 당시를 회상했다.

홀리의 업무는 관광과 등반에만 국한되지 않았다. 그녀는 계속해서 정치 관련 기사도 로이터에 전송했다. 1973년

---

111 빙하의 갈라진 틈에 의하여 생긴 탑 모양의 얼음덩이

초의 가장 큰 정치적 이슈는 인도 총리 인디라 간디[112]Indira Gandhi의 카트만두 방문이었다. 인디라 간디 총리는 홀리에게 강한 인상을 남겼다. 특히 기자회견에서 인디라 총리는 홀리와 다른 기자들의 날카로운 질문을 노련하게 피해 가면서도 모두가 만족할 만한 답변을 내놓았다. 홀리는 "인디라 총리는 작은 키에 침착하고, 정신적으로 영민한 사람"이라고 어머니에게 전했다.

네팔을 찾는 원정대의 행렬은 계속됐다. 그 가운데서도 귀도 몬지노[113]Guido Monzino가 이끄는 이탈리아 에베레스트 원정대는 인원이 무려 64명이었고, 베이스캠프에서 웨스턴 쿰의 2캠프까지 식량과 장비를 공수하려고 헬기를 두 대나 띄웠다. 초반에 띄운 헬기가 추락하자 한 대를 더 투입한 것이다. 이탈리아 원정대는 반드시 구조 목적으로만 헬기를 사용해야 한다는 규정을 공개적으로 무시하면서 2캠프에 정기적으로 신선한 야채를 공급했다.

홀리는 이탈리아 원정대의 행태를 비난했고, 병원과 학교 건설 프로젝트를 위해 네팔에 와 있던 힐러리 경 역시 비난 공세에 합류했다. 이탈리아 원정대를 신랄하게 비판한 그

---

112 인도 최초의 여성 총리(1917~1984). 인도 첫 총리 자와라할 네루의 딸. 그녀의 아들 라지브 간디도 총리를 지냈다.

113 이탈리아의 산악인(1928~1988). 이탈리아 첫 에베레스트 원정대를 이끌었다.

의 인터뷰는 로이터 통신을 통해 퍼져 나갔다. 힐러리는 인터뷰에서 "몬지노 씨는 만약 사람들에게 2개의 산악군대가 있고(몬지노 씨는 이것이 있다.), 2대의 헬기가 있으면(이것 역시 몬지노 씨는 있다.) 그리고 장비와 자금이 무제한으로 있으면(몬지노 씨는 이것까지 있다.), 사우스콜 루트로 에베레스트를 오르는 것이 누워서 떡먹기라는 아주 단순한 사실을 보여주었다. 이것은 등반이 아니라 훈련 프로그램일 뿐이다. 이것은 등반과는 아무런 관계가 없다."라고 말했다.

이탈리아 대사관은 곧바로 힐러리 경에게 사과를 요구했고, 1993년 카트만두에서 열린 에베레스트 초등 40주년 기념행사에서도 이탈리아 대표들이 자리에서 일어나 맹렬한 비난을 퍼부었다. 힐러리 경은 누군가를 상처 줄 의도가 없었다고 하면서도, 기존 발언을 번복하지는 않았다.

그때, 홀리는 대규모 원정대와는 대척점에 있는 소규모의 미국 다울라기리1봉 원정대를 기사로 다루었는데, 등반 대원 중에는 워싱턴 주 스포케인 출신의 젊은 존 로스켈리[114]John Roskelley도 있었다. 그는 루 라이카르트[115]Lou Reichardt,

---

114 미국의 산악인(1948~). 다울라기리 북동릉을 등반했고, 네팔과 인도, 파키스탄의 7천 미터급, 8천 미터급 고봉을 다수 초등했다.

115 에베레스트와 K2를 모두 오른 최초의 미국인(1942~). 로스켈리와 다울라기리, 난다데비를 등정했고, 1983년 카를로스 불러와 에베레스트의 캉슝 벽을 초등한 것으로 유명하다.

나왕 삼덴Nawang Samden과 함께 7,132미터 위에서 20일을 보낸 후 정상에 올랐지만, 베이스캠프로 돌아와 혹독한 대가를 치러야 했다. 원정대 의사는 동상으로 꽁꽁 언 그의 발을 치료했고, 셰르파들은 사흘 남짓 동안 빙하와 두 개의 고개를 넘어 그를 투크체Tukche로 옮겼다. 그곳에는 마침 그 지역 행사 차 방문한 네팔 재무장관의 헬기가 있었는데, 장관은 친절하게도 자기 대신 로스켈리를 헬기에 태우고 자신은 포카라까지 110킬로미터를 걸어서 이동했다. 홀리가 카트만두로 돌아온 로스켈리를 만났을 때 그의 발가락 동상은 심각한 상태였다. 하지만 이 직설적인 말투의 미국 산악인을 지켜본 그녀는 동상에서 회복되면 그가 다시 네팔로 돌아올 것이라고 확신했다.

1973년 홀리는 히말라야 재단 소속 의사의 도움으로 로이터 특종을 터뜨렸다. 당시 일본 원정대는 사상 최초로 에베레스트 남서벽을, 그것도 최초로 가을 시즌에 도전 중이었다. 일본 원정대는 메일 러너를 통해 베이스캠프에서 언론 보도 자료를 제공했고, 일본 언론은 이 등반을 앞 다투어 보도했다. 1963년의 미국 에베레스트 원정 때처럼 속보 경쟁에서 밀리지 않기로 마음먹은 홀리는 쿤데 병원 의사에게 현지 셰르파를 시켜 베이스캠프로 올라가 진척상황을 알아봐 달라고 부탁했다. 그 셰르파는 일본 원정대가 고용한 메일 러너에게 접근했다. 그는 한 일본 대원이 정상에 올랐다는 소식 — 남서벽은 아니었지만 — 을 갖고 루클라 비행장으로 가던 중이었다. 홀리 측 셰르파는 그 메일 러너로부터 상세한 등반 정보를 입수한 다음, 로지Lodge에서 차를 마시는 그를 따돌리고 병원으로 뛰어 내려갔다. 그 의사는 셰르파로부터 들은 내용을 받아 적은 다음, 병원 우편 가방에 넣어 비행기 편을 이용해 카트만두로 보냈다. 홀리는 들뜬 마음으로 그 가방을 받았으나 헷갈리는 부분을 해독해야 했다. 정상에 오른 두 대원의 이름은 입에서 입으로 전해졌다. 처음에는 일본인이 셰르파에게 그리고 그 셰르파는 또 다른 셰르파에게, 그런 다음 뉴질랜드 의사를 거쳐 미국인 통신원인 홀리에게…. 특히, 이름이 카르톡, 카토, 카노, 콘도 어느 것인지 헷갈렸지만 홀리는 카토로 정하고 기사를 작성했다. 30년 전의 이 사건을 홀리는 씩 웃으며 다음과 같이 설명했다. "일본 원정대에도 메일 러너가 있었지만, 우리 셰르파가 더 빨랐어요. 그래서 속보 특종을 따냈죠. 다른 기자들이 불만을 표했는데, 프랑스 통신AFP 기자가 특히 투덜거렸죠. 비난을 받았는데… 사실은 내가 나빴어요!"

홀리의 특종에 불만을 표했던 AFP 기자는 투덜거리는 데 그치지 않고 그녀에게 심각한 문제를 안겨 주었다. 1975년, 홀리의 표현대로 '아주 친숙한 경쟁자들'이 관광성 장관에게 민원을 제기했고, 이를 받아들인 장관은 홀리에게 원정 등반 기사 작성을 금지하는 징계를 내렸다. 심지어 등반 관련 소식을 듣기 위한 관광성 출입도 허용하지 않았다. 난관에 봉착한 그녀는 전에 도와준 적이 있어 친하게 지내던 교토 통신 특파원을 통해 관광성 정보를 얻을 수는 있었지만, 여전히 그 정보를 바탕으로 기사를 쓸 수는 없었다.

1974년 12월, 사상 최초로 히말라야의 8천 미터급 고봉을 겨울에 도전하려는 폴란드 원정대가 네팔을 찾았다. 유명 산악인 안드레이 자바다[116]Andrzej Zawada가 이끄는 이 원정대는 8,516미터의 로체를 목표로 크리스마스 날 8,250미터까지 올라갔지만, 계속되는 강풍과 혹독한 추위를 견디지 못해 철수했다. 하지만 이들의 도전으로 히말라야에 '동계등반'이라는 새로운 개념이 생겨났다.

이 무렵, 홀리 집 안에 심각한 일이 발생했다. 애완견 티거와 신두가 전염병에 걸려 앓아누운 것이다. 수의사가 손을 써 보았지만 2주도 안 돼 그녀의 '사랑스럽고 귀엽고 활기 넘치던' 티거가 한밤중에 세상을 떠났다. 홀리는 티거의 죽음을 몹시 슬퍼했다. 티거와는 달리 전염병을 이겨 낸 신두는 거의 눈이 멀어 가구 사이를 지나다닐 때 자꾸 부딪쳤지만,

---

116 폴란드의 산악인(1928~2000). 히말라야 동계등반을 처음 시도한 인물로 유명하다.

개의치 않고 그냥 방향을 바꿔 가며 돌아다녔다. 19살이나 된 신두는 카트만두에서 장수 견으로 '유명인사'가 되었다.

잠시 유럽 여행을 다녀온 홀리는 라사압소를 새로 입양했다. 3개월 된 이 강아지는 활기가 넘쳐, 늙고 불쌍한 신두를 적잖이 귀찮게 했다. 그러나 홀리는 이 재롱둥이 강아지의 모습이 한없이 사랑스럽고 즐거웠다. 이 강아지는 눈에 보이는 모든 것을 뒤쫓아 다니며 깨물었다. 홀리는 마땅한 이름이 떠오르지 않자, 이 강아지를 "티거II"라고 불렀다.

1월 중순 홀리는 힐러리 경이 카트만두에서 거처할 집을 구하고 나서 그가 부인 루이즈, 딸 벨린다와 함께 카트만두에 도착하자 근사한 환영파티까지 열어 주었다. 파티의 목적 중 하나는 네팔의 고위층에게 힐러리 경이 네팔에서 벌이고 있는 프로젝트가 얼마나 중요한지 알리는 것이었다. 이를 위해 홀리는 바순다라 왕자, 신설된 네팔 등산협회의 회장, 미국 대사 등 저명인사들을 초대했다. 하지만 그 무렵 최대 규모의 행사는 1975년 2월 24일 거행된 국왕 즉위식이었다. 영국의 찰스 왕세자, 일본의 황태자 부부, 덴마크 여왕의 부군, 스리랑카 대통령, 라오스 황태자 등 많은 인사들이 행사 참석을 위해 속속 도착했고, 카트만두는 세계 정상들을 맞이하기 위해 아름답게 단장됐다. 도시는 화려한 조명과 형형색색의 등불로 환히 빛났다. 공식 파티와 리셉션, 만찬이 연달아 열리면서 홀리 역시 몹시 분주해졌다. 화려한 장식을 한 코끼리 행렬과 네팔의 현재와 미래를 역설한 국왕의 연설까지 성대한 취임식 행사가 끝나자, 그녀는 허전한 기분마저 들었다.

그로부터 얼마 후, 많은 병마와 싸워 온 아버지가 결국 세상을 떠났다는 슬픈 소식이 날아들었다. 아버지가 병석에 누운 지 오래되기는 했지만, 그래도 죽음은 갑작스러웠다. 홀리는 어머니가 혼자 사는 것도 그렇고, 아버지의 유산과 법적인 문제를 해결할 수 있을지 걱정스러웠다. 홀리가 미국으로 가서 돕겠다고 나서기도 했지만, 결국 어머니는 혼자서 완벽하고 효율적으로 모든 문제를 해결했다. 그 후, 네팔로 와서 함께 지내자는 딸의 간곡한 청을 못 이긴 어머니는 마지못해 연말쯤 네팔을 방문하겠다고 대답했다.

아버지가 돌아가신 지 얼마 되지 않아 홀리는 또 다른 비극으로 동분서주해야 했다. 이번 사건은 더 가까운 곳에서 발생했다. 파플루[117]Phaphlu 병원을 짓기 위해 쿰부 지역에 있던 힐러리 경은 카트만두에 있던 부인과 딸을 애완견과 함께 데려오기로 했다. 이를 위해 힐러리 경은 로열네팔항공 전세기를 이용하기로 결정했다. 비행 전날 밤 영국대사관에서 만

---

117 에베레스트, 로체, 마칼루가 속한 솔루쿰부의 행정중심 도시 살레리Salleri 근처
　　의 작은 공항 마을

난 뉴질랜드 출신 조종사 피터 숀드Peter Shand는 힐러리 경의 부인과 딸을 만나 승객으로 모시게 된 것을 기쁘게 생각한다는 인사를 전했다. 그러나 그는 다음 날 아침 너무 서두르다 치명적인 실수를 저질렀다. 비행기 주변을 살펴보며, 양쪽 날개를 위아래로 흔들어 보고, 프로펠러를 돌려 보고, 방향키를 움직여 보는 등 조종사가 경비행기를 운항할 때 점검해야 할 것들을 깜빡한 것이다. 남쪽 방향으로 이륙한 후 바로 동쪽으로 방향을 틀어야 했으나 비행기가 말을 듣지 않았다. 공항으로 되돌아가려던 그는 겨우 북쪽으로 방향을 틀기는 했지만 착륙에 실패하고 말았다. 활주로의 북쪽 끝은 강으로 이어지는 급경사의 절벽이었고, 비행기는 절벽 아래 구멍 속으로 추락했다. 조종사는 2개의 보조날개 중 어느 것도 작동시키지 못했고, 결국 비행기가 곤두박질치면서 비극적인 사고로 이어졌다.

아침 7시 30분, 홀리의 직원 쿠마르가 공항에서 전화를 했다. 그때 홀리는 집에서 자고 있었다.

"마님 사고가 났어요."

"무슨 일이야? 쿠마르!"

"좋지 않은 사고가 났어요. 비행기가 추락했어요."

그 소식에 아연실색한 홀리는 재차 사실을 확인하기 위해 공항 관계자에게 전화를 걸었다. 비행기 추락으로 전원 사망한 것은 사실이었다. 공항으로 달려간 홀리는 우연히 자신의 어머니를 모시고 헬기 투어를 하려던 미국인 조종사를 만났는데, 다행히도 안면이 있는 사람이었다. 그녀는 그에게 힐러리 경이 있는 파플루로 데려다 달라고 부탁하고, 집으로 돌아와 옷을 갈아입고 로이터에 기사를 전송한 다음, 파플루로 날아갔다. 힐러리 경은 헬기에서 홀리가 내리는 것을 보고 뭔가 끔찍한 일이 일어났다는 것을 직감했다고 한다. 그녀가 사고 소식을 알리자 힐러리 경은 "아이고! 어른들께 어떻게 말씀드려야 하지?"라며 겨우 첫마디를 뗐다.

처가에서 병원 건설 프로젝트를 도와주고 있었기에 그는 이 슬픈 일을 즉시 알려야 했다. 며칠 후, 아내 루이즈와 딸 벨린다는 카스트에 속하지 않은 외국인이었기 때문에 바그마티 강둑의 불가촉천민 구역에서 화장됐다.

힐러리 경의 다른 자녀인 딸 사라와 아들 피터도 장례식 참석을 위해 뉴질랜드에서 네팔로 건너왔다. 힐러리 가족은 서로 부둥켜안고 두 명의 가족 없이 살아야 하는 앞날을 걱정하며, 죽음 자체를 받아들이지 못했다. 이들은 처음에는 카트만두에 마련된 집에서 지냈지만, 곧 홀리의 집을 찾기 시작했다. 힐러리 경은 잠을 이루지 못했고, 매일 밤 홀리의 아파트나 다른 친구의 집에서 저녁을 해결했다. 모두가 힐러리 경의 가족에게 음식을 대접하고 신경을 써 주었다. 하지만 진정으로 필요한 것은 사생활과 좋은 친구였다. 카트만두에서 며칠을 보낸 힐러리 경의 가족은 파플루로 돌아갔다. 한 가족으로서 그들은 산이나 일터에서 그리고 서로를 통해 안정을 찾으려고 애썼다.

홀리는 친한 친구 힐러리 경이 상실감으로 몹시 괴로워하는 모습을 옆에서 지켜볼 때가 자신의 인생에서 가장 힘든 시기였다며 슬픈 표정을 지었다. 그녀는 자신의 일처럼 나서서 이 비극의 뒤처리를 도왔다. 힐러리 경의 가족을 위해 비행기 스케줄을 조정했고, 사용하지 않은 비행기 표 값을 되돌려 받기 위해 애썼다. 또, 임대계약이 끝난 집을 재계약하거나 수많은 위로편지에 힐러리 경 대신 답장을 보내 주었고, 언론을 포함한 모든 사람들로부터 힐러리 경의 가족을 보호하기 위해 최선을 다했다.

힐러리 경은 병원 건설 프로젝트로 바쁜데도 홀리와 자주 연락했고, 그녀의 도움을 상당히 고마워했다. 사고가 난 지 얼마 후, 그는 홀리에게 "이곳의 모든 것이 빛이고 기쁨이라고 할 수는 없지만, 서서히 안정을 찾아가고 있고 행복한 순간도 있어요. … 사고 이후, 셰르파들의 웃음소리가 줄어든 것이 두렵기도 하고, 밤이 더 길게 느껴지기도 합니다. 하지만 시간이 모든 것을 치유해 줄 것이라 믿어요. 당신의 헌신적인 도움에 감사드립니다. 잊지 않겠습니다. 많은 신세를 졌습니다."라는 편지를 보내왔다.

몇 주일 후, 힐러리 경은 자녀들과 함께 카트만두로 돌아와 홀리의 집에서 머물다 뉴질랜드로 떠났다. 홀리는 수면 부족과 우울증에서 완전히 벗어나지는 못했어도 차차 나아지고 있던 그가 뉴질랜드의 집으로 돌아가는 것이 걱정됐다. 우려는 현실로 나타났다. 뉴질랜드로 돌아간 직후 힐러리 경은 "루이즈와 벨린다가 없어 집이 텅 빈 것 말고 모든 게 그대로예요. 이 쓸데없는 욕심만 버린다면, 분명 다시 행복과 즐거움을 찾을 수 있을 겁니다. 그렇지만, 아직 시간이 더 필요합니다."라는 내용의 편지를 홀리에게 보내왔다.

힐러리 경은 기력이 쇠약해진 것이 분명했다. 다만 그것이 일시적인 것인지, 아니면 영구적인 것인지 홀리는 확신할 수 없었다. 스스로는 '힐러리다운 패기'를 잃었다고 했지만, 이 패기라는 것이 언론의 눈에만 존재했던 것은 아닌지 의문스러웠다. 힐러리 경의 건강 상태는 좋지 않았고, 과거에는 쉽게 극복했을 난관을 견디지 못했다.

게다가, 힐러리 경은 하마터면 여동생을 잃을 뻔한 사고에 가슴을 쓸어내려야 했다. 파플루에서 병원 건설을 돕고 있던 여동생이 훈련 중이던 군인들의 폭탄에 맞아 하마터면 죽을 뻔한 것이다. 바로 옆에서 터진 폭탄에 여동생의 몸이 공중으로 떠올랐고, 폭탄 파편이 셰르파들과 치료를 기다리던 환자들 머리 위로 날아갔다. 큰 인명사고로 이어질 뻔했던 이 일을 참을 수 없었던 힐러리 경은 군인들에게 달려들어 따졌지만, 곧바로 후회했다. 그는 홀리에게 이렇게 편지를 보냈다. "리즈, 말해 봐요. 여동생이 거의 죽을 뻔했는데도 참는 사람이 있나요? 분명 나는 외교 쪽 일은 하지 못할 거예요." 그러나 그가 자기 자신의 외교적 역량을 너무 과소평가했다는 사실이 얼마 후 드러났다.

1984년 힐러리 경은 뉴질랜드 정부의 인도와 네팔 고등판무관으로 위촉되자 이를 수락하고, 바로 뉴델리에서 고등판무관으로 취임했다. 고등판무관은 대사급 지위에 상당하는 대단한 명예직이었지만, 홀리는 힐러리가 이 업무와 히말라야 재단 업무를 어떻게 다 처리할지 걱정했다. 그녀는 앞으로 자신이 더 많은 일을 떠맡아야 할 것이라 생각했다.

1975년 5월, 홀리는 에베레스트를 여성 최초로 등정한 산악인 타베이 준코[118]Tabei Junko를 만났다. 고용된 셰르파들 외에는 모두 여성들로만 꾸려진 일본 여성원정대 소속이었던 타베이는 남성 셰르파들과 함께 올랐기 때문에 남성들이 '밀고 당겨 주어서' 정상에 올랐다는 소문에 휩싸였다. 하지만 홀

---

118 일본의 산악인(1939~). 1969년 일본 여성산악회를 만들었고, 1975년 에베레스트 등정 후, 7대륙 최고봉 등정에 도전해 1992년 여성 최초 완등자가 됐다.

리는 "타베이는 에베레스트를 목표로 했고, 그곳으로 가서 정상에 올랐다."라고 말하며 이 소문을 믿지 않았다. 홀리가 보기에 타베이는 뛰어난 산악인이자 의지가 강한 여성이었다.

홀리는 타베이의 굳건한 등반 의지를 높이 평가했지만, '여성 최초 에베레스트 등정'이라는 목표에 대해서는 다소 냉소적이었다. 그녀는 그리 주목받을 뉴스가 아니었음에도 신문이 많이 팔렸다고 생각했다. 홀리가 쓴 로이터 기사는 이렇게 시작한다. "최초로 에베레스트를 등정한 이 여성은 정상에서 내려와 모험과 과학, 음악에 대한 사랑을 그리고 주목받는 삶이 얼마나 힘든지 털어놓았다."

해를 거듭하면서 타베이를 더 잘 알게 되자 그녀에 대한 홀리의 존경심도 커져 갔다. 이런 존경은 에베레스트 등반 이후에 보여준 그녀의 활약 때문이었다. 그녀는 8천 미터급 고봉 2개 — 시샤팡마와 초오유 — 를 포함해 전 세계의 여러 지역에서 등반 활동을 이어 갔고, 매년 한 해 동안의 등반 목록이 담긴 크리스마스카드를 홀리에게 보내면서 인연을 이어 갔다. 홀리는 등반 기록가 입장에서 타베이의 등반목록을 꼼꼼히 살펴보았고, 루클라 비행장에 소각로를 기부하며 에베레스트 지역에서 환경 캠페인을 벌이는 타베이의 노력을 지지했다. 하지만 세계기록을 보유한 이 왜소한 여성에 대한 홀리의 평가는 놀랍게도 냉정하고 신중했다. "타베이는 아주 겸손한 사람이에요. … 원정등반 능력 면에서는 위대한 산악인이라고 말할 수 없지만, 아주 강한 등반 의지를 가졌죠."

사실 1975년 타베이보다 더 위대한 등반 업적을 이룬 사람들은 크리스 보닝턴의 에베레스트 남서벽 원정대원들이었다. 꾸준히 호흡을 맞춰 온 이 원정대는 일정보다 빨리 어려운 구간을 돌파해 나갔고, 마침내 9월 24일 더그 스콧과 두걸 해스턴이 정상에 올라섰다. 어둑어둑해질 무렵 정상을 밟은 두 사람은 그해 초 중국인이 갖다 놓은 이상한 물건 ― 붉은 리본이 달린 삼각대 ― 을 보며 잠시 안도했으나, 8,000미터에서 비박을 해야 하는 힘든 상황을 앞두게 됐다. 남봉에 도착해 설동을 판 후 물을 끓여 차를 마신 두 사람은 동상에 걸리지 않기 위해 밤새 서로의 발을 비벼 주며 버텼고, 8,748미터 고도의 비박에서 기적적으로 살아 돌아왔다.

일정보다 등반 속도가 빨라서 여유가 생기자, 보닝턴은 이틀 후 마틴 보이슨, 믹 버크, 피터 보드먼Peter Boardman, 페르템바Pertemba 셰르파의 등반을 허락했다. 피터 보드먼과 페르템바는 정상 등정에 성공한 후, 하산하다 믹 버크를 만났다. 이미 등정을 포기한 보이슨이 내려가고 없는 상황에서 그는 계속 정상을 향해 오르고 있었다. 하지만 날씨가 갑작스럽게 변했고, 믹 버크는 실종됐다. 이 사고는 보닝턴 원정대의 완벽한 성공에 옥의 티가 되고 말았다.

버크의 실종에도 불구하고 보닝턴은 그 자신의 물자 수송과 대원들의 등반 능력에 자부심을 느꼈고, 에베레스트에서 기울인 원정대의 노력을 자랑스러워했다. 동시에 셰르파들의 노력으로 성공할 수 있었다는 점도 강조했다. 보닝턴은 셰르파들이 상상 이상으로 엄청난 무게의 짐을 옮겼을 뿐만 아니라 원정대에 좋은 에너지와 긍정적인 기운을 불어넣어 주었다며 치하했다.

홀리는 보닝턴을 1970년대의 가장 뛰어난 산악인으로 꼽으며 칭찬했다. 기념비적인 두 차례 등반, 즉 안나푸르나 남벽과 에베레스트 남서벽 등반의 성공은 그의 능력 덕분에 가능했다면서 "보닝턴은 8천 미터급 고봉을 능선으로 오르는 대신 거대한 벽으로 오르는 등반방식을 제시했는데, 이는 등산 발전의 역사에 걸맞은 선택이었다."라고 추켜세웠다. 안나푸르나 등반 후 보닝턴은 "다시는 고산에 가지 않고, 다시는 대규모 원정대를 꾸리지 않겠습니다."라고 말해 놓고 2년 후에 다시 돌아왔다면서, 그녀는 웃었다. 홀리는 이 경험으로 산악인들이 '절대로'라고 말하면 '절대로' 믿어서는 안된다는 점을 배웠다. 하지만 1970년대와 1980년대는 선구적인 산악인들에게 혹독한 시대였다. 홀리는 "영국의 경우, 한 등반 세대가 거의 다 사라졌어요. … 보닝턴은 살아남았지만, 그의 동료들은 대부분 목숨을 잃었죠."라고 말했다.

홀리와 보닝턴의 관계는 때에 따라 좋기도 했고, 나쁘기도 했다. 보닝턴은 1970년대의 홀리는 '호전적인 여성'이었지만 이후 많이 부드러워졌고, 등반정보를 알려주기 위해 먼 길을 마다하지 않는 열의로 산악계에 큰 공헌을 했다며 칭찬했다. 그는 지형을 잘 알고 질문이 날카로웠던 홀리와의 인터뷰를 '아주 긴장감 넘치는 인터뷰'였다고 회상했다. 보닝턴이 에베레스트 남서벽 등반에서 스타로 꼽은 한 명이 바로 자신과 자주 호흡을 맞췄던 페르템바 셰르파였는데, 페르템바는 몇 년 후 홀리에게 그 등반이 끝난 다음 자기가 죽을까 봐 두려워한 아내가 등반을 말렸다고 털어놓았다. 하지만 홀리는 "그 사람 말이에요, 그 뒤로도 한두 번 몰래 등반했어요!"라고 비밀을 밝혔다.

홀리는 영국인들의 에베레스트 남서벽 등반 소식을 듣고 흥분했지만, 이전의 분별없는 처신으로 징계를 받는 처지였기 때문에 기사로 작성할 수는 없었다. 홀리는 그 사이 인내의 미학 그리고 상대의 기분을 건드리지 않는 화법을 터득했다. 그러나 그것도 잠깐이었다. 그녀는 다시 한 번 기사 작성 금지조치를 당하며, 또다시 네팔 당국과 부딪치게 되는데… 다음은 훨씬 더 심각했다.

제10장

과거와의 단절

이탈리아와 오스트리아에서 온 두 산악인이
사상 최초로 에베레스트 무산소 등정에 성공했다.

– 엘리자베스 홀리 –

1977년 9월 국왕이 총리의 사직서를 수리하면서, 네팔의 정치 상황이 또다시 요동쳤다. 그해 말, 홀리가 네팔에 정착한 직후 잠시 권력을 잡았다가 이후 대부분의 시간을 구금과 유배로 보냈던 B. P. 코이랄라 전前 총리가 미국에서 치료를 끝내고 아시아로 돌아왔다. 그는 인도에서 권력을 잡고 있던 오랜 후원자들로부터 따뜻한 환영을 받았고, 이 소식에 분노한 네팔 정부는 코이랄라가 네팔에 도착하자마자 그를 체포했다. 그는 후에 7개의 기소 항목 중 5개 항목은 무죄를 선고받았고, 나머지 2개 항목은 증거 불충분으로 기소유예 처분을 받았다.

코이랄라의 모습을 본 홀리는 놀랐다. 삐쩍 마른 데다

피곤한 기색이 역력했다. 홀리는 국왕과 총리가 힘을 합쳐, 민주주의를 가부장제도와 혼동하는 고질적인 관행을 해결할 방법을 찾기를 희망했다. 네팔 주재 외교관과 외국인은 네팔 관료들에게 초대장을 보내도 회신을 받지 못해 모욕감을 느끼곤 했다. 하지만 초대 받은 네팔인들은 그들대로 확답을 줄 수 없는 나름의 이유 — 아버지나 삼촌, 또는 누군가가 갑자기 다른 곳에 가자고 하면 그 말을 따라야 하는 — 가 있었다. 홀리는 네팔 민주주의의 미래가 순탄하리라고 생각하는 것은 비현실적이라는 것을 깨달았다.

사실, 1970년대의 네팔은 이전 50년간 그 어느 때보다 더 불안한 시기를 겪었다. 라나 가문이 권력을 내려놓을 때까지만 해도 카트만두는 평화로웠다. 당시 사회적인 불안의 원인을 딱 하나로 꼬집어 말하기는 어렵지만, 아마도 인플레이션과 부정부패 그리고 충족되지 못한 채 치솟는 기대감, 젊은이들의 사회적인 불만이 합쳐진 것이 그 이유인 듯했다. 1979년 봄에 일어난 학생들의 시위는 폭력적으로 변했고, 네팔 남부의 최대 산업도시 헤타우다Hetauda에서는 경찰의 발포로 3명이 사망했다. 이 폭력사태 이후 많은 정치 지도자들이 체포됐고, 코이랄라 총리는 다시 가택연금 상태에 놓이게 됐다.

국왕은 정당활동 금지 긴급조치 때 채택했던 판차야트

제도를 유지할지, 아니면 1960년 부친이 폐지했던 것과 비슷한 다수정당 제도를 채택할지를 묻는 국민투표 실시를 발표해 동요를 진정시켰다. 이것은 놀라운 발표였다. 왜냐하면 1972년에 왕위를 계승 받자마자 판차야트 제도는 영구적이라고 주장한 사람이 바로 국왕 자신이었기 때문이다. 그러자 곧바로 정치 지도자들은 교묘한 방법으로 새로운 제도에 지지를 표하거나 반대 운동을 펼쳤고, 지난 20년간 잠자고 있었거나 은밀하게 진행됐던 정치활동이 본격화되면서 산발적인 폭력사태도 발생했다. 가파른 언덕에서 큰 바위를 아래로 굴려 차에 타고 있던 코이랄라를 죽이려는 암살 기도 사건이 대표적이다. 다행히 그는 다치지 않았지만 심리적으로 동요했고, 국민투표에서 좋지 않은 일이 일어날 것이라며 불안해했다. 다른 나라의 간섭도 코이랄라의 불안을 가중시켰다. 그는 중국과 인도가 자국의 이익을 위해 전략적인 위치에 있는 네팔에 불안을 조성하고 국민투표를 방해할 것이라고 믿었다. 코이랄라와 마찬가지로 이러한 사실을 너무나 잘 알고 있던 국왕은 인도와 중국을 공식 방문해 네팔이 두 나라와 좋은 관계를 유지할 것이라고 강조했다.

1980년 국민투표가 실시됐다. 대다수 유권자는 찬성을 해야 할지 반대를 해야 할지 몰라 머뭇거렸다. 홀리는 다수정당제도 대 판차야트 이슈가 부패와 인플레이션, 관료주의,

군주제의 문제와 뒤섞인 탓에 대다수 유권자들이 무엇을 찬성하고, 또 반대해야 하는지 이해하지 못할 것이라고 확신했다. 전 세계의 기자들은 결과를 지켜보기 위해 네팔로 몰려들었다. 그전 해에 일어난 폭력사태에도 불구하고 국민투표는 평화롭게 치러졌다. 투표소가 문을 열기 2시간 전인 7시부터 유권자들이 장사진을 이루자 홀리는 이것이 다수정당 제도로 전환되는 신호가 아닐까 하고 기대했지만, 개표 결과는 55%의 지지를 받은 판차야트 제도의 승리였다. 근소한 차이의 승리로 어떤 식으로든 변화가 필요하다는 것이 분명해지자 국왕은 개혁의 종류와 시기를 두고 여러 지도자들에게 자문할 것이라고 발표했다.

자문을 하는 과정에서 추가적으로 많은 행정조직이 생겨났고, 규모가 커질수록 유지비용이 더 많이 들어가는 것은 당연했다. 홀리는 네팔처럼 가난한 나라에서 ― 나라의 여러 지역에서 일어나고 있는 일을 제대로 알지도 못하면서 ― 스스로를 영구화시키는 관료조직이 너무 많은 돈과 시간, 잉크 그리고 노력을 쏟아붓는 것은 말도 안 되는 일이라고 생각했다. 정치의 지도층이 자주 급격하게 바뀌는 상황에서, 원로 정치인들은 실질적인 의사결정을 할 수 없었다. 위원회와 의회가 의사결정을 자꾸 위쪽으로 ― 결국은 국왕에게 ― 미루는 상황이 발생하자 국왕은 결재할 사안이 많아졌고, 그 결과 업무 지연이 빈번해졌다. 가부장적인 상명하달식의 이런 통치체제는 진정한 민주주의 개혁과는 어울리지 않았지만, 이것은 피할 수 없는 네팔의 현실이었다. 네팔은 가부장에게 의존하는 특성이 뿌리 깊이 박혀 있는 나라였다.

정부 주도의 개혁 때문에 홀리의 기자 자격 승인 문제는 뒤로 늦춰졌다. 연간 등반 보고서 작성에는 큰 타격을 입지 않았지만, 특종을 보도하는 즐거움을 누릴 수 없었던 그녀는 친하게 지내던 네팔 기자들로부터 그 결정이 곧 뒤집힐 것이고, 다시 자유롭게 일할 수 있을 것이라는 말을 듣고 그것을 위안 삼아 버텼다. 하지만 그 결정은 더디게 진행됐고, 홀리는 기다림에 지쳐 갔다. 결국 국왕과 총리는 1년도 더 지나서 징계를 풀고 홀리의 기자 활동을 허용해 주기로 합의했다. 그때가 마침 1976년의 봄 시즌이 시작될 무렵이었다.

홀리는 1978년 시즌에 총 26개의 원정대에 등반 허가를 내줄 것이라는 네팔 정부의 발표로 원정대 기사 건수가 앞으로는 더 많아질 것이라 기대했다. 등반 허가 26건은 그때까지 한 시즌에 허용해 준 것 중 최대치였다. 봄 시즌에 있었던 가장 흥미로운 도전은 두 남성의 에베레스트 무산소 등반이었는데, 그들이 바로 라인홀드 메스너Reinhold Messner와 페터 하벨러Peter Habeler였다.

이들은 아무 사고도 없이 — 그리고 산소통도 없이 — 역사적인 순간을 기록하기 위한 작은 영상 카메라만을 갖고 정상에 올랐다. 일부에서는 이들이 사우스콜에 있는 산소 장비에 전혀 손을 대지 않았다는 것은 믿을 수 없다면서 의심의 눈초리를 보냈지만, 이후 다른 원정대 대원들이 장비를 확인해 본 결과 산소의 양이 등반 전에 기록된 것과 똑같은 것으로 밝혀졌다. 또 혹자는 두 사람의 '두뇌 손상'을 우려했으나, 정상에서 내려온 이들을 진찰한 의사는 피로해 보이기는 했어도 체력적으로나 정신적으로 아주 양호한 상태라고 밝혔다. 다만 메스너는 촬영을 위해 정상 능선에서 고글을 벗는 바람에 눈이 좋지 않았다.

홀리는 로이터 뉴스에 "이탈리아와 오스트리아에서 온 두 산악인이 사상 최초로 에베레스트 무산소 등정에 성공했다. … "라고 쓴 다음, 인류가 그런 높은 고도의 희박한 공기 속에서 산소 없이 살아남을 수 있는지 논쟁이 벌어지고 있기 때문에 이 등반은 한 번쯤 매듭지어야 한다고 덧붙였다. 하지만 그런 논쟁은 일어나지 않았다.

메스너와 하벨러가 에베레스트를 등정한 직후, 카트만두에서는 이상한 일이 벌어졌다. 일부 셰르파들이 기자회견을 자청해 메스너를 거짓말쟁이라고 깎아내린 것이다. 이들은 산소통 없이 올랐다는 메스너의 주장을 믿지 않고, 작은 산소통을 다운재킷 속에 숨기고 정상으로 향하는 동안 자주

들이마셨다고 하면서 셰르파가 해낼 수 없는 일은 다른 누구도 해낼 수 없다고 강변했다. 기자회견에서 "메스너가 이랬고, 메스너가 저랬고…"라는 말을 들은 홀리가 "그럼, 페터 하벨러는 어땠나요?"라고 도발적인 질문을 던지자, 아무도 대답하지 못했다. 그녀는 이들이 메스너를 전혀 좋아하지 않는다는 사실을 알아차렸다. 이들에게 메스너는 "음식 가져와, 침낭 가져와." 이런 식으로 잘난 척하면서 많은 요구를 하는 사람이었다. 그래서 이들은 보복 차원에서 메스너를 골탕 먹이기로 작정한 것이었다.

가을 시즌, 미국인 알린 블룸[119]Arlene Blum이 여성으로만 구성된 원정대를 이끌고 안나푸르나 등반에 나섰다. 홀리는 전에 알린 블룸을 만났을 때 강한 매력을 느꼈는데, 이번 원정에서 그녀는 훨씬 더 힘든 대장 역할까지 맡고 있었다. 그러나 홀리는 자신이 이들과 함께 등반하러 가지 않는 것이 다행이라고 생각했다. 이들은 미국인 최초로 안나푸르나1봉을 올랐지만, 1978년 10월 17일 2차 공격조의 대원 두 명이 추락사해 이 등반은 비극으로 끝났다. 만일 다른 산악인(남성 산악인)과 함께 있었다면, 이들의 죽음을 막을 수 있었

---

119 미국의 여성 산악인(1945~). 미국 여성원정대를 이끌고 안나푸르나를 등정했다. 여성원정대 부대장으로 디날리 등반을 이끌었고, 미국 여성 최초로 에베레스트에 도전했으나 실패했다.

을지도 모른다는 추측성 기사가 여러 신문에 실렸다. 하지만 홀리는 사망한 이 두 사람이 경험이 풍부한 데다 등반능력을 갖췄으며, 추락의 속성상 많은 사람이 옆에 있었다 해도 비극을 막을 수는 없었을 것이라고 생각했다. 알린 블룸이 더 높이 올라가 등반을 지휘하지 않았다는 비난에 대해서도 홀리는 원정대장은 본래 아래쪽 캠프에서 물자 수송을 지휘하느라 높은 곳까지 올라가지 않는다며 반박했다. 이 모든 주장은 홀리가 『피플』에 쓴 장문의 글에 잘 드러나 있다.

1970년대 후반부터 히말라야에서도 새로운 양식의 등로주의[120]로 무장한 경험 많은 소규모 산악인들이 성공을 거두기 시작했다. 이들은 미등봉뿐만 아니라 이미 등정된 산이라도 기존 루트가 아닌 신루트로 등반하는, 상당히 어려운 목표에 도전했다. 이것은 에베레스트 노멀 루트에서 주목할 만한 성공을 거둔 대규모의 극지법 등반이 변하고 있다는 뚜렷한 증거였다. 이제 산악인들 — 영국과 미국, 유고슬라비아, 일본 출신 — 은 히말라야에 새롭고 가볍고 아름다운 등반 방식을 도입하기 시작했다. 경험 많은 일부 산악인들은 네팔에 살다시피 하면서 여러 곳을 등반하러 다녔고, 무시무시한 히

---

120 19세기 말 영국의 머메리가 창시한 것으로, '좀 더 어렵고 다양한 루트'의 개척을 주장한 등산 정신이다. 현대의 히말라야 등반도 머메리즘에 뿌리를 둔 등로주의를 추구하고 있다.

말라야의 벽 등반을 위해 집으로 돌아가는 것은 거의 포기한 것처럼 보였다. 홀리는 이들 많은 산악인들과 친숙한 사이가 됐고, 그중 몇 명은 친구가 됐다.

1979년 봄 시즌 가장 인상적인 목표를 품고 등반에 나선 원정대는 네팔과 중국의 국경선에 걸쳐 있는 에베레스트의 서릉에 신루트를 개척하려는 유고슬라비아 팀이었다. 토네 스카리아Tone Škarja가 이끄는 이 원정대에는 안드레이 스트렘펠Andrej Štremfelj과 마르코 스트렘펠Marko Štremfelj, 빅토르 그로셀Viktor Grošelj 등 강력한 산악인들이 포진해 있었다. 거의 정상까지 힘든 등반이 계속되고 루트 전체가 격렬한 바람에 노출돼 있다는 사실을 알고 있었지만, 엄청난 노력 끝에 5명의 대원이 정상에 올랐다.

영국의 산악인 더그 스콧도 피터 보드먼, 조 태스커Joe Tasker와 함께 소규모 원정대를 꾸려 다시 돌아왔다. 이 원정대의 목표는 북서쪽 빙하에서부터 8,586미터의 칸첸중가 정상까지 신루트로 오르는 것이었다. 이들은 신루트로 도전하는 것뿐만 아니라 무전기도, 산소도 쓰지 않고 단 두 명의 셰르파로부터만 지원받을 계획이었다. 4명[121]으로 이루어진 등반대원들의 히말라야 등반 경력을 모두 합치면 20번이 훨씬

---

121 프랑스의 산악인 조르주 베탕부르Georges Bettembourg도 원정에 참가했으나, 정상에 오르지 못했다.

넘었기에 이 과업에 도전할 자격은 충분했다. 10주 후, 이들은 두 번의 만만찮은 등정을 시도해, 상상을 초월할 정도로 높은 고도에서의 비박과 변화무쌍한 날씨를 극복하고 5월 16일 석양이 깔리는 가운데 정상 등정에 성공했다.

이 무렵 네팔과 티베트 국경 지역에 위치한 아름다운 쌍봉 가우리상카르Gaurishankar가 네팔인과 함께 올라야 한다는 조건으로 20년 만에 개방됐다. 7,134미터의 가우리상카르는 네팔 히말라야 지역에 남은 주요 미등봉 중 하나였다. 신성하게 여겨지는 이 두 봉우리는 힌두의 두 신, 즉 가우리Gauri는 사랑의 여신을, 상카르Shankar는 파괴의 신을 상징한다. 상당히 오르기 어려운 곳으로 알려진 이 산은 외딴 곳에 떨어져 있어, 1959년 딱 한 번 일본 원정대의 정찰이 이루어진 이래 사람의 발길이 거의 닿지 않았다. 그래서 마운틴 트래블의 알 리드는 셰르파 중 가장 경험이 많은 페르템바와 미국의 뛰어난 산악인 존 로스켈리를 포함시킨 강력한 원정대를 조직했다.

하지만 이 원정대는 초반부터 등반루트를 두 차례 바꾸는 등 난관에 봉착했다. 먼저, 북서릉을 티베트 영토로 규정한 새로운 국경선 규정 때문에 루트를 바꾼 후, 좀 더 등반 가능성이 있는 서벽으로 오르기 위해 또다시 루트를 변경했다. 하지만 로스켈리와 셰르파 도르제Dorje는 높은 고도에서의 힘든 등반과 낙석, 위협적인 얼음덩어리, 흔들리는 하켄에 매달려야 하는 인공등반, 불편한 캠프 생활 등 난관을 극복하고, 5월 8일 정상에 올라섰다. 이렇게 해서 네팔에 마지막으로 남아 있던 거대한 히말라야의 봉우리가 함락됐다.

워싱턴 주 스포케인 출신의 다소 논란을 일으키는, 젊은 로스켈리가 홀리와 가까워진 것도 바로 이 무렵이었다. 그는 1973년 다울라기리 등반 이후 소련, 볼리비아, 인도, 파키스탄, 네팔의 여러 산들을 섭렵했다. 전문 산악인이었기 때문에 그가 가능한 한 많은 매체에 자신의 등반을 홍보하는 데 관심을 두는 것은 당연했다. 하지만 그는 사생활을 중요하게 여기는 편이라 홀리가 작성한 로이터 기사가 여기저기 신문에 실리는 것을 좋아하지 않았다. 특히 그는 고향 스포케인으로 돌아가서도 자신의 등반 계획을 이야기하지 않았고, 등반 동기도 "그저 친구들과 맘 내키는 대로 즐겁고 멋지게 등반하는 것"이라며 쑥스러워했다. 하지만 홀리는 그의 등반을 기사로 작성했고, 그 기사는 그가 등반 경력을 쌓는 데 도움을 주었다. 홀리는 그냥 "대단한 등반은 아니고, 가치 있는 등반"이라고 돌려 말하기는 했지만, 그가 해낸 등반의 중요성을 잘 알고 있었다. 로스켈리는 홀리의 건조한 표현에 개의치 않았고, 학보사 기자 출신인 자신의 아버지처럼 그녀도 고리타분한 스타일이라 생각하며 있는 그대로 받아들였다.

1979년 한네롤 슈마츠[122]Hannelore Schmatz의 죽음은 홀리의 기억에 또렷이 남을 정도로 강렬했다. 독일 원정대의 대장 게르하르트 슈마츠Gerhard Schmatz의 부인이었던 그녀는 수송과 트레킹을 담당했다. 아주 경험이 풍부한 산악인은 아니었지만, 9명 정도의 다른 원정대 대원들과 함께 에베레스트 정상에 올랐는데, 하산하는 길에 추위에 고스란히 노출된 채 피로로 동사하고 말았다. 그녀의 시신은 사우스콜-남동릉 루트 바로 옆에 몇 년째 방치됐고, 머리와 상체가 눈 밖으로 삐져나와 있었기 때문에 섬뜩한 장면을 연출했다. 산악인들은 이곳을 지나갈 때 그녀의 눈동자가 따라 움직이는 것 같았다며 오싹한 경험을 털어놓았다. 홀리는 "한네롤의 남편 게르하르트는 이런 상황에도 마음이 불안하지 않은 것 같다. 다른 사람 ― 또 다른 여자 ― 에게서 위안을 찾고 있다!" 라고 신랄하게 비난했다. 홀리는 한네롤을 '부지런한 여성'으로 기억하고 있었다. 그녀는 프랑스의 아름다운 샹탈 모뒤[123]Chantal Mauduit의 매력, 폴란드의 반다 루트키에비츠[124]Wanda Rutkiewicz의 등반기술에는 못 미치지만 강한 의지를 지닌 산

---

122 독일의 여성 산악인(1940~1979). 한동안 방치된 그녀의 시신은 결국 바람에 휩쓸려 캉슝 벽 아래로 떨어졌다.

123 프랑스의 여성 산악인(1964~1998). 15세부터 알프스를 등반하기 시작해, K2와 시샤팡마, 초오유, 로체, 마나슬루, 가셔브룸을 무산소로 올랐다.

124 폴란드의 여성 산악인(1943~1992). 1978년 여성으로는 세 번째로 에베레스트를 올랐고, 1986년 여성 최초로 K2를 올랐다.

악인이었다. 하지만 홀리는 "올라갈 힘은 있었지만 내려올 힘이 없었다."라며 안타까워했다.

1979년 10월 25일 홀리는 공항에서 걸려 온 한 통의 전화에 잠이 깼다. 아마다블람을 등반 중이던 뉴질랜드 원정대가 무전으로 구조헬기를 요청했다는 것이었다. 그 원정대에 힐러리 경의 아들 피터가 있었기 때문에 홀리는 몇 시간 동안 걱정스러운 마음으로 기다렸다. 팔과 손가락이 부러지고, 갈비뼈에 금이 가고, 발목이 뒤틀린 채 헬기로 이송된 피터를 본 홀리는 힐러리 경이 또다시 가족을 잃을 뻔했다는 생각에 전율했다. 그는 낙빙에 맞았으나, 운이 좋게도 근처에 있던 오스트리아 원정대에 의해 구조됐다. 그 원정대에는 라인홀드 메스너도 있었다. 하지만 피터 힐러리는 구조를 고마워하면서도 메스너가 자신의 캐나다인 여자 친구를 데리고 떠난 것을 알고 분통을 터뜨렸다. 홀리는 피터의 이런 질투에 웃음을 터뜨렸다.

지구 정반대 쪽에서도 힐러리 경과 관련된 또 다른 사고 소식이 들려왔다. 에어뉴질랜드항공의 남극 관광 비행기가 추락했는데, 힐러리 경이 탑승했다는 최초 보도는 오보로 드러났다. 힐러리 경은 무사했지만 그의 친구이자 등반 파트너였던 피터 멀그루[125]Peter Mulgrew가 이 비행기에 탑승했다가

125　뉴질랜드의 산악인(1927~1979). 힐러리 경과 남극 원정(1956~1958)을 비롯해

사망했다. 카트만두에서 멀그루의 부인 준June을 여러 번 만났던 홀리는 그녀가 엄청난 충격을 받았을 것이라고 생각했다. 남편의 사망 후, 히말라야 재단 이사로 일하며 네팔에서 훨씬 더 많은 시간을 보내게 된 그녀는 재단 프로젝트 업무를 도와주며 힐러리 경과 가까워졌고, 결국은 그의 두 번째 부인이 됐다.

몇 차례 히말라야 원정에 참가하며 우정을 쌓았다.

제11장

위대한 성취

내가 말도 안 되는 아이디어를 말해도, 홀리는 내 이야기를
들어줬습니다. 불가능하다는 말은 절대로 하지 않았습니다.

- 라인홀드 메스너 -

1980년대 초, 네팔에서는 동계등반과 거벽등반, 에베레스
트 단독등반 등 새롭고 흥미진진한 발전과 주목할 만한 성
과가 이루어지기 시작했다. 몇몇 뛰어난 인물들이 뚜렷한 존
재감을 드러냈는데, 홀리는 이들 덕분에 일하는 보람을 느꼈
다. 그중에는 폴란드의 안드레이 자바다도 포함돼 있었다. 큰
키에 정중하고 매력적인 이 사나이가 이끈 폴란드 원정대는
1973년 7,492미터의 노샤크[126]Noshaq를 올라 겨울에 7천 미
터 이상을 오른 최초의 기록을 세웠고, 1974년에는 로체에서
8,250미터까지 오르는 쾌거를 올렸다. 자바다는 이 두 차례
의 동계등반에서 모두 선등으로 나섰다. 대단한 혁신가였던

---

126   아프가니스탄에서 가장 높은 산으로, 1960년 일본 원정대가 초등했다.

그는 처음으로 네팔 정부에 동계등반을 허용해 줄 것을 청원했고, 결국 네팔 관광성은 그의 요청을 받아들여 1979~1980년 겨울에 에베레스트를 개방했다.

처음부터 자바다의 도전은 거의 실현 불가능해 보였다. 북풍이 시속 160킬로미터로 불었고, 웨스턴 쿰은 평균 영하 25도 이하로 떨어졌다. 강풍이 눈을 날려 버린 탓에 칙칙한 잿빛의 봉우리들은 해가 짧은 겨울이라 더욱 어두컴컴해 보였다. 차갑고 건조한 공기로 염증이 생겨 부어 오른 목, 바위처럼 단단한 파란 얼음, 쉴 새 없이 불어대는 허리케인급 바람으로 부서진 캠프 등 그가 겪은 고생은 상상을 초월할 정도였다. 설상가상으로 이들은 네팔 정부로부터 2월 15일까지 철수하라는 통보까지 받았다. 원정대는 네팔 관광성으로부터 등반 기간을 간신히 이틀 더 연장 받은 뒤, 등산역사에 새로운 장을 쓰고자 하는 욕망을 원동력 삼아 한계까지 밀어붙였다. 그 결과, 2월 17일 오후 2시 25분 레섹 치히[127]Leszek Cichy와 크슈토프 비엘리츠키[128]Krzysztof Wielicki가 에베레스트 정상에 오르는 데 성공했다.

이틀 후 이들은 베이스캠프를 떠나 카트만두에 도착해

---

127 폴란드의 산악인이자 측지학자(1951~). 폴란드 최초로 '7대륙 최고봉' 등정에 성공했다.

128 폴란드의 산악인(1950~). 에베레스트와 칸첸중가, 로체를 동계 초등했고, 세계에서 5번째로 8천 미터급 고봉 14개를 모두 올랐다.

홀리와 만났다. 인터뷰를 끝낸 그녀는 이들이 견뎠을 역경을 상상하면서 몸서리쳤다. 원정대원 일부는 본국으로 돌아가지 않고 네팔에 머물렀고, 자바다는 3월이 되자 새로운 대원 몇 명을 더 추가해 에베레스트로 돌아갔다. 원정대는 사우스 필라South Pillar를 경유하는 신루트를 성공적으로 개척한 끝에, 5월 19일 안드레이 초크[129]Andrzej Czok와 예지 쿠쿠츠카[130]Jerzy Kukuczka를 정상에 올렸다. 이렇게 히말라야를 휩쓸고 다닌 이들은 폴란드의 '황금세대'라 불렸고, 홀리도 이 말에 전적으로 동의했다.

이즈음 마칼루에서는 존 로스켈리가 이끄는 미국 원정대가 웨스트 필라West Pillar를 공략하고 있었다. 로스켈리는 자신들의 수준에 맞는 루트를 공략하지 않고, 루트의 수준에 맞게 등반 능력을 끌어올릴 것이라고 말했다. 즉, 4명의 소규모 인원으로 베이스캠프 위쪽에서는 셰르파의 지원도 받지 않고 산소도 사용하지 않겠다는 것이었다. 이 등반은 로스켈리가 7년 동안 아시아 지역에서 시도하는 10번째 등반이자, 대장으로서는 3번째 등반이었다. 따라서 자신의 계획을 실현

---

129 폴란드의 산악인(1948~1986). 1985년 예지 쿠쿠츠카와 함께 다울라기리 동계 등정에 성공했다.

130 폴란드의 산악인(1948~1989). 세계에서 두 번째로 히말라야 8천 미터급 고봉 14개를 완등했다. 8천 미터급 고봉 4개의 동계초등 기록과 5개의 신루트 등정 기록을 세웠다. 1989년 로체 남벽 8,200미터 부근에서 추락사했다.

할 자격은 충분했다.

로스켈리의 팀에는 그에 못지않게 끈질기고 경험 많은 산악인들이 있었지만, 난관에 부딪치자 결국 마칼루 정상 등정은 로스켈리의 몫으로 돌아왔다. 그는 고도의 등반기술이 필요한 아찔한 곳을 단독으로 올라 5월 15일 늦은 오후에 정상에 올라섰다. 그는 하산을 하면서 비박을 하느냐, 아니면 계속 내려가느냐를 놓고 쉽게 마음을 정하지 못했고, 끊임없이 밀려오는 졸음 때문에 걸음이 느려졌다. 카트만두로 돌아온 로스켈리는 혼미한 정신 상태에서 경험한 환청과 관련된 일화를 들려줬다. 그가 아래쪽에 있는 동료 크리스 코프친스키를 부르자, "존, 네가 불렀어?"라는 소리가 들려왔다. 혈중 산소가 부족한 몽롱한 상태에서도 로스켈리는 '그럼, 대체 나 말고 누가 있단 말이지.'라고 생각하면서 웃었다고 한다.

1980년 8월 20일, 메스너는 또 하나의 초등을 기록했다. 티베트 지역의 그레이트 쿨르와르Great Couloir를 통해 에베레스트를 무산소로 단독등정 했는데, 6주일간 고소적응을 마친 후 단 3일 만에 해낸 것이라 크게 주목받았다. 그는 아주 작은 텐트를 집어넣은 15킬로그램의 배낭을 갖고 움직였고, 마지막 정상 공략 때는 카메라와 피켈만 들고 나섰다. 많은 사람들은 이 등반을 우아하고 순수하며 대담한 궁극의 알파인 스타일 등반이라고 칭송했다.

10월이 되자 메스너는 다시 히말라야로 돌아왔다. 이틀 동안 단독으로 아침 등반을 시도한 끝에 5,395미터의 베이스캠프에서 로체 남벽의 7,399미터까지 올라간 그는 셋째 날 아침에 7,803미터까지 올랐지만, 악천후 때문에 베이스캠프로 후퇴할 수밖에 없었다.

홀리는 메스너를 1980년대의 가장 뛰어난 산악인으로 평가했다. 그녀는 그를 처음 만났던 1972년의 마나슬루 등정 당시를 떠올렸다. 메스너 역시 등산역사를 기록하는 데 있어서 진지하게 접근하고 있는 홀리를 한눈에 알아봤던 첫 만남을 기억하고 있었다. 홀리는 메스너의 '정당한 방법fair means'이라는 등반 철학을 높이 샀다. 그의 철학은 산소의 도움을 받지 않고, (고정로프가 있어도) 가능하면 고정로프를 사용하지 않고, 또 가급적 캠프를 설치하지 않고, 셰르파나 지원조의 도움을 최소화하는 것이었다. 메스너와 하벨러는 1978년 에베레스트를 무산소로 등정함으로써 등반에 대한 모든 선입관을 깨뜨렸었다.

메스너는 1980년대 내내 뛰어난 활약을 펼쳤다. 역사적인 에베레스트 단독등반을 해냈을 뿐만 아니라, 한 시즌에 8천 미터급 고봉 2개를 올랐다. 그리고 만약 8천 미터급 고봉이 연달아 있으면 횡단등반도 할 수 있음을 증명해 보였다. 그는 불가능하다고 하는 것을 해내는 새로운 방식을 산악계에 보여준 진정한 선구자였다.

홀리는 사람들이 자기만큼 메스너를 좋아하지 않는 이유가 그의 등반기술과 성공을 질투하기 때문이라고 생각했다. 이 둘은 만나기만 하면 메스너의 등반과 다른 사람들의 등반을 놓고 긴 대화를 나눴다. 메스너는 홀리를 신뢰하면서 자신의 계획과 꿈을 털어놨고, 홀리는 그에게 정확한 정보를 끊임없이 제공했다. 하지만 정보 공유보다 더 값진 것은 홀리의 격려였다. 메스너는 "내가 말도 안 되는 아이디어를 말해도, 홀리는 내 이야기를 들어줬습니다. 불가능하다는 말은 절대로 하지 않았습니다."라고 말했다.

메스너는 등반경력이 절정에 달하자, 다른 산악인들이 히말라야에서 하고 있는 시도 — 새로운 흐름 — 에 깊은 관심을 가졌다. 홀리와 메스너는 전도유망한 젊은 산악인들에 대해 토론했다. 메스너는 홀리가 새롭고 흥미진진한 등반이 무엇인지 잘 이해하고 있었으며, 새로운 산악인 중 누가 더 뛰어난 활약을 할지 예측하는 안목이 뛰어났다고 했다. 메스너는 "유망주를 선별하는 일에 있어 우리는 한 번도 의견이 갈린 적이 없었습니다. 단 한 번도!"라고 말했다.

홀리와 메스너는 아이디어와 이야기를 주고받으며 종종 즐거운 저녁시간을 보내곤 했다. 메스너는 "그녀가 준 아이디어를 고맙게 생각합니다. 때로는 그 아이디어가 내 프로

젝트를 결정하는 데 도움을 줬습니다."라고 말했다. 역사상
가장 위대한 산악인으로 꼽히는 사람이 할 수 있는 최고의
찬사가 아닐까 싶다. 그는 아이디어뿐만 아니라 홀리로부터
귀중한 정보 — 누가, 언제, 어디서, 무엇을 계획하고 있는지
에 대한 세부정보 — 도 얻었다. 이 정보는 메스너가 자기 계
획의 순서를 결정하는 데 도움이 됐다. 메스너는 그들의 만
남을 '주고받고, 또 주고받는' 동등한 관계로 설명했다.

메스너와의 관계를 더듬어 보던 홀리는 의도치 않게 자
신이 그의 등반 계획에 영향을 미쳤다는 사실에 흡족해했다.
어느 날 우에무라 나오미[131]Uemura Naomi의 에베레스트 단독
등반 계획을 신문에서 읽은 홀리는 이 소식을 메스너에게 전
하면서 "아주 흥미로운 등반이 될 것 같지 않아요?"라고 말
했다. 메스너는 당시에는 아무 말도 하지 않았지만, 후에 자
신도 단독등반을 생각했었다고 털어놓았다. 그리고 그는 이
정보를 토대로 자신의 단독등반 일정을 앞당겼다.

하지만 홀리가 가장 좋아하는 메스너 관련 일화는 등반
과는 무관했다. 하루는 메스너가 모든 산악인들이 써야 하는
개인 신상정보란을 채워 나가는 모습을 지켜보고 있었다. 신

---

131 일본의 산악인이자 탐험가(1941~1984). 1970년 일본인 최초로 에베레스트에
    올랐고, 1978년 북극점에 도달했다. 1984년 디날리를 단독으로 등정하고 하산
    하다가 실종됐다.

상정보란에는 이름, 주소, 생년월일, 국적, 결혼 여부와 같은 기본적인 항목이 있었고, 결혼 여부를 묻는 항목에는 다시 기혼, 이혼, 동거, 독신으로 구분돼 있었다. 이날 그는 아주 유별나게 모든 항목에 표시를 했다. 홀리가 이유를 묻자 그는 이렇게 답했다. "이탈리아에서 결혼 신고를 했고, 독일에서 이혼 신고를 했습니다. 이탈리아에서는 이혼을 인정해 주지 않거든요. 그래서 한 나라에서는 결혼한 상태고, 다른 나라에서는 이혼한 상태입니다. 그리고 현재는 여자 친구와 동거 중입니다." 홀리는 "좋아요. 충분히 알겠어요. 그런데 독신은 왜죠?"라고 물었다. 그러자 메스너는 "독신 같은 기분이 들어서요."라고 대답했다.

바로 이 시기에 폴란드 출신의 산악인 예지 쿠쿠츠카도 메스너 못지않게 위대한 성공을 거두고 있었다. 그는 메스너에 이어 두 번째로 8천 미터급 고봉 14개를 모두 올랐는데, 그중 몇 개는 겨울에 등반했고, 대부분 더 어려운 루트나 신 루트로 올랐다. 홀리는 그의 마나슬루 등반을 떠올리며, 강한 집념과 끈기를 바탕으로 포기를 모르는 산악인이라고 말했다. 그는 날씨가 좋아지기를 기다리면서 3주일이나 베이스캠프에 웅크리고 있다가 정상에 오르기도 했다. 다른 산악인이라면 이미 오래전에 인내심을 잃고 집으로 돌아갔을 것이다. 홀리는 그를 진정한 산악인으로 여겼고, 로체 남벽에서 죽은 것은 낡은 로프 때문이라며 안타까워했다.

홀리가 메스너를 비롯한 유명 산악인들과 친하게 지냈기 때문에 그녀가 기사로 다루는 산악인들과 어떤 '관계'인지 파헤치려는 움직임도 있었다. 미국의 영화 제작자 데이비드 브리셔스는 대부분의 산악인들에 대한 기사가 비판적이었다는 점을 지적했다. 그는 어려운 일이기는 했겠지만, 홀리가 좀 더 건설적이거나 축하해 주는 방식으로 기사를 썼더라면 좋았을 것이라고 아쉬워했다. 브리셔스는 또한 그녀가 메스너같이 경력이 화려하거나 큰 업적을 이룬 산악인에게 무척이나 신경을 쓴 반면, 더 작고 눈에 띄지 않는 성과는 눈여겨보지도 않았다고 말했다. 그는 탁월한 업적을 구별하는 홀리의 훌륭한 직감력과 판단력을 인정하면서도 범위가 고산 등반에만 한정됐다고 비판했다. 그녀가 작성한 기사의 범위와 깊이는 산악인에 대한 개인적인 관심과 연계돼 있으며, 기사 자체도 순수한 역사적 자료가 아니라 제일 가깝다고 느끼는, 메스너와 같은 인물들과 관련돼 있다고 그는 확신했다.

그러나 찰스 휴스턴 박사는 홀리의 기사가 편파적이지 않았고, 빈틈없이 정확했다며 브리셔스의 생각에 동의하지 않았다. 다만, 그는 홀리가 대화 중 날카로운 혀로 독설과 신랄한 비판을 퍼부었던 일을 떠올리며 "홀리는 누가 멍청이고, 누가 끔찍한 원정대를 이끌었고, 누가 치명적인 실수를 저질렀는지 공개적으로 말하기를 주저하지 않았다."라고 말했다.

홀리는 자신이 산악인들과의 만남에 흥미를 느꼈고, 사람들이 산에 오르는 이유와 산이 어떻게 사람들에게 영향을 미치는지 인문학적인 관점에서 오랫동안 몇몇 산악인들과 가깝게 지내면서 그들이 발전하는 모습을 지켜봤다고 말했다. 홀리는 산에 대한 엄청난 열정을 지닌 산악인으로 메스너를, 위대한 지도력을 지닌 산악인으로는 크리스 보닝턴을 꼽았다. 그러나 보도 문제에 대해서는 "저도 사람이에요. 하지만 유명인사들의 영향을 받지 않으려고 노력했어요. 편파적인 보도가 아니었기를 바랄 뿐입니다. 그러지 않으려 노력했으니까요."라고 대답했다. 홀리가 상당한 공을 들여 자세하게 작성한 시즌별 등반 보고서는 가장 흥미로운 등반을 중심으로 작성됐다. 그녀는 산악계가 편파 보도에 대한 논쟁을 벌이면서 기사에 신경 쓴다는 사실에 놀라워했다. "많은 사람들이 이런 일을 생각한다는 것이 놀라워요. 그 시간에 더 바람직한 일을 하는 게 좋지 않을까요?"

홀리는 자신이 얼마나 수수께끼 같은 존재였는지 깨닫지 못하고 있는 것 같았다. 사람들은 비밀을 간직한 사람에 대해 추측하는 것을 좋아한다. 남체에서 조그만 수력발전소 프로젝트를 위해 일했던 미국인 작가 브로튼 코번Broughton

Coburn 역시 홀리를 미스터리한 존재로 여겼다. 히말라야 재단이 물자를 수송하는 일을 맡고 있어 종종 홀리와 업무를 조율해야 했던 코번은 그녀와 일하는 것이 어렵게 느껴졌다고 말했다. 그는 그녀가 비협조적인 데는 몇 가지 이유가 있다고 생각한다며 경험담을 들려주었다. 우선 홀리는 산악인이 아닌 이들과는 관계를 맺거나 관심을 두지 않았다고 했다. 그는 홀리가 카트만두의 한 레스토랑에서 라인홀드 메스너와 오스트리아 산악인들과 함께 있던 모습을 떠올렸다. 그때 테이블 건너편에 앉아 있던 그는 홀리가 활기차게 웃으며 마치 교태를 부리는 것처럼 행동하는 모습을 보고 정말 놀라 그녀에게서 눈을 뗄 수가 없었다. 그런 모습을 한 번도 본 적이 없었기 때문이다. 평소 등반을 즐기는 코번이었지만 네팔에서 고산등반을 한 적이 없어 그는 홀리에게 자신을 산악인으로 소개한 적이 없었다.

그리고 유네스코에서 사가르마타 국립공원 고문으로 일할 때였다. 코번은 히말라야 재단의 프로젝트에 충성심이 대단했던 홀리가 다른 단체를 수상하게 여기는 것처럼 느껴졌다고 털어놓았다. 구호단체에서 일하는 다른 사람들도 히말라야 재단이 교묘하게 자신들을 '사가르마타 국립공원의 영유권자'로 자칭하는 것을 목격했다고 한다. 그 지역에 대한 일종의 '노블리스 오블리주'를 표현하면서…. 가끔 이들은 셰르파를 지원하는 지역에서 자신들의 권리를 주장하며 다른 사람들은 모두 불청객으로 여겼다. 히말라야 재단의 활동은 놀랍고 가치 있는 일이지만, 재단 사람들이 그 지역에서 자칭 '국왕의 특사'로 군림했고, 그 재단의 카트만두 담당자인 홀리는 자칭 '좋은 일을 하는 여왕'이었다고 주장했다.

하지만 홀리와 코번이 친해질 수 없었던 것은 그저 스타일이 달라서였을 수도 있다. 코번은 루클라 비행 운항 스케줄을 조정하려 했을 때 홀리가 아주 까다롭게 굴었던 일을 떠올리며, '즉흥적'으로 무리하게 추진하는 업무 방식이 그녀를 화나게 했었을 수도 있다는 점을 인정했다. 그는 몇 십 년간 네팔에서 홀리와 긴밀한 업무 관계였지만 결코 가깝게 지내지 못했고, 그래서 홀리는 그에게 수수께끼 같은 존재로 남아 있다.

1980년대에 캐나다의 공원 전문가 프랜시스 클라첼 Frances Klatzel이 사가르마타 국립공원에 기술을 전수하러 왔을 때 그녀 역시 홀리와 긴밀한 업무 관계에 있었다. 프랜시스가 네팔에 처음으로 온 것은 1980년이었다. 쿰부 지역을 트레킹 하다가 새롭게 떠오르는 이 지역을 도와줄 수 있다는 말을 농담 삼아 건넸는데, 히말라야 재단이 그 제안을 받아들이면서 홀리와의 관계가 시작됐다. 그녀는 몇 년간 쿰부 지역에서 일하면서 카트만두의 히말라야 재단 우편함을 이용했다. 히말라야 재단은 쿤데Kunde와 카트만두 사이를 쉬지 않고 오가는 메일 러너를 고용했다. 이것이 당시 우편물을 주고받는 유일한 방법이었다. 프랜시스는 1989년부터 1995년까지 캐나다에 머물렀는데, 홀리는 그녀의 우편함을 없애지 않고 남겨 놓았다. 프랜시스는 "내가 돌아오길 바랐나 봐요."라며 웃었다.

홀리의 바람대로 네팔로 다시 돌아온 프랜시스는 홀리를 놀라게 해줄 의도로 크리스마스에 레드 와인을 한 병씩 선물하기 시작했다. 하지만 매년 받는 선물은 홀리의 마음속에 프랜시스는 곧 와인이라는 연결고리를 만들었다. 몇 년 후, 히말라야 재단의 앙 리타가 힐러리 경을 위해 연 파티에 참석했을 때 앙 리타의 부인이 레드 와인 한 잔을 들고 홀리와 프랜시스에게 다가왔다. 오직 대사와 외국인들만 구할 수 있는 것으로 알고 있던 홀리는 깜짝 놀라 프랜시스를 보고 큰소리로 물었다. "당신이 가져왔어요?" 그러자 그녀는 레드 와인은 이미 몇 년 전부터 슈퍼마켓에서 구입할 수 있었다며 웃었다. 홀리는 식료품을 직접 사 본 적이 없어, 레드 와인이 카트만두의 슈퍼마켓에서 팔리고 있는지 알지 못했던 것이다. 이것은 홀리가 카트만두의 실생활과 얼마나 동떨어져 살고 있는지 보여준 웃지 못할 해프닝이었다.

서로 알고 지낸 20년 동안 프랜시스가 홀리와 '사적인'

순간이라고 할 만한 것은 손에 꼽을 정도였다. "홀리와의 관계는 더 이상 고려나 토론이 필요 없는 명확한 관계였어요."라고 말하던 프랜시스는 한 가지 사건을 떠올렸다. 오랫동안 사가르마타 국립공원에서 일한 그녀는 언어와 문화를 배우고 이해해 가며 셰르파 전문가가 되었고, 다양한 지역으로 트레킹을 안내하기도 했다. 프랜시스가 셰르파 지역과는 멀리 떨어진 안나푸르나 지역으로 트레킹을 안내하러 간다는 소식을 듣고 홀리는 "도대체 왜 그곳으로 보내는 걸까요? 당신은 세계에서 가장 뛰어난 셰르파 전문가인데, 그들은 왜 당신을 쿰부 지역에서 일하게 두지 않죠?"라고 불평했다. 프랜시스는 이게 칭찬인지 아닌지 완전히 확신할 수 없었지만, 일단 칭찬으로 받아들였다.

1980년, 해외여행을 해본 지 한참 된 홀리는 중국이 관광시장을 개방하자, 곧바로 길고 느린 방법 — 기차를 타고 — 으로 중국까지 여행하기로 결심했다. 바버라 애덤스와 함께 기차를 타고 런던을 출발해 동 베를린과 폴란드, 러시아를 거쳐 홍콩까지 가는 여행계획을 짰다. 이들은 먼저 모스크바에서 시베리아 횡단 열차를 타고 노보시비르스크로 간 다음, 그곳에서 남쪽으로 가는 기차로 갈아타고 몽골을 거쳐 중국으로 갔다가, 종착역인 홍콩까지 여행했다. 이것은 오지 여행

가이자 작가인 폴 서루[132]Paul Theroux와 에릭 뉴비[133]Eric Newby
의 모험에 맞먹는 긴 여정이었다.

하지만 모든 것이 다 좋았던 것은 아니다. 모스크바에
도착할 때쯤 이 두 친구 사이의 갈등이 폭발했다. 바버라는
방을 따로 쓰겠다고 고집했다. 바버라가 별도의 요금 없이
싱글 룸을 쓰겠다고 너무 끈질기게 요구하자 — 홀리의 기억
에 의하면 — 처지를 딱하게 생각한 관광 가이드가 홀리와 방
을 함께 썼다. 관광 가이드는 이 결정으로 문책을 받았지만,
최소한 바버라와 홀리 사이의 평화는 유지시킬 수 있었다.

홀리와 바버라는 계속 동쪽으로 가기 위해 주 2회 운행
되는 기차를 타고 울란바토르로 향했다. 기차는 느리기는 했
지만, 시간표에 맞춰 증기를 내뿜으며 몽골의 끝없는 언덕과
평야를 달렸다. 홀리는 이 여행에서 보았던 시베리아의 거
대하고 단조로운 풍경을 아직까지 생생하게 기억하고 있었
다. 끝없이 이어진 숲에 대해 "자작나무를 좋아하지만 이건
차원이 다른 풍경이었어요!"라고 말했다. 홀리는 '표면 여행
[134]Surface Travel'을 좋아했다. 기차는 다양한 사람들로 가득 찼
다. 승객 대부분은 러시아에서 잔뜩 구입한 물건들 속에 몸

---

132 미국의 여행작가이자 소설가(1941~). 여행문학의 대가로 꼽히며, 대표작으로는
      『The Great Railway Bazaar』가 있다.

133 영국의 여행작가(1919~2006)

134 비행기를 이용하지 않는 대륙 여행

을 구겨 넣고 앉아 있었다. 티베트인의 얼굴과 옷차림새를 한 이들의 물건은 몽골산 양모와 바꾼 것 같았다. 기차역마다 시골에서 몰려든 사람들로 혼잡했는데, 대부분이 말이 끄는 마차를 타고 왔다. 홀리와 바버라는 기차에서 가장 좋은 2인용 객실을 사용했지만, 이 또한 불화의 씨앗이 되고 말았다. '바버라 공주'가 아래쪽 침대를 쓰겠다고 고집한 것이다. 하지만 이것이 다가 아니었다. 홀리는 자신이 바버라를 돌보고 있다는 느낌이 종종 들었다. 떨어뜨린 물건을 뒤에서 챙겨 주고, 이것을 잃어버리거나 저것을 깜빡하면 찾아 주었다. 독립심이 대단히 강한 홀리가 즐길 수 있는 여행은 결코 아니었다. 결국 홀리는 혼자 여행하는 것이 훨씬 더 낫다는 결론을 내렸다.

기차에 식당 칸이 없다는 것도 문제였지만, 더 큰 문제는 끝없이 계속되는 여행을 위해 먹을 것과 마실 것을 준비하지 않았다는 것이었다. 승객들의 항의가 있었는지 아니면 승무원들 스스로 배가 고팠는지, 결국은 사막의 오아시스처럼 보이는 곳에서 기차가 멈춰 섰다. 허허벌판에 모모momo 텐트만 세워진 곳으로, 울란바토르에 도착하기 전의 마지막 마을이었다.

울란바토르의 전형적인 스탈린식 호텔에 여행객이라고는 홀리와 바버라뿐이었다. 직원들의 생김새만 달랐지 전 세계 어디에서나 볼 수 있는 호텔이었다. 초원을 달리는 말, 야생에서의 이국적인 유르트[135]Yurt, 발효시킨 당나귀 우유, 형형색색의 전통의상에 대한 이야기를 읽고 온 터라 이들은 허탈감을 느꼈다. 결국 이들은 읽을거리라고는 잡지 하나밖에 없는, 안락하지만 평범한 사각형 시멘트 방에 짐을 풀었다.

홀리는 황금색 비단과 조각상들로 화려하게 장식된 사원들을 바라보며 경탄했다. 몽골의 여기저기에 흩어져 있는 사원은 티베트의 사원만큼이나 그 숫자가 많았지만, 공산주의 국가 몽골은 사원들을 역사박물관으로 만들어 가끔 찾는 단체 관광객들에게만 개방했다. 울란바토르에서 가장 유명한 사원을 방문했을 때 홀리는 아주 특별한 경험을 했다. 불친절한 전문 가이드를 따라 사원의 문을 열고 들어갔는데, 채 문을 잠그기도 전에 굽은 허리에 전통 몽골 복장을 한 노부부가 따라 들어왔다.

바버라와 홀리가 가이드의 설명을 듣고 있는 동안 — 사원은 카트만두의 불교 사원과 비슷했는데 — 노부부는 황금색 부처상의 발에 머리를 대고 기도문을 외우면서 예불을 드렸다. 초기 봉건시대의 유물에 무릎을 꿇는 모습을 보고 화가 난 가이드는 나가라고 소리치며 이들을 몰아세웠다. 불안

---

135 가죽이나 펠트로 만들어 가볍고 쉽게 옮길 수 있는 몽골·시베리아 유목민들의 전통적인 둥근 천막

감과 두려움을 느낀 노부부는 예불을 중단하고, 소지품을 챙겨 허둥지둥 문 쪽으로 나갔다. 홀리와 바버라가 이들 편을 들며 그러지 말라고 설득했지만, 가이드는 남의 일에 참견하지 말라며 일언지하에 거절했다. 홀리는 근심걱정으로 찌든, 주름진 그들의 얼굴 — 공포에서 환희로 그리고 다시 공포로 변한 얼굴 — 을 아직까지 생생하게 기억하고 있었다.

몽골 여행에서 돌아오고 나서 얼마 후, 네팔의 극빈자 봉사를 시작한 테레사 수녀[136]Mother Teresa를 만났다. 이 '빈자의 성녀'는 인도 대사관에 모인 사람들에게 '폭풍에 대비한 천국'을 위해 기도하고, 네팔에서 일할 수 있도록 해달라고 도움을 요청했다. 테레사 수녀는 강단 있는 목소리에 영어 실력도 뛰어났다.

얼마 후, 테레사 수녀에 이어 또 다른 세계적 명사 — 영국 찰스 왕세자[137]Crwon Prince Charles — 가 카트만두에 왔다. 그는 네팔에 머무르는 동안 열린 기자회견에서 네팔 기자들과 이야기를 나누는 홀리의 모습을 유심히 보더니 이런 곳에 백인 여성이 있다는 사실에 놀라워했다. 찰스 왕세자는 홀리

---

136 테레사 수녀(1910~1997). 1950년 인도의 캘커타에서 '사랑의 선교회'를 설립하고, 이후 45년간 빈민과 병자, 고아 그리고 죽어 가는 이들을 위해 헌신했다. 1979년 노벨 평화상을 받았다.

137 영국 엘리자베스 2세의 장남(1948~). 왕위 계승 1순위다.

에게 다가와 자신을 소개했고, 그녀와 같이 있던 두 명의 네팔 기자에게 이곳에 언론의 자유가 있는지 물었다. 기자들이 그렇다고 답하자 홀리가 곧바로 따져 물었다 "마닌드라, 지난 주 두 번이나 쓰고 싶은 기사를 못 썼잖아요!" 찰스 왕세자는 홀리가 작성한 기사를 보고 흡족해했다. 홀리는 그가 계급에 구분을 두지 않고 스스럼없이 잘 어울릴 정도로 사교적이었고, 삶의 즐거움을 지향하는 매력적인 사람이라고 생각했다.

마운틴 트래블의 지미 로버츠가 찰스 왕세자를 위해 특별한 트레킹 일정을 기획했다. 리사 반 그리센과 페르템바가 미리 전 구간을 답사한 후, 풍경을 스케치하기 좋은 장소를 물색했다. 풍경화 그리기는 찰스 왕세자가 아주 좋아하는 취미였다. 트레킹을 끝까지 마친 찰스 왕세자는 아주 훌륭한 코스였다며 만족해했고, 이후 마운틴 트래블은 '로열 트레킹'이라는 이름의 패키지 상품을 내놓았다.

1981년 가을 시즌 무려 45개 원정대가 네팔로 들어왔다. 이전의 17개 원정대도 엄청났었는데, 홀리는 그토록 많은 산악인들을 어떻게 다 만날지 고민에 빠졌다. 많은 사람들이 몰려들었지만, 그녀는 그래도 흥미 있는 일과 매력적인 사람들 그리고 편안함을 느낄 수 있는 등반 '가족'을 계속 찾아냈다. 그해 가장 눈에 띄는 사건은 마나슬루 등반이었다. 다른 산에 비해 상대적으로 인기가 떨어지는 마나슬루는 1950년대에 H. W. 틸먼이 "날개 없이는 오르기 불가능하다."라고 말했던 산이다. 그의 말대로라면 등반이 불가능한 산을 오르기 위해 피에르 베긴Pierre Béghin이 이끄는 4명의 프랑스 원정대가 1981년 가을 네팔을 찾았다. 마나슬루 서벽은 히말라야에서 가장 높은 벽 중 하나로 모레인에서부터 7,498미터까지 벽 높이만 3,962미터에 달하고, 구조가 복잡해 수시로 눈사태가 발생한다. 게다가 정상부의 세락이 벽 전체를 가로막고 있어 벽에서 벗어나기가 쉽지 않다. 프랑스 원정대는 사기를 꺾는 위험한 눈사태를 견뎌냈지만, 9월 27일 밤에 큰 혼란에 빠지고 말았다. 맹렬한 폭풍이 네팔을 강타한 것이다. 계곡이 넘치면서 마을과 가옥이 부서졌고, 결국 1,500명의 사망자가 나왔다. 이들은 산에서 빠져나와 상황이 진정되기를 기다렸다. 9월 말쯤 날씨가 개이고 더위가 한풀 꺾이자, 이들은 다시 등반에 나서 10월 7일 정상에 올라섰다.

에베레스트의 티베트 쪽에서도 대규모 미국 원정대가 야심 차게 신루트 개척에 나섰다. 거대한 캉슝 벽Kangshung Face이 목표였다. 샌프란시스코 출신의 딕 블럼Dick Blum이 이끌고 온 이 팀에는 존 로스켈리와 루 라이카르트 같은 뛰어난 산악인들이 포진해 있었다. 데이비드 브리셔스도 촬영담당으로 참가하고, 힐러리 경도 이 원정대와 베이스캠프까지 동행했다. 초반에 로스켈리는 등반 루트가 너무 위험하다며, 북쪽 방향의 루트로 변경하자고 주장했다. 원정대는 분열됐고, 반목하기 시작했다. 하지만 힐러리 경이 원래의 목표를 포기해서는 안 된다고 주장하며 중재에 나서 사태가 수습됐다. 대세는 캉슝 벽 등반이었다. 하지만 로스켈리가 팀을 떠나자 루트 개척에 상당한 에너지를 쏟아붓던 다른 대원들도 따라나섰다. 전력이 약해진 팀은 조금씩 전진했지만, 결국 실패하고 말았다. 홀리는 ― 다른 사람들도 마찬가지였지만 ― 이 원정대가 화합보다는 각자 '프리마 돈나'처럼 굴어서 실패했다고 생각했다.

이 원정대와 함께 베이스캠프에 있다 뇌수종에 걸려 뉴질랜드로 돌아가야 했던 힐러리 경은 앞으로 해발 3,962미터가 넘는 고지대는 올라갈 수 없을지도 모른다는 편지를 보내왔다. 그는 1961년 마칼루에서 처음으로 고소적응에 실패한 후 계속해서 적응력이 떨어지고 있었다. 힐러리 경의 슬픈 예감은 틀리지 않았다. 시간이 지나면서 힐러리 경은 솔루쿰부 지역에서 보내는 시간을 2주일에서 1주일로 제한해야 했다. 쿤데(3,840m) 이상은 올라갈 수 없게 됐고, 결국은 파플루(2,470m)까지도 갈 수 없게 됐다. 홀리는 언젠가는 그가 카트만두(1,400m)에도 오지 못하게 되지 않을까 하고 걱정했다.

네팔에는 아직 미등봉들이 남아 있었다. 1982년 봄 로스켈리가 이끄는 원정대가 그중 하나인 촐라체Cholatse를 등정했다. 촐라체는 6,440미터에 불과하지만, 에베레스트 지역에 마지막으로 남은 미등봉이었다. 이 산은 등반 가치가 있는, 단지 높이로 과소평가해서는 안 되는 오르기 힘든 산이다. 촐라체는 고쿄 계곡Gokyo Valley 안쪽에 은밀하게 숨어 있는데, 마운틴 트래블의 알 리드가 1981년 말 네팔 정부를 설득해 그다음 해 개방한다는 약속을 받아내기 전까지는 등반금지 구역이었다. 로스켈리는 5명으로 원정대를 꾸려, 부족한 장비와 나쁜 날씨를 이겨내고 정상 등정에 성공했다. 로스켈리는 시간을 줄이기 위해 정상 부근의 가파른 빙벽 15개 피치를 모두 선등했는데, 때로는 전혀 확보 받지 못한 상태에서 등반하기도 했다. 결국 이들은 4월 22일 눈보라가 몰아치고 번개가 내리치는 가운데 정상에 올라섰다. 홀리는 이들의 등정을 축하하는 큰 파티를 열었는데, 갑자기 라인홀드 메스너가 칸첸중가에서 사망했다는 소식이 로마에서 날아왔다. 하지만 며칠 후, 그는 무사히 카트만두에 모습을 나타냈다. 그는 칸첸중가 무산소 등정에서 살아 돌아오면서 8천 미터급 고봉 등정 기록을 7개로 늘렸다.

얼마 후 홀리의 인생에서 중요했던 인물이 세상을 떠났다. 그녀는 어머니를 보기 위한 연례적인 미국 방문을 마친 후 네팔로 돌아오는 길에 전 총리 B. P. 코이랄라의 동생을 방콕 공항 탑승장에서 우연히 만났다. 홀리가 인사를 하자 그는 코이랄라를 카트만두로 데려가는 중이며, 그가 앰뷸런스 안에 있다고 말했다. 그 카리스마 넘치던 남자가 세상을 떠나려 하고 있었다. 인후암 말기 환자였던 그는 방콕의 한 병원에서 치료를 받다가 임종을 앞두고 집으로 가는 중이었다. 비행기가 이륙하기 전 홀리는 코이랄라의 동생, 의사 아들과 함께 거의 1시간 동안 이야기를 나누었다. 그녀는 비행기 안에서 로이터에 보낼 기사를 작성한 다음 집에 도착하자마자 컴퓨터에 입력했다. 로이터에 막 기사를 전송하려고 하던 그녀는 그가 사망했다는 전화를 받았다. 이 슬픈 소식은 홀리 인생 최고의 특종이었다. 로이터는 이 소식을 속보로 실었고, 그녀가 쓴 기사는 『뉴욕 타임스』 1면에 실렸다.

사실 네팔에서 코이랄라 총리의 영향력은 대단했다. 그는 1947년 네팔 국가의회를 설립한 데 이어 1950년 네팔의 회당을 이끌었고, 1951년에는 무장 혁명을 일으켜 104년 동안 이어진 라나 가문의 통치를 종식시켰다. 그리고 1959년 네팔 최초로 치러진 선거를 통해 총리가 됐다. 하지만 국왕의 입장에서는 코이랄라의 권력과 영향력이 너무 막강했고, 왕권과 충돌하게 된 그는 연이어 체포와 구금을 당했다. 몇 차례 투옥되고 몇 년간 유배도 당했지만, 그는 돌아올 때마다 큰 영향력을 발휘했다. 그를 존경하는 수십만 명의 네팔 인들은 화장을 위해 그의 시신이 파슈파티나트 사원으로 운구되는 동안 카트만두 거리를 꽉 메우며 뒤따랐다. 그를 존경했던 홀리는 '그처럼 지도력과 명확한 정치적 비전을 지닌 후계자가 과연 있을까?'라는 의문이 들었다.

1979년 중화인민공화국이 티베트를 포함한 자치구역을 외국 산악인들에게도 개방해 에베레스트 북쪽에 새로운 기회가 열리자, 1982년 여름과 가을, 다른 목표를 가진 두 팀이 티베트에 도착했다. 하나는 루 휘태커가 이끄는 미국 원정대였고, 또 다른 하나는 크리스 보닝턴이 이끄는 영국 원정대였다. 이 두 팀은 모두 중국 쪽에서 움직이고 있었지만, 홀리는 네팔에서 이들의 등반 상황을 예의주시했다.

미국 원정대는 워싱턴 주에 있는 레이니어 산 가이드들로 구성된 강력한 팀이었고, 보닝턴의 영국 원정대는 대규모 원정 풍토에서 벗어난 4명의 소규모 팀이었다. 영국 원정대에는 보닝턴이 가장 믿고 의지하는 동료, 피터 보드먼과 조 태스커가 포함돼 있었다. 미국 원정대는 그레이트 쿨르와르 루트를, 영국 원정대는 전인미답의 긴 북동릉을 등반 루트로 선택했다. 두 팀 모두 무산소로 공략할 예정이었기 때문에 7,925미터에서 8,382미터까지의 구간을 가장 어려운 구간으로 보았다.

이 두 원정대는 각자의 루트로 떠나기 전 함께 축제의 밤을 보냈지만, 그다음 날 만났을 때는 초상집 분위기가 되고 말았다. 두 팀 모두 등반 중 비극적인 상황을 맞이한 것이다. 8,016미터에서 고정로프에 매달려 캠프 사이트를 찾고 있던 미국 원정대의 마티 호이[138]**Marty Hoey**가 갑작스럽게 1,900미터 아래로 추락했다. 동료들은 그녀의 안전벨트와 주마가 고정로프에 매달려 있는 것을 보고 기겁했다. 벨트 버클을 잠그지 않아 일어난 안전사고였다. 그때, 미국인들보다 더 높은 곳에 있던 보드먼과 태스커는 어려운 구간을 멋지게 돌파하면서 정상으로 향했다. 동료들이 망원경으로 지켜보는 가운데 그들은 꾸준히 전진했다. 하지만 몇 번 무전 교신이 실패한 후, 피너클 구간에서 두 사람의 모습이 시야에서 사라졌다. 무슨 사고가 발생한 것이 틀림없었다. 수색팀이 마지막으로 모습을 보인 곳까지 올라가 보았으나 아무 흔적도 찾을 수 없었다. 보닝턴은 이들이 추락사한 것으로 잠정결론을 내렸다. 세월이 한참 흐른 뒤 피터 보드먼의 시신은 능선에서 찾았지만 태스커의 흔적은 끝내 찾지 못했다. 영국의 정상급 히말라야 산악인 2명의 사망으로 원정은 비극적으로 끝났지만, 훗날 보닝턴은 이것이 자신의 인생에서 가장 행복

---

138 미국 여성 최초로 에베레스트 등정에 나섰으나 추락사한 산악인(1951~1982)

한 원정이었다고 고백했다. 그는 홀리가 자신이 좋아했던 산악인들의 죽음을 받아들이지 않는 것처럼 느꼈다. 또다시, 그녀가 알고 좋아했던 사람들이 산에서 돌아오지 못했고, 이러한 죽음은 산악계에 큰 손실이었다.

제12장

등정 경쟁

등정에 성공했지만 하산 중 4명 전원이 사망했다면,
그 등반은 성공했다고 할 수 있을까?

– 엘리자베스 홀리 –

홀리는 1980년대를 '히말라야의 슈퍼스타' 라인홀드 메스너의 시대로 규정했다. 1985년 봄 시즌은 온전히 그의 세상이었다. 그는 한스 카머란더[139]Hans Kammerlander와 함께 베이스캠프에서 안나푸르나1봉 정상까지 북서벽의 신루트로 5일 만에 올랐다. 그리고 다울라기리1봉을 단 3일 만에 노멀 루트로 오르면서, 8천 미터급 고봉 14개 가운데 12개를 오르는 기염을 토했다.

그전 해 겨울에 폴란드의 산악인 예지 쿠쿠츠카도 8천 미터급 고봉 2개[140]를 한 달 만에 — 그것도 겨울에 — 오르는

---

139   이탈리아의 산악인(1956~). 8천 미터급 고봉 13개를 올랐다.

140   다울라기리와 초오유

훨씬 더 위대한 기록을 세웠다. 쿠쿠츠카보다 8천 미터급 고봉을 더 많이 오른 사람은 메스너밖에 없었다. 이른바 '등정 경쟁Horse Race'이 시작된 것이다. 오스트리아의 산악인 쿠르트 딤베르거가 처음 사용한 이 표현은 홀리가 메스너와 쿠쿠츠카의 비공식적인 경쟁을 언급할 때 자주 사용하는 표현이됐다. 이들은 다른 스타일의 산악인이었지만, 같은 야망을 갖고 있었다.

등정 경쟁이 치열해지자 홀리는 상당한 관심을 갖고 이들을 지켜봤다. 1986년 1월 쿠쿠츠카와 크슈토프 비엘리츠키는 무산소로, 그것도 겨울에 칸첸중가를 오르는 대단한 성과를 올렸다. 쿠쿠츠카에게는 10번째, 비엘리츠키에게는 4번째 8천 미터급 고봉이었다.

쿠르트 딤베르거가 홀리에 대해 갖고 있는 가장 좋은 이미지는 '등정 경쟁'과 관련된 것이다. 그는 자신의 책 『공기의 영혼Spirits of the Air』에서 "카트만두의 상징이라 할 수 있으며, 히말라야에서 일어나는 모든 일에 정통한 이 매력적인 숙녀는 몇 년 동안 '등정 경쟁'을 공들여 기록하고 있다. … 홀리는 8천 미터급 고봉을 오른 모든 산악인을 순위표를 만들어 기록한다. 이 순위표 덕분에 해마다 사람들은 이들이 등반을 어떻게 했는지 한눈에 살펴볼 수 있다. 이 산악인은 2개, 그러는 동안 저 산악인은 3개, 또 다른 사람은 4개 … 그리고 5개를 등정한 사람이 2명…."이라고 언급했다.

1986년 봄 네팔은 중요한 선거를 앞두고 있었으나, 가장 치열한 경쟁은 정치적인 이슈가 아니었다. 홀리의 상상력을 사로잡고, 언론의 헤드라인을 장식한 이슈는 바로 산에서 이루어지던 등정 경쟁이었다. 홀리는 "히말라야 등반은 보통 순위를 다투는 경쟁 스포츠로 보지 않는다. 하지만 지난 가을 네팔 히말라야의 등반 시즌은 마치 월드컵 결승전 드라마 같았다. 세계 최초로 8천 미터급 고봉 완등 경쟁에서 이탈리아의 산악인 라인홀드 메스너가 마침내 11개를 올라 근소한 차이로 앞서 나갔다."라는 기사를 작성했다. 그 시즌이 끝날 무렵 2위를 달리던 폴란드의 산악인 예지 쿠쿠츠카는 8천 미터급 고봉 등정을 11개에서 12개로 늘렸고, 스위스의 산악인 마르셀 루에디Marcel Rüedi는 10번째 정상을 등정한 후 다음 날 하산 도중 폐수종(혹은 뇌수종)으로 사망했다. 스위스의 산악인 에라르 로레탕[141]Erhard Loretan도 10번째 도전에 나섰지만, 생애 처음으로 등정 실패라는 고배를 마셨다.

홀리는 메스너가 경쟁이 아닌 개인적인 목표로 14개 완등이라는 기록 달성에 도전한다고 믿었다. 하지만 그는 쿠쿠츠카와 경쟁에 사로잡혀 있었다. 쿠쿠츠카의 추격은 누구보

---

141 스위스의 산악인(1959~2011). 메스너와 예지 쿠쿠츠카에 이어 세계에서 3번째로 8천 미터급 고봉 14개를 완등했다. 무산소로는 2번째 위업이다.

다도 먼저 목표를 달성하려는 메스너를 궁지로 몰아넣었다. 메스너는 파트너 한스 카머란더와 함께 9월 26일 마칼루 정상에 올라 8천 미터급 고봉 등정 기록을 13개로 늘렸다. 그리고 채 3주일도 지나지 않아 대부분의 산악인들이 강풍에 갇혀 캠프에서 꼼짝 못하고 있을 때 마지막 남은 로체까지 등정하면서 14개를 완등했다. 1970년 낭가파르바트를 시작으로 승승장구하던 메스너는 마침내 8천 미터급 고봉을 모두 등정하면서 14개 등정 경쟁에 마침표를 찍었다. 그러나 동생 귄터와 함께 처음으로 오른 낭가파르바트의 등정 성공은 다른 어느 누구보다도 메스너 자신에게 큰 충격으로 남았다. 하산 도중 동생을 잃었기 때문이다.

산소를 단 한 번도 사용하지 않고 무산소로 오른 메스너의 도전은 모든 산악인에게 새로운 가능성을 제시했다. 홀리는 메스너가 일반적인 성공의 범주를 넘어서도록 산악인들에게 용기를 주었다고 말했다. 다른 사람들도 같은 생각이었다. 에베레스트를 거의 뛰다시피 올랐다가 내려온 에라르 로레탕은 "지금 이렇게 빨리 그리고 쉽게 오를 수 있는 이유는 메스너가 선례를 남겼기 때문입니다."라고 말했다. 크리스 보닝턴은 『타임』과의 인터뷰에서 "어떤 경쟁 영역이든 사람들이 맞닥뜨리게 되는 '불가능'이라는 장벽이 있기 마련입니다. 하지만 아주 뛰어난 상상력을 갖고 한계를 끝까지 밀어붙일 수 있는 힘을 가진 사람이 결국은 그 벽을 뛰어넘습니다. 바로 라인홀드 메스너처럼 말이죠."라고 말했다. 그렇다면 14개의 위업을 달성한 메스너의 기분은 어땠을까? 그는 "이제 나는 자유다!"라고 기쁨과 만족을 표출했다. 홀리가 집요하게 "이제 자유롭게 하고 싶은 게 뭐죠?"라고 묻자, 후에 드러났듯이 그는 많은 계획 ― 고도와 위치에 관계없이 흥미로운 봉우리들을 오르는 것, 영화를 만드는 것 그리고 예티를 찾는 것 ― 을 갖고 있었다.

번개 같이 빠른 속도로 에베레스트를 오른 로레탕의 등반 사고관은 스타일과 미학적인 측면에서 메스너가 가진 '정당한 방법'의 철학과 유사했다. 그는 등반 파트너 장 트로이에[142]Jean Troillet, 그에 못지않게 뛰어난 피에르 베긴과 함께 몬순 시즌에 에베레스트 북벽 등반에 나섰다. 이들은 1986년 8월 29일 밤 10시에 전진베이스캠프를 출발해 밤새 등반하고 오전 11시에 7,800미터에서 멈추었다. 그리고 따사로운 햇빛 속에서 잠시 휴식을 취한 다음, 그날 밤 9시에 등반을 재개했다. 베긴은 8,000미터에서 발길을 돌렸지만, 나머지 두 사람은 8,400미터를 넘어 어두워서 더 이상 등반을 할 수 없

---

142 프랑스의 산악인(1948~). 21세에 마터호른을 4시간 10분 만에 올랐고, 8천 미터급 고봉 10개를 무산소, 알파인 스타일로 올랐다. 1997년 스노보드를 타고 에베레스트를 내려오기도 했다.

을 때까지 올라갔다. 새벽 4시에 희미하게 앞이 보이자 이들은 다시 등반에 나섰고, 오후 1시에 에베레스트 정상에 올라섰다. 이들은 가장 따뜻한 한낮을 이용해 잠시 쉰 다음, 글리세이딩[143]으로 북벽을 따라 5시간 동안 미끄러지듯 하산했다. 이들이 오르고 내리는 데 걸린 시간은 채 이틀도 되지 않았다. 이들의 등반 스타일은 독특했다. 로프도 산소도 없이 소량의 음식과 가벼운 침낭만 갖고 한밤중에 등반했다. 게다가 7,800미터 위로는 물자를 수송하지도 않았다. 폴란드의 산악인 보이텍 쿠르티카[144]Voytek Kurtyka는 이 등반을 '야간침공 Night nakedness'이라고 불렀다.

그다음 해 겨울인 1987년 2월 메스너를 바짝 추격하던 경쟁자 예지 쿠쿠츠카는 멋진 스타일로 안나푸르나를 올라 폴란드인들을 기쁘게 했고, 홀리의 감탄을 자아냈다. 히말라야를 등반하는 대부분의 산악인은 혹독하게 추운 겨울 시즌을 선택하지 않는다. 하지만 겨울 추위에 개의치 않았던 폴란드의 쿠쿠츠카는 아르투르 하이제르[145]Artur Hajzer와 함께

---

143 설사면에서의 하강 기술

144 단독등반, 고난이도 등반, 경량등반을 추구했던 폴란드의 산악인(1947~). 1974년과 1976년 폴란드 히말라야 원정대에 참가했으며, 쿠쿠츠카, 메스너 등과 함께 극한 등반을 많이 했다. 많은 저술 활동을 했으며, 1980년 폴란드 내 자유등반 난이도 등급체계를 만들기도 했다.

145 8천 미터급 고봉 7개를 오른 폴란드의 산악인(1962~2013). 로체 남벽에도 세 번 도전했다. 2013년 가셔브룸1봉의 일본 쿨르와르에서 사망했다.

추위와 강풍을 뚫고 안나푸르나1봉을 올라, 8천 미터급 고봉 등정 개수를 13개로 늘렸다. 그는 13개 중 4개를 겨울에 등정했고, 한 번을 제외하고는 모두 무산소로 올랐다. 이는 다른 어떤 산악인도 — 심지어 메스너조차도 — 해내지 못한 기록이었다. 홀리는 그렇게 해내려면 각고의 노력과 체력, 결연한 의지가 필요하다는 것을 알았다.

네팔의 정세 불안은 계속됐고, 1985년 6월 왕궁에서 폭탄 테러 사건까지 일어났다. 홀리는 무슨 일이 일어났는지 파악하러 재빨리 사건 현장으로 달려갔다. 왕궁의 문 2개와 정부기관지를 발행하는 사무소 그리고 왕실 소유인 안나푸르나 호텔이 부서져 있었다. 홀리는 믿을 만한 고위 소식통으로부터 폭탄 테러가 자신들의 소행이라고 주장하는 전단지가 다량 살포됐다는 것을 전해 들었다. 그녀는 사무실로 돌아가 사건 현장에서 보고 들은 내용을 기사로 작성했고, 왕실은 분노했다. 왕실의 언론 담당 비서는 전단지 살포를 모르고 있었다. 결국 왕실은 언론 담당 비서가 언론에 발표했어야 할 내용을 거꾸로 언론을 통해 알게 됐다. 홀리의 정보는 나무랄 데 없이 완벽했고, 기사 내용은 사실이었다. 그러나 왕실의 시각은 달랐고, 언론 담당 비서는 분노했다. 직업적 수치심을 느낀 그는 "홀리가 사실이 아닌 엉뚱한 소문을 퍼뜨렸다."라고 주장하면서 보복에 나섰다.

폭탄 테러 기사는 이후 몇 년간 홀리를 따라다니며 괴롭혔다. 얼마 후, 미국의 어머니 집을 방문한 홀리는 타이거 탑스의 짐 에드워즈로부터 왕실이 단단히 벼르고 있다는 소식을 전해 들었다. 그녀는 미국에서 네팔로 돌아가는 일정을 '건강상의 이유'로 연기하며, "6월 폭탄 테러 기사 이후 네팔 당국은 테러 책임자가 아닌 뉴스 작성자를 탓하고 있다. 이런 소나기는 피하는 게 상책이다."라는 내용의 텔렉스를 뉴델리의 로이터 사무소로 보냈다. 그해 후반기에 홀리는 기자 자격을 갱신해 달라고 네팔 정부에 요청했으나 거부당했다. 네팔 정부는 홀리의 관광성 출입도 금지시켰다. 이 제재 조치는 큰 문제였다. 더구나 이 조치가 언제 풀릴지도 알 수 없었다. 네팔 정부는 홀리가 시즌별 등반 보고서를 작성하는 일까지는 간섭하지 않았지만, 그녀가 기자 자격을 갱신 받는 것은 불가능했다. 지미 카터 미국 대통령을 비롯한 영향력 있는 인사가 로비를 펼쳤지만, 네팔 정부는 미동조차 하지 않았다. 이 사건으로 홀리는 뜻하지 않게 카트만두 지역에서 언론 탄압에 강력히 항의하던 기자들과 함께 영웅으로 떠올랐다.

결국 로이터는 홀리를 대신할 기자로 고팔 샤르마Gopal Sharma를 선택했다. 그는 기사를 전송하는 데 꼭 필요한 텔렉스 기기가 홀리 사무실에 있어서 언제든지 그곳에 출입할 수 있었다. 글자 그대로 대문이 활짝 열린 것이다. 홀리로부터 사무실을 드나들 수 있는 열쇠를 받은 그는 자유자재로 기사를 전송했다. 그리고 그 보답으로 홀리가 관광성으로부터 비난받는 일을 종종 피할 수 있게 해주었다. 홀리는 시즌별 등반 보고서 작성을 위해 카트만두를 거치는 원정대와 계속 인터뷰했기 때문에 주말에도 뉴스 가치가 있는 소식을 알 수 있었다. 하지만 관광성 사무실은 주말에는 문을 열지 않기 때문에 월요일까지는 소식을 알 수 없었다. 따라서 월요일이 되기 전까지 모든 정보는 '비공식' 뉴스였다. 홀리는 주말에 뉴스거리가 되는 정보를 샤르마와 공유했다. 그러면 그는 홀리를 보호하기 위해 비난을 떠안으면서 '비공식' 뉴스를 보도했다. 그는 결코 홀리의 이름을 언급하지 않았다. 그는 홀리가 위협적이고, 날카로운 혀를 가졌기 때문에 희생의 제물이 될 것이라고 믿었다. 샤르마는 홀리의 가시 돋친 말에 분개한 사람이 많다는 것을 알고 있었다. 사실, 로이터의 뉴델리 사무소에 있는 동료들도 자주 홀리와의 중재를 요청해 왔다. 이들은 언제 당할지도 모르는 언어폭력이 두려워 홀리와 직접 통화하는 것을 꺼렸다. 홀리를 가까이서 지켜봤던 그는 "홀리는 불같이 화를 냈다가 금방 가라앉는 성격입니다."라고 설명했다.

샤르마의 말에 따르면, 관광성 장관도 등반과 관련된 문제에 있어서는 홀리를 꼭 필요로 했다고 한다. "홀리에게 많이 의존했습니다. 등반과 관련된 정보를 얻으러 관광성에 가면, 리즈를 만나 보라고 할 정도였죠."라고 설명했다. 홀리만큼 등반 정보와 지식을 갖고 있는 사람은 없었기에 샤르마는 만일 그녀가 카트만두를 떠난다면 네팔의 상황이 어떻게 될까 걱정했다.

홀리 집 안에 또다시 커다란 비극이 발생했다. 애완견 티거 II가 4월 9일 밤에 세상을 떠난 것이다. 원인이 분명하지는 않았지만 아마도 장기에 문제가 있었던 것 같았다. 죽기 일주일 전에 구토와 각혈을 했는데, 수의사도 손쓸 수 없는 상태였다. 갑자기 집 안이 조용해졌다.

그러나 얼마 후 힐러리 경의 부인이 태어난 지 3개월 된 압소를 찾아냈다는 반가운 소식이 들려 왔다. 힐러리 경은 압소를 무릎에 안은 채 로열네팔항공 비행기를 타고 카트만두로 와서 홀리에게 이 강아지를 건네줬다. 홀리는 그때를 떠올리며 즐거워했다. "키가 상당히 큰 남자가 작은 강아지를 무릎에 안고 있는 모습을 상상해 보세요!" 홀리는 이 강아지를 영국의 유명한 산악인의 이름을 따서 "맬러리"라고 불렀다. 그녀는 "힐러리"나 "메스너"로 부를까도 잠시 고민했지만, 이들 앞에서 강아지 이름을 부르면 당황하거나 헷갈릴까 걱정했다고 한다. '맬러리'는 그녀가 키운 마지막 애완견이자, 가장 사랑한 강아지였다.

한편, 미국에 계신 어머니는 건강이 계속 나빠져서 이제 더 이상 혼자 살 수 없게 됐다. 홀리는 어머니를 몹시 걱정했고, 곁에 있어 주지 못해 마음이 아팠다. 그러나 한편으로는 누구나 혼자서는 살 수 없는 시기가 오는데, 바로 그 때가 왔다는 현실을 받아들이기로 했다. 이 당시 홀리는 미래에 대해 진지하게 고민하고 있었다. 아주 미국으로 돌아갈까? 가서 어머니를 돌볼까? 간다면, 어떻게 살아가야 하나? 그리고 더 중요한 것은 다시 미국에 적응할 수 있을까? 전망은 그리 밝지 않았다.

홀리는 카트만두에서 계속 인맥을 쌓고 있었다. 여행 산업에 종사하는 사람들과 외교관들 그리고 산에 미친 산악인 '가족들'까지, 그 범위와 계층은 매우 광범위하고 다양했다. 등반 시즌이 되면 홀리는 즐거운 비명을 질렀다. 전 세계에서 원정대들이 꼬리에 꼬리를 물고 몰려들면, 홀리는 그들을 방문해 최신 소식을 듣기도 하고 산악계에 떠도는 소문도 접했다. 또 카트만두는 정부의 변화와 새로운 내각, 흥미로운 정치적인 사건이 자주 일어나는 곳이었다. 네팔을 떠나 다른 곳에서 사는 것은 상상할 수 없었다.

홀리의 많은 일거리에 새로운 일이 추가됐다. 바로 로열 네팔항공사를 지원하는 여승무원을 선발하는 일이었다. 어머니는 이 말을 전해 듣고 적잖이 당황하면서 "네가 이 분야에서 어떤 전문 지식을 갖고 있지?"라고 되물었다. 하지만 이 일은 아주 간단했다. 그녀는 그냥 인터뷰를 통해 적합하지 않은 사람을 가려내는 심사위원 중 한 명이라고 대답했다. "어떻게 가려낼 수 있지?"라는 물음에는 '외모, 침착성, 현명한 대답, 영어 구사력 등'에 점수를 매긴다고 설명했다. 비판적이고 완벽주의자이면서, 지적이고 참을성 없는 홀리가 외모와 총명을 기준으로 장래의 여승무원을 가려내는 장면을 상상해 보라. 지원자들은 분명 홀리의 질문에 쩔쩔맸을 것이다.

1987년 가을 기자로서 홀리의 존재감을 여실히 보여주는 사건이 일어났다. 중국 국영항공사CAAC가 티베트 라싸에서 카트만두까지 직항 노선을 취항시켰는데, 이것은 티베트 최초의 국제노선이었다. 이 일로 홀리는 전혀 기대치 않았던 특종을 잡았다. 두 명의 승객이 이틀 전 라싸에서 일어난 격렬한 시위와 관련된 자료와 사진을 들고 홀리의 사무실을 찾아온 것이다. 홀리는 이 두 사람을 보낸 사람들을 전혀 모르고 있었지만, 그들은 홀리를 잘 알고 있었고 어디를 가야 만날 수 있는지도 알고 있었다. 홀리는 시위를 하는 승려들과 무자비하게 진압하는 경찰 소식을 기사로 작성해 로이터에 보냈다. 그리고 그날 밤, 한 여행자의 가방 속에 사진을 몰래 넣어서 인도 뉴델리의 로이터 사무소로 보냈다. 이것은 라싸에서 밖으로 흘러나온 최초의 자료와 사진들이었다. 로이터는 이 충격적인 사건을 전 세계에 보도했다. 홀리가 또 하나의 특종 ― 비록 비공식적이기는 하지만 ― 을 터뜨린 것이다. 결국 홀리의 기사로 인해 라싸-카트만두 노선은 갑자기 운항이 중단되고 말았다.

1988년 1월 정말로 기념비적인 사건이 홀리의 집 안에서 일어났다. 홀리가 컴퓨터를 들여놓은 것이다. 홀리는 세 종류의 워드프로세서를 살펴보기 위해 날마다 판매처를 찾았고, 가장 알맞은 것을 찾기 위해 고심했다. 드디어 설치가 시작됐다. 먼저 전자장비 기술자가 도착했고, 뒤이어 전기기사와 목수가 도착했다. 이 모든 과정이 끝나자 컴퓨터가 책상 위에 당당하게 자리를 잡았다. 사용법을 익히는 과정이 매우 힘들었지만 그녀는 "하느님이 보우하사, 이번 주에 제가 드디어 컴퓨터 시대에 진입했어요."라고 어머니에게 자랑했다. 등반 자료를 컴퓨터로 옮기는 작업에 많은 시간을 투자해야 하지만 그녀는 해낼 수 있다는 자신감을 가졌다. 그리고 그녀는 "컴퓨터는 정말 논리적이고 구체적이에요. 그런 속성을 잘 다룰 수 있을 것 같아요."라고 말했다.

컴퓨터 시대로 접어드는 과정은 느리기는 했지만 결실을 맺기 시작했다. 1월 23일 워드프로세서를 사용하기 시작했는데, 홀리는 특히 '삭제delete' 키를 좋아했다. 1월 30일에는 왼쪽과 오른쪽 공백을 똑같이 맞출 수 있었고, 페이지 상단에 날짜를 맞춰서 정렬할 수 있었다. 그녀는 또한 자체 검색 기능을 발견하고 기뻐했다. "멋진 발명품을 이용하는 법을 알았어요. 컴퓨터는 오자를 검색해 주기도 하고, 같은 단어를 연달아 입력하거나, 정말 원하지 않는 것을 하면 바로 알려줘요. 정말 놀라워요!" 홀리는 이 '장난감'을 즐겨 사용하기 시작했다.

2월이 되자 동계등반 시즌이 끝났다. 홀리는 여전히 로이터 기사를 작성할 수 없었지만, 등반 자료를 계속 컴퓨터 파일에 입력했고, 마이크 체니가 등반 기사를 쓸 수 있도록 도와주었다. 그런데 체니가 갑자기 심장병으로 사망하고 말았다. 그전 해에 사망한 친구 보리스를 따라 또 한 명의 카트만두 거주자가 영원히 떠난 것이다. 솔루쿰부 지역을 업무차 방문하고 돌아온 힐러리 경의 건강 상태도 좋지 않아 보였다. 전혀 활기라고는 찾아볼 수 없었다. 그는 아예 트레킹조차 하지 않았는데, 말수도 적었으며 의기소침해 보였다.

1988년의 에베레스트 등반은 극명한 대비가 돋보였다. 먼저 7백만 달러를 쓰면서 283명의 대원이 참가한 한 원정대는 14명이 노멀 루트로 정상에 올랐다. 반면 4명으로 이루어진 원정대는 어려운 동벽 루트를 개척하며 단 1명을 정상에 올렸다. 홀리는 이 상황을 다음과 같이 멋지게 요약했다. "대규모 원정대의 대원들은 TV에도 소개되고 세 나라의 수도에서 열린 각종 환영회에서 축하를 받은 반면, 소규모 원정대의 대원들은 각자의 집으로 조용히 돌아갔다."

하지만 두 원정대 중 홀리의 관심을 사로잡은 쪽은 소규모 원정대였다. 영국, 미국, 캐나다 출신의 4인조는 야심 찬 목표를 갖고 유연한 팀을 만들었다. 이들은 한 번도 등반된 적이 없는 에베레스트 동벽의 버트레스 — 이들은 "네버레스트 버트레스Neverest Burtress"라고 불렀는데 — 를 통해 사우스 콜까지 오를 계획이었다.

영국인 스티븐 베너블스[146]Stephen Venables는 등반을 떠나기로 한 전날 호텔에서 아침을 먹고 있는데 홀리가 나타났다면서 당시의 기억을 더듬었다. 그녀는 마치 여학교 교장 선생님이 안경 너머로 엄격한 시선을 던지면서 닦달하듯 질문을 했다고 한다. 4명의 산악인, 즉 베너블스와 미국인 에드 웹스터Ed Webster, 로버트 앤더슨Robert Anderson 그리고 캐나다인 폴 티어Paul Teare는 서로 잘 아는 사이가 아니었다. 그

---

146   영국의 산악인(1954~). 1988년 영국인 최초로 무산소로, 캉슝 벽의 신루트를 통해 에베레스트에 올랐다.

래서인지 홀리는 특히나 그런 야심 찬 목표로 나서는 이들의 성공 가능성을 회의적으로 보았다. 그녀는 중국·일본·네팔 친선 원정대와 호주 200주년 기념 에베레스트 원정대도 같은 시기에 에베레스트를 등반할 것이라고 하면서 탄성을 질렀다. "동물원 같겠군."

이들 4명은 자신들이 가져온 6장의 사진을 홀리에게만 몰래 보여주기 위해 티베트 게스트하우스[147]Tibet Guesthouse 내 식당으로 자리를 옮겼다. 등반 계획이 특종으로 새어나가는 것을 원치 않았지만, 홀리를 믿고서 루트를 보여주었다. 홀리는 시큰둥한 척했지만 사실은 그들의 등반 계획을 알고 흥분했다. 그녀는 전통적인 대규모 원정등반과는 달리 4명이 거대한 신루트를 개척한다는 대담한 계획을 독려해 주었다. 하지만 그녀는 이 등반이 성공하지 못할 것이라고 생각했다. 『왕국의 눈Snow in the Kingdom』이라는 책에서 에드 웹스터는 "놀라울 정도의 대담성, 아니면 명백한 무모함 때문인지 몰라도 홀리 여사는 진심으로 우리의 행운을 빌어줬다."라고 밝혔다.

이 소규모 팀은 무산소 등반과 심술궂은 날씨 때문에 좌절을 맛봤다. 1명은 고산병으로, 2명은 악천후로 하산한 것이다. 그러나 베너블스는 동상으로 발가락에 감각이 없어지

---

147 1980년대 후반 설립된 게스트하우스로 카트만두의 번화가 타멜 근처에 있다.

고 있는 상태에도 꾸준히 전진했고, 에베레스트 정상에 올랐다. 결국 4명 모두 살아서 돌아왔다.

폴 티어가 등정 보고를 하러 홀리의 사무실을 찾았을 때 그곳에 메스너가 있었다. 그는 "아주 용감한 일을 해냈군."이라고 칭찬한 뒤 "참 다행이야!"라고 덧붙였다. 에베레스트 동벽의 모든 등반 과정을 자세히 기록한 홀리는 호주 원정대가 주최하는 파티에 갈 것이라며, 메스너와 폴 티어에게 함께 가자고 제안했다. 메스너는 다른 약속이 있어 갈 수 없었지만, 폴 티어는 베너블스와 함께 참석했다. 이들은 나중에 메스너 대신 다른 두 남자와 함께 참석하게 된 홀리가 얼마나 크게 실망한 표정을 지었는지 농담을 주고받았다.

홀리는 이들 4명의 산악인이 등반 중 실종되지는 않을까 진심으로 걱정한 반면, 283명으로 구성된 원정대에서는 실종자가 나올 확률이 거의 없다고 확신했다. 그런 일이 일어나기에는, 그곳에는 '너무 많은 캠프와 산악인, 무전기, 산소통, 지원팀'이 있었다. 중국과 일본, 네팔 정부는 이 원정에 개입해, 베이징에 3개국 합동 지휘소를 설치하고 현장에 있는 원정대장들에게 무선으로 지시를 내렸다. 홀리는 복잡한 물자 수송을 해낸 것은 인정했지만, "그 거대한 시스템이 스스로의 무게에 짓눌려 무너지지 않은 게 신기할 따름"이라고 놀라워했다. 하지만 이 대규모 원정팀은 와해되지 않았고, 14명을 정상에 올려놓았다. 홀리의 친구 힐러리 경은 이 등반을 어떻게 생각했을까? 그는 "대규모 원정대는 개인적으로는 별 매력을 느끼지 못합니다."라며 시큰둥하게 대답했다.

대규모 원정대의 지출 규모는 상상을 초월했다. 하지만 히말라야에 오는 소규모 원정대가 지출하는 비용도 만만치 않았기에 원정자금을 모으는 일이 중요해졌다. 입산료가 점점 올라가자 산악인들은 후원자들을 찾아 더 많이 뛰어다녀야 했다. 그 결과 대상지가 정말로 큰 산 ― 뉴스 가치가 있는 산 ― 으로 집중됐고, 홀리가 '곡예'라고 부르는 등반을 할 수밖에 없는 추세가 이어졌지만, 그 역시 뉴스 가치는 있었다. 사실, 홀리는 이 무모한 장난 중 일부는 등반을 위한 곡예라기보다는 자금을 모으기 위한 곡예로 간주했다.

프랑스의 산악인 마르크 바타르[148]Marc Batard의 등반도 곡예에 가까웠다. 그의 목표는 5,350미터의 베이스캠프에서 8,850미터의 에베레스트 정상까지 24시간 안에 왕복하는 것이었다. 그는 고소 적응을 위해 먼저 초오유를 등정한 다음

---

148 프랑스의 산악인이자 화가, 사진작가(1951~). 23세에 가셔브룸2봉을 무산소로 올라 이 부문 최연소 기록을 세웠다. 1988년 4월 마칼루 남서벽을 18시간 만에 단독으로 올랐고, 초오유를 19시간 만에 올랐다. 그해 9월에는 남쪽 베이스캠프에서 에베레스트 정상까지 22시간 29분 만에 올라 기네스북에 올랐고, 에베레스트를 24시간 안에 오른 첫 산악인이 됐다.

헬기를 타고 에베레스트 지역으로 이동했다. 초오유 정상에 오른 지 일주일 만에 에베레스트로 건너와 캠프를 설치하기 시작한 것이다. 그는 루트를 뚫기 위해 8명의 셰르파들을 고용했지만 산소 사용은 피했다. 첫 번째 시도에서 실패한 그는 세 번째 시도 만에 정상에 올랐다. 하지만 원래 목표로 했던 기록은 세우지 못했다. 정상에 올라서는 데 22시간 29분, 하산하는 데 8시간 30분이 걸린 것이다. 그는 베이스캠프로 내려온 지 2시간 만에 카트만두로 떠났고, 파리로 돌아갔다. 하지만 그는 10개월 동안 4개의 8천 미터급 고봉 등정 기록뿐만 아니라 에베레스트 최단시간 등정 기록도 세웠다. 홀리는 그가 가진 강인함과 의지, 능력은 인정했지만 등반 동기는 의심했다. 즉, 그의 속도등반을 '이목을 끌기 위한' 서커스로 단정한 것이다.

　　홀리는 이런 등반에 대해 비판적 견해를 갖고 있었지만, 기록은 — 그것도 아주 정확한 기록이 — 중요하다고 생각했다. 바타르의 에베레스트 최단시간 등정 기록은 7년 후 티롤 출신의 산악인 라인하르트 파차이더Reinhard Patscheider에 의해 깨졌는데, 그때는 이것이 맞는지 확신할 수 없었다. 라인하르트는 에베레스트 북쪽의 전진베이스캠프에서 정상까지 21시간 만에 올랐다. 문제는 바타르보다 빠르기는 했지만 1,000미터나 높은 곳에서 출발했다는 것이었다. 따라서 엄밀하게 말하면 이전 기록을 깬 것은 아니었다. 하지만 홀리는 에베레스트 북쪽의 전진베이스캠프가 1,000미터 높은 위치에 있기 때문에 판정하기 어렵지만 기록은 중요하며, 정확한 관점이 필요하다고 생각했다.

과연 등반의 동기가 무엇일까? 또 하나의 비극이 발생하자 이런 근본적인 의문이 다시 제기됐다. 체코 최고의 산악인들은 1975년 크리스 보닝턴이 이끈 영국 팀이 초등에 성공한 에베레스트 남서벽을 최초로 알파인 스타일로 등반했다. 체코인들은 결국 남서벽을 오르는 데 성공했지만, 하산 도중 4명 모두 사망했다. 이들은 고정로프도 없이 무산소로 등반했고, 셰르파의 지원도 받지 않았다. 이들은 남서벽을 오르기 위해 온갖 어려움을 극복하느라 체력이 완전히 바닥났지만, 정상에 오르는 데는 '성공'했다. 하지만 홀리는 성공했다는 주장에 이의를 제기했다. "등정에 성공했지만 하산 중 4명 전원이 사망했다면, 그 등반은 성공했다고 할 수 있을까?" 홀리는 체코 원정대가 정부와 동료 산악인들의 기대에 압박감을 느꼈을 것이라고 주장했다. 확실한 등반 성과를 올려야 정부로부터 더 많은 등반 지원을 받을 수 있다는 압박감이 그것이었다.

4명의 사망에 이어, 같은 달 3명의 체코인들이 또다시 히말라야에서 사고를 당하자 체코 전역은 충격에 빠졌다. 체코 정부는 전 세계의 자국 산악인들에게 등반을 즉각 중지하라는 메시지를 전달했다. 하지만 이러한 비극에 대한 정치적인 반응보다 더 우울했던 것은 한 체코 산악인의 말이었다. 그는 "체코 최고의 산악인들이 이렇게 많이 죽었으니, 앞으로 누구와 등반해야 할지 모르겠네."라고 큰소리로 한탄했다.

홀리는 등반을 마치고 카트만두로 돌아온 산악인들에게 항상 세심한 주의를 기울였다. 구체적이고도 날카로운 질문을 던져 사실 그대로를 기록했고, 기사를 쓰는 일에도 전력을 다했다. 하지만 일이 항상 수월하고 정확하게 처리된 것은 아니었다. 1988년 가을, 무산소로 에베레스트를 오른 후 홀리를 찾아온 젊고 대담한 뉴질랜드 여성 산악인 리디아 브래디[149]Lydia Bradey가 대표적인 예다. 그녀는 남서벽에서 비극적인 사고를 당한 체코팀과 어느 정도 함께 등반한 뉴질랜드 원정대원이었다. 그녀는 허가를 받지 않고 혼자서 남동릉을 통해 정상에 올랐다고 주장했는데, 시계가 없어 시간을 확인할 수 없었고, 카메라가 얼어붙어 기록을 입증할 사진도 찍지 못했다고 했다.

홀리는 남서벽 등반 허가를 받은 체코 원정대가 경비 절

---

149 뉴질랜드의 여성 산악인. 1988년 무산소로 에베레스트를 오른 최초의 여성으로 알려져 있다. 이후 에베레스트를 두 번 더 올랐다.

약을 위해 뉴질랜드 원정대장 롭 홀[150]Rob Hall과 리디아 그리고 또 다른 뉴질랜드인들과 함께 움직였다는 사실이 기억났다. 뉴질랜드 팀은 체코 팀과 함께 남서벽으로 가지 않고 그 끝에 있는 사우스웨스트 필라Southwest Pillar를 등반하러 갔지만, 리디아를 제외한 대원들은 정상에 오르지 못하고 내려왔다. 이들은 베이스캠프를 떠나기 직전 막 하산한 리디아로부터 정상에 올랐다는 말을 들었다고 한다. 문제는 이들이 사우스콜이나 사우스웨스트 필라 등반 허가를 받지 못했다는 것이다. 카트만두로 돌아온 뉴질랜드 팀은 "그쪽 루트에 대한 등반 허가를 받지 못해 리디아는 정상에 오를 수 없었다."라는 내용의 성명서를 발표했다. 원정대장 롭 홀은 "리디아가 정상에 올랐다는 것은 말도 안 된다."라고 하면서 리디아의 주장을 묵살했다.

홀리는 이들이 분노한 이유를 두 가지로 꼽았다. 첫째는 이전 카라코람 등반과 관계가 있는데, 그때도 리디아는 등반 허가 없이 한 봉우리를 등반했었다. 원정 비용 일부를 뉴질랜드 소재 힐러리 재단에서 지원받은 뉴질랜드팀은 리디아로부터 다시는 문제를 일으키지 않겠다는 약속을 받았지만, 그 약속이 지켜지지 않은 것이다. 그것이 첫 번째 이유였

---

150 뉴질랜드의 등산 가이드(1961~1996). 1996년 5번째로 에베레스트 등정에 나섰다가 조난, 사망했다.

다. 두 번째 이유는 간단했다. 리디아가 정상에 오른 반면 다른 사람들은 정상에 오르지 못했기 때문이다. 홀리는 이것이 롭 홀과 게리 볼Gary Ball의 남성우월주의에서 비롯된 일이라고 확신했다. 그들의 성명서는 이중으로 충격이었다. 등반의 모든 책임을 부정해 놓고서는 리디아는 등정하지 않았다고 주장하다니! 하지만 롭 홀에게는 이런 성명을 발표할 수밖에 없는 숨은 동기가 있었다. 등반 허가를 받지 않은 대원이 있는 경우 원정대장은 최고 10년 동안 네팔에서 등반을 금지당했는데, 그는 네팔에서 등산 가이드로 생계를 유지하고 있었다.

카트만두로 돌아온 리디아는 뉴질랜드 팀 역시 사우스웨스트 필라 등반 허가를 받지 않았다고 반박했다. 그러자 롭 홀은 그곳도 남서벽의 일부라고 응수했다. 홀리는 관광성이 사우스웨스트 필라를 별도의 루트로 규정하고 있다는 사실을 이들에게 명확하게 알려 주었다. 사실 롭 홀과 다른 대원들 역시 불법을 저지른 것은 마찬가지였다.

홀리는 롭 홀과 게리 볼에게 '뒤통수 맞은' 리디아를 아주 안타깝게 생각했고, 그녀의 정상 등정을 믿었지만 당시에는 결정적인 증거가 없었다. 리디아는 처벌 수위를 낮추려고 서면 진술서에 자신이 정상에 올랐는지 안 올랐는지 헷갈린다고 적었다. 하지만 산에서 내려와서는 자신의 주장을 일관

되게 펼쳤다. 홀리는 시즌별 등반 보고서에 리디아가 에베레스트를 등정하지 않았다는 게리 볼의 주장과 등정했다는 리디아 브래디의 주장을 동시에 실었다.

시간이 흘러 산악계의 많은 사람들은 리디아의 등정 주장을 믿기 시작했다. 이들은 그녀가 정치적·경제적 부담 때문에 '헷갈린다'는 진술서를 쓸 수밖에 없었을 것이라고 짐작했다. 몇 년 후, 홀리는 리디아와 같은 날 같은 루트에 있었다고 주장한 한 스페인 산악인을 통해 리디아의 등정 사실을 확인할 수 있었다. 그는 함께 등정하지는 않았지만 리디아가 정상에서 내려올 때 사우스콜에 있었고, 3캠프까지 함께 내려오는 동안 리디아가 엄청 수다를 떨면서 등반과정을 자세하게 설명했는데, 정상에 올랐다고 믿을 수 있을 만큼 구체적이었다고 진술했다.

사람들은 왜 홀리가 롭 홀과 게리 볼의 성명서 내용을 반박하지 않았는지 의아해했다. 리디아가 이상하게 굴었거나 호감을 사지 못한 것은 아닐까? 그것도 아니면 등정 주장에 의심을 살 만한 어떤 말을 한 것은 아닐까? 홀리가 자유로운 사고방식과 거침없는 성격의 리디아를 좋아하지는 않았을 것이라는 추측도 나돌았다. 하지만 리디아는 홀리와 아무 문제없이 잘 지냈다면서, 이런 추측을 부인했다. 홀리 역시 이를 반박하며, 등반에 지친 데다 체코팀 사고로 충격까지 받고 내려와서 동료들의 푸대접만 받은 리디아를 안타깝게 여겼다고 주장했다. 그러나 홀리가 롭 홀과 게리 볼의 주장을 옹호하자, 에베레스트에서 돌아온 리디아는 '무죄가 증명될 때까지 유죄'인 상황에 놓이게 됐다. 다른 사람들은 홀리와 생각이 달랐지만 그녀의 입김이 더 강했다. 이것은 당시 산악계에서 홀리가 차지하고 있던 위치를 잘 보여주는 사건이었다.

작가이자 산악인인 그렉 차일드는 홀리가 이 등정 논란이 가져올 잠재적인 파급을 이해했는지 모르겠다면서, 아마도 이해하지 못했을 것이라고 주장했다. 몇 년 후 그가 진상을 파악하기 위해 홀리를 찾아갔을 때 그녀는 리디아가 거짓말을 했다는 홀과 볼의 서명 진술서를 건네주며 매우 협조적이었다. 홀과 볼은 후에 그 진술을 부인했다. 차일드는 홀리가 과거의 인연 때문에 처음에는 그들 편을 들었지만, 사실을 입증하는 많은 자료가 쌓이면서 마침내 진실로 밝혀지자 꼼짝없이 인정할 수밖에 없었을 것이라고 확신했다. 하지만 그사이 리디아의 등반 경력은 심각한 손상을 입었다. 이것은 리디아의 등정에 의혹의 시선을 보낸 홀리의 기록 때문이었다.

리디아가 홀리를 바라보는 시선에는 애증이 섞여 있다. 에베레스트를 등정하기 전에 만났을 때 그녀는 홀리의 독특한 성격과 '콕콕 찌르는' 유머 감각을 좋아했다. 홀리는 합리적이고 현실적인 사람이었는데, 등정 후에 만났을 때는 태도가 180도 달라져 있었다. 리디아는 마치 악몽을 꾼 것 같았다. 하지만 그 악몽은 사고 때문이었을지도 모른다. 리디아는 어쨌든 에베레스트에서 겪은 체코 산악인들의 사고로 완전히 지친 데다 충격까지 받은 상태였다. 그게 아니라면 그녀가 홀리에게 분명하고 단호하게 말하지 않았기 때문일 수도 있다. 홀리가 자신의 등정에 의혹을 품고 있다는 것을 알고 리디아는 당황했다. 리디아는 자신과 이야기도 나누기 전에 이미 의혹을 품고 있었다는 것을 유감스럽게 생각했다. 그러면서도 그녀는 이것이 강한 성격을 갖고 있으면서 자신의 주장을 강력하게 밀어붙이는 롭 홀 때문이었을 것이라며 "일단 롭 홀이 뭔가를 작정하고 밀어붙이기 시작하면, 아무리 엘리자베스 홀리라도 막을 수 없어요!"라고 말했다.

카트만두의 홀리 집 거실에서 15년 전 리디아 사건을 이야기하자, 그녀가 경멸 어린 시선을 보낸 쪽은 리디아가 아닌 홀과 볼이었다. 그들이 남성우월주의자라면서 "사람은 좋은데, 어쩔 수 없는 남자였어요!"라고 말했다.

또 다른 등정 논란은 시간이 좀 흐른 뒤에 점화됐다. 1989년 봄 시즌에 있었던 토모 체센[151]Tomo Česen의 극적인

---

151 슬로베니아의 산악인(1959~). 알프스와 히말라야 단독등반 전문가. 1986년 K2

자누Jannu 단독등반과 관련된 것이었다. 슬로베니아 크란 출신의 29세 스포츠 기자 토모 체센은 촬영을 맡은 내과의사와 함께 7,710미터의 자누에 도전했다. 그는 인근 지역에서 고소적응을 마치고 나서 셰르파의 도움도 받지 않고 단독으로 북벽의 신루트를 통해 정상에 도전해 23시간 만에 정상에 올라섰고, 휘몰아치는 바람을 뚫고 곧바로 북동릉으로 하산했다. 그의 등정 주장이 그럴듯하게 들렸던 것은 당당한 태도 때문이었다. 홀리가 등정에 성공한 기분이 어떠냐고 묻자 그는 "아주 만족스러웠습니다."라고 대답했다. 메스너는 "토모 체센은 북벽의 아슬아슬한 등반선을 따라 올랐습니다. 아름다운 등반선이죠. 이번 시즌 최고의 등반입니다."라고 찬사를 보냈다. 체센은 단독등반을 좋아한다고 주장했다. 속도가 더 빨라 덜 위험하다는 것이었다. 이리하여 그의 자누 등반은 히말라야의 새로운 스타가 이룩한 의미 있는 성공이라고 보도되었고, 기록되었으며, 받아들여졌다. 하지만 시간이 지나면서 진실이 드러나기 시작했다.

체센의 단독등반과 대조되는 소련의 무시무시한 등반이 칸첸중가에서 진행됐다. 4월 9일부터 5월 3일까지 소련 산악인 27명과 셰르파 1명이 칸첸중가 4개 연봉의 정상을 모두 85차례나 올랐다. 더욱 인상적인 것은 동시에 두 팀이

를 단독등반한 후 그의 이름을 딴 체센 루트가 생겼다.

서로 반대 방향에서 길고 아찔한 정상 능선을 횡단등반 했다는 것이다. 이것은 칸첸중가 정상 능선에서 이루어진 최초의 횡단등반이었다. 물자 수송도 완벽했다. 산악인들의 놀라운 재능이 히말라야의 8천 미터급 고봉에서 펼쳐진 것이다. 대원 중에는 아나톨리 부크레예프도 있었다.

그해 가을, 가장 밝게 빛나던 '히말라야의 스타' 예지 쿠쿠츠카가 추락사했다. 조용하면서도 굳센 의지를 지닌 그는 폴란드 카토비체Katowice 출신의 전기기사로, 아무도 오른 적이 없는 거대한 로체 남벽을 우아한 스타일 — 가볍고 빠른 스타일 — 로 도전했다. 하지만 그와 그의 동료들은 처음부터 스타일을 바꿔야만 했다. 눈의 상태가 좋지 않아 극지법을 쓸 수밖에 없었다. 6주 후 그는 정상에서 수직으로 300미터 아래 지점을 등반 중이었다. 날씨도 좋았고 고소적응도 완벽했다. 심지어 바람조차 없었다. 하지만 쿠쿠츠카는 미끄러지면서 추락했고, 로프가 끊어졌다. 그는 벽 아래로 거의 3,000미터나 추락한 뒤 사망했다.

사람들은 보통 동유럽 산악인들이 사용하는 낡은 로프 때문이었다며 안타까워했다. 만약 쿠쿠츠카가 이 등반에 성공했다면, 그는 8천 미터급 고봉 14개 모두를 겨울이 아니면 신루트로 등정한 엄청난 기록 보유자가 됐을 것이다. 이것은 메스너도 세우지 못한 대기록이 될 수 있었다. 하지만 홀리는 "산악계가 지적이고, 부드러운 말씨를 지녔고, 참을성 있고, 겸손하고, 많은 사랑을 받은 한 사람을 잃었다."라고만 썼다. 1980년부터 1990년까지의 10년은 폴란드 산악인들에게 혹독했다. 최고 수준의 많은 산악인들이 어려운 루트를 야심차게 개척하다 영원히 산에 묻혔다. 쿠쿠츠카가 죽고 나자 친구들은 "이제 폴란드에는 뛰어난 산악인이 몇 명밖에 남지 않았다…"라고 말했다.

홀리는 쿠쿠츠카를 여러 번 만났는데, 그는 언제나 그녀의 집요한 질문에 참을성 있게 잘 답변했다. 홀리는 그런 그의 태도를 고맙게 여겼다. 그는 흥미진진한 등반을 했고, '등정 경쟁'에서 메스너와 치열한 다툼을 벌였다. 그의 참을성은 산에서도 빛났다. 마나슬루에서는 날씨가 좋아지고 눈사태의 위험이 진정되기를 바라면서 꼬박 한 달간이나 베이스캠프에서 기다렸다. 나흘간 나쁜 날씨가 계속 이어지자 지루하고 비현실적인 시간 속에 갇힌 대부분의 원정대는 불평하기 시작했다. 대원들은 직장으로 돌아가야 했거나, 가족이나 여자 친구를 걱정했거나, 아니면 그냥 기다림에 지쳤을지도 모른다. 쿠쿠츠카만큼 등반 동기가 강하지 않았던 것이다. 홀리는 다른 8천 미터급 고봉 사냥꾼과는 달리 쿠쿠츠카가 갖고 있던 '포기하지 않는 자세'를 좋아했다. 이것은 홀리가 어머니로부터 물려받은 기질이기도 했다. 메스너는 자기가 등반을 왜 하는지, 또 무엇을 했는지에 대해 아주 잘 설명했다. 쿠쿠츠카와는 언어장벽 때문에 대화가 더 힘들었지만, 홀리는 그의 말을 직감적으로 이해했다.

쿠쿠츠카가 사망한 1989년 한 해는 홀리조차도 예상치 못한 두 원정대가 육탄전을 벌인 이상한 사건과 함께 저물어 갔다. 이것은 불가피한 싸움이었을지도 모른다. 네팔 정부가 하나의 산, 심지어는 하나의 루트에도 여러 원정대에 허가를 내주기 시작했기 때문이다. 사건은 초오유에서 일어났다. 대규모 한국 원정대의 대원들과 셰르파들이 주먹과 스틱으로 벨기에 원정대원들을 공격한 것이다. 처음에 한국 원정대는 공격 가담을 부인했지만, 끝내는 한 벨기에인의 머리에 부상을 입히고, 목에 로프를 감고, 손을 뒤로 묶었다는 사실을 인정했다. 벨기에 원정대는 홀리에게 "등반이 싸움으로 변질돼서는 안 됩니다."라고 말했지만, 히말라야는 이미 그렇게 변해 가고 있었다[152].

홀리의 어머니 플로렐은 1984년 봄에 90세 생일을 맞이했다. 이제 어머니가 어디서 여생을 보내는 것이 좋을지 고민해야 하는 시간이 온 것이다. 팔로알토에 있는 아파트를 떠

---

152 『역동의 히말라야』(남선우, 사람과 산) 217쪽에 이 사건의 내용이 자세히 나와 있다.

나야 했던 어머니는 새 거처를 두고 고민했다. 미국으로 돌아가서 사는 것이 어려워진 홀리는 카트만두에서 함께 살자고 제안했다. 그러나 어머니는 이 제안을 거절하고, 미국 동부에 살고 있던 홀리의 사촌 리 니어림 집 근처로 이사했다.

그로부터 4년 후, 어머니는 혼자 살기에는 너무 많이 쇠약해져 보살핌이 필요했다. 이제는 요양원으로 가든지, 아니면 딸에게 가든지 선택을 해야 했다. 가족은 정신도 또렷하고 총기가 있는 노인을 요양원에 보내는 것이 적절치 않다는 결론을 내렸고, 마침내 1988년 조카 마이클 부부가 94세 된 할머니를 모시고 카트만두로 왔다. 플로렐이 미국을 떠나는 길에 친지들은 힘든 작별인사를 건넸다. 모두 다시는 만날 수 없다는 것을 잘 알고 있었다.

카트만두에 도착한 홀리의 어머니는 휠체어를 탄 채로 2층으로 옮겨졌다. 하지만 어머니는 일주일 만에 뇌졸중으로 다리가 마비돼 걸을 수 없게 됐다. 홀리는 침대 방으로 어머니를 옮긴 다음, 네 명의 간병인을 두고 24시간 내내 돌보았다. 간병인 한 명은 티베트 출신이었고, 또 한 명은 43킬로그램의 어머니를 쉽게 들어 올릴 수 있는 젊고 힘이 센 셰르파 여성이었다. 다른 한 명은 라이족 출신의 간호사였고, 네 번째 간병인은 높은 카스트에 속한 체트리 여성이었다. 이들 모두가 정성을 다해 플로렐을 돌보았고, 홀리는 어머니와 함께 소중한 시간을 보냈다.

여전히 정신이 또렷한 어머니는 아침에 일어나 함께 식사를 했고, 신문과 잡지, 책을 읽은 후 낮잠을 즐겼다. 어머니가 좋아해서 미국에서 가져온 책 중에는 살인 추리소설도 있었다. 어머니는 휠체어를 타고 가파른 계단을 오르내리는 일을 싫어해서 아파트 밖으로 나간 것은 딱 한 번뿐이었다. 어머니가 밖으로 나갈 수 없게 되자, 홀리는 출장 서비스를 신청했다. 미용사가 정기적으로 집을 방문했고, 의사와 치위생사도 종종 집으로 왔다. 홀리는 어머니와 함께 매일 오후 5시 30분에 저녁을 먹었는데, 식사를 하기 전 늘 술을 한 잔씩 즐겼다. 홀리는 보통 맥주나 위스키를 마셨고, 어머니는 독특한 스타일의 칵테일을 고집했다. 캐나디언 클럽Canadian Club에 무과당 사과주스를 탄 칵테일로, 어머니는 운명하기 3일 전까지 이것을 매일 마셨다.

1989년 11월의 어느 날 아침, 홀리는 아침 인사를 하러 어머니 방에 들어갔다. 어머니는 지금 일어나고 싶지 않다고 하면서, 아침을 방으로 가져다 달라고 부탁했다. 하지만 어머니는 두 번 다시 일어나지 못했다. 어머니는 운명하기 전부터 "애야, 이제 나를 저세상으로 보내줘."라고 간청했고, 그로부터 이틀이 지난 한밤중에 결국 뇌졸중으로 숨을 거뒀다. 향년 95세였다.

홀리는 난생처음 무엇을 어떻게 해야 할지 몰라 허둥댔다. 앙 리타는 그날 아침을 기억하고 있었다. 아래층 히말라야 재단 사무실에서 일을 하다가 위층으로 올라갔을 때 그는 홀리의 어머니가 운명했다는 사실을 알고 화장식을 어떻게 할 것이냐고 묻자, 홀리는 평소답지 않게 아무 대답도 하지 않았다. 이틀 후, 그녀는 어머니가 화장을 원했다고 하면서 도움을 요청했다. 앙 리타는 히말라야 재단에서 형제처럼 일하던 셰르파들과 함께 화장 의식에 필요한 절차를 도와주었다. 홀리는 먼저 어머니 시신을 미국 대사관 냉동고에 보관시켰다. 그리고 나무로 된 소박한 관에 넣고, 히말라야 재단 픽업트럭에 실어 화장터로 운구했다. 라마승과 다섯 가지 색깔의 기도용 깃발, 음악 연주자와 신에게 바칠 음식 등이 준비돼 있었다. 앙 리타는 히말라야 재단을 통해 홀리의 많은 관심과 보살핌을 받은 셰르파 중 한 명이었다. 그는 학생 시절 카트만두에 처음 왔을 때 자신을 걱정해 주던 홀리에게 고마운 마음을 갖고 있었다. 그는 슬픔에 빠진 홀리를 도와줄 수 있어서 기쁘게 생각했다.

화장식은 바그마티 강둑의 불가촉천민 구역에서 거행됐다. 전통적으로는 장남이 장작더미에 불을 붙이지만, 장남은 없고 유일한 혈육이 홀리뿐이었다. 불을 붙여야 할 시간이 되자 홀리는 춥고 축축한 날씨 속에 친구들에게 둘러싸여, 라마승이 전통적인 기도문을 읊조리는 가운데 앞으로 나가 어머니의 관이 놓인 장작더미에 불을 붙였다. 그녀에게는 일생에서 가장 어려운 일이었다.

어머니는 운명하기 며칠 전 떨리는 손으로 딸의 생일 축하카드를 썼다. "사랑하는 딸, 생일 축하해. 잘 보살펴 주고 즐거운 삶을 살게 해줘 고마워." 어머니는 가끔 홀리에게 카트만두로 온 것은 잘한 결정이라고 말했는데, 홀리도 이 말에 동의했다.

한 달 후 홀리는 어머니를 화장하고 남은 재를 30센티미터 높이의 아름다운 청동 항아리에 담아 미국으로 가져갔다. 리와 월이 공항으로 마중 나왔는데, 홀리는 그 어느 때보다도 착잡한 심경이었다. 이들은 다함께 앉아 잭 다니엘스한 병을 땄다. 홀리는 어머니의 죽음을 지켜보는 것이 얼마나 힘들었는지, 인생에서 어머니의 자리가 얼마나 컸는지 울먹이면서 말을 이어 갔다. 또한 오랫동안 떨어져 산 어머니를 네팔로 모셔와 돌볼 수 있어서 정말 다행이었다고 말했다. 그리고 인생에서 겪은 후회와 슬픔을 솔직하게 털어놓았다. 어머니의 죽음은 — 비록 예상하기는 했어도 — 오래전에 요절한 오빠를 떠나보낸 것보다도 더 힘들었다고 고백했다.

거의 모든 친지들이 여름별장이 있던 버몬트의 도싯에 모여 가파른 산의 경사면에 있는 공동묘지 옆에 숙소를 잡고 장례식을 지켜봤다. 플로렐의 재를 담은 항아리는 남편과 아들 존이 있는 곳에 묻혔다. 홀리의 사촌 리 니어림은 바흐의 '오라 달콤한 죽음이여'를 불렀고, 다른 사람들은 고인에 대해 써 온 글을 읽거나 추억을 이야기했다. 홀리는 어머니가 운명한 직후 쓴 편지를 읽었고, 어머니의 마지막 며칠을 설명했다. 홀리의 인생에서 중요한 한 장章이 이렇게 끝났다.

1990년 6월 홀리는 뉴질랜드로부터 네팔 명예영사가 되어 달라는 특별한 제안을 받았다. '명예'라는 글자가 붙은 것은 뉴질랜드인이 아니어서였다. 홀리는 영광스러운 일인 데다 월급도 지급되는 직위라 상당히 마음이 끌렸다. 업무는 크게 두 가지였다. 공부나 관광을 하러 뉴질랜드로 들어가는 네팔인을 도와주고, 네팔에 있는 뉴질랜드인을 돕는 것이었다. 때로는 등반 허가나 비자 업무를 처리해야 하고, 시간이 촉박한 사람들을 위해 급행 비자를 처리해 줘야 하는 일도 있었다. 그리고 아주 드물게는 뉴질랜드인의 시신을 본국으로 돌려보내는 오싹한 업무도 있었다.

가장 큰 업무는 뉴질랜드로 가고 싶어 하는 네팔인을 상대하는 일이었다. 비자 발급은 홀리의 사무실에서 하지 않고 뉴델리 뉴질랜드 대사관에서 했다. 하지만 네팔인들은 떼를 지어 사무실로 찾아오거나 전화를 했다. 그녀 대신 로이터

일을 하고 있던 고팔 샤르마는 아무것도 모르는 순진한 사람들이 사무실로 와서 뉴질랜드 비자 관련 정보를 물어볼 때, 홀리가 이들을 어떻게 대하는지 여러 차례 지켜본 경험이 있었다. 만일 머뭇거리면, 홀리는 "정확히 뭘 원해요? 필요한 게 뭐예요? 여기 온 이유가 뭐예요?"라고 쏘아붙였다. 결국 이들이 홀리의 질문에 대답할 만큼 정신을 차리면, 홀리도 마음을 가라앉히고 비자 발급 절차를 알려줬다. 겉으로는 무뚝뚝하지만 따뜻한 면도 있는 홀리는 "뉴질랜드를 유학 목적으로 가는 사람도 있지만, 불법 취업하러 가는 사람도 많아요. 뉴질랜드 정부는 입국자들의 진짜 의도가 무엇인지 면밀히 지켜보고 있으니 조심하세요."라는 충고도 해주었다.

홀리는 3명의 뉴질랜드인 사망사건도 처리해야 했다. 첫 번째 사망사고는 티베트의 에베레스트 북쪽에서 진행된 등반 중 일어났는데, 친구이자 등산 가이드인 뉴질랜드인 러셀 브라이스Russel Brice가 다행히 그 현장에 있었다. 그는 시신은 두고 내려와야 했지만, 여권을 포함한 고인의 유품을 홀리에게 가져다주었다. 홀리는 이것을 뉴델리 뉴질랜드 대사관을 통해 호주에 사는 한 친지에게 보내 주었다.

두 번째 사망사고는 비교적 어렵지 않은 산을 로프를 써가며 등반하다가 발생한 사건이었다. 이 사고로 뉴질랜드인 한 명을 포함해 전원 사망했다. 홀리는 그의 시신과 유품을 가족에게 돌려줬다.

세 번째는 23세 젊은 여성의 사망사고였다. 이 여성은 의사면허를 갓 취득한 여의사로, 포카라의 한 병원에서 자원봉사 활동을 마치고 트레킹에 나섰다가 버스를 타고 포카라로 돌아오던 중, 갑자기 쓰러졌다. 같이 있던 친구 두 명이 택시를 불러 그녀를 포카라의 한 병원으로 옮겼다. 그들은 택시 안에서 친구를 살리기 위해 온갖 수단을 다 써 보았지만 병원에 도착했을 때는 이미 숨을 거둔 상태였다. 친구들이 카트만두로 와서 이 소식을 전하자 홀리는 트레킹 회사와 장의업체를 운영하는 한 오스트리아인의 도움으로 복잡한 국제규정을 밟아 이 여성의 시신을 뉴질랜드로 돌려보냈다.

오싹한 기분은 덜했지만 훨씬 더 짜증 났던 사건도 있었다. 비자 유효기간이 끝난 뉴질랜드인 토니 패롤리Tony Paroli 사건이었다. 비자 유효기간이 무려 6~7개월이나 지난 상태에서 비자를 갱신하러 간 그는 "물론, 재발급 해드립니다. 비용은 두 배를 내야 합니다."라는 답변을 들었다. 그는 화를 내면서 비용을 내지 않으려고 했다. 그러자 "그럼, 우리와 함께 가시죠?"라고 말하더니, 그들은 그를 감옥으로 데려갔다. 그는 곧바로 홀리에게 전화를 걸어 도움을 요청했다. 하지만 그 순간 홀리가 도와줄 수 있는 방법이 없었다. 불행하게도 연휴가 시작되는 금요일 늦은 오후였다. 토요일 아침, 홀리는 잠시 이야기를 나누어 보기 위해 몰래 그를 만나러 갔고, 감옥 철조망을 넘는 과정에서 그만 옷이 찢기는 일도 겪어야 했다.

그다음 주가 되자 패롤리는 비용을 지불하려고 했다. 수중에 충분한 현금은 없었지만, ATM 카드가 있었다. 그는 아주 비싼 새 비자 발급 비용과, 미지불한 호텔 비용 그리고 네팔 출국 비용으로 무려 8,000달러가 필요했다! 문제는 ATM 카드의 하루 최대 인출 금액이 250달러밖에 되지 않아 필요한 돈을 찾으려면 한 달 이상 기다려야 한다는 것이었다. 홀리는 그를 사무실로 데려갔고, 그는 그곳에서 뉴질랜드에 있는 아버지에게 전화로 도움을 청했다. 가진 돈이 충분하지 않았던 그의 아버지는 일단 6,000달러를 보내 주기로 약속했고, 패롤리는 웨스턴유니온으로 가서 그 돈을 찾았다. 그는 엄청난 비자 비용을 지불한 후에야 홀리의 보호 관리에서 벗어났다. 하지만 네팔 정부가 추방을 명령했기 때문에 홀리는 그를 비행기에 태워 보내는 일까지 해야 했다. 그녀는 비행기 좌석을 예약해 준 후 그를 타멜에 있는 호텔까지 직접 데려다 주었다. 다음 날 약속대로 그가 사무실로 찾아오자 홀리는 그를 공항까지 데려다 주었고, 마침내 그가 출입국관리소를 통과해 비행기를 타고 네팔을 떠나자 안도의 한숨을 내쉬었다. 그런데 몇 년 후 홀리가 그로부터 다시 전화를 받았다면 얼마나 놀랐을지 상상할 수 있을 것이다. 그는 이번에는 포카라에 있었다. 비자도 받지 않은 상태로….

　네팔에서 비자는 가볍게 여길 문제가 아니다. 정식 비자를 발급 받고 네팔에 온 젊은 뉴질랜드 여성 두 명은 비자 연장을 여행 업체에 의뢰했다. 그런데 여권을 돌려받고 보니 비자 스티커가 위조된 것이었다. 이들은 확인을 하기 위해 비자를 보여주자마자 곧바로 카트만두에 있는 4개의 감옥 중 가장 무시무시한 딜리 바자르Dilli Bazaar 감옥에 수감됐다. 홀리는 면회를 가서 그 둘에게 음식을 넣어 주었다. 다행히도 뉴질랜드 국회의원이 나서서 힘을 써 준 덕분에 이들은 자유의 몸이 되었다. 국회의원이 네팔 총리 집무실을 방문해 이 여성들의 무죄를 강조하자 3일 만에 풀려난 것이다.

　명예영사 사무실을 찾아오는 사람 모두가 억울한 것은 아니었다. 뉴질랜드 여권을 갖고 싱가포르로 향하던 한 남자는 6킬로그램의 액상 해시시를 소지하고 있다 공항에서 체포돼 역시 딜리 바자르 감옥에 수감됐다. 재판을 방청한 홀리는 쿠마르의 통역을 통해 그가 2년 형을 선고받고 중앙교도소에 수감된다는 말을 들었지만, 크게 놀라지 않았다. 뉴질랜드 정부가 그의 여권을 회수하기를 원하자, 홀리는 이제 더 이상 낯설지 않은 감옥으로 여권을 받으러 갔다. 그런데 그 사람에게는 여권이 두 개 있었다. 뉴질랜드 외무부는 여권 두 개를 가지고 있는 것을 수상히 여겼는데, 결국 두 개 다 위조된 여권이었다. 뉴질랜드 공무원이 홀리에게 "그 사람 잡아 주세요!"라고 요청했다. 맙소사! 그런데 하필 그것이 그가 감옥에서 막 풀려난 뒤였다. 홀리는 폭스바겐을 타고 인터폴 사무소로 달려가 상황을 설명했다. 즉시 공항으로 출동한 경찰은 국제항공에 탑승하려던 그를 붙잡아 다시 감옥에 가두었다. 홀리가 면회를 가서 여권을 어디에서 입수했는지 묻자, 그는 싱가포르에서 500달러씩 주고 샀다고 털어놓았다. 그는 상습적으로 네팔에서 싱가포르로 마약을 운반했고, 그 대가로 싱가포르에서 값싼 전자제품을 들여왔던 것이다. 알고 보니, 그는 크라베츠 마틀라크Krawetz Matlak라는 폴란드인이었다! 어쨌든 뉴질랜드인이 아니라는 사실에 홀리는 일단 한숨을 돌렸다. 그리고 폴란드 관계자에게 전화를 걸어 이렇게 말했다. "여기, 이 남자를 데려가세요!"

이것이 명예영사의 삶이었다. 홀리는 그래도 역시 산악인들을 만나는 것이 더 낫다고 생각했다.

제13장

많은 주장, 많은 야심

방에 들어온 지 30분도 되지 않아 전화가 울렸다. 엘리자베스 홀리였다. 축하 인사를 하더니 만나자고 했다.

"히말라야 등반에 새로운 별이 뜨다"는 홀리가 쓴 1990년 봄 시즌 등반 보고서 제목으로, 새로운 별은 바로 토모 체센을 일컫는 말이었다. 그는 많은 산악인들이 주목하고 시도했던 '로체 남벽'을 오르겠다고 공언했고, 그 약속을 지켰다. 충분한 캠프도 없이 산소를 사용하지 않고 이 무시무시한 벽을 대담하게 단독으로 등반하여 산악계를 놀라게 한 것이다.

1977년 로체 남벽을 자세히 살펴본 메스너는 이 벽이 21세기의 새로운 등반 과제가 될 것이라 말했다. 그는 1989년 5,000미터의 고정로프를 준비해 다시 정찰에 나섰는데, 3개의 고정 캠프가 필요하다고 확신했다. 바로 그 무렵 폴란드의 전설적인 산악인 예지 쿠쿠츠카도 이 인상적인 벽의 정상 부근에서 추락사를 당한 상황이라 세간의 이목이 집중됐다. 토모 체센이 시도한 등반은 메스너나 쿠쿠츠카도 상상하기 힘들 만큼 대담했다. 단독으로 그리고 그것도 베이스캠프에서 정상까지 45시간 20분이라는 놀라운 시간으로. 사실 원정 전체가 회오리바람처럼 빠른 속도로 진행됐다. 체센은 단 14일 동안 베이스캠프에 머물며 고소에 적응하고, 낙석과 눈사태를 피할 수 있는 최상의 등반 루트를 찾아냈다.

토모 체센이 홀리에게 제출한 보고서에 따르면, 그는 4월 22일 베이스캠프에서 점심을 먹은 후 침낭과 장갑, 비박색, 양말, 고글, 6밀리미터 굵기의 로프 100미터, 암벽용 하켄 8개, 아이스스크루 10개, 3킬로그램의 식량, 보온병 3개를 배낭에 넣고, 크램폰과 헬멧, 헤드램프를 차고, 피켈 2개와 무전기, 카메라를 들고 등반에 나섰다. 홀리에게 제출한 보고서 — 정확한 출발 시간, 등반 루트, 비박 장소, 수면 시간, 등반 전략과 날씨 — 는 빈틈이 없었다. 그는 정상 부근에 있는 수직의 어려운 바위 구간 50~70미터를 돌파한 후, 깊은 눈으로 뒤덮인 정상 능선구간을 어떻게 등반했는지 자세히 묘사했고, 오후 2시 20분 강한 바람 속에서 어떻게 정상에 올랐는지도 설명했다. 다음 날 아침 7시에 베이스캠프로 돌아온 그는 홀리에게 특히 하산을 할 때는 정신적으로 지쳐 있었으나 기분이 좋았다고 말했다. 육체적 피로는 하루가 지나자 풀렸다. 그는 '자신의 성취에 만족한다'는 말로 보고서를 끝맺었다.

홀리는 평소의 스타일대로 자세히 캐물었다. "정상에서 무엇이 보이던가요? 눈에 띄는 특별한 지형은 없었나요? 다른 등반대가 남긴 것은요?"라는 질문에 대한 그의 답변은 설득력이 있었다. 홀리는 어려운 신루트로 자누를 등반한 이야기를 들었을 때 깊은 감명을 받았고, 자누 등정 이야기 때문에 로체 등정을 신뢰했다. 그의 말을 믿은 사람은 단지 홀리만이 아니었다.

메스너는 토모 체센의 로체 등반 속도와 비전에 감탄했다. "8,000미터 위에서 그렇게 빨리 등반하다니! 도저히 상상할 수 없다." 모두가 그의 등반이 미래지향적이라는 데 동의했다. 그해 가을 늦게 20명의 소련 원정대가 로체 남벽에 도전했는데, 이들은 남벽을 돌파하느라고 산소를 사용하면서도 몇 주일이 걸렸다. 이들은 처음에는 토모 체센이 주장한 등반에 경탄을 보냈지만, 나중에는 의심을 품기 시작했다.

소련 원정대가 기자회견을 할 때 카트만두에 있었던 그렉 차일드는 토모 체센의 등반에 의혹을 제기한 당시 상황을 떠올렸다. 소련 팀의 기자회견 자료는 신중했다. 이들은 "만일 그가 자신의 주장대로 그 루트를 등반했다면, 그는 슈퍼맨이다."라고 주장했다. 기자회견 이후, 차일드는 홀리가 토모 체센과 나눈 인터뷰 내용에 의문을 가졌고, 그녀가 자세한 등반 기록을 갖고 있지 않다는 사실을 알고 놀랐다. 차일드는 홀리가 이 잠재적인 논란의 규모를 알았는지 확신할 수 없었다. 혹시 홀리가 평소대로 조사를 하기보다는 토모 체센이 말한 내용을 그대로 받아 적은 것은 아닐까? 훨씬 뒤에 홀리는 차일드의 말을 전해 듣고 화들짝 놀랐다. 토모 체센의 등반 파일에 사진과 진술서, 자세한 묘사, 자신의 기록이 모두 있었기 때문이다. 차일드가 원한 것을 홀리가 이해하지 못했거나, 아니면 자신의 기록을 그에게 보여 줄 의향이 없었거나, 그것도 아니라면 둘 중 한 명의 기억이 잘못됐을 것이다.

토모 체센이 슬로베니아로 귀국한 후, 그가 한 이야기 중 맞지 않는 부분이 드러나기 시작했다. 프랑스의 『버티컬』 잡지사에서 등정 사진을 요청하자, 그는 한 장의 사진을 보냈다. 하지만 시간이 얼마쯤 흐른 뒤 그 사진은 토모 체센의 것이 아니라, 동료였던 슬로베니아인 빅토르 그로셀의 것으로 드러났다. (빅토르는 이 사건을 불쾌하게 생각했다.) 하나의 거짓이 드러나다 보니 다른 거짓도 연달아 드러나면서, 홀리와 메스너를 포함한 많은 산악인들은 그가 로체 남벽을 오르지 못했다고 믿게 되었다.

홀리는 그때 혹시 토모 체센이 자신의 주장을 헷갈리지

않았을까 생각해 보았다. 하지만 그는 아주 분명했다. 자신이 정상 바로 밑에 있었는데, 바람이 불고 장소가 좁아 정상에 서는 것이 안전해 보이지 않았다는 것이다. 그는 팔을 쭉 뻗으면 정상에 '닿을 수 있는' 거리였다면서 등정을 주장했다. 홀리는 당시의 인터뷰를 되돌아보며 이렇게 말했다. "그가 한 말을 믿었죠. 그는 자누에도 갔었잖아요? 내 사무실에 들렀는데, 등반을 아주 구체적으로 설명했어요. 준비가 아주 잘돼 있었습니다. 루트 개념도를 보여 주며 어느 곳을 어떻게 올랐는지 등반 과정을 상세히 설명한 것으로 기억합니다. 내가 자누와 비교해 달라고 하자, 그는 "기술적으로 어렵지는 않았어요. 하지만 로체가 자누보다 훨씬 크고 넓어서 제가 아주 작아진 느낌이 들었죠."라고 답했어요. 그런데 그의 거짓이 들통나고 말았죠. 그를 더 이상 믿을 수 없어 안타깝지만, 이제는 믿지 않습니다."

사람들은 이제 토모 체센의 로체 등반뿐만 아니라 자누 단독등반까지 의심하기 시작했다. 홀리는 그가 자신이 지어낸 이야기를 사실처럼 믿어 버린 것 같다면서 "참 안타까운 일이죠."라고 말했다. 로체 등반 이후 홀리는 그를 다시는 보지 못했다.

홀리는 토모 체센의 거짓을 눈치채지 못하고 보고서에 자누와 로체 등반을 성공으로 기록했기 때문에 상당한 비난을 받았다. 일부는 8천 미터급 고봉 등정 기록에 대해서는 상세하고 정밀한 것으로 정평이 난 명성에 걸맞게 그녀가 거짓을 가려냈어야 했다고 주장했다. 홀리가 진실의 최전방에 있는데 너무 쉽게 뚫렸다고 비난한 이들도 있었지만, 실제로 전 세계의 모든 등산 잡지 편집장도 토모 체센이 명백한 실수를 저지르기 전까지 그를 믿었다면서 홀리를 비호하는 이들도 있었다.

반면 토모 체센과 같은 슬로베니아 출신의 산악인들은 보다 즐거운 시간을 보내고 있었다. 안드레이 스트렘펠[153] Andrej Štremfelj은 부인 마리아와 에베레스트 정상을 올라 최초의 부부 등정자라는 기록을 세웠다. 홀리는 캠프, 시간, 거리 등 통상적인 질문 외에도 정상에 올라갈 때 어떤 옷을 입었는지, 둘 중 누가 먼저 정상에 올라섰는지 물었다. 마리아는 별 의미가 없어 보이는 세부 사항에 대한 그녀의 집착이 이상했으나, 홀리가 그 이유를 설명하자 수긍했다. 그날 최초의 기록에 도전한 또 다른 부부 팀이 있었던 것이다. 미국인 아내와 러시아인 남편 팀이 바로 뒤따라 올랐기 때문에 홀리는 누가 먼저 올랐는지 확실하게 따져야 했다. 홀리는 스트

---

153 슬로베니아 출신의 유명 산악인. 1990년 10월 7일 부인과 함께 에베레스트를 등정해 최초의 부부 등정 기록을 세웠으며, 1992년 칸첸중가 남벽을 알파인 스타일로 등반해 프레젤과 함께 황금피켈상을 받았다.

렘펠 부부가 말한 시간과 세부 사항을 다른 부부가 말한 기록들과 교차 확인했다. 마리아는 자기들이 그처럼 간발의 차로 먼저 올랐다는 것을 알고 깜짝 놀랐다.

안드레이와 잘 알고 지냈던 홀리는 그들의 성공을 진심으로 기뻐했다. 홀리와 안드레이는 오랫동안 등반에 대한 이야기를 나눠 왔다. 그녀는 안드레이를 좋아했고, 그의 정직함과 등반 동기를 신뢰했다. 홀리는 자신이 자주 보아 온 8천 미터급 고봉 등정 논란과 거리를 둔 안드레이야말로 진정한 알피니즘을 구현했다고 말했다. 자기가 오르지 않았는데도 올랐다고 말한 유명 산악인들의 숫자를 듣고 깜짝 놀란 안드레이는 홀리가 어떻게 토모 체센의 로체 남벽 등반 주장을 믿게 됐는지 이야기를 나누었다. 홀리는 미국 원정대가 버린 산소통의 위치를 자세히 설명한 토모 체센의 말을 듣고 그를 철석같이 믿기 시작했다.

네팔을 자주 찾았던 안드레이 역시 홀리의 방대한 정보에 도움을 받은 수혜자였다. 카트만두의 저렴한 숙소를 찾아주고, 그들의 물자 수송과 등반 허가를 도와주는 등 홀리는 슬로베니아 산악인들에게 소중한 자산이었다. 무엇이 필요한지 잘 알고 있던 홀리는 산악인들을 힘껏 도와주었지만, 안드레이는 그녀가 공개하고 싶어 하지 않는 정보도 많다는 것을 느꼈다. 이를 테면, 네팔의 정치나 네팔 왕족, 또는 산악인들 개개인에 대한 이야기가 그랬다. 그는 호기심이 들었지만 물어 보지는 않았다.

1990년 가을 시즌에는 많은 원정대가 네팔을 찾았다. 히말라야에 78개 원정대와 533명의 외국 산악인들이 몰려들었는데, 산악인들의 숫자로 보면 전년 대비 30%나 증가한 수치였다. 홀리는 집과 호텔을 분주히 돌아다녔지만, 많은 원정대 숫자에도 불구하고, 새롭고 획기적인 등반은 일어나지 않았다. 홀리는 당시를 회상하며 "신루트 개척이나 미등봉 탐험은 대부분의 원정대에게 큰 관심사가 아니었어요."라고 설명했다. 대부분의 원정대는 에베레스트에 집중했고, 날씨 좋은 나흘간 집중 공략해 31명이 정상을 밟았다.

등산 업무를 담당하는 네팔 관광성은 에베레스트를 비롯한 '상업적인' 봉우리에 한 시즌에 많은 등반 허가를 내줌으로써 발생한 부정적인 결과들을 보고받기 시작했다. 외국 산악인들과 홀리는 많은 사람들로 인해 발생할 위험과 충돌 ─ 환경오염이 아니라 ─ 을 네팔 정부에 경고했지만, 정부는 몇 가지 이유에서 등반 허가를 더 많이 내줄 수밖에 없다고 응수했다. 정부의 수입 증대와 민간 부문의 수입 증대(가이드, 트레킹 회사, 포터, 여러 관련 산업) 그리고 자신들이 선택한 산을 오를 수 있는 기회를 더 많은 산악인들에게 주어야 한다는 것이 이유였다. 네팔 정부의 주장대로 큰 문제가 없어 보였지만, 곧 부작용이 드러나기 시작했다. 다울라기리를 등반하던 한 스페인 산악인은 등반 허가서를 다른 팀에 '팔아넘긴' 스위스 팀을 비웃었다. 그리고 가끔 먼저 루트를 닦아 놓은 팀이 자신들의 고정로프를 다른 팀이 슬쩍 이용하는 것을 보고 분개하는 일도 일어났다.

어떤 원정대는 빈약한 장비를 갖춘 채 등반에 나서기도 했다. 자신들이 곤궁에 빠지면 장비를 더 잘 갖춘 팀이 도와줄 것이라는 약삭빠른 생각을 하고 있는 것이 뻔했다. 완벽히 모든 채비를 갖춘 원정대는 자신들이 식당과 장비 보관소 역할을 하고 있다는 것을 간파했다. 이런 상황도 그리 유쾌하지는 않았지만, 더 불쾌했던 것은 장비도 제대로 갖추지 않은 산악인이 다른 팀에 슬쩍 묻어 가는 것과 다른 팀의 고정로프, 텐트와 식량을 이용하면서 '알파인 스타일'로 등반했다고 으스대는 꼴을 보는 것이었다.

경악할 만한 이야기들이 홀리의 귀에 속속 들어왔다. 러시아 산악인들이 다른 사람들의 식량과 텐트를 마음대로 썼다든가, 몸이 아픈 데다 장비도 시원치 않은 한 프랑스 산악인이 영국 산악인에게 산소를 달라고 하면서 사람을 불러 자신을 들것으로 아이스폴을 거쳐 베이스캠프까지 데리고 내려가 달라고 요구했다는 이야기 등이 대표적이었다. 에베레스트 베이스캠프를 방문한 한 이탈리아인은 그곳을 박람회장으로 묘사하면서, 텐트 사이를 지나다니기도 힘들 정도였다고 털어놓았다.

시즌이 끝나자 관광성 관계자는 문제가 있다는 사실을 인정하고, 등반 허가를 제한할 것이라고 말했다. 하지만 홀리는 여러 조짐에도 불구하고 관광성이 이런 문제들을 가볍게 여기지나 않을까 우려했다.

상업 등반과 가이드 등반이 늘어나자, 홀리는 이런 새로운 유행에 흥미를 느끼지는 않았으나 열린 시각을 유지했다. 그리고 "가이드 등반은 다 상업 등반이지만 상업 등반이 다 가이드 등반인 건 아닙니다."라며 이 둘 사이의 관계를 명확하게 구분했다. 일부 상업 등반에서 가이드의 책임은 베이스캠프나 전진캠프까지 가는 데 필요한 모든 것을 제공하는 것에서 그치지만, 가이드 등반에서 가이드의 책임은 고객을 산의 정상까지 데리고 갔다가 데리고 내려오는 것까지 포함한다고 설명했다. 홀리는 가이드 등반을 찾는 사람들은 '놀라울 정도로' 경험이 부족한 반면, 가이드가 없는 상업 등반은 더 경험이 많은 ― 고산등반까지는 아니라 하더라도 ― 산악인들이 찾는다고 지적했다. 그녀는 "그들은 준비할 시간이 부족해 상업 등반 기획자를 찾는 경향이 있어요. 즉, 등반을 할 줄은 알지만 등반 허가를 받는 방법과 등반대를 조직하는 법을 모르죠."라고 말했다.

가이드 등반이 고객의 경험 수준에 맞춰 이루어진다고 주장하지만, 홀리는 그 과정에서 수많은 사고가 발생하고 파국적인 결과를 맞을 수 있다고 믿었다. 가이드 등반에 참가한 대다수는 '지중해에서 크루즈를 타거나, 동아프리카에서 사파리 체험을 하거나, 아니면 히말라야의 산 하나를 오른다'는 식의 생각을 품고 온 사람들이었다. 즉, 네팔에서 등반하는 것을 이국적인 휴가쯤으로 생각하고 있었다. 하지만 홀리는 전문 산악인들이 상업 등반에 관여하기 때문에 상업 등반을 아주 심하게 다루지는 않았다. 홀리는 상업 등반대가 산에서 방해가 되거나 상황을 뒤죽박죽으로 만든다고 얕보는 산악인들의 경멸하는 태도에 반대하면서 "산이 산악인들 것만은 아니죠, 그렇잖아요?"라고 덧붙였다.

네팔 정부는 상업 등반대가 활성화되는 추세에 발맞춰 입산료를 꾸준히 인상했다. 그들은 입산료를 인상하는 이유가 환경을 보존하기 위해서라고 변명했으나, 홀리는 이 말을 곧이듣지 않았다. 그들이 의도하는 전략은 에베레스트와 유명한 8천 미터급 고봉으로 몰리는 산악인들을 입산료가 더 낮은 산으로 유도하는 것이라고 했지만, 홀리는 이 말 역시 믿지 않았다. 인상폭이 꽤 커서 오랫동안 네팔을 찾은 산악인들은 상당한 타격을 받았다. 다울라기리1봉은 1년 만에 2,000달러에서 8,000달러로 올랐고, 9명의 정원에 추가 인원이 발생하면 1인당 800달러씩 더 내야 했다. 이탈리아의 산악인 세르지오 마르티니[154]Sergio Martini는 칸첸중가에서 등정에 실패한 후 카트만두로 돌아와 그다음 해 등반 허가를 받으려고 관광성에 들렀을 때 그 사이에 입산료가 4배나 인상되었다는 것을 알고 경악했다.

홀리는 네팔 정부의 입산료 인상 전략이 정말로 등반 인원수를 줄이려는 게 아니라 혹시 소규모 원정대보다는 모험 여행사나 산악회가 조직하는 대규모 상업 등반을 활성화시키려는 의도가 아닐까 추측했다. 그러나 홀리의 생각에는 어려워서 등반되지 않은 ― 즉, 상업 등반대가 관심을 두지 않은 ― 루트를 찾는 소규모 팀은 히말라야 등산이 계속 발전하려면 꼭 필요한 존재였다. 일부 산악인들은 홀리에게 입산료가 저렴한 파키스탄으로 대상지를 바꿀 것이라고 말했다. 또 다른 사람들은 공식적인 등반 허가 없이 등반에 나설 것이라는 의중을 내비치기도 했는데, 홀리는 이런 편법을 탐탁찮게 생각했다.

그해 8월 홀리는 티베트의 라싸를 방문했다. 그런데 인상적이었던 것은 라싸가 아니었다. 비행기를 타고 에베레스트 옆을 스치듯 지나갈 때 그녀가 본 동벽의 강렬한 인상은

---

154 이탈리아의 산악인(1949~). 2000년 세계에서 7번째로 14개의 8천 미터급 고봉을 모두 올랐다.

아직까지 생생하게 남아 있다. 에베레스트의 남서벽과 북벽이 거대하다는 것을 알고는 있었지만, 동벽의 거대함을 보고 깜짝 놀랐다. 눈에 덮인 웅장한 흰 벽은 상상을 초월할 정도로 압도적이었다. 라싸를 둘러보는 일도 즐겁기는 했지만, 에베레스트 동벽을 처음 봤을 때의 감동에 비하면 아무것도 아니었다. 이 엄청난 장관을 가까이서 본 것에 흥분했는데도, 홀리가 에베레스트 베이스캠프에 직접 가 보지 않은 것은 미스터리로 남아 있다. 홀리는 에베레스트 베이스캠프에 가 볼 기회가 여러 번 있었고, 수많은 기록 작업을 하면서 이 친숙해진 장소에 당연히 호기심을 가졌을 법하다. 홀리는 할 일이 많아 시간이 나지 않았다고 변명했으나, 이후에도 에베레스트 베이스캠프는 단 한 번도 찾지 않았다.

그즈음, 에베레스트 근처에 있는 6,369미터의 멋진 쿠숨 캉구르Kusum Kanguru를 신루트로 등반하고 카트만두에 온 스티븐 베너블스는 친구인 리사 최걀을 통해 홀리와 우연히 만났다. 그는 막 등반을 마친 힘든 신루트에 대해 설명했다. 하지만 홀리는 엉뚱하게도 쿠숨 캉구르를 '트레킹 피크Trekking Peak'라고 하면서 시큰둥한 반응을 보였다. 더욱 놀라웠던 것은 "최근에 한 진정한 등반이 무엇입니까?"라는 그녀의 질문이었다. 그는 홀리가 '진정한 등반Real Climb'이 무엇인지 잘 이해하고 있다고 생각했는데, 이 말을 듣고 생각이 바뀌었다.

홀리는 이 일을 전혀 다르게 기억하고 있었다. 그녀는 자신이 말을 에둘러 표현하는 능력이 없다는 사실을 마지못해 인정하면서도 베너블스가 모욕감을 느꼈다는 이야기를 듣자 깜짝 놀랐다. 그녀는 쿠숨 캉구루가 '정말로' 트레킹 피크였기 때문에 따로 인터뷰하지 않았다고 설명했다. 트레킹 피크는 관광성이 정한 것으로 고도가 낮은 봉우리이며, 홀리가 일부 트레킹 피크에 어려운 루트가 있다는 것을 알고는 있었지만, 모든 것을 다 파악하는 것은 역부족이었다. 네팔 등산협회는 트레킹 피크에 대한 등반 허가서를 무작위로 발급했는데, 입산료가 너무 저렴해 그중 대부분은 별도 허가서 없이도 등반할 수 있었다. 이런 봉우리들이 너무나 많아서, 홀리는 어떤 루트가 등반되고 있는지 알 수도 없었다. 홀리는 베너블스의 얘기를 전해 듣고, 아마도 자신이 너무 바빠서 그에게 퉁명스레 대했을지도 모른다고 털어놓았다.

베너블스는 홀리가 자신의 등반에 관심을 보이지 않은 것에 실망했지만, 등반 기록가로서의 홀리를 존중했다. 베너블스는 작가여서 종종 자료를 요청했는데, 그녀가 항상 세세한 것까지 신경 쓰는 것을 보고 감명 받았다. 그는 홀리가 주류 매체는 물론이거니와 자신과 같은 등산 작가에게도 소중한 존재라고 생각했다. 보통 인쇄매체에는 오보가 많고 명확한 사실 관계가 규명돼 있지 않지만, 홀리로부터는 확실한 사실을 얻을 수 있었기 때문이다.

하지만 홀리가 상업 등반은 챙기면서, 낮은 산에서 이루어지는 새롭고 중요한 등반을 간과함으로써 어떤 중요한 것을 놓치고 있는 것은 아닐까? 단순한 산의 높이가 아니라 도전적인 루트에 더 관심을 보이는, 떠오르는 최고 산악인들이 있었다.

어렵고 힘든 신루트를 등반한 후 인정받기를 원하던 일부 산악인들은 홀리가 칭찬에 인색하다고 공공연하게 불평했다. 하지만 미국의 산악인 데이브 한은 힘들고 어렵고 위험한 등반에 관심 갖지 않는다며 징징거리는 산악인들을 향해 한마디 했다. "그들은 자기 나름의 목적을 갖고 등반하는 것에 익숙해져야 합니다. 자신들은 찬사를 받을 자격이 있다고 생각할지 모르지만, 대중들로부터의 그런 기대를 품지 말아야 합니다." 하지만 일부 산악인은 대중들의 칭송에 그다지 관심을 보이지 않고, 같은 부류 ― 다른 산악인들 ― 로부터 자신들의 등반을 인정받기를 바랐다. 산악인들의 어렵고 힘든 신루트 등반을 제대로 알리는 것이 바로 홀리의 일이라고 주장하는 부류도 있지만, 제대로 기록되지 않은 채 이루어지는 많은 중요한 활동을 '등반 엘리트주의'로 여기는 부류도 존재했다.

1991년 미국의 산악인 리처드 솔즈버리Richard Salisbury
와 다시 인연을 맺을 수 있는 기회가 홀리에게 찾아왔다. 첫
만남은 그가 네팔 경찰의 후원을 받은 1984년 에베레스트
원정대원으로 카트만두를 찾았을 때였다. 당시 원정대는 쓰
레기를 치우는 것이 목적이었으나, 유효기간이 끝난 등반 허
가서로 불법적인 정상 등정을 시도하다가 2명의 네팔인까지
사망하면서 엉망진창으로 끝나고 말았었다. 이번 원정대는
안나푸르나4봉 등정이 목적이었으나 폭설로 인해 성공하지
못했다. 하지만 홀리가 그를 눈여겨본 것은 등반 때문이 아
니었다. 안나푸르나4봉 등반 전 사무실로 찾아온 그에게 홀
리가 이전 원정대를 통해 알게 된 모든 정보를 보여줬더니,
그는 놀랍게도 홀리가 갖고 있는 것과 비슷한 정보로 가득한
스프레드시트[155]spreadsheet를 펼쳐 보여줬다. 여기에는 이전
원정대의 등반 시간과 캠프, 고도 등 식량과 물자 수송을 유
리하게 하기 위한 자료가 입력돼 있었다. 이것을 보고 홀리
는 깜짝 놀랐다. 사실 그녀는 네팔의 모든 산에 대한 방대한
등반 기록을 모아 왔기 때문에 이를 데이터베이스로 만드는
일에 관심을 갖고 있었다. 홀리의 모교 미시간대학교에서 데
이터베이스 분석 전문가로 일했던 솔즈버리는 일을 도와주

---

155 회계 등을 위해 사용되는 표 형식의 계산용지나, 계산용지를 컴퓨터에서 사용할
    수 있도록 한 표 계산 프로그램

겠다고 제안했다.

당시 등반 정보를 체계화시킬 수 있는 프로그램의 개발 업무를 돕고 있던 네팔인 대학원생이 있어 그 제안을 거절했지만, 그가 미국 유학을 떠나자 솔즈버리에게 연락했다. 사실 그는 이 업무에 있어 의심할 여지가 없는 완벽한 적임자였다. 등반은 물론 데이터베이스 프로그래밍도 알고 있었으며, 등반 정보를 체계화하는 데 필요한 전문지식과 열정까지 겸비하고 있었다.

솔즈버리는 네팔 여성을 한 명 고용해 매일 아침 홀리의 집으로 가서 자료를 입력하도록 시켰다. 그로부터 11년이 지나자 홀리의 모든 파일 내용은 솔즈버리가 고안한 프로그램에 입력됐다. 홀리는 1년에 두 번씩 업데이트할 자료를 솔즈버리에게 보냈다. 그러면 그는 자료들을 세심하게 검토하면서 사실관계를 다른 자료들과 비교했다. 일단 논쟁의 여지가 없는 기록은 양 대륙에서 동시에 입력해 데이터베이스를 동기화시켰다. 데이터베이스를 구축하면서 홀리와 13년간 함께 일했던 솔즈버리는 "가끔 다그치긴 했지만, 그냥 무시했어요. 개인적인 감정이 있어 그런 게 아니라는 걸 알고 있었거든요."라며 홀리와의 업무관계를 떠올렸다.

홀리가 비통해하며 입력한 자료는 1992년 칸첸중가에서 일어난 반다 루트키에비츠의 죽음이었다. 홀리를 감동시킨 여성은 많지 않았다. 하지만, 루트키에비츠는 달랐다. 폴란드 태생으로 세계적인 여성 히말라야 산악인이었던 그녀에게 칸첸중가는 9번째 8천 미터급 고봉이었다. 속도가 느리기는 했지만 기술이 뛰어났던 산악인 루트키에비츠는 1992년 말까지 8천 미터급 고봉 14개를 모두 오르겠다는 아주 야심 찬 계획을 세웠는데, 그러려면 1년 안에 6개를 모두 올라야 했다. 그래서 그녀는 다시 고려한 끝에 이듬해 봄까지 계획을 연기해야 할지도 모른다고 생각하고 있었다.

루트키에비츠의 마지막 모습이 목격된 곳은 8,250미터 부근의 설동이었다. 같은 시기에 칸첸중가를 등반했던 카를로스 카르솔리오[156]Carlos Carsolio에 따르면, 그녀의 등반 속도는 평상시보다 훨씬 느렸고, 정상으로 향하기 전날 밤 설동에서 보냈다고 한다. 그는 등정 후 하산하다 설동에 있는 루트키에비츠를 만났는데, 그녀는 그에게 낡은 다운재킷이 더 이상 따뜻하지 않아 춥다고 말했다. 처량하게도 그녀에게는 장비가 부족했다. 침낭도, 스토브도, 연료도, 먹을 것도 없었다. 갖고 있는 것이라고는 비박색밖에 없어 그녀는 체온을 유지하려고 그것을 몸에 두르고 있었다. 카를로스는 홀리에게 "그녀는 지치고 피곤해 보였습니다."라고 말했다.

---

156 멕시코의 산악인(1962~). 1996년 히말라야 8천 미터급 고봉 14개를 사상 네 번째로 완등(모두 무산소)했다.

그러나 루트키에비츠가 칸첸중가를 오를 마지막 기회라고 느꼈는지 "계속 오르기로 결심했다."라고 하자, 그는 그날 밤 4캠프로 내려간 뒤 다시 2캠프로 내려가 그곳에서 기다리겠다고 말했다. 이들의 대화는 10분도 걸리지 않았다.

카를로스는 하산했다. 그리고 그는 다시는 루트키에비츠를 볼 수 없었다. 그는 홀리에게 "우리 같은 사람들에게 등반을 도중에 포기하는 일은 참 어려운 일입니다."라고 말한 뒤 "그녀는 그곳에서 버티기 힘들었을 겁니다. 날씨도 좋지 않은 데다 극도로 피곤한 상태였고, 마실 물도 없었어요. 우리 모두와 산악계에 큰 슬픔이고 상실입니다. … 루트키에비츠는 안전하게 등반하는 사람이었지만 속도가 너무 느렸습니다."라고 덧붙였다. 홀리는 카를로스에게 그녀는 속도가 더 느려지기 전에 8천 미터급 고봉 모두를 올라야 했을 것이라고 말했다.

루트키에비츠는 자신의 신체적인 능력보다 야심이 더 큰 부류의 산악인은 아니었을까? 홀리는 그녀를 매력적이고, 다양한 얼굴을 가진 여성으로 기억하고 있었다. "루트키에비츠는 기계로 작동되는 태엽인형처럼 긴장을 풀지 않고 항상 자신을 바싹 조이는 의지가 강한 사람이었죠. 더 이상 등반을 할 수 없을 때까지 이곳 산들을 부지런히 다녔어요."

1992년 가을 또 다른 비극이 발생했다. 2명의 프랑스 산악인 피에르 베긴Pierre Béghin과 장 크리스토프 라파이유[157]Jean-Christophe Lafaille가 안나푸르나1봉 남벽을 도전하고 있었다. 라파이유가 카트만두에서 홀리를 처음 만났을 때 그는 히말라야에 처음 온 청소년 원정대원이었다. 그는 "히말라야도 원정도 처음이었어요. 네팔은 놀라운 곳이었습니다. 대장 피에르 베긴을 따르는, 영어도 하지 못하는 막내였지요."라고 말한 뒤 홀리에 대한 첫인상을 이렇게 털어놓았다. "매우 진지해 보였지만 그리 상냥한 느낌은 아니었습니다."

이들은 새로운 등반선을 따라 거대한 남벽을 알파인 스타일로 도전했다. 베긴의 히말라야 경험과 라파이유의 등반 기술이 어우러진 강력한 팀은 까다로운 지대를 무난히 통과해 7,400미터까지 올랐지만, 급변한 악천후 속에 로프 하강을 하던 중 베긴이 추락했다. 라파이유는 무시무시한 그 벽에 홀로 남아 이틀 동안 폭풍 속에서 온갖 시련을 겪었다. 극도로 지친 그는 팔까지 부러졌다. 라파이유는 이렇게 설명했다. "육체적으로나 정신적으로 완전히 지쳐 있었습니다."

홀리는 라파이유가 카트만두로 돌아오자 인터뷰했다. 그는 베긴을 '프랑스 최고의 히말라야 산악인'이라고 말하면서 그와의 파트너십을 '경험과 기술이 잘 조합된 훌륭한 각

---

157 프랑스의 산악인(1965~2006). 알프스와 히말라야에서 어려운 등반을 했다. 11개의 8천 미터급 고봉을 대부분 혼자서, 또는 신루트로 올랐다.

테일'에 비유했다. 베긴은 소규모 팀으로 어려운 루트를 오르는 이상적인 알피니즘에 충실한 산악인이었다. 그는 1992년 『아메리칸 알파인 저널』에 "두세 명 정도의 소규모 팀이 며칠 동안 지원도 없이 불확실한 감정을 갖고 정상을 향해 고군분투하는 것이 진정한 의미의 등반 목표다. 10명이나 15명의 산악인이 몇 킬로미터씩 고정로프를 설치하면서 그런 목표에 매달리는 것은 무슨 이유에서일까? 인류의 기술력이 우주 탐험을 가능하게 하는 오늘날, 거대한 벽을 '정당한 방법fair means' — 메스너가 히말라야 등반에 도입한 개념 — 으로 오를 때만 의미가 있다. …"라는 내용의 글을 기고했다.

하지만 성공도 있었다. 보닝턴이 "히말라야에서 가장 아름답고 어려운 봉우리 중 하나"라고 말한 멘룽체[158]Menlungtse를 1992년 가을 2명의 슬로베니아 산악인이 해낸 것이다. 1988년 영국 팀은 주봉이 아닌 곳에 올라섰고, 1990년 존 로스켈리와 그렉 차일드, 짐 위크와이어Jim Wikwire로 이뤄진 미국 팀은 동쪽 리지를 따라 고군분투했지만 등정에는 실패했다. 두 팀 모두 슬로베니아 팀이 선택한 남동벽 직등 루트는 생각하지도 못했다. 10월 23일 경험과 자신감, 속도를 무기로 한 마르코 프레젤Marco Prezelj과 안드레이 스트렘펠은 위

---

[158] 히말라야 산맥의 지맥인 롤왈링 히말Rolwaling Himal에서 가장 높은 산 (7,187m)으로 에베레스트 동쪽 40킬로미터 지점에 위치해 있다.

험하고 어려운 벽을 따라 53시간 만에 정상에 올랐다. 홀리는 기술력을 갖춘 팀이 아름다운 산을 야심 찬 루트로 올랐다며 기뻐했다.

1993년 봄에 비극적인 사고가 발생했다. 셰르파 파상 라무[159]Pasang Lhamu와 그녀의 남편(탐세르쿠 트레킹 이사)은 인도-네팔 합동 원정대 — 이들도 같은 시즌에 에베레스트에 있었는데 — 의 여성 대원보다 먼저 정상에 오르기 위해 등반팀을 꾸렸다. 파상은 카트만두를 떠나기 전 무슨 일이 있어도 네팔 여성을 대표해 정상에 오르겠다는 성명을 발표했다. 냉소적인 사람들은 남편이 부인을 네팔 최초 여성 에베레스트 등정자로 만들어 이익을 취하려 한다고 비난했다. 파상 라무는 경험도 많지 않을 뿐더러 등반 속도도 상당히 느린 것으로 알려져 있었다.

인도팀은 네팔팀보다 이른 4월 말에 정상 공격을 시도할 것이라는 터무니없는 루머를 퍼뜨렸고, 먼저 에베레스트 정상에 서야 했던 파상 라무는 그 미끼를 덥석 물었다. 당시 다른 팀을 이끌고 있던 뉴질랜드 산악인 롭 홀은 파상과 4명의 셰르파는 완전히 독자적으로 움직이면서 다른 팀보다 훨

---

159 네팔 여성 최초로 에베레스트를 오른 산악인(1961~1993). 3차례의 도전에 실패한 다음 1993년 4월 22일 사우스콜을 통해 등정에 성공했지만 하산 중 사망했다. 루클라의 에베레스트 베이스캠프 트레킹 입구에 그녀의 흉상이 서 있다.

씬 앞서서 등반했고, 제대로 된 통신 장비도, 유사시 도와줄 지원조도 없었다고 홀리에게 설명했다. 지원조는 서류상에만 존재했다. 베이스캠프에 있던 외국인들의 말로는 파상의 남편이 '아시아 특유의 가부장적인 권위'로 아내에게 오를 것을 명령했고, 그녀는 눈물을 머금고 남편의 명령에 따랐다고 한다.

파상이 다른 산악인이 들고 온 산소통에 긴 호스를 연결해 산소를 들이마셨다는 루머가 카트만두까지 퍼졌다. 그녀는 눈에 띌 정도로 아주 느리게 정상에 올랐지만, 내려올 때는 체력이 바닥나 남봉[160]South Summit까지는 거의 끌려 내려오다시피 했다. 3명의 셰르파가 사우스콜로 하산하는 동안 그녀와 또 다른 셰르파 소남 체링Sonam Tshering은 예정에 없던 비박으로 그곳에서 밤을 보내야 했다. 이것이 그들의 마지막 모습이었다. 홀리는 이 사건을 가차 없이 '과실치사'로 규정했다.

하지만 파상은 하룻밤 만에 국가의 영웅이 됐다. 1953년 텐징 노르가이의 에베레스트 초등 이후 등반 업적에 대해 한 번도 진지한 관심을 쏟지 않았던 네팔 언론들이 파상에 관한 뉴스를 쏟아 내기 시작했다. 한 언론은 "파상은 등산 역사에 길이 남을 부러울 만한 기록을 세웠다. 모두가 그녀

---

160 에베레스트 남봉(8,750m). 정상과는 360미터가량 떨어져 있다.

의 위엄과 용기를 우러러볼 것이다."라고 칭송했다. 네팔 총리는 성대한 추모행사를 주최했고, 몇 명의 셰르파에게 산으로 올라가 눈에 묻힌 파상의 시신을 꺼내 오라고 지시했다. 이것은 시신을 산에 남겨 두는 셰르파의 전통과 정반대 되는 조치였다. 파상의 시신은 엄청난 팡파레와 군중들의 행렬속에 경기장으로 옮겨져 하루 동안 전시됐는데, 수많은 인파가 화장되기 전의 그녀를 보기 위해 줄을 섰다. 총리와 국왕도 파상 가족에게 조의를 표했다. 파상의 이름을 딴 거리와 등산 기관이 생겼고, 얼굴이 인쇄된 우표가 발행됐다. 정부는자녀 교육비로 1만 달러 지원을 약속했고, 국왕은 '네팔의 별Star of Nepal'이라는 훈장을 추서했다. 10년이 지난 후, 홀리는 "파상을 교묘히 이용하는 이들의 행위는 정말 역겨울 정도였다."라며 분노를 표현했다.

1990년대 중반 프랑스 산악인 장 크리스토프 라파이유는 네팔의 매력에 완전히 빠져들었다. 그는 초오유를 등정한 1993년, 시샤팡마에 갔던 1994년, 그리고 비극적인 상처를 입은 안나푸르나 원정 때 홀리를 만났다. 그는 인터뷰를 요구하는 홀리의 집요함을 잘 알고 있었고, 많은 산악인들은 욕실에 있는 동안 전화가 올까 봐 걱정했다고 했다. 라파이유는 "장거리 비행이나 긴 원정 끝에 카트만두에 도착하면 따끈한 욕조에 몸을 푹 담그고 싶죠. 그런데 욕조에 몸을 푹 담그면, 바로 그때 전화가 울려요!"라며 웃었다.

라파이유는 홀리의 엄청난 추리 능력을 보여 주는 재미난 사건을 들려주었다. 1994년 시샤팡마 북벽 신루트를 단독으로 도전했을 때 기상 악화로 오랫동안 베이스캠프에 머무르는 바람에 그는 결국 프랑스 팀 허가서로 정상에 올랐다가 영국 팀 허가서를 갖고 내려왔다. 허가서와 트레킹 회사, 국적이라는 난해한 문제가 얽혀 어느 누구도 그의 동선을 추적하기가 어려웠다. 그가 카트만두로 돌아왔을 때는 공휴일이라 트레킹 회사가 문을 닫았고, 그래서 그가 카트만두로 돌아온 사실을 아는 사람은 거의 없었다. 하지만 호텔 방에 들어간 지 30분도 되지 않아 전화가 울렸다. 홀리였다. 그녀는 등정 축하를 한 다음 인터뷰 날짜를 잡았다.

영국 여성 앨리슨 하그리브스[161]Alison Hargreaves도 홀리에게 깊은 인상을 남긴 산악인이었다. 1995년 그녀는 1년 안에 가장 높은 3개의 8천 미터급 고봉을 오른다는 대담한 야망을 갖고 있었다. 즉, 봄에 에베레스트를 오르고, 여름에 K2에 간다음, 가을 시즌 칸첸중가에 도전할 계획이었다. 그녀는 티베트 쪽에서 에베레스트 북벽을 스스로의 힘으로 등반하고 싶

---

161 영국의 여성 산악인(1962~1995). 1995년 셰르파 지원 없이 무산소로 에베레스트를 단독 등정했다.

어 했다. 영국 언론들은 단독등반으로 보도했으나, 하그리브스와 홀리는 이것이 '단독등반'이 아니라 '자립등반'이라는 데에 의견일치를 보았다. 홀리는 "등반 루트에 182명이나 있다. 어떻게 혼자 오른다고 할 수 있는가?"라고 주장했다. 홀리는 하그리브스의 주장이 맞는지 확인하기 위해 다른 원정대의 대원들을 다양하게 조사했다. 그 결과 그녀가 '주장대로 자립등반했다'는 사실이 밝혀졌다. 그녀는 너무나 자립적이어서 차를 마시러 다른 팀 텐트를 방문하지도 않았고, 그들의 차 한 잔도 받아 마시지 않았다는 것이다. 그녀는 직접 짐을 지고, 텐트도 치고, 먹을 것도 만들면서 혼자 등반했다. 그녀는 다른 팀의 로프조차 사용하지 않았다.

홀리는 하그리브스를 무산소로 에베레스트를 오른 최초의 여성으로 기록하지 않았다. 뉴질랜드 여성 산악인 리디아 브래디의 등정 주장에 의심의 시선을 보냈던 홀리는 이제 그녀의 무산소 등정 기록을 확신하는 듯했다. 그래서 하그리브스를 무산소로 에베레스트를 오른 최초의 여성이라고 하는 대신 "무산소 여성 초등은 뉴질랜드의 리디아 브래디의 것"이라고 말했다.

하그리브스는 성공을 거두었다. 최소한 에베레스트에서는. 하지만 몇 달 후 그녀는 K2 정상에서 하산하다가 무시무시한 폭풍에 날리고 말았다. 이탈리아의 산악인 마르코 비안

키Marco Bianchi는 그녀를 '히말라야의 별이자 불세출의 산악인'이었다고 칭송했다. 홀리는 이에 덧붙여 "불행하게도 히말라야의 별은 너무 짧게 반짝이다 사라졌다."라고 말했다. 하그리브스는 재능 있는 산악인이었으며, 능력에 걸맞은 야심가였고, 홀로 자녀를 양육했던 프로 산악인이었다. 그녀를 좋아하고 존경했던 홀리는 K2에서의 사망 소식을 듣고 진심으로 슬퍼했다.

8천 미터급 고봉 사냥은 계속됐다. 다정하고 유능하며 재능 있는 미국인 에드 비에스터스Ed Viesturs는 1995년 봄 뉴질랜드 산악인 롭 홀, 핀란드 산악인 베이카 구스타프손[162]Veikka Gustafsson과 함께 마칼루 최단시간 등정기록을 세웠다. 이들은 셰르파의 지원을 받지 않고 무산소로 도전했는데, 에베레스트와 로체에서 고소적응 훈련을 한 후 헬기를 타고 이동함으로써 높은 수준의 적응력을 유지했다. 비에스터스는 2005년 봄 미국인 최초로 14개의 8천 미터급 고봉 완등에 성공했다.

등반 과정을 솔직하게 털어놓을 정도로 홀리와 친했던 비에스터스는 등정 논란에 휩싸였던 시샤팡마를 다시 오르지 않는다고 야단맞은 적이 있었다. 홀리가 "이봐요, 에드. 8

---

162 1993년 핀란드인 최초로 에베레스트를 오른 산악인(1968~). 8천 미터급 고봉 14개를 모두 무산소로 올랐다.

천 미터급 고봉 완등 기록을 얻고 싶으면 시샤팡마로 다시 돌아가세요."라고 권했다고 한다. 결국 그는 시샤팡마를 다시 올랐다. 비에스터스는 항상 홀리에게 등정 여부를 솔직하게 털어놓았다. 물론 그는 솔직하게 털어놓지 않더라도 그녀가 알아챌 것이라고 생각했다. 그는 홀리를 일종의 배려심이 많은 감독관으로 이해했다. 비에스터스가 등반에 나설 때마다 홀리는 "늘 조심해요. 살아서 돌아오는 모습을 보고 싶어요."라고 작별인사를 건넸다.

부드러운 목소리를 지닌 멕시코의 산악인 카를로스 카르솔리오는 8천 미터급 고봉 2개를 자신의 등반목록에 추가해서 돌아왔다. 그는 안나푸르나1봉에 이어 곧바로 다울라기리1봉까지 성공했다. 안나푸르나1봉을 등반하면서 얻은 뛰어난 고소적응력이 다울라기리1봉에서의 야간 단독등반을 가능케 했고, 5월 15일 오전 10시 다울라기리 정상에 올라섰다. 홀리는 카트만두에서 그와 인터뷰했다. 그는 적어도 겉보기에는 느긋하게 이렇게 말했다. "서두르지는 않겠지만… 14개를 다 오르고 싶습니다."

홀리는 거짓 주장을 한다고 생각되는 산악인을 가만두지 않았다. 부풀려 말한다는 느낌이 들면, '블러드하운드'처럼 킁킁거리며 진실을 추적했다. 대표적인 경우가 1995년 가을 칸첸중가에서 사망한 프랑스 산악인 베노아 샤무[163]Benoît Chamoux였다. 그는 프랑스 컴퓨터 회사 '불Bull'의 전폭적인 후원을 받는 프로팀 '레스프리 데퀴프[164]l'Esprit d'equipe'의 리더로, 홀리는 그를 카트만두에서 여러 번 만났었다. 베노아 샤무 홍보팀은 칸첸중가가 그의 14번째 8천 미터급 고봉이 될 것이라고 홍보했다. 홀리는 등반 전 그와 가진 인터뷰에서 그의 주장을 반박했다. 왜냐하면 이전에 그가 시샤팡마에서 가장 높은 곳까지 오르지는 못했다고 말한 적이 있었기 때문이다. 그는 앞서 말한 것이 맞기는 하지만, 8천 미터가 넘는 시샤팡마의 한 봉우리에 오른 것은 사실이라고 주장했다. 홀리는 타협의 여지를 주지 않고 잘라 말했다. "좋아요, 하지만 그건 그냥 한 봉우리일 뿐이지 '진짜' 정상이 아니잖아요. 에베레스트 남봉에 오른 사람이 정상에 올랐다고 주장하지는 않습니다. 비록 그 남봉이 8천 미터가 넘는다고 해도요." 샤무는 언젠가는 시샤팡마로 돌아가서 '진짜' 정상을 등정해야 한다는 사실을 인정했다.

하지만 베노아 샤무의 등정 주장 중 홀리를 신경 쓰이게 한 것은 시샤팡마뿐만이 아니었다. 다울라기리 역시 의문이

---

163 프랑스의 산악인(1961~1995). 8천 미터급 고봉 13개를 올랐다. 가셔브룸1봉과, 브로드피크, 낭가파르바트는 단독 등정했다.
164 프랑스어로 단합정신을 뜻한다.

었다. 일반적으로 등정 증거로 삼는 것은 정상에 대한 설명이다. 이보다 더 좋은 증거는 가져간 깃발을 사진으로 찍거나, 보통 히말라야 정상을 장식하고 있는 룽다[165]와 카타[166]를 배경으로 찍은 사진이다. 다울라기리 정상은 사람들이 착각하기 쉽지만, 홀리는 정상에 대해 잘 알고 있어서 많은 거짓 주장을 가려낼 수 있었다. 다울라기리에는 룽다, 카타가 걸려 있는 깃대가 있기는 하지만 정상이 아니라 진짜 정상에 약간 못 미친 아래쪽이다. 홀리는 스페인의 바스크 출신 산악인 후아니토 오이아르사발[167]Juanito Oiarzabal의 솔직함에 깊은 감명을 받았다. 그는 진짜 정상에 올라가지 못했다는 사실을 알고 시즌이 끝날 때쯤 다시 돌아가 결국 정상에 오른 다음 내려왔다.

사실, 홀리는 샤무가 여러 차례 거짓말을 했다고 생각했다. 당시에는 그의 거짓 주장을 반박하지 않았지만, 후에 홀리는 그의 초오유 등정 주장을 믿지 않았다. 몇 년 후에 대원 한 명이 샤무와 영국 산악인 앨런 힝크스[168]Alan Hinkes가 정

---

165 불교 경전이 적혀 있는 깃발

166 복을 기원하는 스카프로 환영의 의미로 손님에게 걸어 주기도 한다.

167 전 세계에서 6번째로 8천 미터급 고봉 14개를 모두 오른 스페인의 산악인 (1956~). 2009년에 8천 미터급 고봉 14개를 다시 오르는 '더블 14' 도전을 선언했다. 모두 25번 8천 미터급 고봉을 올랐다.

168 영국의 산악인(1954~). 영국인 최초로 14개의 8천 미터급 고봉을 모두 올랐으나, 등정 시비에 휘말렸다.

상에 오르지 못했고, 기상악화로 정상 부근 플라토에서 멈추었다고 말했다. 홀리가 힝크스와의 엇갈린 진술에 대해 지적하자 그는 이렇게 변명했다. "우리는 정상에 올라섰다고 생각합니다. 시야가 정말 좋지 않았지만 확실히 정상이었습니다." 홀리는 많은 사람들이 초오유 정상을 플라토와 혼동하면서 갑론을박하는데, 홀리는 정상 플라토를 초오유 정상으로 보지 않았다. 왜냐하면 그곳은 최고점이 아니기 때문이다.

홀리는 시야가 아주 나쁜 상황에서 정상에 올랐다고 주장하는 사람들에게는 구체적으로 질문하고, 자세한 지형이나 특별한 표식이 있는지 물어 본 다음 스스로 대답하기를 기다렸다. 그리고 가능하면 그때 산에 있었던 다른 원정대의 진술과 비교했다.

결국, 홀리는 베노아 샤무가 주장한 13개 가운데 10개만 인정하며, 시샤팡마와 초오유, 마칼루는 거짓으로 판단했다. 등정을 확신할 수 없는 경우에는 기록보관 데이터베이스에 입증되지 않았다는 표시를 해 두었다. 샤무의 경우, 홀리는 그 이유를 이해하고 있었다. 그는 후원사로부터 성공해야 한다는 심리적 부담을 받고 있었다. 후원을 유지하기 위해서그는 성공하고, 성공하고, 또 성공해야 했다. 결국 성공을 이끌어야 한다는 압박감에 몰려 거짓말까지 하게 된 것이다.

홀리는 샤무의 죽음이 8천 미터급 고봉 경쟁의 결과라

고 생각했다. 당시 칸첸중가에는 14번째 8천 미터급 고봉에 도전 중이던 스위스인 에라르 로레탕과 11번째 도전에 나선 이탈리아의 산악인 세르지오 마르티니도 함께 있었다. 로레 탕은 파트너 장 트로이에Jean Troillet와 함께 여느 때처럼 알파 인 스타일로 정상에 올랐다. 홀리는 샤무의 죽음에 대해 좀 더 자세히 알고 싶어 로레탕에게 자세히 물었다. 그의 설명 에 따르면 이렇다. 하산을 하다 오후 4시경 서릉 밑에 도착 한 로레탕과 트로이에는 올라오고 있던 샤무와 그의 파트너 베르나르 로에르Bernard Royer를 만났다. 그로부터 30분 후 로 에르는 지쳐서 정상 도전을 포기한다는 무전을 보냈고, 1시 간쯤 지난 5시 30분 샤무로부터도 무전이 왔다. 너무 지쳐서 등반을 계속할 수 없는 상황인데, 능선을 내려가는 길을 찾 지 못하고 있다는 내용이었다. 그날 밤을 콜 바로 위에서 보 낸 그는 10월 6일 오전 8시 10분 다시 무전을 보냈다. 하지 만 그는 콜에 내려서는 모습만 포착됐을 뿐 산의 북쪽에서 모습을 감추고 말았다.

샤무와 로에르의 모습은 그것이 마지막이었다. 덧붙이 자면, 그들의 셰르파들은 구조나 수색에 나서지 않았다. 원정 초반에 셰르파가 추락했을 때 두 사람이 도와주지 않았기 때 문이다. 며칠 후 세르지오 마르티니는 칸첸중가 정상에 올라, 11번째 8천 미터급 고봉 등정 기록을 세웠다.

세계 최고의 산악인 3명이 칸첸중가에서 동시에 8천 미터급 고봉 등정 경쟁을 한 것을 두고 산악계는 열띤 논쟁을 벌였다. 그들은 산에서 정말 위험한 경쟁을 펼쳤을까? 한 미국의 산악인은 이렇게 직설적으로 퍼부었다. "샤무에게는 목숨을 건 도박이었습니다. 스위스인 로레탕은 훨씬 빨랐어요. 그는 세계 최고의 산악인이죠. … 프랑스인 샤무는 고소 적응에 실패했습니다. 로레탕을 따라잡으려다 죽음을 자초한 셈이죠." 홀리의 관점에서도 이것이 맞는 말이었다.

카트만두로 돌아온 로레탕에게 홀리는 성취에 대한 느낌을 물었다. 그는 "할 일을 했다는 느낌뿐입니다."라고 무덤덤하게 대답했다. 그는 홀리에게 8천 미터급 고봉 등정이라는 목표가 자신에게는 무거운 짐이 아니기 때문에 그것을 성취했을 때 큰 안도감을 느끼지 않는다고 말했다. 히말라야를 계속 오를지 궁금했던 홀리가 미래에 대한 꿈을 밝히라고 압박을 가하자, 그는 자신의 프로젝트를 털어놓았다. 그의 꿈은 미등의 마칼루 서벽같이 엄청나게 가파른 벽을 오르는 것이었다. 홀리는 에라르 로레탕을 더 만나 볼 수 있겠다는 생각에 기뻐했다.

홀리는 8천 미터급 고봉에 집착하는 산악인을 좋아하지 않았지만, 그렇다고 모든 출세주의자들을 한 무리로 묶는 것은 꺼려 했다. 세계 최초로 8천 미터급 고봉 14개를 완등한 메스너는 별도였다. 그에게는 아이디어 — 그것도 아주 독창적인 아이디어 — 가 있었다. 홀리는 그가 명예가 아니라 자신의 아이디어를 실현해 보고자 했던 것으로 확신했다. 동계 등반을 많이 한 쿠쿠츠카 역시 차원이 달랐다. 그는 진정한 산악인이었다. 놀라울 정도로 재능이 있고 효율적인 로레탕 역시 진정한 산악인이었다. 크슈토프 비엘리츠키는 겨울을 두려워하지 않는 진지한 산악인으로 평가했지만 앨런 힝크스에 대해서는 비판적이었다. 그는 자신의 등반 일정을 보통 다른 팀이 고정로프를 설치한 후로 잡고 나서, 한 명의 셰르파를 데리고 나타나 등반을 시작하는 기회주의자였다. 베노아 샤무는 비극적인 인물로 보았다.

여성 최초로 에베레스트를 등정한 타베이 준코가 홀리를 도쿄로 초대해 준 덕분에 그녀는 잠시 일에서 벗어날 수 있었다. 타베이는 자신의 에베레스트 등정 20주년 기념행사로 살아 있는 26명의 여성 등정자 중 10명을 도쿄로 초청해 국제 심포지엄을 열고, 후지 산을 기념 등반했다. 그중에는 타베이의 역사적인 초등 후 11일 만에 에베레스트를 등정한 중국의 여성 산악인도 있었다. 홀리는 후지 산을 오르지 않고, 근처 산장에서 그들과 합류했다. 홀리는 처음에는 초청받은 이유를 알지 못해 '그냥 구색을 맞추기 위한 것이 아닌가?' 하는 의심을 했지만, 알고 보니 여성 산악인들의 도전역사를 잘 알고 있어서였다. 주최 측은 에베레스트 등정자들을 시상한 후 홀리에게 강연을 요청했다.

강연에서 홀리는 일종의 실망감을 드러내며, 늘 그렇듯 직설적인 화법을 구사했다. 그녀는 몇 명을 제외하고, 대부분의 여성 산악인들은 먼저 간 남성들의 발자국을 따라갔을 뿐이라고 주장했다. 그러면서 그녀는 남성이 최초로 네팔 히말라야에 진출한 시기와 1930년 헤티 다이렌퍼스Hettie Dyhrenfurth가 여성 최초로 칸첸중가를 등반한 시기 사이에는 31년이라는 시간 차이가 있다고 지적했다. 또한 여성은 주로 봄 시즌에 노멀 루트를 오르며, 대장을 맡는 경우도 흔치 않고, 여성으로만 이뤄진 원정대도 드물다고 주장했다. "네팔에서는, 전체적으로 보면 여성들이 등반의 전면에 나선 것은 아닙니다."

그녀는 수많은 예를 들면서 여성들이 신루트를 개척한 것도 아니고, 남성들이 세운 기준을 넘어선 것도 아니라고 지적했다. "여성들은 변화와 혁신을 이끌 만한 능력을 아직 보여 주지 못했습니다."

홀리는 대원으로 선발할 여성들이 많지 않다는 것이 하나의 이유일지 모른다고 추측했다. 하지만 선발되지 못하는 이유가 신체적 불리함 때문만은 아닐 것이라고 믿었다. 왜냐하면 이미 지적한 대로, 최고의 히말라야 산악인 중에는 키가 아주 작은 남성들도 있었기 때문이다. 홀리는 '호스슈 트래버스Horseshoe Traverse'와 같은 마지막 남은 과제에 도전하라고 격려하는 말로 강연을 마무리 지으면서 "그러한 위업을 달성하기 위해 필요한 자금을 조달하고, 물자 수송을 계산하고, 재능 있는 산악인들을 모을 수 있는 여성들이 과연 있을까요?"라고 되물었다. 홀리의 기준은 남성들에게도 높았지만, 여성들에게도 높았다.

제14장

걸어 다니는 문서 파일

다시 가야 해.

홀리가 그러는데, 정상에 오르지 못했대.

– 아나톨리 부크레예프 –

네팔에서 근 40년간 등반 현장을 지켜본 홀리는 심기가 불편해지는 변화를 목도하기 시작했다. 우선 원정대의 성공과 실패 그리고 가장 심각하게는 치명적인 사고와 관련하여 엉성한 — 때로는 부정확한 — 기사가 점점 더 많이 네팔 밖으로 흘러나가고 있었다. 대부분의 오보는 인터넷을 통해 확산됐다. 한번은 5명의 카자흐스탄 산악인이 악천후로 사망했다는 기사가 보도됐는데, 실제 그들은 3명의 러시아인이었다. 또 한번은 7명의 뉴질랜드인이 사망했다는 보도가 발표됐다. 하지만 그때 산에 있었던 뉴질랜드인은 다 합쳐도 7명이 안 됐고, 그들은 사고와 전혀 관계가 없었다. 홀리는 이런 '급조된 기사'는 믿을 수 없을 뿐만 아니라 때로는 무책임하다고 생각했다. 이것은 그녀가 훈련 받은, 정확성을 위해 철저한 확인을 거치는 기사작성 방식과는 달랐다. 실수에 대한 사과와 정정보도가 있었지만, 가족들은 이미 한 차례 고통을 당한 후였다. 홀리는 엉성한 기사를 용납하지 않았다.

또한 홀리는 위성전화와 같은 실시간 통신수단이 등반에 집중해야 하는 원정대에 어떤 식으로든 영향을 미치지 않을까 우려했다. 그녀는 마칼루에서 힘든 동계등반에 도전하는 폴란드 팀에게 전화기를 놓고 가라고 조언했다. 홀리는 가족이나 자녀의 학교 문제 같은 것보다는 우선 등반에 집중해야 한다고 믿었다. 그러나 그녀는 언론인답게 "카트만두로 돌아오면 내게 전화하세요."라는 말을 덧붙이는 것을 잊지 않았다.

홀리는 상업 등반대와 관련된 불편한 추세도 걱정했다. 이 사업의 수익성이 점점 좋아지자, 아니나 다를까 일부 수상쩍은 업체가 뛰어들기 시작했다. 1996년 네팔 정부는 정상 등정 허가 비용으로만 약 180만 달러를 벌어들였다. 홀리는 고객을 속이는 부적절한 가이드 행위를 익히 들어 알고 있었다. 일부 상업 등반 가이드 회사는 평판이 아주 좋았고, 뛰어난 서비스와 경험 많은 가이드, 충분한 산소와 다른 중요한 장비들도 제공했지만, 일부는 그렇지 않았다. 어떤 회사들은 대놓고 불법을 일삼았다. 한 독일 회사는 30~40명의 고객들로부터 에베레스트와 초오유, 시샤팡마 등반 비용을 받았지만, 베이스캠프까지의 교통편은 물론이고 식량과 물자 수송을 준비해야 하는 카트만두 대행사 직원들의 임금조차 보내지 않았다. 아무 의심 없이 카트만두에 도착한 고객들은 현지 대행사가 직접 그리고 당장 돈을 받지 않으면 아무것도 하지 않으려 한다는 사실을 알고 경악했다. 독일 회사로부터 받을 돈이 밀려 있던 대행사 사장은 그 회사의 고객들에 대한 더 이상의 편의 제공을 거부했다. 어떤 사람들은 실망한 채 돌아갔고, 어떤 사람들은 울며 겨자 먹기로 다시 돈을 내고 등반을 했다.

하지만 홀리가 근본적으로 실망한 사람들은 바로 산악인들이었다. 그녀는 산악인들을 크게 세 부류로 나눴다. 첫째는 미등의 산이나 루트에 도전하는 개척자, 둘째는 가능한 한 많은 8천 미터급 고봉을 오르려는 정상 사냥꾼 그리고 셋째는 돈을 지불하는 고객과 그들의 가이드.

홀리가 선호하는 부류, 즉 개척자에 속하는 몇 안 되는 산악인 중 한 명이 슬로베니아인 토마스 후마르Tomaž Humar였다. 1997년 가을 한 번도 시도된 적이 없는 7,855미터의 눕체 서벽에 직등 루트 개척을 목표로 네팔을 찾았던 그는 목표를 실현하는 과정에서 등반 파트너 야네스 예글리치Janez Jeglič를 잃었다. 두 사람은 고정로프와 캠프를 설치하지 않고 세 차례 비박을 감행했고, 눈사태와 세락으로 막힌 등반 루트를 돌파하면서 예글리치가 앞서 정상에 올랐다. 그러나 15분 정도 후에 뒤따라 정상에 도착한 후마르가 볼 수 있었던 것은 남쪽으로 나 있는 그의 발자국뿐이었다. 그는 예글리치가 실수로 정상을 넘어가다가 세찬 돌풍에 휩쓸려 남벽 아래로 추락했을 것이라고 추정했다. 그때 후마르는 길고 복잡하며 위험한 하강을 혼자서 해내야 했다. 그는 홀리에게 "극한 상황에 몰리더라도 살아남고자 하면 모든 것이 가능하다."라고 설명했다. 그녀가 그런 위험한 루트를 등반하려는 야망이 왜 생기는지 묻자, 그는 가파른 히말라야 벽이 등반 열정을 솟아나게 한다고 대답했지만 열정이 생기는 이유까지는 설명하지 못했다. 히말라야의 다른 미등벽 사진들을 보면서 후마르는 '아주 멋지다'고 감탄하며 다른 벽들을 오르려는 자신의 꿈에 대해 오랫동안 이야기했다. 홀리는 메스너나 다른 히말라야 개척자들과 신루트를 토론하던 옛 시절을 떠올리게 하는 이런 대화를 좋아했다.

두 번째 부류인 '정상 사냥꾼'을 다룰 때는 주로 통계에 관심을 가졌다. 1997년은 많은 등반 기록이 쏟아진 해였다. 바스크 출신의 후아니토 오이아르사발은 12번째 8천 미터급 고봉으로 마나슬루를 올랐고, 한국인 고故 박영석[169]은 6개월

169　동국대학교 산악회원(1963~2011). 2010년 한국 최초이자 세계에서 8번째로 8

동안 무려 5개를 오르는 전례 없는 기록을 세웠다. 또 스페인 출신 형제 헤수스와 호세 안토니오 마르티네스는 8천 미터급 고봉 등정에 성공한 해에 14개 모두를 셰르파의 지원 없이 무산소로 오른다는 야심 찬 목표를 세웠다. 3개를 성공한 후 홀리가 야심만만한 계획의 스케줄 때문에 피곤하지 않은 지 묻자, 호세 안토니오는 "이곳 카트만두에서 3일간 머무는 것만으로도 … 등반으로 인한 피로를 회복하는 것은 충분합니다."라고 답했고, 특별한 보충제를 복용하는지 묻자 '아스피린'이라고 답했다.

이탈리아 산악인 세르지오 마르티니와 파우스토 데 스테파니Fausto De Stefani도 로체를 올라 8천 미터급 고봉 등정을 12개로 늘렸지만, 이내 등정 논란에 휩싸였다. 두 사람은 처음에 등정을 주장했으나 홀리가 더 끈질기게 캐묻자 거의 정상 가까이 갔기 때문에 등정한 것이나 다름없다며 말을 바꿨고, 아무것도 볼 수 없을 정도로 날씨가 나빴기 때문에 얼마나 정상 가까이 갔는지도 알지 못한다고 했다. 고故 박영석은 이탈리아인들보다 3일 뒤 로체를 등반하던 중 눈에 찍힌 이들의 발자국이 정상에서 수직으로 최소한 150미터 밑에서 끊겨 있었다고 보고했다.

천 미터급 고봉 14개를 완등했다. 2005년에는 세계 최초로 그랜드 슬램을 달성, 기네스북에 올랐다. 2011년 안나푸르나 남벽에서 실종 사망했다.

1999년 에베레스트를 등정한 마르티니는 14개를 완등했다고 선언했다. 거기에는 '거의' 정상까지 갔던 로체가 포함돼 있지만, 홀리는 로체를 포함시키지 않았다. 그는 다시 로체로 돌아가 등반할지도 모른다고 힘주어 말했다.

마르티니는 로체에 대한 등정 시비 때문에 2년 동안 의도적으로 홀리를 피했다. 그러자 홀리는 이들이 한 말을 한 글자도 빼놓지 않고 그대로 옮겼다.

"우린 정상에 올랐다고 생각합니다."

"얼마나 높이 올랐나요?"

"정말로 정상 가까이 갔다고 생각합니다."

"얼마나 가까이요?"

"50미터 정도."

따라서 홀리는 이들의 등정 주장을 인정하지 않고, 그가 말한 내용을 토씨 하나 바꾸지 않고 그대로 옮겨 적었다. 이 기사를 보고 충격 받은 마르티니는 그다음 해에 로체로 다시 돌아가 정상에서 사진을 찍은 후, 홀리에게 등정 증거물을 제시했다.

1999년에는 오이아르사발도 안나푸르나 등정에 성공해, 8천 미터급 고봉 14개 완등자 대열에 합류했다. 하지만 오이아르사발은 네팔로 돌아와 몇 개의 8천 미터급 고봉에 더 도전할 것이라고 말했다. 홀리는 "산악인은 등반을 그만두는 게 정말 어려운가 봐요."라고 다소 빈정대는 투로 말했다.

또 다른 도전자인 앨런 힝크스는 단기간 내 14개를 완등한다는 거창한 계획을 갖고 있었지만, 그의 전략은 아주 이상한 사건 때문에 무산되고 말았다. 1998년 낭가파르바트 베이스캠프에서 그는 짜파티를 먹던 중 코에 들어간 밀가루 때문에 엄청난 재채기에 시달렸다. 그 바람에 척추가 충격을 받아 마비 상태에 이르자 결국 구조 헬기까지 동원됐고, 본국인 영국으로 이송돼 병원 신세까지 져야 했다. 홀리는 이 해프닝을 재미있는 사건으로 기억하고 있었다. 물론 힝크스도 마찬가지였다. 그는 자신의 모든 강연에서 이 사건을 털어놓아, 관중을 즐겁게 했다.

마지막으로 가이드를 동반한 고객들은 일일이 열거할 수 없을 정도로 많았다. 그러나 특별히 가이드 동반 고객을 다룬 홀리의 기사가 언론 보도의 대부분을 차지한 시즌이 있었다. 1996년 11명이나 사망한 '에베레스트 대재앙[170]'이 바로 그것이었다. 그녀는 많은 산악인들과 인터뷰해 무슨 일이 왜 일어났는지 스스로 결론을 내렸다. 홀리는 이 참사가 두 상업 등반대의 대장, 어드벤처 컨설턴츠Adventure Consultants 사장인 뉴질랜드인 롭 홀과 마운틴 매드니스Mountain Madness

---

170 이 사건을 배경으로 한 작품이 바로 존 크라카우어의 『희박한 공기속으로』이다.

의 사장 미국인 스콧 피셔Scott Fischer 사이의 경쟁의식 때문에 일어났다고 확신했다. 피셔는 상업 등반대의 후발 주자로 이 사업에 막 뛰어들어, 홀리의 표현대로라면, 이 시장을 '비집고 들어가려고' 했다. 반면 롭 홀은 그전 해만 빼고는 매년 고객을 에베레스트 정상에 올려 보낸, 명성이 자자한 에베레스트 가이드였다. 그는 오후 1시 30분까지 남봉에 도달하지 못하면, 자신이든 고객이든 모두 하산한다는 확고한 원칙을 갖고 있었다. 1995년에 그는 자신의 원칙을 지켰고, 그 결과 아무도 정상에 서지 못했지만 모두 살아서 집으로 돌아갔다. 1996년에는 이 원칙을 지키지 않았고, 결국 자신을 비롯한 3명의 고객과 다른 등반대원 5명이 끔찍한 폭풍 속에서 하산하다가 사망하고 말았다.

홀리는 사업의 성공이냐 실패냐 갈림길에 있던 상업 등반대의 두 대장 사이에 긴장 관계가 형성됐을 것이라고 믿었다. 더군다나, 모두 같은 날 정상에 오르기로 했기 때문에 양측의 충돌은 불가피했다. 홀리는 피셔가 재능 있는 산악인 아나톨리 부크레예프를 가이드로 채용한 것은 잘못됐다고 주장했다. 부크레예프는 자신의 책 『등반The Climb』에서 자신은 고객의 손을 잡아 주는 가이드가 아니라 그들보다 앞에 가서 로프를 설치하고, 그들이 수월하게 등반할 수 있도록 루트를 닦아 주는 가이드 역할을 했다고 강변했다. 홀리는 만약 그날 피셔의 몸 상태가 좋아서 모든 고객의 손을 잡고 안전하게 하산할 수 있었다면 부크레예프의 이 전략은 통했을 것이라고 믿었다.

고객으로부터 6만 달러를 받은 피셔와 홀은 2만 달러 정도만 받는 저렴한 상업 등반대보다 등정 성공률을 높여야 한다는 부담을 느꼈을 것이다. 물론 저렴한 상업 등반대는 셰르파와 산소통이 적고, 실제적으로 프로 가이드도 없지만 종종 성공을 거두었다. 이런 사실은 상당한 위협이 되었을 것이다.

평소 두 사람 모두 잘 알고 지냈던 홀리는 이 사건을 보면서 "너무 잘 알면 방심하기 쉽다."라는 속담을 떠올렸다. 고산(에베레스트) 등반을 너무 잘 알았기 때문에 위험에 무감각해진 것은 아니었을까? 후에 발견된 이 베테랑 산악인들의 상태는 참혹했다. 피셔와 홀은 모두 비교적 가벼운 옷만 입고 있었다. 이들은 자신들의 과거 등반 경력만 믿고 고소에서 자신들의 신체 능력을 과신하지는 않았을까?

2주일 뒤에 또 다른 비극이 일어났다. 이번에는 넬슨 만델라 대통령이 후원자라고 주장하는 남아공 원정대였다. 이 원정대는 시작부터 시끄러웠다. 영국인 이안 우달[171]Ian Woodall이 대장을 맡은 이 원정대에는 남아공의 흑인 산악

---

171 에베레스트를 여러 차례 오른 영국의 산악인(1956~)

인 에드 페브러리Ed February도 대원으로 참가했으나, 그는 다른 두 명의 대원과 함께 원정대를 이탈했다. 홀리가 우달에게 이 사건을 묻자, 그는 답변을 거부했다. 남아공 언론은 우달의 권위적인 리더십에 분노하면서 그를 비난하기 시작했지만, 남은 3명의 고산 산악인 — 우달, 캐시 오다우드Cathy O'Dowd, 브루스 헤로드Bruce Herrod — 은 5월 25일 에베레스트 정상에 올랐다. 그런데 진짜 문제는 바로 여기서부터 시작됐다. 헤로드는 다른 사람들보다 뒤처졌는데, 프로 사진가로서 해야 할 임무인 사진촬영 때문이었을 것이다. 그는 오후 5시에 정상에서 무전을 보냈지만 약속된 오후 6시에 소식이 없었다. 아래쪽 4캠프에 있던 그의 동료들은 그날 밤은 물론이고 그다음 날 아침에도 수색에 나서지 않았다. 오다우드와 3명의 셰르파는 4캠프를 떠나 아래쪽으로 내려갔고, 우달은 오후 3~4시까지 기다렸지만 산소가 떨어지자 역시 하산해 버렸다. 우달은 헤로드가 남봉 위쪽 어디에서인가 추락했을 것으로 짐작했다.

1996년 시즌 에베레스트 통계자료 — 등정자 87명, 사망자 11명 — 를 보고 참담해진 홀리는 사망사고의 주된 원인을 파악하고자 했다. 분명 고소와 예측할 수 없는 폭풍이 가장 큰 원인이었다. 하지만 에베레스트에 너무 많은 사람들이 몰린 것은 아닐까? 과거 네팔 정부는 에베레스트의 네팔

쪽 등반 허가를 통제했지만, 그해에는 원정대에 생계를 의존하는 네팔인들의 압력으로 허가서를 무제한으로 발급했다. 그 결과 힐러리 스텝에 병목현상이 생기면서 등반이 지연되는 심각한 문제가 일어났다. 이 때문에 날씨가 나빠지기 전에 하산할 수 있는 시간적인 여유가 줄어들고 말았다.

그리고 홀리는 에베레스트를 찾는 많은 사람들의 기술과 체력을 의심했다. 미국인 가이드 에드 비에스터스는 그곳을 오르지 말았어야 하는 사람이 꽤 있었다면서 "경험 있는 사람들이긴 했지만, 에베레스트는 차원이 다릅니다."라고 말했다.

에베레스트 대재앙에 관한 홀리의 방대한 보고서는 상반된 반응을 불러일으켰다. 어떤 사람들은 대중적으로 가장 관심을 끄는 원정대, 특히 가이드가 동반된 고객들의 희생에 대해 지나친 보도를 함으로써 등산역사를 왜곡했다고 지적했다. 등산역사에서 중요한 위치를 차지하고 있지 않은 이러한 대재앙을 중점적으로 보도함으로써, 그 당시에 이루어진 좀 더 중요한 등반을 홀리가 놓친 것은 아닐까? 또 일부는 홀리가 이런 상업 등반대의 재앙을 집중 조명한 것은 언론의 선정주의에 굴복한 것으로, 네팔 히말라야에서 이루어진 중요한 등반 업적을 대중에게 잘못 전달했다고 꼬집었다.

1996년 홀리는 에베레스트에 많은 관심을 쏟기는 했지만, 중요한 다른 등반 성과도 다루었다. 멕시코 산악인 카를로스 카르솔리오가 마나슬루까지 등정하면서 사상 4번째로 8천 미터급 고봉 14개를 모두 오른 산악인이 되었다. 그가 정상에 오른 날은 5월 12일이었는데, 에베레스트에서 일어난 대재앙이 아니었다면 언론의 주목을 한 몸에 받았을 것이다. 33세의 카르솔리오는 8천 미터급 고봉 14개를 완등한 최연소 산악인이자 1년 동안 8천 미터급 4개 — 1995년 안나푸르나1봉, 다울라기리1봉 그리고 가셔브룸1, 2봉 — 를 오른 첫 산악인이라는 기록을 세웠다.

카르솔리오가 기록을 세운 그 무렵, 8천 미터급 고봉 등정경쟁을 벌이고 있던 또 다른 산악인도 마나슬루에 있었다. 푸모리를 오른 다음, 4월 28일 로체를 오른 프랑스인 샹탈모뒤는 5월 10일 셰르파 앙 체링만을 대동하고 헬기로 마나슬루 기슭으로 날아갔다. 그해 봄 그녀는 로체 등정 시비에 휘말려 있었다. 그때 로체에 있었던 다른 산악인들은 정상 바로 밑 쿨르와르를 천천히 오르던 모뒤가 시야에서 사라졌는데, 잠시 후 그녀는 그곳에서 빠르게 하산하고 있었다면서 그렇게 빠른 시간 내에 정상에 도달했다는 주장에 의구심을 나타냈다. 그러나 마나슬루에서는 정상에서 룽다를 보았다고 보고했기 때문에 홀리는 그녀의 등정 주장에 의문을 품지 않았다. 하지만 모뒤가 이 정보를 다른 산악인으로부터 얻은 것은 아니었을까? 홀리는 산악인이 말하는 사실을 너무 쉽게 받아들인 것은 아니었을까?

모뒤는 1998년 봄 다울라기리에서 사망하기 전까지 6개의 8천 미터급 고봉을 올랐다. 다른 팀은 날씨가 나빠지자 하산을 서둘렀지만, 그녀는 캠프에서 버티다 목숨을 잃었다. 화려한 것을 좋아했던 모뒤는 밝은 색상의 옷을 입고, 원정대마다 꽃 이름을 붙였다. 그녀는 다울라기리 원정대의 명칭을 '해바라기'로 정하고 자신의 텐트 곳곳에 해바라기를 그려 넣었는데, 결국 이 텐트 안에서 그녀와 셰르파 앙 체링은 죽은 채로 발견됐다. 처음에는 질식사로 추정됐지만, 검시 결과 모뒤의 목뼈가 부러진 것으로 밝혀졌다. 텐트의 한 쪽에 눈사태 더미가 많이 쌓여 있는 것으로 보아, 죽기 전에 목이 부러진 것인지 아니면 죽은 후에 부러진 것인지는 확실치 않았다. 홀리는 그녀가 자신의 등반기술을 과신했다고 생각했다. 그녀는 속도가 느린 산악인이었지만, 홀리는 그녀의 매력에 빠졌고 그녀와 즐거운 시간을 보냈다. 야심과 투지로 불탄 그녀를 진심으로 존경했던 홀리는 그녀의 비극을 슬퍼했다.

1996년 가을, 네덜란드의 산악인 바르트 보스Bart Vos가 거의 등반되지 않았던 동벽을 통해 다울라기리1봉 정상에 올랐다고 주장했다. 이 루트는 1982년 강력한 팀이 공략했지만 정상 피라미드의 눈이 너무 위험해 돌아섰던 곳이다. 홀리는 보스의 주장을 의심했다. 그는 1984년 에베레스트 등정을 허위로 주장해 이미 신뢰를 잃고 있었다. 홀리는 그의 다울라기리 정상 사진을 보고 웃지 않을 수 없었다. 밤중에 눈 위에서 촬영한 사진이었다. 그것은 알프스나 다울라기리의 아래쪽에서도 쉽게 찍을 수 있는 것으로, 다울라기리 정상이라는 어떤 증거도 될 수 없었다. 홀리는 비웃었다. 홀리의 의견으로는 정상 사진이 아니고 그냥 눈에서 찍은 사진이었다. 홀리처럼 그의 등정 주장에 의문을 품은 네덜란드 기자 밀랴 데 스바르트Milja de Zwart는 당시 그 산에 있었던 다른 산악인들의 증언을 토대로 의혹을 제기했다. 그러자 보스는 비방 기사를 썼다는 이유로 그를 명예훼손죄로 고소했지만, 결과는 보스의 패소였다. 홀리는 그에 대해 이런 평가를 내렸다. "그는 대다수 산악인들처럼 복잡 미묘한 인간입니다. 자신이 상상하고 꿈꿨던 내용을 현실처럼 그냥 믿어 버리죠. 그는 월터 미티[172]Walter Mitty예요. 공상의 세계에 빠져 자신은 성공했다고 믿죠."

---

172 제임스 서버James Thurber의 소설 『월터 미티의 은밀한 삶The Secret Life of Walter Mitty』에 나오는 주인공 이름으로 터무니없는 공상을 하는 사람을 일컫는다.

보스의 경우처럼, 홀리는 의심스러운 주장에 대해서는 같은 시기에 같은 산에 있었던 다른 원정대를 통해 사실 여부를 재차 확인했다. 주장이 엇갈리면, 그녀는 더 깊이 파고들었다. 보스는 데 즈바르트의 기사를 상대로 한 소송에서 패한 뒤, 항소할 수 있는 기간이 3개월 있었지만 항소하지 않았다. 홀리는 시즌별 등반 보고서와 통계자료에 보스의 주장이 거의 사실이 아니라고 수정했다. 산악계의 관심사 중 보스의 주장 자체는 그리 중요하지 않았지만, 정확성이라는 측면에서는 중요했기 때문이다. 홀리는 자신의 기록이 정확하기를 바랐다.

그해 여름 홀리는 뉴질랜드 총독의 초대장을 받고 잠시 일에서 벗어날 수 있었다. 7월 20일 힐러리 경의 80번째 생일 축하파티에는 그의 업적을 기리기 위한 정장 차림의 연회도 마련돼 있었다. 홀리는 힐러리 부부와 함께 웰링턴으로 향했는데, 기내에서 힐러리 경을 알아본 승객들은 모두 생일 축하인사를 건넸다. 몇 차례 축하인사를 받은 힐러리 경이 "쑥스럽군요."라고 중얼거리자 "이런 인사에 쑥스러워하는 세계적인 유명인사라니!"라며 홀리는 다시 한 번 그의 겸손에 놀라워했다.

그날 저녁 이들은 턱시도와 이브닝드레스를 입고 총독 관저의 연회장으로 이동했다. 그곳에는 우아하게 장식된 테이블이 손님을 기다리고 있었다. 홀리는 이국적인 태국 스타일의 진홍색 실크 드레스를 입고, 황금색 슬리퍼와 지갑으로 포인트를 준 패션으로 주목을 받았다. 그녀는 뉴질랜드의 각계각층 유명인사들 — 오페라 가수, 스포츠 영웅, 거물 기업가, 정치인, 대법원장과 마오리족 여왕 — 로부터 환대를 받았다. 전 세계에서 보낸 많은 축하 인사와 메시지 중에는 영국 여왕으로부터 온 공식 생일축하 인사도 있었다. 케이크 커팅 차례가 됐을 때 힐러리 경은 케이크 위에 "우리가 해치웠어![173]"라고 쓰인 문구를 보고 즐거워했다. 환상적인 저녁이었다.

네팔로 돌아오자 고도의 운동능력을 가진 사람들이 1997년 히말라야에서 펼칠 야심 찬 계획을 들고 홀리를 찾아왔다. 그러나 그들은 약간은 지나치다 싶을 정도로 야심적이었다. 영국의 앨런 힝크스는 1997년 봄 시즌에만 무려 3개의 8천 미터급 고봉 — 로체, 마칼루, 칸첸중가 — 을 자신의 목록에 넣을 계획이었다. '영국에서 가장 성공한 고산 산악인'으로 자신을 소개한 홍보자료를 가져온 그는 1년 내 6개의 8천 미터급 고봉을 오르는 신기록을 세울 작정이었다. 먼저 이 3개를 등정한 후, 가을에는 낭가파르바트, 다울라기리

---

173 "We knocked the bastard off." 1953년 에베레스트를 초등한 후 힐러리가 친한 친구이자 동료대원이었던 조지 로우에게 한 말

1봉 그리고 안나푸르나1봉 순서로 도전할 계획이었다. 하지만 기상악화로 첫 번째 등정 일정이 상당히 미뤄지면서, 두 번째를 성공하지 못했고, 세 번째는 아예 시도조차 하지 못했다.

아나톨리 부크레예프의 복잡한 계획 역시 틀어지고 말았다. 그는 인도네시아 원정대를 이끌고 에베레스트를 등정한 후, 곧바로 로체에 올랐다. 하지만 로체 정상에서 에베레스트로 간 다음, 북쪽 루트로 하산한다는 계획은 실행하지 못했다.

복잡한 계획을 실현하기 위해서는 3개의 허가서 — 에베레스트의 남쪽 사면을 위한 영국팀의 허가서, 그 북쪽을 위한 카자흐스탄팀의 허가서 그리고 로체를 위한 러시아팀의 허가서 — 가 필요했다. 모든 준비가 잘 됐지만, 그는 치명적인 실수를 저지르고 말았다. 인도네시아 원정대를 이끌고 에베레스트를 오른 것까지는 좋았는데, 중간에 카트만두를 들른 것이 화근이었다. 일주일 후 로체를 올랐지만, 그는 카트만두에서 걸린 폐렴으로 인해 횡단등반을 해 나갈 수 없었다. 정말 싱거운 결말이었다.

1997년 봄 시즌에 들린 기분 좋은 소식은 힐러리 경과 에베레스트를 초등한 텐징 노르가이의 손자 타시 텐징Tashi Tenzing의 에베레스트 등정이었다. 독실한 불교신자인 그는 세계에 평화와 자비의 메시지를 전하기 위해 15센티미터 크기의 청동 불상을 갖고 정상에 올랐다. 소년 같은 열정을 지닌 그는 에베레스트 정상에 선 경험을 홀리에게 들려주었다. "두 개의 커다란 오렌지색 풍선이 하늘에 떠 있었어요. 지는 보름달과 떠오르는 태양이었습니다."

홀리는 그에게 에베레스트를 오른 이유를 물었다. 그러자 그는 동료 셰르파들처럼 생계 때문은 아니라고 말했다. 그는 자신의 할아버지를 존경하고 있었고, 홀리는 그의 말에 수긍했다. 텐징 노르가이의 열렬한 추종자인 그녀는 그를 등산역사에서 가장 위대한 셰르파 중 한 명으로 생각하고 있었다. 홀리는 타시가 올바른 이유 즉, 산에 대한 열정 때문에 등반했다고 결론지었다. 홀리는 자신이 "한 가지에만 열정적으로 빠진 적은 없다."라고 주장했지만, 타인의 순수한 열정을 기꺼이 인정하면서 찬사를 보냈다.

1997년 크리스마스에 아나톨리 부크레예프가 눈사태로 사망했다. 그와 이탈리아인 시모네 모로[174]Simone Moro는 안나푸르나1봉 남벽을 도전하려 했으나, 눈사태 위험이 너무 커 능선으로 오르기로 했다. 모로가 앞서가고 있을 때, 커니스가 부서지면서 거대한 눈사태를 일으켰다. 그는 부크레

---

174 이탈리아의 산악인(1967~). 세계 최초이자 유일무이하게 8천 미터급 고봉 4개
     (시샤팡마, 마칼루, 가셔브룸2봉, 낭가파르바트)를 동계 초등했다.

예프 쪽을 보고 소리를 질렀지만, 부크레예프와 카메라맨 드미트리 소볼레프Dmitri Sobolev는 눈사태에 휩쓸려 종적을 감췄다. 홀리와의 인터뷰에서 모로는 부크레예프에 대해 이렇게 말했다. "그렇게 타고 난 산악인은 만나 본 적이 없어요. … 그의 죽음은 산악계의 큰 손실입니다."

미국인 콘래드 앵커는 러시아 최고의 산악인 부크레예프와 홀리 사이에 있었던 재미난 일화 하나를 들려주었다. 부크레예프도 에드 비에스터스와 에라르 로레탕처럼 시샤팡마를 두 번이나 올랐다. 다시 돌아가서 진짜 정상을 밟고 오라는 홀리의 닦달을 견디지 못한 것이다. 부크레예프는 앵커에게 "다시 가야 해. 홀리가 그러는데, 정상에 오르지 못했대."라며 비밀을 털어놓았다.

홀리의 1998년 봄 시즌 등반 보고서는 좌절과 실망감으로 가득했다. 최고의 산악인들이 산에서 죽었고, 일부는 성공과 기록을 부풀려 말했다. 홀리는 이 시즌을 "거짓 등정 주장과 등정하려는 사람들로 북새통을 이룬 남봉, 자신의 힘보다 더 큰 야망으로 인한 에베레스트와 초오유에서의 사망사고로 엉망이 된 시즌이었다. 이들 대부분은 기술이 부족한 산악인들이었다."라고 평가했다.

같은 해, 에베레스트를 오르고 싶어 한 러시아인 세르게이 아르센티에프Sergei Arsentiev와 그의 미국인 아내 프랜시스

[175]Francys는 대부분이 러시아인들로 이루어진 22명의 원정대원으로 원정대를 꾸려 네팔을 찾았다. 5월 22일 아르센티에프 부부가 무산소로 정상 공격에 나섰을 때 나머지 대원들은 이미 아래쪽 캠프로 내려가고 아무도 남아 있지 않았다. 오후 6시경 정상에 올라선 이들은 비박에 들어갔고, 그날 밤은 살아남았다. 다음 날 아침, 정상을 향해 오르고 있던 우즈베키스탄팀이 이들을 발견했다. 프랜시스는 약 8,600미터의 퍼스트 스텝First Step에서 아무 말도, 움직임도 없이 서 있었다. 우즈베키스탄팀은 그녀에게 산소를 조금 준 후 편안한 자세로 앉혔지만, 그녀가 아무 말도 하지 않자 정상을 향해 계속 올라갔다. 그들은 홀리에게 그 100미터 밑에서 남편을 만났었는데, 그는 괜찮아 보였다고 증언했다. 그래서 그들은 그가 아내를 도우러 가고 있는 것이 아닌가 생각했다고 한다. 이들 부부에게 만일 무전기가 있었다면 도움을 요청할 수 있었겠지만, 안타깝게도 이들에게는 도움을 요청할 수 있는 수단이 없었다.

아르센티에프는 캠프에 도착해 산소와 약, 음식과 마실 것을 가지고 다시 위로 올라가기 시작했다. 하지만 그는 실종되었고, 그의 부인은 그 자리에 그대로 있었다. 그다음 날, 남아공 팀이 아침 일찍 그녀를 발견했다. 그녀는 신음을 하

---

175   에베레스트를 무산소로 오른 최초의 미국 여성 산악인(1958~1998)

고 경련을 일으키며, 계속해서 "나를 두고 가지 마세요. …
내게 왜 이래요? … 나는 미국인이에요."라고 중얼거렸다.

　　그들 역시 잠시 그녀를 편안하게 해주면서 마실 것을 주
었지만, 그녀를 살리기 위해 할 수 있는 일이 아무것도 없다
는 결론을 내렸다. 캐시 오다우드와 이안 우달은 한 명의 셰
르파를 데리고 하산했고, 두 명의 셰르파는 정상을 향해 계
속 올라갔다. 이들이 하산했을 때 프랜시스는 죽어 있었다.
이상한 비극이었지만, 홀리는 공식적인 보고서는 물론이고
사적인 보고서에도 판단을 내리지 않았다. 그녀도 인정했듯
이 그곳에서 일어난 일을 정확히 모르기 때문이었다. 그곳에
있는 사람만이 내릴 수 있는 판단이라고 그녀는 생각했다.

　　1998년 가을, 셰르파 카지Kaji는 에베레스트 속도등반
신기록을 주장해 논란을 야기했다. 네팔 쪽 베이스캠프에서
세계에서 가장 높은 곳까지 20시간 24분 만에 올라, 이전 프
랑스 산악인 마르크 바타르가 세운 기록을 2시간 5분 단축시
켰다는 것이다. 하지만 홀리는 카지의 등반 방식이 바타르의
방식만큼 스포츠적이지 않다고 생각했다. 그에게는 산소를
사용하면서 루트를 뚫은 5명의 동료가 있었다. 카지 자신은
하산을 하면서 산소를 사용했다. 일본의 산악인 마츠모토 노
리치카Matsumoto Norichika는 그의 주장을 정면으로 부인하면
서, 홀리에게 그 이유를 설명했다. 카지가 여러 번 거짓말을

했는데, 그가 등정 사진으로 내민 것은 1993년 정상에서 찍은 듯하다는 것이었다. 카지는 자신이 항상 같은 옷을 입고, 같은 허리띠를 매고, 같은 모자를 쓴다면서 마츠모토의 주장을 반박했다. 홀리는 "바보 같은 기록을 두고 논쟁이 거세졌다."라고 논평했다.

이러한 논란의 소용돌이 속에 휘말리면서도 홀리는 잘 알고 있는 산악인들에게 최선을 다하라며 질책하고 회유했다. 미국인 히말라야 가이드 데이브 한은 1998년 에베레스트 북릉 루트로 고객을 안내한 후 홀리와 인터뷰한 내용을 들려줬다. 몇 미터부터 산소를 사용했는지 묻는 홀리의 질문에 그는 등반 내내 고객의 컨디션이 좋지 않아서 등정 가능성이 없다고 판단하고 7,300미터 부근에서부터 산소 밸브를 열었다고 대답했다. 그 말을 듣고 홀리는 퉁명스럽게 쏘아붙였다. "허! 산을 자기 수준으로 억지로 낮춘다는 거죠. 알겠어요. …" 이에 화가 난 한은 홀리에게 하이킹이나, 스키, 또는 등반을 해본 적이 있는지 물었다. 그러자 그녀는 "아뇨, 생각조차 해본 적이 없습니다."라고 딱 잘라 말했다.

또 다른 경우도 있었다. 데이브 한은 에베레스트 여성 원정대를 이끈 적이 있었는데, 홀리는 남자가 포함돼 있기 때문에 여성 원정대가 아니라고 이의를 제기했다. 그리고 여성 원정대가 아님에도 불구하고 과잉 홍보를 한 일부 여성

대원들을 비난했으며 이 원정대에 대해서는 어떠한 기록도 남기지 않았다.

그 인터뷰 대상에는 미국 워싱턴 주 출신의 젊은 여성 산악인이자 후에 홀리의 비서가 된 헤더 맥도널드도 있었다. 에베레스트 원정에서 막 돌아온 그녀는 홀리가 격무에 시달리는 와중에서도 간간이 구사하는 유머와 위트의 진가를 알아보고 호감을 느꼈다. 헤더는 농담 비슷하게 일을 도와줄 사람이 필요하다면 자신이 어떠냐고 물었는데, 놀랍게도 홀리는 그녀의 제안을 받아들였다.

첫날 홀리는 헤더를 커다란 참나무 책상 옆자리에 앉히고 가벼운 대화를 나눈 다음, 히말라야 원정대와 산악인들을 취재하는 방식을 설명했다. 그녀의 역할은 홀리가 구술된 보고서를 토대로 뉴스를 만들어 전신으로 보낼 수 있도록 자료를 수집하고 정보를 제공하는 것이었다. 헤더는 두 시즌 동안 일하기로 했다.

업무는 정신없이 돌아갔다. 홀리는 새벽 5시에 일어나 기사를 쓰고, 전화를 걸고, 인터뷰를 하러 하루 종일 호텔을 돌아다녔다. 전에는 산악인 입장에서 인터뷰했지만 이제는 그 반대 입장이 된 헤더는 묘한 기분을 느꼈다. 이제 그녀는 역사의 편에 서서 사실을 기록하고 이야기를 들어야 했다. 하지만 홀리와 달리 헤더는 에베레스트를 직접 등반한 산악인이었다. 생명이 없는 희박한 공기를 들이마시고, 아이스스크루를 간신히 돌려 박고, 비현실적인 비박을 하면서 떠오르는 태양과 둥근 지구를 체험한 경험을 갖고 있었다.

헤더는 일을 빨리 배웠는데, 이는 홀리가 좋은 선생님이었기 때문이다. 헤더는 홀리가 정보를 얻기 위해 어떻게 직접적으로 접근하는지 지켜봤다. 홀리의 끈질긴 질문 공세에 가장 강력한 산악인들조차도 손으로 머리를 감싸 안고 고개를 숙인 채 "모르겠는데요.", "기억이 안 나요!", "질문이 너무 어렵습니다!"라고 호소했다. 그리고 만일 누군가 정상 등정에 대해 거짓말을 하고 있다고 의심되면, 분홍색 립스틱을 바르고 코끝에 안경을 걸친 70세 노인은 사형 집행자와 맞먹을 정도의 강력한 카르스마를 드러내며 펜을 휘둘렀다.

이들은 가끔 함께 인터뷰를 하러 다니기도 했지만, 시간이 지나면서 자신감을 얻은 헤더는 혼자 자료를 수집하러 다녔다. 그러나 때때로 헤더는 홀리라면 절대 하지 않을 취재 방식을 쓰는 바람에 정신이 산만해지기도 했다. 예를 들면, 그녀는 불가리아 안나푸르나 원정대와 인터뷰가 끝난 다음 하루 종일 함께 보드카를 마시면서 잡담을 나누었는데, 언 오줌통 이야기부터 "얼마나 높은 데서 섹스를 해봤어요?"라는 이야기까지 다양했다.

정보를 수집할 때 헤더는 등반과 산악인을 장대한 히말

라야 등산역사의 관점에서 조명해 보려고 노력했다.

헤더는 홀리와 마찬가지로 한 원정대를 다룰 때 여러 대원을 상대로 중복되는 자료를 모으고 조심스럽게 다른 원정대도 취재하면서 상호 참조할 수 있는 증거를 수집했다. 그래야만 무슨 일이 일어났는지 결정적으로 알 수 있었기 때문이다. 특별히 사망사고가 발생한 경우는 이런 식으로 취합한 정보가 더욱 중요했다. 슬픔에 빠진 가족들은 진실을 알고자 자주 홀리에게 의지했다. 헤더와 홀리는 종종 조심스럽게 다루어야 할 어려운 정보를 파헤치기도 했다.

두 사람은 인터뷰를 하지 않거나 보고서를 쓰지 않을 때는 함께 기념식이나 공식 파티에 참석했다. 한번은 강력한 진통제를 복용한 헤더가 정신이 다소 흐릿한 상태로 공식 리셉션에 나타나 홀리를 당황시켰다. 헤더는 미국 대사 랠프 프랭크Ralph Frank와 마주치자 그를 그냥 랠프라고 불렀다. 그의 성이 기억나지 않았던 것이다. 홀리는 헤더를 옆으로 끌고 가 "어떻게 된 거 아냐? 젊은 아가씨, 미스터 프랭크라고 불러야죠."라고 주의를 주었다. 홀리는 헤더에게 '외교관, 대사, 유명 산악인들'을 끊임없이 소개시켜 주었다. 홀리는 마치 물고기가 물을 만난 듯 생기가 넘쳤고, 산악인들의 주목과 관심을 끌었다. "홀리는 사람들에게 재미있는 이야기를 들려줄 줄 알아요."라고 헤더는 말했다.

홀리와 자유롭게 의견을 주고받았던 헤더는 "홀리는 메스너를 아주 좋아했어요. 또한 토마스 후마르도 아꼈죠."라고 말했다. 하지만 홀리가 전혀 좋아하지 않은 산악인들도 있었다. 그녀는 이런 사람들을 헤더에게 맡겼다. 영국의 산악인 앨런 힝크스가 그중 한 명이었다. "누구든 한 사람이 감당해 내기엔 벅찬 오만함이 있지만, 홀리는 선전수전을 다 겪었습니다. … 그녀는 산악인이 자신이 얼마나 대단한지 말하기도 전에 이미 그 산악인이 얼마나 대단한지 알고 있습니다."라고 헤더는 설명했다.

그들은 또한 즐거운 경험도 함께했다. 에베레스트에서 엄청난 시련을 겪은 한 산악인과 인터뷰하러 가우리상카르 호텔로 갔을 때였다. 부러진 안경다리는 테이프로 감겨 있었고, 손가락은 동상에 걸려 있었으며, 고산증세로 정신까지 멍했던 그 남자는 헤더가 자신의 인터뷰를 비디오로 촬영해 주기를 바랐지만 문제가 좀 있었다. 헤더는 그가 홀리와 함께 소파에 앉아서 인터뷰하는 장면을 비디오로 촬영하고 있었는데, 그때 순간적으로 그의 바지 지퍼가 열려 있다는 것을 눈치 챘다. 뿐만 아니라 그는 팬티조차 입지 않은 상태였다. 어떻게 해야 할까? 하지만 헤더는 모르는 척 계속 촬영했다. 그때 헤더는 지퍼를 올리라고 하는 것보다는 차라리 집에 가서 필요한 부분만 편집하는 것이 더 나을 것이라고 생각했다. 나중에 헤더가 이 말을 홀리에게 전하자, 그녀는 배꼽을 잡고 웃었다.

제15장

기록가인가,
역사가인가?

언론 통제는 염소 싸움을 말리는 것보다 어려울 것이다.

– 엘리자베스 홀리 –

1996년 에베레스트 대재앙 이후 전 세계 언론 매체로부터 가장 큰 주목을 받은 뉴스는 단연 1999년 영국의 전설적인 산악인 조지 맬러리[176]George Mallory의 시신을 에베레스트 북벽에서 찾아냈다는 소식이었다. 1924년 6월 조지 맬러리와 앤드루 어빈Andrew Irvine이 실종되자 이와 관련된 미스터리가 사람들의 상상력을 자극했다. 과연 이들은 에베레스트 정상에 올랐을까? 만약 그랬다면, 이들은 에드먼드 힐러리와 텐징 노르가이보다 30년이나 앞선 에베레스트 초등자가 되는 것이다. 1924년 6월 8일, 북릉 높은 지점에서 정상을 향해

---

176 "산이 거기 있으니까."라는 유명한 말을 남긴 영국의 산악인(1886~1924)

용감하게 나아가고 있던 두 사람은 동료인 노엘 오델[177]Noel Odell에게 마지막으로 목격된 후, 실종됐었다.

수십 년간 많은 수색대가 이들의 흔적을 찾아 나섰지만 모두 실패했다. 하지만 1999년 에릭 시몬슨[178]Eric Simonson이 이끄는 미국 수색대가 맬러리의 시신과 그의 것으로 추정되는 카메라를 찾기 위한 만반의 준비를 갖추고 네팔에 도착했다. 사람들은 카메라가 한 번 더 그리고 최종적으로 과연 이들이 정상에 올랐는지 증명해 줄 것이라고 기대했다. '모래 속에서 바늘 찾기'라며 이 프로젝트를 회의적으로 바라보던 수색대원들은 조지 맬러리의 마지막 등반을 광범위하게 연구한 역사학자 요헨 헴렙Jochen Hemmleb이 집중 수색해야 할 장소를 알고 있을 것이라며 큰 기대를 걸었다. 그들의 바람대로 그의 말은 정확히 들어맞아 수색 첫날 곧바로 성공을 거두었다. 콘래드 앵커는 맬러리의 6캠프에서 그렇게 멀리 떨어지지 않은 8,230미터 지점 30도 경사면에서 그의 시신을 찾아냈다.

미국 수색대 대장 시몬슨은 당시 홀리를 돕고 있던 헤더 맥도널드와 친한 사이였다. 맬러리의 시신이 발견된 후 — 그

---

177 영국 지리학자 겸 산악인(1890~1987). 1936년 빌 틸먼과 함께 난다데비를 초등했다.

178 미국의 등산 가이드로 30차례 이상 원정대를 이끌었다.

러나 언론에 정보가 새어 나가기 전에 ─ 헤더는 이런 쪽지를 받았다. "헤더! 이 상자를 쉘렌 편에 보냅니다. 잘 보관하세요. 아주 중요한 거니까. 에릭." 이 중요한 상자에는 맬러리와 아내가 주고받은 오래된 편지들과 신발, 옷, 고글, 고도계, 휴대용 나이프, 로프 조각이 들어 있었다. 하지만 카메라는 없었다.

헤더가 이 사실을 보고하자 홀리는 처음에 이를 믿지 않았다. 그녀에게는 확실한 증거가 필요했다. "심폐소생 응급조치가 필요할 정도였어요. 너무 흥분했거든요." 헤더는 그 상자를 보여줬을 때를 이렇게 회상하며 웃었다. 홀리 역시 "당연히 흥분했죠. 난 역사가이거든요. 세상에 말도 안 돼!"라면서 그날을 생생히 기억하고 있었다.

하지만 홀리는 보통 자신을 '역사가'라고 칭하지 않고, '기록가'라는 표현을 더 좋아했다. 등반 경험이 없어 진정한 역사가의 관점을 갖고 있지 못하다는 것이 그 이유였다.

그렇다면 그녀는 어느 쪽일까? 기록가인가, 역사가인가? 등반 경험이 없다는 이유 때문에 등산 역사가가 될 수 없는 걸까? 아니면, 그러한 역할에 요구되는 책임감 때문에 역사가라는 소명의식을 꺼려 하는 걸까?

시신을 찾아내자 카트만두 언론은 뜨겁게 달아올랐다. 홀리는 유리한 입장에 있었다. 그녀는 맬러리의 시신과 유품에 대해 코멘트 할 수 있는 몇 안 되는 사람이었다. 흥분을 가라앉힌 그녀는 "언론 통제는 염소싸움을 말리는 것보다 어려울 것이다."라며 뜨거운 취재경쟁을 예고했다. 그녀는 시몬슨과 콘래드 앵커를 포함한 다른 대원들과 인터뷰했다.

데이브 한 역시 수색대원이었다. 홀리는 수색에 대한 공식적인 인터뷰를 마치고 데이브 한과 시몬스에게 좀 더 남아 달라고 부탁했다. 사람들이 모두 떠나자, 홀리는 공식적인 입장에서 벗어나 맬러리의 시신 발견 당시의 상세한 내용을 알고 싶어 했다. 데이브 한은 높고 추운 고산에서 역사를 만든 주역들에 대해 알고자 하는 홀리의 진지한 열정에 감탄했다.

맬러리의 시신 발견에 상당한 흥미를 보인 또 다른 사람은 등산 역사가이자 작가이며 에베레스트 전문가인 오드리 살켈트Audrey Salkeld였다. 산악계의 인사들은 살켈트가 등산 역사, 특히 에베레스트에 대해서는 홀리보다 훨씬 더 잘 알고 있다면서, 두 사람을 비교했다. 등산에 푹 빠진 살켈트는 동료들과 함께 등반 방식의 미묘한 차이와 그 동기를 분석했다. 일부는 홀리가 살켈트처럼 등반의 세부사항을 검토하지 않는다면서 그녀가 단순한 사실을 넘어 등반 배후의 동기를 이해하는 것이 불가능하다고 생각했다. 이들은 관심이 얼마나 깊은지 상관없이, 미리 결정된, 내용이 다소 얄팍하고 짤막한 이야기 하나를 로이터에 제공하는 것이 그녀의 일이라고 평가했다. 하지만 아예 직업이 다른 이 두 여성을 비교하는 것은 공평하지 않은 것 같다. 홀리는 기자로서 정해진 시간 내에 다양한 언론사를 위해 정기적으로 이야기와 정보를 만들어야 했던 반면, 살켈트는 좀 더 큰 규모의 집필 프로젝트를 맡았기 때문에 등반의 미묘한 차이를 연구하는 데 훨씬 더 많은 시간을 투자할 수 있었다.

영국 출신의 영화감독 리오 디킨슨Leo Dickinson은 에베레스트 권위자로 정평이 난 홀리와 살켈트가 서로 잘 알지도 못하고, 공통의 관심사를 바탕으로 교류를 하지 않는 것을 이상하게 여겼다. 살켈트에게는 홀리가 그동안 쌓아온 탄탄한 기자 경력이 부족했다. 물론 살켈트는 좀 더 가벼운 접근으로 더 나은 콘텐츠를 만들어낼 수 있었다. 디킨슨은 홀리의 권위는 지식이 쌓이면서 자연스레 진화했다며 "처음부터 '에베레스트의 여왕'이 되려고 한 건 아닌 것 같다."라고 말했다.

살켈트는 홀리를 다소 경계했다. 그녀는 에베레스트 아이맥스IMAX 영화 프로젝트 일을 하면서 카트만두에 있을 때 여러 차례 홀리를 만났다. 홀리는 그녀를 조심스레 대하면서 마치 남의 실수를 잡아내기라도 하려는 것처럼 보였다고 한다. 살켈트는 많은 사람들이 자신을 홀리의 '영국 라이벌'로 봤는데, 아마도 이 라이벌 구도가 홀리를 화나게 만들었을 것이라고 생각했다. 살켈트는 홀리의 넓은 인맥을 언급하며 살아 있는 사람 중 홀리보다 산악인들을 더 잘 알고 있는 사람이 있을까 하는 의문을 던졌다. 그러면서도 살켈트는 힐러리 경과의 연결고리 덕분에 그녀가 다른 산악인들과 더 수월하게 인맥을 형성할 수 있었을 것이라고 믿었다.

홀리의 역할에 대한 논쟁에도 불구하고, 카트만두의 한 사업체인 럼두들Rum Doodle 레스토랑은 홀리를 최고 권위의 역사 전문가로 인정했다. 이곳은 벽면에 커다란 판을 만들어 놓고 에베레스트 등정자 중 그곳에 사인을 남긴 사람은 평생 공짜 식사를 할 수 있는 기발한 이벤트를 실시했는데, 사인 직전에 홀리에게 전화를 걸어 사실 여부를 확인했다. 5월의 어느 날 저녁 홀리는 럼두들로부터 한 통의 전화를 받았다. 얼마 전에 에베레스트를 올랐다는 3명의 폴란드인들의 등정 사실을 묻는 질문에 홀리는 파블로스키와 마셀코를 확인해 줬다. 그런데 세 번째 사람의 이름이 쿠델스키라는 이야기를 듣고 경악했다! 쿠델스키는 정상에 오르기는 했지만 하산 도중 사망했기 때문이다. 누군가 그를 사칭해서 럼두들에서 평생 공짜 식사를 즐기려 했던 것이다.

홀리는 셰르파 산악인들의 등반 활동에도 많은 관심을 기울였다. 1999년 앙 바부로도 알려진 바부 치리Babu Chiri가 신기록을 세웠다. 그는 작은 텐트, 매트리스와 침낭, 무전기만을 갖고 에베레스트 정상에서 21시간 15분을 머물렀다. 그는 1995년에도 10일 동안 베이스캠프에서 정상까지 두 차례 왕복하는 기록을 세웠고, 2000년 봄에는 베이스캠프에서 정상까지 16시간 56분 만에 올라 이전 기록을 갱신했다. 카트만두로 돌아왔을 때 홀리와 만난 그는 더 빨리 오르는 것이 목표였지만, 나쁜 날씨와 루트로 인해 시간을 더 줄이지 못했다고 말했다. 홀리는 미래의 목표를 물었지만, 그는 수줍어하면서 그녀의 끈질긴 질문을 피했다. 이 등반으로 그는 에베레스트를 10번 오른 사람이 됐다.

또 다른 유명 셰르파로 숭다레[179]Sungdare를 빼놓을 수 없다. 그는 에베레스트를 5번이나 오른 최초의 셰르파였지만, 나중에는 알코올 중독자가 되고 말았다. 홀리는 그가 그렇게 된 이유를 나름대로 설명했다. "쿰부 지역은 너무 추워서 셰르파들은 항상 락시를 마십니다. 술잔이 비기 전에 항상 가득 채워 주는 게 전통이죠." 숭다레가 알코올 중독에 빠지자 사람들은 더 이상 그와 등반하려고 하지 않았다. 그는 술로 전 재산을 탕진하고, 생활비가 바닥나자 자살을 선택했다. 앙 리타[180]Ang Rita 역시 술에 의존했다. 이런 패턴에서 자

---

179 1979년 한네롤 슈마츠가 에베레스트를 오른 다음 하산 중 사망했을 때 함께 있었던 셰르파로, 에베레스트를 5번 올랐다.

180 에베레스트를 무산소로 10번 오른 셰르파로 '설원의 호랑이'라는 별명을 갖고 있다.

유로웠던 셰르파가 아파[181]_{Apa}였다. 2004년 봄까지 그는 에베레스트를 14번이나 올랐다. 아파는 알코올 중독자가 아니라 현명한 사람으로, 명성이나 기록보다는 '가족의 재산을 늘리기 위해' 등반하는 셰르파였다. 그는 산은 너무 위험하기 때문에 자식들은 산이 아닌 다른 곳에서 일거리를 찾기를 바랐다. 홀리가 은퇴 계획을 묻자 그는 55세까지는 그만두지 않을 것이라고 대답했다.

셰르파들은 일부 외국 산악인들이 제대로 대우해 주지 않으면서 등반 성공의 모든 영광을 차지하는 현실에 분노했다. 셰르파들은 등반 기사 하단에 자신들의 이름이 실렸는지 안 실렸는지 여부 정도는 알고 있었다. 일부 원정대와 인터뷰할 때 등정자 이름이 나오면 홀리는 이렇게 묻곤 했다.

"셰르파도 등정했나요?"

"아, 예, 두 명 있었습니다."

"누구, 누구죠?"

"이런, 잘 모르겠는데… 한 명은 밍마고, 다른 한 명은 다와?"

"다른 이름이 있었을 텐데요. 셰르파들은 보통 이름이 2개예요."

---

181 2011년 21번째로 에베레스트 등정에 성공해 에베레스트 최다 등정 기록 보유자가 됐다.

"몰라요. 그냥 밍마라고만 불렀습니다."

홀리는 오직 극소수의 산악인들만이 이런 세세한 부분을 신경 쓴다는 점을 안타까워했다. 사실 대부분의 산악인들이 셰르파에 대해서는 크게 신경 쓰지 않았다.

산에서는 또다시 상업 등반대와 개인들 사이에 충돌이 일어났다. 뉴질랜드 상업 등반대의 베테랑 러셀 브라이스는 해마다 자신의 고객이 아닌, 함께 산에 있던 다른 산악인을 구하기 위해 쏟아야 하는 시간과 전문 지식, 물자에 대한 어려움을 호소했다. 산악인들은 자신의 등반을 성공적으로 해내기 위해 충분한 체력과 전문 지식을 갖고 도전한다. 모든 것이 잘 되고 날씨가 도와주면 성공할 수 있지만, 돌발 상황에 대처할 만큼 강하지 않았던 산악인들로부터 러셀 브라이스는 자주 구조 요청을 받았다.

그 당시 홀리는 슬로베니아 산악인 토마스 후마르의 행적에 깊은 관심을 갖고 지켜보고 있었다. 1999년 가을 그는 다울라기리 남벽 등반에 성공했다. 홀리의 견해로는 몇 가지 이유에서 그것은 주목할 만한 업적이었다. 비록 정상에 오르지는 못했지만, 그는 정말 가파르고 위험한 루트를 단독으로 도전했다. 라인홀드 메스너는 1970년대에 이 벽을 한 차례 정찰했지만 시도해 보지도 않고 발길을 돌렸었다. 후마르는 중앙벽을 곧장 오르다가 7,900미터에서 돌연 능선 쪽으로 방향을 틀었다. 그는 홀리에게 이렇게 말했다. "조금 더 높이 오르면, 죽을 수도 있을 것 같았어요." 이 모든 등반 과정은 지원팀의 망원경을 통해 관찰됐기 때문에 토모 체센의 경우처럼 등반 시비나 논쟁은 없었다. 홀리는 그가 고정로프와 산소는 물론이고, 파트너도 없이 등반했다는 사실에 큰 감동을 받았다.

하지만 존경 받는 산악인이자, 같은 국적의 안드레이 스트렘펠이 후마르의 등반 성과에 의문을 표시했다. 그는 중앙벽의 그 루트를 최초로 올랐다는 후마르의 주장을 문제 삼으며, 사실 그 루트는 18년 전인 1981년 후마르의 히말라야 등반 스승이었던 스타네 벨락 스라우프가 처음 도전했었던 루트라고 주장했다. 즉, 두 사람의 루트가 모두 같은 지점에서 끝났고, 두 사람 모두 그곳에서 하산을 결정했다는 것이다. 또한 스트렘펠은 이 위험한 루트가 '선정적인' 가치가 있어 명성과 경력을 돋보이게 하고 후원자를 구하는 데 도움이 될 수 있기에 선택한 것이 아니냐고 목소리를 높였다. 홀리는 이 주장이 다소 공평치 않다고 생각했다. 왜냐하면 스트렘펠도 극도로 위험하고 선정적인 등반에 참가했기 때문이다.

후마르와 벨락 스라우프의 루트가 얼마나 비슷한지 판단하기 위해 홀리는 자세한 기록과 사진이 담긴 파일 2개를 꺼내 왔다. 1981년 파일에는 사진 한 장 그리고 정교하게 그려진 예상 루트와 실제 루트가 있었다. 후마르의 파일에도 사진 한 장이 있었고, 예상 루트와 실제 루트가 들어 있었다. 1981년의 실제 루트는 후마르가 등반한 곳보다 오른쪽에 있었다. 홀리는 후마르가 등반한 곳은 남벽 '가운데'고, 1981년의 등반 루트는 남벽의 '오른쪽'이라고 기록했다. 해석하기 나름이지만, 홀리는 서로 다른 루트라는 점을 분명히 했다. 그녀는 '획기적인' 등반이 지닌 가치는 다음 세대에까지 영향을 미친다며 "분명 후마르의 등반이 획기적이었습니다."라고 평가했다.

20세기가 막을 내릴 즈음 76세가 된 홀리는 기자로서 정점에 올라 있었다. 미국의 산악인 카를로스 불러는 홀리가 자누 북벽 등반에 나서는 러시아 원정대를 상대로 인터뷰했던 장면을 설명해 주었는데, 내용은 이랬다. 서양인의 기준으로 보면 작고, 눅눅하고, 깨끗하지 않은 방이었다. 홀리는 짐짓 점잔을 빼면서 자신의 방식대로 뉴스거리를 찾아내고 있었다. 홀리는 이해하기 어려운 점들을 확실하게 짚고 넘어가면서, 다른 사람이 알아볼 수도 있고 나중에 유용하게 쓰일 수도 있도록 정형화된 형식으로 적어 내려갔다.

불러는 홀리가 모든 정보를 자세히 검토하고, 이것저것이 맞는지 자료와 고도, 이유를 묻는 모습을 보고 감탄했다. 더욱이 이런 자료들은 그녀가 개인적으로 사용하거나 즐길 목적이 아니라 다른 사람들을 위한 것이었다. 산악인들은 언제든 그 귀중한 자료를 열람하면 되는 것이다. 그는 미래의 어느 날 스페인이나 미국의 산악인들이 그녀를 찾아와 정보를 요청하는 모습을 상상해 보았다. 그러면 홀리는 자료와 사진 그리고 왜 러시아인들이 그 고도에 캠프를 설치했는지 그리고 문제가 무엇이었는지에 대한 특별한 조언을 줄 것이다. 혹은 약간 아래나 다른 장소에 캠프를 설치하는 것이 더 나을 것이라고 제안해 줄지도 모른다. 불러는 홀리가 등반을 정직한 스포츠로 발전시키길 원했다고 말했다.

많은 산악인들은 홀리가 등반 기록가로서 최고의 위치에 있다는 점에 동의한다. 그녀는 다른 사람들은 꿈도 꾸지 못할 정도로 많은 히말라야 등반 자료를 모았다. 카트만두를 거쳐 가는 수백 명의 산악인들과 이야기를 나누었기 때문이다. 홀리는 놀라울 정도로 운동 능력이 뛰어난 사람, 쭈글쭈글한 늙은이, 젊고 유능한 산악인 등 각양각색의 사람들을 만났다. 등반 전 활기 넘치고 열정적일 때도, 성공을 했든 실패를 했든 지쳐서 카트만두를 떠날 때도 이들을 만나 이야기를 들었다.

그녀는 히말라야의 등반 스타일이나 논란, 이슈를 비롯해 심지어 일부 산악인들에 관해서도 이야기를 나누었는데, 너무 복잡해서 머리가 아플 정도였다. 하지만 어떤 사람들은 네팔에서만 오래 있었고, 히말라야 등반에만 집중한 것이 홀리의 약점이라고 꼬집었다. 오랫동안 네팔을 벗어나지 않아서 등반의 전반적인 흐름을 파악하지 못한다는 것이다. 홀리는 네팔에 오는 산악인들의 관점을 통해서만 그 흐름을 이해했다. 비판가들은 홀리가 요세미티 암벽등반에 관해서는 알지도 못하고, 알래스카 클라이머들이 히말라야의 거벽에 자신들의 등반 지식을 어떻게 접목하는지도 모른다고 자신 있게 말했다. 홀리도 이 말에는 동의했다. 그녀는 세계의 여러 곳에서 행해지는 등반에 대해 알려는 시도를 하지 않았다고 인정했지만, 그렇게 하는 데 관심이 없었다고 잘라 말했다.

홀리에 대한 가장 끈질긴 비판은 그녀가 등반 경험이 없어서 등반을 결코 깊이 이해하지 못한다는 것이었다. 그녀는 물을 만들기 위해 꽁꽁 언 부츠를 신고 텐트 밖으로 나가 얼음을 깨는 느낌이 어떤 것인지 알지 못하며, 그녀가 모은 정보는 모두 간접경험에 의한 것이었다. 홀리를 비판하는 사람들은 직접경험이야말로 등반을 깊이 이해할 수 있게 만드는 필수요소라고 주장했다. 홀리가 많은 산악인들을 직접 만나기는 했지만, 도시에서 이루어진 만남이었다. 산악인들은 오랫동안 산에 있었어도 카트만두에 돌아와 샤워를 하고 옷을 갈아입으면 달라지게 마련이다. 이들은 히말라야 등반의 공식 기록가와 마주할 때 어떻게 처신해야 하는지 잘 알았다. 인터뷰 하나에 등반의 성패가 달려 있기 때문이다. 홀리가 이들의 말에서 진실과 거짓의 미묘한 차이를 이해하는 것은 쉽지 않다. 산악인들의 자부심은 이럴 때 강하게 나타나기 때문이다. 어떤 사람들은 홀리가 산악인들의 말과 그 말을 하는 이유를 제대로 이해하려면 그들의 활동 무대인 산에서 만날 필요가 있다고 주장했다.

그러나 대다수는 홀리가 영향력 있는 산악계 인사라는데 동의한다. 홀리가 모아 온 정보와 통계는 세계의 다른 사람들에게는 중요하지 않을지 모르지만, 산악인들에게는 소중하다. 어떤 산악인들은 그녀의 말이 복음으로 여겨질 정도라면서 한 사람에게 힘이 집중되는 것은 위험하다고 생각한다. 그녀의 견해가 결점이 없는 완벽한 진실로 받아들여질까봐 걱정하는 것이다. 또한 이런 사실들이 공개되는 것을 우려한다. 이유가 뭘까? 홀리는 그들이 사랑하고 존경하고 그리고 두려워한 존재였으니까. 메스너는 "홀리의 퍼즐 조각으로 모든 등반의 큰 그림이 완성되고 있다."라고 말했다. 그는 홀리의 권위가 수많은 정보를 체계화하는 그녀의 능력에 맞게 정확하게 발휘되고 있다고 믿었다. 그녀도 인간이기에 비록 뜻하지 않은 실수를 저지르기도 하지만, 그녀는 바로 정정하면서 그 실수를 만회한다. 메스너는 "홀리는 최고의 언론인!"이라며 칭찬했다.

홀리는 냉철한 기자이기도 하다. 미국의 산악영화 감독 마이클 브라운Michael Brown은 홀리가 1998년 푸모리 원정대장 짐 노박Jim Nowak과 한 인터뷰를 떠올렸다. 그때 홀리는 판결을 내리는 것처럼 보였다. 짐 노박은 얼음이 녹고 기후가 변해 푸모리의 루트뿐만이 아니라 모든 히말라야 등반이 점점 어려워지고 있다고 말했다. 하지만 홀리는 그 이유는 점점 수준이 낮아지는 등반 실력 때문이라고 응수했다. 마이클은 "그 말을 듣고 기가 막혀 하는 그의 표정을 잊을 수 없어요."라고 말했다.

오스트리아의 산악인 쿠르트 딤베르거는 홀리에 대해 관대했다. 그는 수십 년간 히말라야를 다니면서 그녀와 오랜 친분을 유지했다. 지구상에서 '가장 흥미로운 등반 ─ 그리고 등반에 대한 토론 ─ 의 진원지'에 있는 여성이라는 이미지를 갖고 있는 홀리를 그는 "살아 있는 기록 보관소"라고 불렀다.

제16장

목표 변경

그때 상상할 수도 없는 일이 일어났다.

경제적으로 이득을 얻을 수 있는 산을 오르는 상업 등반대의 숫자가 늘어나면서 홀리는 에베레스트 등반에 관한 기사를 쓰고 기록하는 데 점점 더 많은 시간을 할애해야 했다. 그중 많은 경우가 노멀 루트를 반복해서 오르고 낮은 고도에서도 산소를 사용하는 등 거의 다 비슷한 등반이었기 때문에 홀리는 거의 흥미를 느끼지 못했지만, 그녀가 관심을 가질 만한 등반을 하러 히말라야에 오는 산악인들도 여전히 있었다.

　프랑스 출신 산악인 장 크리스토프 라파이유가 그중 한 명이었다. 그는 2000년 봄 마나슬루 북동벽을 직선 루트로 단독 등반해 5월 5일 정상을 밟았고, 재능과 끈기를 갖춘 러시아인 발레리 바바노프Valeri Babanov도 에베레스트 남동쪽에 있는 6,783미터의 캉테가Kangtega를 신루트로 올라 홀리의 관심을 끌었다.

그러나 에베레스트에 사람들이 북적거리면서 서로 충돌하는 사건도 빈번하게 발생했다. 대표적인 사례가 핀란드 출신의 디스커버리 채널 통신원 올라프 존스Olaf Jones와 영국 출신 산악인 헨리 토드Henry Todd 사이에 벌어진 사건이었다. 토드는 베이스캠프에서 실시간으로 등반 기사를 작성해 인터넷에 올리는 존스에게 화를 내며, 그를 죽이겠다고 협박했다. 홀리는 그곳에서 일어난 상황을 여러 사람들로부터 전해들었다. 그중 하나는 토드가 존스를 때렸다는 것이었다. 토드는 단지 주먹을 쥐고 그를 향해 흔들었을 뿐 손도 대지 않았다고 부인했다. 진실이 어떻든 간에, 존스는 도망치다가 돌무더기에서 넘어져 다쳤다. 소송을 하겠다는 둥 이런저런 협박이 오갔고, 존스는 결국 헬기를 타고 내뺐다. 홀리는 이런 일에 넌더리가 났다.

2001년 4월 말, 바부 치리의 죽음으로 산악계와 네팔 전역은 슬픔에 빠졌다. 사진을 찍기 위해 에베레스트 2캠프를 떠났던 치리가 5시간이 지나도 돌아오지 않자 동생 다와가 찾으러 나섰다. 자정 무렵 눈에 난 발자국을 찾았지만 크레바스에서 끊겨 있었고, 그의 시신은 그 안에서 발견되었다. 흥분한 언론은 전 세계에 사망 기사를 속보로 전했다. 그의 시신은 카트만두로 운구되어 꽃과 종교의식용 스카프로 덮인 채 셰르파 센터Sherpa Center에 안치됐다. 총리를 포함한 많은 고위급 인사들이 이곳을 찾아와 애도와 경의를 표했다. 심지어 비렌드라 네팔 국왕도 "바부의 죽음은 이 나라와 산악계에 엄청난 손실이다."라는 내용의 애도 메시지를 보내는 등 그를 찬양하는 헌사가 쏟아졌다.

홀리도 이 매력적인 사나이의 죽음을 안타까워했다. 그는 학교가 없는 자신의 고향 탁신두[182]Taksindu에 아이들을 위한 학교를 세우고 싶어 했다. 그의 다음 프로젝트는 에베레스트를 북쪽에서 남쪽으로 그리고 즉시 다시 남쪽에서 북쪽으로 횡단하는 것이었다. 홀리는 이 프로젝트는 '오직 바부만이 생각할 수 있는 것'이라고 말했다.

그동안 많은 산악인들의 죽음을 지켜봤던 홀리는 보통 담담해 했으나, 때로는 슬픔에 빠지기도 했다. 독일의 산악인 로베르트 라클Robert Rackl이 2003년 10월 아마다블람에서 원정대를 이끌다 사망했을 때가 그랬다. 그는 낡은 고정로프를 살펴보러 대원들보다 앞서 갔다가 중심을 잃었다. 로프 하나를 붙잡았지만 그 로프가 빠져 버렸거나 썩었던 것이 틀림없었다. 그는 루트의 전 구간을 추락해 밑바닥까지 떨어졌다. 홀리는 그를 에너지가 넘치고, 인내심 있고 친절한 사

---

182 네팔 솔루쿰부 지역, 살레리Salleri 근처에 있는 작은 셰르파 마을

람으로 기억했다. 죽은 지 1년이 됐는데도 홀리는 그에 대한 이야기가 나오자 울먹거렸다.

홀리를 비통하게 한 또 다른 사고는 프랑스인 스노보더 마르코 시프레디[183]Marco Siffredi의 죽음이었다. 홀리는 그가 2001년 에베레스트에 올라 스노보드를 타고 내려왔을 때 처음 만났다. 2002년 다시 네팔을 찾은 그는 이번에는 훨씬 더 직선인 북벽의 혼바인과 일본 쿨르와르 루트로 스노보드를 타고 내려올 작정이었다. 홀리는 그가 에베레스트로 떠나기 전에 호텔에서 이야기를 나눴다. "아주 훌륭하고, 흥미롭고, 어린 23세의 청년이었어요. 전도유망한 그는 멋진 도전을 앞두고 들떠 있었죠. 그런데 실종되고 말았어요!" 몇 달 후 그의 부모가 네팔로 왔다. 그들은 아들이 둘 있었는데, 한 명은 알프스에서 등반 사고로, 또 한 명은 네팔에서 스노보드 사고로 잃었다며 애통해 했다. 홀리는 "그 말을 듣고 너무나 슬펐어요. 그 친구는 활기가 넘쳤고 열정이 대단했는데, 한창 나이에 연기 속으로 사라져 버렸어요!"라고 말했다.

장애인 산악인에 대해서, 홀리는 기껏해야 묘기를 부리는 사람으로 여기면서 화를 참지 못했다. 2000년 아마다블람 등정을 시도했던 미국의 시각장애인 산악인 에릭 바이헨

---

183 프랑스의 스노보더이자 산악인(1979~2002). 2001년 에베레스트를 스노보드로 내려왔다.

마이어[184]Erik Weihenmayer가 에베레스트 등반 계획을 발표했을 때였다. 그녀는 이 발표를 듣고 "본인 스스로를 위해 네팔에 오지 않기를 바란다."라며 냉소적인 코멘트를 날렸다. 그녀의 부정적인 반응에도 불구하고 그는 2001년 봄 시즌에 돌아왔고, 자신의 도전을 성공적으로 마무리했다. 그는 베이스캠프에 도착한 후 2개월 반 동안 헌신적으로 도와주는 팀과 함께 엄청난 노력을 기울이면서 매일 조금씩 올랐다. 가장 어려웠던 일은 쿰부 아이스폴 지대에서 복잡한 사다리를 건너는 것이었다. 얼마나 멀리 뛰어야 하는지 알 수 없기 때문에 크레바스를 건너뛰는 것도 힘들었다. 홀리는 풍경도 보지 못하는데 에베레스트를 오르고 싶어 한 이유가 무엇인지 물었다. 에릭은 얼굴에 닿는 바람과 태양, 발아래의 바위와 눈을 몸으로 느끼는 것이 행복하기 때문이라고 대답했다. 에릭이 산에 오르는 것을 두고 많은 악의적인 냉소와 비아냥거림, 블랙 유머가 난무한 가운데, 한 산악인은 죽은 시각장애인의 사진을 보고 싶다는 막말도 서슴지 않았다. 하지만 에릭은 이런 말들을 듣고도 당황하지 않았다. 그는 동료의 배낭에 매달린 종소리를 따라 자신의 의지로 5월 25일 정상에

---

184 2001년 시각장애인으로서는 최초로 에베레스트 정상에 올랐다. 7대륙 최고봉 등정을 달성했고, 1996년 요세미티 엘 캐피탄 노즈를 등반했다. 사막횡단, 카약 등 다양한 모험에 도전했다.

올라섰다. 홀리는 처음에는 냉소적이었을지 모르지만 에릭과 인터뷰할 때는 프로답게 처신했다. 훌륭한 산악영화를 만들어 상을 받기도 한 미국의 영화감독 마이클 브라운은 예의를 갖춘 인터뷰였다며 홀리가 그를 비판하는 대신 품격을 갖춰 대우해 주었다고 말했다.

홀리는 많은 이들이 곡예에 가까운 묘기라고 부른 또다른 이벤트, 즉 에베레스트 스키 하산에 대해서는 경탄했다. 에베레스트에서 스키로 하산한 사람 중 홀리가 최초로 인정한 인물은 슬로베니아 스키선수 다보 카르니차르[185]Davo Karničar였다. 그는 오를 때는 산소를 사용했지만, 하산할 때는 사용하지 않았다. 홀리는 이에 대해 "그렇게 빨리 내려오는 데 산소가 필요 있겠어요?"라고 말했다. 그는 가장 경사가 심한 구간은 사이드스텝을 이용해 내려왔다. 홀리가 눈사태를 피하는 방법에 대해 묻자 그는 "그냥 빨리 내려가는 방법밖에 없죠."라고 답했다. 5시간도 안 걸린 그의 하산은 그가 실제로 예상했던 것보다도 빨랐다. 홀리는 이것을 '상당한 성과'라고 생각했다.

홀리는 산악 활동 분류 방식에 어려움을 겪었다. 스키

---

185 슬로베니아의 산악인이자 스키선수(1962~). 낭가파르바트와 K2를 올랐으며, 1995년 안나푸르나, 시샤팡마를 스키로 하산했다. 7대륙 최고봉을 스키로 하산했으며, 2000년 에베레스트에서 스키로 하산했다.

하산은 묘기로 보지 않았다. 하지만 시각장애인 산악인의 에베레스트 등반이나 속도등반은 달랐다. 산에서의 이런 원칙은 누가 만든 것일까? 홀리는 개인에 따라서, 다시 말하면 그녀가 좋아하거나 싫어하는 개인의 성격에 따라서 이런 결론을 내리는 것일까? 훌륭하다고 여기는 것에 대한 일종의 지침서가 있는 것일까? 누가 홀리의 관점에 영향을 미치는 것일까?

홀리의 관점은 자신이 신뢰하는 산악인들로부터 들은 이야기에 영향을 받기도 했다. 이탈리아의 산악인 시모네 모로가 2001년 로체에서 겪은 사건이 이런 경우다. 미국의 상업 등반대에 참가한 19세의 영국인 토마스 무어스Thomas Moores가 8,300미터에서 추락했다. 그때 모로는 다음 날의 정상 공격을 준비하며 7,950미터의 텐트 안에 있었다. 비명 소리를 듣자 그는 텐트를 나와 무어스 구조에 나섰는데, 그렇게 발 벗고 나선 사람은 그밖에 없었다. 같은 캠프에 있던 다른 사람들은 구조활동을 대놓고 거부했다. 다음 날 정상 등정 기회를 놓치고 싶지 않다는 것이 그 이유였다. 저녁 7시경 추락한 무어스를 발견한 모로는 그를 텐트로 데려와 응급처치를 해주고, 다음 날 셰르파들로 하여금 후송하도록 조치했다. 이렇게 구조활동으로 너무 지쳐 버린 그는 정상 등정을 시도할 수 없었다. 그날 사고 현장에 있었던 이들은 무어스에게는 지원팀이 없었고, 이런 경우 사고가 발생하면 다른 팀 — 경우에 따라서는 다른 사람 — 이 나설 수밖에 없다고 한탄했다.

2001년 홀리는 1950년의 초등을 기념하는 프랑스 안나푸르나1봉 원정대에서 일어난 갈등을 접했다. 1950년 초등 당시 중요한 역할을 한 유명 산악인 리오넬 테레이[186]Lionel Terray의 아들 니콜라스 테레이Nicolas Terray가 2001년 원정대를 이끌고 있었다. 이 원정대는 등정에 실패했는데, 대원 크리스토프 프로피트Christophe Profit는 다른 대원들보다 먼저 카트만두로 돌아와 홀리에게 할 말이 있다며 연락해 왔다. 그는 자신이 찾아낸 안전한 다른 루트로 등반을 계속하자고 주장했는데도, 원정대장이 철수를 결정해 화가 난 상태였다. 두 명의 셰르파를 데리고 등반을 강행했지만, 한 명의 셰르파가 동상을 호소하는 바람에 후퇴했던 프로피트는 베이스캠프에 내려왔을 때 등반을 중단한다는 결정이 이미 내려져 있었다고 말했다. 그는 다시 등정에 도전하자고 설득했지만, 원정대는 등반 종료를 선언하고 혼자 남아 등반하지 못하도록 캠프를 철수해 버렸다. 화가 난 그는 홀리에게 달려와 이 사실을

---

186 프랑스의 유명 산악인(1921~1965). 마칼루와 피츠 로이를 비롯해 많은 고봉을 초등했다. 그의 책 『무상의 정복자』가 원로 산악인 김영도의 번역으로 출간됐다.

제보했다.

며칠 후 홀리는 원정대장 니콜라스 테레이를 만났을 때 프로피트가 그 루트를 끝내도록 허락하지 않은 이유가 무엇인지 물었다. 그녀의 질문에 깜짝 놀란 그는 화를 내며 퉁명스럽게 대했다. 2주일쯤 뒤에 홀리는 그로부터 팩스 한 장을 받았다. "내 생각에 당신은 그것을 판단할 자격이 없습니다. 당신이 상관할 바가 아닙니다. 당신의 태도에 조금 실망했습니다." 홀리는 여러 번 고쳐 쓰고, 최대한 말을 돌려서 답장을 보냈다. "제가 그런 판단을 할 위치에 있는지 어떤지는 잘 모르겠지만, 제가 가능한 한 많은 등반은 물론이고 도중에 정상을 포기하는 경우도 그 이유를 알려고 노력한다는 점을 이해해 주었으면 좋겠습니다. 더구나 당신 원정대의 경우, 등반 중단 결정이 만장일치로 결정된 것이 아니라는 사실도 알고 있습니다. 저는 당신의 관점을 알고 싶습니다. … 제 질문이 너무 날카롭지 않았기를 바랍니다."

홀리는 이처럼 특별한 원정대에서 대원들 간에 일어나는 미묘한 감정의 차이를 이해하려고 노력하기는 했지만, 가끔 산악인들의 등반 동기나 정상과 루트, 기록에 대한 집착 등에 대해서도 질문했다. "이 등반이 얼마나 중요할까?" 그녀는 좀 더 큰 맥락에서 파악하고 싶어 했다.

광범위한 지역에서 네팔의 정치 상황이 산악인들과 트

레커들에게 영향을 미치기 시작했고, 홀리는 소름끼치는 이야기를 전해 들었다. 2000년 가을 마나슬루 등반에 나선 6명의 젊은 스페인 학생들이 세티Seti라는 마을에 캠프를 설치했는데, 나중에 마오이스트[187]Maoist로 밝혀진 200여 명의 테러리스트들이 이들을 에워쌌다. 결국 이들은 갖고 있던 돈을 모두 내놓아야 했다. 마오이스트들은 포터 한 명에게 부상을 입히고, 스페인 학생들을 밤새 텐트에 감금시켰다. 이 사건 후 스페인 학생들은 그 지역을 벗어나기 위해, 또 등반을 계속하려면 집에서 돈을 송금 받아야 했으므로 헬기를 타고 카트만두로 돌아왔다. 이들은 네팔 정부가 헬기 비용을 처리해줄 것이라고 기대했지만 정부는 이를 거절했다. 설상가상으로 이들은 정부가 약속한 경찰의 보호도 받지 못한 채 그 지역으로 다시 돌아가야 했다.

또 다른 원정대는 마나슬루 북동쪽에 그리고 티베트 국경에서 남쪽으로 멀지 않은 곳에 위치한 7,187미터의 쉬링기 히말Sringi Himal에 접근하고 있었다. 그런데 한 무리의 불교 승려들이 쉬링기 서쪽에 살고 있는 신이 재앙을 가져올지 모른다고 하면서 쉬링기 강을 거슬러 올라가지 못하도록 막아섰다. 많은 대화를 나눴지만 승려들은 뜻을 굽히지 않았고, 결국 원정대는 다른 루트로 목표를 변경해야 했다. 그토록

---

187 마오쩌둥의 중국 공산당 지도 이념을 신봉하는 사람들

많은 시간과 노력을 기울였지만, 원정대는 전진베이스캠프에서 5,000달러 상당의 물품을 현지인들에게 도난당하자 등반을 포기할 수밖에 없었다.

범죄가 증가함에 따라, 홀리는 등반 허가서 발급을 늘리는 것을 우려했다. 특히, 날씨가 좋은 봄 시즌에 허가가 늘어났다. 홀리의 말에 따르면, 네팔 정부는 잠시 등반 허가서 발급을 제한하려고 했지만, 트레킹 회사와 원정대로 생계를 꾸려 가는 셰르파들의 저항에 부딪쳤다. 아마다블람이 대표적인 사례였다. 홀리의 설명을 빌리자면, 아마다블람은 아름다운 데다 등반이 어렵지 않아 모두가 오르고 싶어 하는 산이었다. 그 결과 동시에 너무 많은 원정대가 몰려 어떤 구간은 긴 줄을 서야 했다. 캠프 역시 사람들로 넘쳐났다. 따라서 가끔 산악인들은 캠프를 건너뛰면서 빠른 속도로 정상으로 향하는데, 이는 심리적 부담을 야기하고 사고를 불러일으키는 요인이 됐다.

산에서 돌아온 원정대가 관광성에 많은 불평을 제기했지만, 그들은 '한 귀로 듣고 한 귀로 흘려버렸다.' 외화는 네팔에서 매우 소중한 소득원이었고, 등반은 중요한 외화벌이 수단이었기 때문이다.

그때 상상할 수도 없는 일이 일어났다. 2001년 6월 2일 새벽 4시, 홀리는 뉴질랜드 오클랜드에 있는 힐러리 경의 부인으로부터 전화를 받았다. 그녀는 대뜸 왕실이 몰살당한 것이 사실인지 물었다. 뉴질랜드 기자들이 힐러리 경에게 이 사건에 대해 한마디 해달라고 전화를 했다면서…. 홀리가 즉시 사실 확인차 카트만두 주재 로이터 통신원에게 전화를 하자, 그는 몇 시간 전에 군 취재원으로부터 이 충격적인 소식을 들었다고 확인해 주었다.

6월 1일 저녁, 왕궁에서 열린 정기 가족만찬에서 왕세자 디펜드라[188]Dipendra는 자신이 갖고 있던 무기로 부모와 두 동생 그리고 숙모 2명과 삼촌 2명, 조카를 살해하고 자살을 시도했다. 그 한 번의 총격으로 10대에 걸쳐 네팔을 통치해 온 샤Shah 왕조가 거의 전멸한 것이다.

왕실 몰살 뉴스가 카트만두와 전 세계에 불길처럼 퍼져나가면서 대혼란이 일어났고, 왕실도 충격과 정치적 격변에 휩싸였다. 문제는 왕위 계승자인 왕세자가 자기가 쏜 총에 즉사하지 않고 살아남았다는 것이었다. 이미 만인에게 알려진 살인자에게 전통대로 왕위를 계승해야 하는가? 결국 왕실은 전통을 따랐다. 의식 불명인 디펜드라가 새 국왕에 즉위했고, 전 국왕의 동생인 갸넨드라[189]Gyanendra가 새 국왕이

---

188 제11대 네팔 국왕. 2001년 6월 1일 국왕과 왕비 등 왕족 9명을 총으로 살해했다.
189 네팔 제12대이자 마지막 국왕. 2007년 12월 왕정 존폐 여부를 묻는 국민 투표 결과로 공화국이 수립되자 국왕에서 물러났다.

회복될 때까지 섭정자로 선정됐다. 그리고 이틀 후 디펜드라가 사망하자 갸넨드라가 국왕의 자리를 차지했다. 네팔 국민들은 4일 동안 3명의 국왕이 바뀌는 모습을 지켜봐야 했다.

그 4일 동안, 왕실은 몰살 사건에 대한 어떠한 해명자료도 발표하지 않았다. 카트만두에 있는 다른 사람들처럼 홀리도 왜 왕실이 곧바로 성명을 발표해 도시를 휩쓸고 있는 흉흉한 억측과 공포를 차단하지 않는지 의아해했지만, 디펜드라 왕세자가 즉사하지 않고 이틀간 살아 있었기 때문에 수사 발표를 주저할 수밖에 없었을 것이라고 추측했다. 그 사이에 엄청난 음모론이 떠돌았다. 즉, 이 사건의 배후가 마오이스트, 갸넨드라, 대왕대비라는 것이었다. 하지만 홀리는 디펜드라 왕세자가 저지른 단독 범행이라는 공식 발표가 진실일 것이라고 믿었다.

사건의 실체가 점차 드러나기 시작했다. 왕세자는 심각할 정도로 술과 마약에 빠져 있었다. 게다가 그가 선택한 여성과 결혼을 고집하면 왕위계승권을 취소하겠다는 가족들과의 갈등 때문에 극도의 분노 상태였다. 정서가 불안정한 이 왕세자는 무기를 모으기 시작했다. 그에게는 분당 1,000발을 쏠 수 있는 돌격용 자동소총 M16, 분당 900발을 쏠 수 있는 9밀리미터 자동소총, 싱글배럴식 엽총과 9밀리미터 권총이 있었다. 사람들은 왕실이 그런 상황을 방조했다는 사실에 경악했다. 심리적 불안 상태였던 왕세자는 술과 마약, 무기에 아무런 제한 없이 접근했고, 사랑하는 여성을 두고 가족들과 갈등하며 충돌을 빚고 있었다. 이 학살에서 살아남은 사람은 대왕대비 라트나Ratna로, 그녀는 50년 전 마헨드라 국왕이 왕세자 시절 부친의 뜻을 꺾고 선택한 여성이었다. 총알이 난무하던 그때 그녀는 왕궁의 다른 곳에 있어 화를 피할 수 있었다.

왕실 대학살 사건 이후 네팔은 상당히 불안한 상태에 놓였다. 불안이 가중된 데는 왕실의 진실 해명이 늦어진 탓도 한몫했다. 정치 지도자들은 음모론에 기대어 권력을 잡으려고 했고, 마오이스트들 역시 자신들의 영향력을 확대하려고 했다. 카트만두에서는 오후 3시 30분부터 새벽 5시까지 통행금지가 실시됐다. 홀리의 집 밖에서는 시위대가 경찰을 조롱하며 돌을 던졌고, 거리에서는 자동차 타이어와 사람 모형을 태우면서 진실 규명을 요구했다. 시신을 왕실의 화장터인 아랴갓Aryaghat으로 옮기는 장례 행렬을 뒤따르던 시위자들은 소리를 지르고 돌을 던지며, 비렌드라 국왕의 피살을 비난했다. 이러한 시위를 통해 비렌드라 국왕과 왕비에 대한 국민들의 애정을 확인할 수 있었던 홀리는 혼란스러웠다. 10년 전만 하더라도 대규모 군중들이 국왕을 도둑, 왕비를 창녀라고 부르며 시위를 했기 때문이다.

카트만두 시민들은 왕실을 위해 준비된 파슈파티나트 아랴갓에서 왕족이 화장되는 것을 다시 한 번 목도했다. 이번에는 국왕만이 아니라 왕비, 왕자, 공주 등 모두가 한꺼번에 불길로 타올랐다. 바그마티 강의 먼 쪽에 모여든 네팔 국민들은 한 왕조가 완전히 연기 속으로 사라지는 것을 지켜보았다.

6월 4일, 53세의 갸넨드라가 생애 두 번째로 국왕에 즉위했다. 그는 1950년 트리부반 국왕이 인도로 망명했을 때 4살의 어린 나이로 국왕에 책봉된 적이 있었다. 라나 가문의 마지막 총리가 이 어린 아이를 국왕에 앉혔지만, 국제적으로는 인정받지 못했었다. 두 번째로 국왕에 오른 그는 부인 코말Komal을 왕비로 선택했다. 그녀는 대학살에서 심한 부상을 입었지만, 총알이 심장을 아슬아슬하게 비켜 가면서 살아남았다. 일주일 동안 10명의 장례식을 지켜봐야 했던 카트만두 시민들은 지칠 대로 지쳐 있었다.

그해 가을 네팔로 들어오는 산악인 숫자가 급격히 줄어들었다. 홀리는 이런 현상을 몇 가지 요인에서 찾았다. 왕실 대학살 사건, 네팔 내에서 일어나는 테러에 대한 공포, 미국 9.11 사태 후 항공 안전에 대한 두려움, 서유럽과 북미, 일본의 경기 침체 등이 그녀가 꼽은 주요인이었다. 네팔에서는 마오이스트와 정부군이 정전에 합의했지만, 11월이 되자 마오이스트들은 이 합의를 깨고 네팔 전역에서, 심지어 카트만두 계곡의 산골 마을에서까지 폭동을 일으켰다. 사망자 수가 계속 늘어나자 국왕은 비상사태를 선포하고, 네팔 정부군이 마오이스트들을 강력히 진압하도록 허용했다. 2개 소대 병력이 헬기를 타고 남체 바자르로 날아갔고, 군인들은 마오이스트들을 소탕하기 위해 전역에서 활발히 움직였다. 홀리는 네팔을 여행하는 것이 더 이상 안전하지 않다는 사실을 깨달았다.

그러나 여전히 네팔에 머물고 있던 산악인들은 자신들이 목표하는 봉우리에 접근하기 위해 계곡을 지나가야 했다. 홀리는 그들이 마오이스트들로부터 공격을 당했다는 무서운 이야기들을 들어야 했다. 어떤 경우에는 노상강도가 마오이스트인지, 아니면 반군인 척하는 네팔인인지 구분하기가 힘들었다. 어쨌든 원정대는 곳곳에서 돈과 카메라를 요구하는 무장단체를 만났다. 에두르네 파사반[190]Edurne Pasaban이 이끄는 6명의 스페인 마칼루 원정대는 타시가온Tashigaon 마을 근처에서 소총과 권총, 수류탄으로 무장한 남자들과 소년들을 만나 5,000루피와 카메라 몇 대를 빼앗겼다. 같은 지역에 있던 스위스 원정대는 마오이스트 복장을 하지는 않았지만 총

---

190   스페인 바스크 출신의 산악인(1973~). 2010년 시샤팡마를 끝으로 8천 미터급 고봉 14개를 완등했다.

을 들고 10,000루피와 카메라 한 대를 요구하는 네팔인들을 만나기도 했다. 솔루쿰부 지역에서는 루클라 비행장에서 이틀간 소요가 일어나면서 관제탑이 부서지고 은행이 털렸다. 트레커들의 숫자가 줄어들었고, 경기가 침체되면서 홀리가 일하는 타이거 탑스의 수입도 타격을 받았다.

마이클은 고모 홀리에게 미국으로 돌아와 가족들과 함께 살자고 계속 설득했다. 네팔의 상황이 악화되고 있는 것을 고려하면 그 제안이 고맙기는 했지만, 그녀는 거절했다. 카트만두 자체는 정부군이 완전히 장악하고 있었다. 무장 군인과 경찰이 순찰을 돌고, 곳곳에서 검문이 이루어졌다. 카트만두에서 몇 번 폭탄이 터지기는 했지만, 모두 시 외곽에서 발생한 것이었다. 홀리는 운전기사와 함께 폭스바겐 비틀을 타고 외출했고, 밤에는 집 안에만 머물렀다.

2002년 봄 홀리는 장 크리스토프 라파이유와 그 못지 않게 재능이 뛰어난 알베르토 이누라테기[191]Alberto Iñurrategi에 의한 안나푸르나1봉의 긴 정상 능선 횡단등반에 주목했다. 동쪽의 돔Dome 빙하에서 출발해 로크 누아르Roc Noir를 가로 지른 다음, 모두 8천 미터가 넘는 안나푸르나의 세 봉우리[192]

---

191 스페인 바스크 출신의 산악인. 2002년 33세의 젊은 나이로 스페인에서는 2번째, 세계에서는 10번째로 8천 미터급 고봉 14개를 완등했다. 14개 중 12개는 동생 펠릭스와 함께 등정했지만, 그는 가셔브룸2봉에서 하산하던 중 사망했다.

192 안나푸르나는 주봉인 제1봉(8,091m)을 중심으로 중앙봉, 동봉으로 이루어졌다.

를 횡단하고, 원점회귀하는 종주등반에 성공한 것이다. 산소도, 셰르파의 지원도 없이 이 등반을 해낸 두 사람은 체력이 고갈되는 희박한 공기의 고도에서 5일간 머무르며, 눈사태의 위험이 있는 사면을 헤쳐 나가고, 기술적인 등반을 감행하고, 가파른 바위를 오르고, 추위에 시달리는 비박을 견뎠다.

라파이유는 등반을 끝낸 다음 홀리를 만났다. 그때 그는 홀리가 역사와 미래의 산악인들을 위해서 가장 중요한 정보를 보존하는 데 신중을 기하고 있다는 사실을 알았다. 그녀는 끊임없이 캠프와 산소, 고정로프, 거리, 시간을 캐물었다. 홀리와 라파이유는 안나푸르나 사진을 자세히 들여다보면서 세부적이고 정확한 정보를 기록하기 위해 고민했다. 라파이유는 히말라야 등산역사의 흐름 속에서 이 등반의 중요성을 알고 있었기 때문에 그녀의 질문을 기꺼운 마음으로 받아들였다. 그는 자신들의 등반이 정확하게 기록되기를 원했다. 이들은 히말라야 등반 스타일의 변화와 라파이유와 이누라테기의 등반 스타일에 대해 오랫동안 이야기를 나눴다.

홀리는 또한 논란이 됐던 허가서 행정 처리 문제를 중재해 라파이유가 많은 돈을 절약할 수 있도록 도와주기도 했다. 네팔 정부는 이들에게 정상 능선에 있는 봉우리 수만큼 허가 비용을 내라고 요구했지만, 홀리는 정부를 설득해 1개 봉우리에 대한 허가 비용만 낼 수 있게 해주었다. 라파이유는 이때를 계기로 그녀와 가까워졌다고 믿었지만, 이름을 부를 만큼 가까워진 것은 아니었다고 한다.

네팔의 혼란에도 불구하고, 등반을 멈추지 않았던 사람 중에는 러시아의 발레리 바바노프도 있었다. 눕체 남벽에 있는 한 필라Pillar를 단독으로 도전했던 그는 대부분이 상당한 기술을 요하는 2,500미터 정도를 등반하고, 정상 부근에 있는 거대한 버섯 모양의 커니스도 넘어서야 했다. 그는 눕체에 도착한 이래 4주일 동안 6,300미터까지 올랐으나, 고정로프도, 기력도 떨어진 데다 시간도 부족해 철수할 수밖에 없었고, 홀리에게 다음 해에 재도전할 것을 약속했다. 그때, 메스너와 함께 8천 미터급 고봉 7개를 올랐던 남 티롤의 유명한 산악인 한스 카머란더 역시 눕체에 있었다. 그 역시 홀리에게 다시 돌아올 것이며 바바노프와 힘을 합칠지도 모른다고 말했지만, 바바노프는 이런 말에 큰 관심을 보이지 않았다. 홀리는 바바노프의 등반이 인상적이기는 했지만, 알파인 스타일이 아니었다는 점을 지적했다. 알파인 스타일은 보통 외부의 도움을 받거나, 고정로프를 미리 설치하거나, 캠프를 설치하거나, 물자를 미리 갖다 놓지 않고, 루트 정찰 없이 한 번에 밀어붙이는 등반을 말한다.

홀리는 시즌별 등반 보고서에 이 두 등반에 대한 의견 대신 단순한 사실만 써 놓았다. 그녀는 어느 쪽이 더 중요한 등반인지 평가하지 않았는데, 자신이 그럴 위치가 아니라고 생각했기 때문이다. 그녀는 계속 자신을 역사가가 아닌 기록가라고 주장하면서, 그 차이점을 이렇게 설명했다. "역사가는 사실 이면을 파고 들어가 맥락을 파악한 다음, 그 맥락을 이야기할 수 있는 사람이다." 홀리는 이러한 입장을 유지하면서, 인터뷰 중 많은 내용을 추려서 계속 사실관계를 확인했다. 그녀의 생각에 따르면, 어떤 등반이 더 의미 있는지는 읽는 사람이 판단해야 할 몫이다.

홀리의 이러한 주장에 모두가 동의하는 것은 아니었다. 『아메리칸 알파인 저널』편집장인 크리스티안 벡위스는 사실보다는 의미에 비중을 두는 쪽으로 변화를 시도했지만, 홀리는 그 반대 방향으로 나아갔다고 회고했다. 그는 "홀리는 의미보다는 사실을 기록하는 사람이 되고 싶어 했습니다."라고 하면서 홀리가 넓은 독자층을 겨냥해서 기사를 썼다고 밝혔다. 바바노프와 인터뷰를 하고도, 카머란더의 스타성을 의식해 그와 관련된 기사만 썼다는 것이다. 홀리는 이 말에 반박하면서, 2002년 가을에 이어 2003년 봄과 가을에 카머란더뿐만 아니라 바바노프의 등반도 기사로 썼다고 주장했다. 홀리가 쓴 기사는 바바노프가 블라디미르 수비가[193]Vladimir

193 1992년 에베레스트 북동릉에서 피터 보드먼의 시신으로 추정되는 사진을 찍어 크리스 보닝턴에게 보내 준 산악인으로 유명하다.

Suviga와 함께 세 번째 도전에 나서 성공한 눕체 등반에 관한 내용이었다. 바바노프가 말한 어렵고 기술적인 등반에 대한 세부 정보를 제공하는, 비교적 많은 8문단의 내용으로 이루어져 있는 그 기사에는 다른 산악인들의 논평도 있었다. 예를 들면 이런 것이었다. "토마스 후마르에 따르면 등반의 미래는 바바노프를 중심으로 한 신세대 러시아팀에 달려 있다." 하지만 그녀는 바바노프를 모두가 존경하는 것은 아니라는 사실을 지적했다. 한 익명의 미국 산악인은 그가 볼트를 사용했다면서 헐뜯었다. 홀리는 어느 편도 들지 않았다.

그러나 기자들은 계속해서 홀리가 놓친 부분을 찾아냈다. 영국의 언론인 린제이 그리핀Lindsay Griffin은 바바노프의 눕체 등반을 그 시즌의 가장 의미 있는 등반이라고 말한 벡위스의 견해를 옹호하면서 홀리는 이 사실을 인정하지 않았다고 말했다. 그는 이어 홀리가 더 큰 봉우리나 더 잘 알려진 산악인의 등반에 집중하느라고 다른 중요한 등반을 놓치는 경우가 종종 있었다고 덧붙였다. 다른 사람들도 홀리의 레이더망에 걸리지 않은 많은 훌륭한 등반이 히말라야에서 있었다는 점에 동의하면서, 그녀가 잘 알려진 루트나 봉우리, 또는 유명한 사람들에게만 집중했다는 점을 문제 삼았다.

로빈 휴스턴은 이 말에 동의하지 않았다. 홀리는 항상 기사를 작성하는 데 있어서 공정하고 객관적이었다면서, 이름 없는 산악인들보다 오히려 유명 산악인들을 더 크게 부각시키고, 단지 산의 높이로 원정대에 초점을 맞추고, 가십거리에 편승한 것은 아니었다고 주장했다. 홀리는 자신의 일에 대하여 이런 논의와 평가가 있는지 전혀 알지 못했다.

제17장

에베레스트의 여왕

솔직히, 홀리는 우리 산악인들의 우상입니다!

- 존 로스켈리 -

2003년, 홀리는 에베레스트 관련 기사 작성에 집중했다. 전 세계의 이목이 에베레스트 초등 50주년 기념행사가 열리는 카트만두로 집중됐기 때문이다. 이 화제를 집중적으로 다룬 것은 등산 관련 잡지뿐만이 아니었다. 주류 잡지들도 비중 있게 다루었고, 책도 출간됐다. 네팔 정부와 관련 부처는 카트만두에서 열리는 여러 행사를 후원했다. 홀리 역시 바빠졌다. 에베레스트를 등정한 주요 인사들이 카트만두에 모습을 나타냈다. 힐러리 경, 메스너, 타베이 준코, 아파 셰르파 그리고 다른 유명 산악인들이 말이 끄는 마차를 타고 카트만두 거리를 행진했고, 이들은 갸넨드라 국왕과 파라스Paras 왕세자[194]의 영접을 받았다. 국왕은 역사적인 등정뿐만 아니라 수십 년에 걸친 학교와 병원 건설, 사원 복원 사업을 벌여 에베레스트 지역 사람들의 삶을 개선시킨 업적을 인정, 힐러리 경에게 네팔 명예 시민권을 수여했다.

홀리에게 이 거대한 축하행사는 시기적으로 최악이었다. 5월 29일 원정대가 무더기로 산에서 돌아왔고, 작성해야 할 기사와 자료가 너무 많았다. 더구나 힐러리 경의 가족이 아래층에 머물고 있었고, 참석해야 할 행사는 수도 없이 많았다. 하루 24시간 중 20시간 동안 격무에 시달린 홀리에게는 이 모든 것이 다 짜증스러웠다.

힐러리 부부도 상황이 좋지 않았다. 카트만두의 축하행사 직전에 힐러리 경은 델리에 있었는데, 날씨가 엄청나게 무더웠다. 인도 정부는 뉴질랜드 대사관 근처에 있는 2개의 도로를 에드먼드 힐러리 경과 텐징 노르가이로 이름 짓는 개통식을 포함해 많은 행사를 정성들여 마련했다. 기온이 42도까지 오르자 힐러리 경은 완전히 녹초가 됐다. 축하행사를 위해 카트만두에 도착했을 때 그는 정상이 아니었다. 부인과 함께 비행기에서 내렸는데 놀랍게도 그는 휠체어에 앉아 있었다. 힐러리 경은 언론의 집중적인 스포트라이트를 받았지

---

194 2008년 왕정이 폐지되고 난 후 유명 가수 살인 사건 용의자로 지목되기도 하고, 마약 복용 혐의로 체포되기도 했다.

만 몸 상태는 엉망이었다. 홀리는 이들 부부를 집으로 데려와 바로 침실에서 쉬게 했다. 힐러리 경의 부인은 웃으면서 홀리와 남편은 한 행사에 두세 시간 이상 머무르지 않았다고 당시를 회상했다. "그 점에 있어선 꽤 뜻이 잘 맞았죠. 둘 다 많이 지쳐 있었거든요. 그리고 피곤해지면 홀리는 짜증을 내기 시작했어요."

2003년 행사에 참석한 또 다른 주요 산악인은 당연히 메스너였다. 그는 1972년 처음 만났을 때보다 너무나 많이 변해 있었다. "영락없는 시골뜨기였거든요. … 하지만 이제는 영어도 유창하게 하고, 옷과 헤어스타일도 최신식이죠. 또 작은 성Castle에 살면서 국회의원까지 됐어요. 에베레스트 기념행사에 참석하려고 카트만두에 왔을 때 그는 VIP 대접을 제대로 받았어요."

기억에 남는 에베레스트 초등 50주년 기념행사는 히말라야 재단 셰르파들의 문화공연이었다. 하이라이트는 1953년 5월에 병입된 시바스 리갈Chivas Regal 증정식이었다. 스코틀랜드 아르길Argyll 공작과 시바스 리갈 회장은 킬트 복장으로 백파이프를 연주하면서 입장해 선물을 전달했다. 홀리는 "킬트 복장의 스코틀랜드인이 걸어 들어올 때 다리의 움직임과 무릎 모양이 아주 인상적이었어요."라며 열띤 어조로 설명했다. 시바스 리갈과 함께 히말라야 재단을 위한 거액의 수표를 전달받은 힐러리 부부와 홀리는 수표 기부금에 감격하면서, 시바스 리갈을 따고 싶은 욕망을 겨우 자제했다.

2003년 에베레스트는 네팔 쪽에 35개 팀, 티베트 쪽에 34개 팀이 몰려들어 산악인들로 북적거렸다. 두 팀을 제외한 모든 팀이 네팔 쪽에서는 사우스콜, 티베트 쪽에서는 노스콜을 경유하는 노멀 루트로 올랐다. 티베트 쪽 동벽에서 신루트 개척에 나섰던 영국인 이안 우달과 그의 남아공 출신 부인 캐시 오다우드는 동벽 루트에서 실패하고 미등으로 남아 있던 어려운 동릉에 도전했지만, 이마저도 실패했다. 하지만 홀리는 대다수가 노멀 루트에서 북적대고 있을 때 신루트로 도전한 그들에게 박수를 보냈다.

에베레스트는 그야말로 수많은 인파로 북새통을 이루었다. 네팔 쪽 베이스캠프에는 대규모의 텐트촌이 갑자기 생겨났다. 그곳에는 441명의 산악인과 베이스캠프 스태프, 셰르파 그리고 로체와 눕체를 오르려는 산악인들까지 합쳐 600명도 넘는 사람들이 진을 쳤다. 위성통신 텐트와 카페, 병원, 마사지실이 들어섰으며 티셔츠를 파는 가게까지 있었다. 이곳을 찾은 트레커들까지 합치면 그 인원은 이 지역에서 가장 큰 마을인 850명의 남체 바자르와 같거나 그보다도 더 많았다. 베이스캠프를 방문한 메스너는 홀리에게 그곳의 광경이 끔찍했다고 말했고, 원정대장들은 가이드를 동반한 산악인들의 기술 수준이 어느 해보다 낮았다고 말했다.

옛 시절 좋은 추억을 간직한 베테랑 산악인들은 이 시끌 벅적한 에베레스트 베이스캠프의 난장판을 보고 강한 비판을 쏟아 냈다. 힐러리와 메스너는 안전과 환경문제를 고려해 에베레스트 등반 허가서 발급을 제한해야 한다고 한목소리를 냈다. 다른 사람들은 에베레스트 등반 허가 조건으로 최소 한 번 이상의 8천 미터급 고봉 등정이 필요하다고 생각했다. 홀리는 이런 의견들에 귀를 기울였지만, 에베레스트에 두 번 다시 오지 말라고 강력히 권유했던 시각장애인 산악인 에릭 바이헨마이어가 『타임』에 기고한 글을 읽고 생각을 바꾸었다. 그는 "많은 산악인들이 에베레스트 등정은 이제 이 시대에 더 이상 대단한 성공도 아니고, 정상에서 사진을 찍으려고 가는 산악인들의 긴 행렬 때문에 깨끗한 환경이 오염되고 있다고 말하지만 … 에베레스트 사면을 오르는 길은 완전히 열려 있고 일부 비판가들은 대모험에 따르는 죽음을 이야기한다. … 하지만 에베레스트의 역사는 도전과 착취의 현대사이다. 그리고 에베레스트는 인간의 노력을 보상 받을 수 있는 더없이 좋은 기회의 장場이기도 하다. … 우리는 과거로 후퇴할 수도 없고, 산을 폐쇄할 수도 없다. 과거로 돌아가는 것은 현대가 인류에게 준 가장 큰 선물, 즉 자신만의 길을 선택할 수 있는 개인의 자유를 말살시키기 때문이다."라고 주장했다. 홀리는 그가 요점을 잘 짚었다고 생각했다.

에릭 바이헨마이어가 언급한 자신만의 길을 선택한 사람 중에는 젊은 셰르파 펨바 도르제와 락파 겔루Lhakpa Gelu도 있었다. 이들은 2000년 바부 치리가 16시간 56분 만에 네팔 쪽에서 에베레스트 정상까지 오른 최단시간 속도 기록에 도전장을 내밀었다. 펨바는 12시간 45분, 락파는 10시간 56분 만에 올랐다며 기록 갱신을 주장했다. 그러나 좋지 않은 상황이 연출됐다. 펨바는 락파가 거짓말을 했다고 비난했고, 락파는 베이스캠프에 있던 정부 연락관으로부터 받은 등정 인증서류를 증거로 내보이며 맞섰다. 이들의 다툼은 이듬해까지 계속됐다.

미국의 산악인 존 로스켈리가 20세 아들 제스Jess를 데리고 네팔을 다시 찾자, 전부터 로스켈리를 잘 알고 지내면서 그를 존경했던 홀리는 사우스콜로 산소를 이용하면서 에베레스트를 등정하겠다는 계획을 듣고 날카로운 질문을 던졌다. 홀리는 이들의 등반이 다른 등반과 어떻게 다른지 알고 싶었다. 제스는 미국의 에베레스트 최연소 산악인이 되고 싶다고 설명했다. 그러자 그녀는 "그래서? 산소 없이 신루트라도 도전하는 거야?"라고 응수했다. 로스켈리는 모욕감을 주려고 한 말이 아니라는 것을 알아들었지만, 그의 아들은 이 말을 듣고 몹시 당황했다. 로스켈리는 아들에게 "우리는 아무런 인상도 주지 못했어. 홀리는 세계 최고의 산악인들과 인터뷰하는 사람이야. 그들은 무엇을 하겠다는 말은 하지 않아. 그냥 행동으로 보여주지."라고 설명했다. 사실은 제스가 에베레스트에 오른 후 카트만두로 돌아왔을 때 홀리는 그가 이룩한 성취를 더 인정해 주는 태도를 보였고, 서로 원만한 사이가 되었다.

로스켈리는 홀리가 '세계 최고의 산악인들'과 일하면서 염증을 느꼈을 것이라 추정하며, 홀리가 관심을 기울였던 최고 산악인들은 주목을 받는 사람들로, 일부는 상당히 이기적이라고 설명했다. 그는 홀리의 냉소가 유명인사들에게 개인적으로 실망한 탓이 아닐까 의심하며 다음과 같이 힘주어 말했다. "오랫동안 자신이 아주 중요한 인물인 줄 아는 스타들을 상대하면서, 그들의 분수를 알게 해주는 일을 해낸 홀리는 존경 받아 마땅합니다." 그는 홀리가 모든 산악인들보다 등반에 대해 10배는 더 잘 알고 있다고 주장하면서, 이렇게 결론을 내렸다. "솔직히, 홀리는 우리 산악인들의 우상입니다!"

홀리의 집 안은 고요한 오아시스 같았지만, 네팔은 불안으로 들끓었다. 2003년 3월 심각한 사건이 안나푸르나 트레킹 지역에서 중요한 역할을 하는, 인구 5천 명의 베니 바자르 Beni Bazaar에서 발생했다. 수천 명의 마오이스트가 산에서 내려와 군 초소와 경찰서, 감옥, 은행을 급습한 것이다. 마을은 하룻밤 새에 박격포와 온갖 무기로 쑥대밭이 되었다. 마오이스트 측에 서서 싸우는 사람들 대부분은 강제로 납치된 청소년들이었다. 이 사건의 사상자는 수백 명에 달했다.

네팔의 정치 상황이 점점 악화되자 외세의 압박이 심해졌다. 네팔은 중국, 인도, 미국 등의 영향력에 꼼짝 못했다. 중국은 침묵을 지켰지만, 미국은 달랐다. 미국 정부는 성명을 통해 적극적인 조치를 요구했다. "왕실과 정당은 하루 속히 단결해야 한다. 모든 정당이 참여하는 하나의 정부는 먼저 민주주의를 회복하고, 반군을 상대로 통일전선을 구축해야 한다."

네팔은 엄청난 불신과 피해망상이 만연해 있었다. 4월 2일자 『네팔 타임스』에 게재된 사설에서 쿤다 디시트Kunda Dixit는 "마오이스트와 정당 그리고 왕실은 서로 다른 두 쪽이 연합하지는 않는지 의심하고 있다."라고 지적했다. 쿤다 디시트는 국왕이 카트만두 시내로 나가 직접 아이들을 껴안고 있는 동안, 정당들이 시위를 벌이며 왕궁으로 향하는 모습을 목격하기도 했다. 5월에 타파Thapa 총리가 11개월 만에 사퇴하자 정세는 한층 더 불안해졌다. 타파 총리가 마오이스트 지도자들과 정당 대표들 사이의 평화적인 회담을 진척시킬 능력이 없다는 이유로 퇴진을 요구당했다는 것이 일반적인 시각이었다.

가두 시위자들이 늘어나면서 부상자가 속출했다. 정당 대표들이 체포당했고, 마오이스트들은 여러 지역에서 계속 혼란을 일으켰다. 국왕은 타파 총리 후임으로 세르 바하두르 데우바Sher Bahadur Deuba를 임명하고, 정당 대표들과 마오이스트 지도자들 사이에 진지한 평화회담을 성사시키라는 똑같은 임무를 맡겼다. 이 소식에 국민들은 더 암울해 했다. 신임 총리는 2년 전 정해진 날짜에 총선거를 치르지 못하자 국왕이 내쫓았던 인물이었기 때문이다.

마오이스트의 폭동은 보안군뿐만 아니라 시민들까지 대상으로 하며 더욱 심해졌다. 이들은 아이들을 납치하고, 공무원과 트레커를 상대로 갈취하고, 길을 막거나 집과 건물을 파괴하고, 비협조적인 농부들을 구타하고, 강제로 여성과 남성 그리고 아이들을 징집하고 무기와 지뢰, 폭탄 공격으로 사상자를 냈다. 일부 마을에서는 주민들이 자체적으로 저항군을 만들었지만, 잔인한 보복 위협에 시달렸다. '실종자' 수가 급격히 늘어나자, 국제 앰네스티AI와 유엔UN 같은 국제기구가 우려를 표했고, 네팔은 다시 한 번 국제적으로 주목받는 처지에 놓였다. 외국의 구호단체들은 안전을 위해 오지에서 일하는 직원들을 철수시켰고, 세계은행은 고속도로 건설 자금 지급을 중지했다.

이러한 소요에 직접적인 영향을 받지는 않았지만, 홀리 역시 그 영향권에서 완전히 벗어날 수는 없었다. 집 앞의 거리에서는 시위대의 행진이 이어졌다. 매일 아침 그녀는 두 현지 신문에 실리는 끔찍한 뉴스들을 읽어야 했다. 또한 오지에 있는 히말라야 재단 직원들이나 다른 사람들로부터도 마음을 심란하게 만드는 소식을 전해 들었다. 하지만 그녀는 여전히 카트만두를 떠나지 않았다.

제18장

여기는 네팔

홀리는 라스트 모히칸이다. 마지막 사람까지 모두 집으로
돌아갔는데도, 그녀는 여기에 여전히 혼자 남아 있다.

이 세상에 홀리는 단 한 명이다. 하지만 복잡다단한 성향을
지닌 그녀는 다양한 인상을 심어 주었고, 다양한 평가를 받
았다. 대부분의 남자들은 홀리를 존경하고, 두려워하고, 걱정
하고, 비난하고, 그녀의 관심을 받고 싶어 다투었다. 대화를
나누어 보니, 홀리는 다른 사람들의 예상과는 달리 가끔 깊
숙한 속내를 드러내기도 하고, 개인적인 의견도 피력했다. 하
지만 홀리가 숨기고 있는 말은 무엇일까? 홀리는 사람들의
평가와는 많이 달랐다. 예를 들면, 상당히 겸손한 사람으로
알려졌지만, 그녀는 유명 친구들과의 관계를 자랑하기도 하
고, 집 안에 있는 상과 메달을 보여주며 자부심을 드러내기
도 했다.

홀리가 처음으로 받은 상은 1990년 로이터의 특별상이었다. 이 상을 수여하기 위해 카트만두를 방문한 로이터 지역 간부 몇 명은 홀리가 중간 중간 그들의 연설 내용을 계속 정정하자 눈에 보일 정도로 허둥댔다. 그녀는 부드럽게 에둘러 말하는 스타일이 아니라서 날짜와 장소, 사람 이름이 틀리면 큰소리로 정정해 주었다. 그녀를 잘 아는 사람들에게는 배꼽을 잡을 만큼 재미있는 일이었지만, 간부들은 무척이나 당황했다. 홀리는 공로의 대가로 받은 청동 접시 모양의 상을 들고 집으로 돌아왔다.

1994년 미국 알파인 클럽은 홀리에게 권위 있는 문학상을 시상했는데, 수상의 영광을 애드 카터Ad Carter에게 돌리며 그녀는 겸양의 태도를 보였다. 카터는 『아메리칸 알파인 저널』에서 편집장으로 오랫동안 일한 친한 친구이자, 몇 년 동안 홀리의 시즌별 등반 보고서를 받아 본 사람이었다. 등반의 세부 사항에 관심을 두었던 카터 역시 홀리 못지않게 꼼꼼한 기록가였기에, 그녀가 수상의 영광을 그에게 돌린 것도 무리는 아니었다.

1998년 4월 8일, 홀리는 스위스에 본부가 있는 앨버트 1세 추모재단King Albert I Memorial Foundation으로부터 한 통의 편지를 받았다. "산악계에 이바지한 뛰어난 공로로 메달을 수여하고 싶습니다."라고 쓰인 편지 하단에는 수상자 — 영국의 헌트 경과 브랜드 워시번, 미국의 찰스 휴스턴 박사, 폴란드의 반다 루트키에비츠, 스위스의 에라르 로레탕 — 명단이 있었다. 홀리는 "매우 영광스럽게 생각하지만 솔직히 놀랐습니다. … 이 상을 받을 만한 자격이 있는지 모르겠지만 정말 기쁘게 받겠습니다."라는 내용의 답장을 써서 보냈다. 그리고 스위스로 가서 상당한 크기의 금메달을 받았다. 그녀는 알프스를 둘러보는 동안 산을 바라보는 자신의 관점이 많이 변했다는 것을 알고 놀랐다. 그녀는 어머니에게 쓴 편지에서 "알프스는 멋진 산이지만 작아 보이네요."라고 말했다.

2003년 여름 홀리는 네팔 정부로부터 또 하나의 상을 받았다. 네팔 관광성은 43년 동안 전 세계에 네팔의 산과 모험 관광을 홍보해 준 공로를 인정해 홀리에게 제1회 사가르마타 상Sagarmatha National Award을 수여했다. 그녀는 수상 소감을 통해 자신이 한 일보다는 자신이 꿈꾸는 네팔 등반의 미래, 특히 셰르파의 미래에 대해 언급했다.

2004년에는 수년간 히말라야 재단을 위해 봉사하고 뉴질랜드 명예영사로 활동한 공로를 인정받아 영국 여왕이 수여하는 '대중 봉사 공로훈장'을 받았다. 시상식 장소인 카트만두의 야크&예티 호텔 다이너스티 룸은 화려하게 장식된 테이블과 손님용 의자, 메달을 수여할 작은 무대로 꾸며져 있었다. 이 시상식에는 홀리의 가장 친한 친구들이 자리를 함께했다.

네팔 주재 뉴질랜드 대사 캐롤린 맥도널드Caroline McDonald는 "때로는 비극적이고 어려운 상황에 놓인 네팔의 뉴질랜드인들에게 보여준 홀리 여사의 도움에 … 대단히 감사하게 생각합니다."라고 말했다. 시상식에 초대받은 사람 중 몇 명은 홀리가 멘토, 혹은 같은 동료로서 자신들의 인생에 끼친 긍정적인 영향에 대해 말했다. 『네팔 타임스』의 편집장 쿤다 디시트는 홀리가 기자로서 자신과 네팔의 많은 기자들에게 얼마나 중요한 영향을 끼쳤는지 설명했다. (홀리는 오랫동안 자리를 비울 때 디시트가 대신 로이터에 기사를 쓰는 귀중한 경험을 할 수 있도록 했다.) 하지만 이날 홀리의 마음을 움직인 것은 힐러리 경의 연설이었다. "엘리자베스 홀리는 가장 독보적인 존재이며, 대단한 용기와 강한 의지를 지닌 여성입니다. … 저는 네팔의 외교계와 사교계에서 그녀만큼 존경 받는 사람을 알지 못합니다. 그녀가 이 공로훈장의 최고 적임자라고 생각합니다."

홀리는 힐러리 경의 축사에 짜릿하고 황홀해진 기분으로 메달을 받았다. 14년 전 로이터로부터 공로상을 받은 후 더 멋지게 언변을 갈고 닦은 홀리는 좌절과 비애의 경험을 언급하기도 했지만 주로 행복한 추억을 이야기하며 참석자들을 즐겁게 한 다음, 시상식장을 둘러보며 '매 순간' 도와준 친구들에게 고마움을 전했다. 긍지에 찬 겸손한 여성의 모습이었다.

네팔에서 많은 공로를 인정받았지만, 그래도 홀리가 가장 큰 명성을 얻은 곳은 산악계였다. 40년 넘게 다양한 등반을 취재한 그녀는 '수준을 한 단계 높인 등반'을 몇 개 손꼽았는데, 가장 탁월한 에베레스트 등반 사건은 다음과 같다. 1922년과 1924년의 맬러리, 1953년의 힐러리 경과 텐징 노르가이, 1963년의 미국 원정대, 1978년 메스너와 하벨러의 무산소 등반, 1975년 보닝턴 원정대의 남서벽 등반, 1980년 메스너의 단독등반, 1983년의 캉슝 벽 등반, 1975년의 여성 초등, 1980년의 동계 초등.

홀리는 또 누군가 동릉East Ridge 루트를 개척한다면, 수준이 다른 등반으로 기록될 것이라고 말했다. 하지만 그녀에게 깊은 인상을 남긴 등반이 에베레스트 지역에만 국한된 것은 아니었다. 그녀는 네팔 서쪽에 있는 보바예Bobaye와 다울라기리를 등반한 토마스 후마르와 눕체 서벽을 초등한 바바노프를 지목하면서 "상당히 훌륭한 등반을 해냈다."라고 평가했다.

셰르파들의 등반 목적은 홀리에게 아쉬움을 남겼다. 사가르마타 상 수상 소감에서 그녀는 셰르파들에게 더 낮은 봉우리와 등반되지 않은 루트를 등반하라고 독려했다. 홀리는 거기에 네팔 등반의 미래가 있다고 보았지만, 셰르파들이 이런 도전에 나설지 확신하지 못했다. 대체로 그들은 등반 기술이 뛰어나지 않았고, 고정로프 없이는 높은 산에 가지 않으려 했기 때문이다. 홀리는 "셰르파들은 로프를 완벽하게 설치하려고 해요. 또한 중간 탈출로가 없는 산에는 가고 싶어 하지 않죠."라고 주장하면서, 바바노프 같은 산악인들은 기술적인 등반 루트에는 셰르파를 데려가지 않으려 하는 것이 하나의 불문율이라고 말했다. 홀리는 셰르파들이 속도는 빠르지만 기술이 좋은 사람은 몇 명에 불과하고, 이들에게 등반은 직업일 뿐이라고 생각했다.

외국 산악인들 역시 덜 알려진 봉우리에는 큰 관심을 두지 않았기에, 홀리는 이 점을 걱정했다. 외국 산악인들 대부분은 유명한 아마다블람이나 에베레스트, 초오유를 선택한다. 아마다블람은 계곡에서 잘 보이고, 초오유는 8천 미터급 고봉 가운데 가장 오르기가 쉬워 8천 미터급 고봉 등정자라는 간판을 달 수 있고, 에베레스트는 많은 사람들이 영웅이 되고 싶어 하는 곳이기 때문이다. 그녀는 속내가 뻔히 보이는 이런 등반 목표에 실망했다.

홀리는 처음에는 네팔 히말라야에 남은 등반 과제에 대해 말하기를 꺼려 했지만, 점점 열띤 반응을 보였다. 그녀는 히말라야에 남은 대과제로 '호스슈 트래버스Horseshoe

Traverse'— 눕체로 올라가 로체를 횡단한 다음 에베레스트를 오르는 등반 — 를 꼽았다. 하지만 이 과제를 풀기 위해서는 고도의 등반기술과 고소적응력이 관건이다. 홀리가 생각한 우아한 등반 방식은 소련의 칸첸중가 등반 — 미리 고소캠프를 설치하지 않고 한 번에 밀어붙이는 등반 — 방식과는 달랐다. 누가 할 수 있을까? 누가 이 멋진 횡단등반의 주인공이 될 수 있을까? 홀리는 등반 속도도 빠르고 황소만큼 뚝심을 지닌 부크레예프를 꼽았다. 그리고 젊은 시절의 메스너라면 아마도 해낼 수도 있지 않을까 생각했다. 또 장 크리스토프 라파이유와 알베르토 이누라테기도 함께 힘을 합치면 가능할 것이라고 생각했다. 홀리는 '호스슈 트래버스'를 해내려면 며칠간 산소를 사용하지 않고 버티는 것이 승부가 될 것이라면서, 이 과제를 위대한 산악인과 연관 지어 상상하며 즐거워했다.

홀리는 에베레스트 동릉 역시 또 하나의 커다란 과제가 될 것이라고 생각했다. 일본 팀이 한차례 시도한 바 있는 이 루트는 길고도 어렵고 위험했다. 인도 여성 산토시 야다프[195]Santosh Yadav, 남아공 산악인 캐시 오다우드팀도 이 루트를 시도했지만 실패했다. 안나푸르나의 능선을 완벽하게 횡

---

195 여성으로서는 최초로 에베레스트를 2번 등정한 산악인. 1993년 캉슝 벽을 통해 에베레스트 재등에 성공해 관심을 끌었다.

단하는 것과 칸첸중가 대횡단등반은 지원 캠프 없이 등반해야 하는 어려움이 있지만, 기술적인 면에서 큰 어려움이 없을 것이라고 말했다.

미래의 벽 등반과 관련해서 홀리는 거대한 에베레스트 동벽 — 오를 수 없을지도 모르지만 — 이 분명 만만찮은 도전이 될 것이라 생각하고 있었다. 다울라기리 남벽의 중앙 정상부 — 후마르가 오르지 못한 부분 — 와 마칼루 북벽도 여전히 과제로 남아 있다. 아주 뛰어난 산악인 몇 명이 이런 벽들을 자세히 정찰하면서 조금씩 다가서고 있기는 하지만, 여전히 미완의 과제인 것은 사실이다. 물론 더 작은 봉우리에도 아직 멋진 루트들이 남아 있다. 홀리는 이러한 거벽 등반을 실행할 가장 강력한 후보자로 후마르와 바바노프를 꼽았다.

홀리는 자기의 인생과 경력을 돌아보면서, 자신의 황금기로 어느 특정 순간이나 기간을 꼭 집어 말하지 못했다. "단 한 가지에만 열정을 바쳤던 적은 없었어요!"라고 그녀는 목소리를 높였다. 그녀에게 한때의 '황금기'는 없었다. 그녀에게는 인생 전체가 황금기였기 때문이다. 물론 흥미로운 순간들도, 지루했던 시간도 있었다. 그러나 그녀는 인내심으로 이런 시간들을 견딜 수 있었다. 아마다블람에 대해서는 셀 수도 없을 만큼 많은 등반 기사를 써야 했지만, 때로는 멋진 산악인들이 특별한 목표를 갖고 그곳에 나타나기도 했다.

장밋빛 시절에 대한 거듭된 질문에 홀리는 다시 말문을 열었다. 그녀는 자신의 인생에도 황금기가 있었다는 점을 인정하며 즐거웠던 시기를 손꼽았다. 가장 기억에 남는 일은 2년간 홀로 세계를 여행한 경험이었다. 원하는 곳을 원하는 시간에 갈 수 있었고, 재미있는 사람들을 만났고, 보고 싶은 곳을 보았기 때문이다. 현대 유럽사를 공부한 것이 여행에 도움이 됐고, 타고난 호기심 덕분에 흥미로운 모험을 할 수 있었다. 또한 당시의 세계 정치에 큰 흥미를 가졌던 그녀는 이스라엘 건국과 레바논 베이루트 해변에의 미 해군 배치 그리고 이라크 바그다드에서 일어난 파이잘Faisal 국왕[196]과 총리 지지파의 충돌현장을 인상 깊게 지켜봤다고 했다. 아울러 즐거운 한때를 보냈던 발코니 — 나이로비 근교의 이사크 디네센Isak Dinesen 저택 발코니와 점심을 먹기 전에 이 사람 저 사람과 수다를 떨고 흥미로운 이야기를 나눴던 베이루트의 세인트 조지 호텔 발코니, 마문 엘 아민과 나른한 대화를 나누며 위스키를 마시던 카르툼 호텔 발코니 — 를 행복한 추억의 장소로 꼽았다.

정말 짜릿했던 경험 하나를 묻자, 홀리는 "없어요!"라며

196　파이잘 2세(1935~1958). 이라크 왕국의 3대이자 마지막 국왕. 7·14 혁명으로 가족들과 함께 살해 당했다. 이후 이라크의 군주제는 종말을 고한다.

코웃음을 쳤다. 하지만 홀리는 등반 통계와 국적, 시즌, 나이, 성별, 셰르파의 지원 여부에 따른 등정 성공률, 시즌별 평균 사망률과 같은 비교분석에 관심을 갖고 있다고 밝혔다. 홀리는 리처드 솔즈버리와 함께 파일과 주석, 편지를 하나의 거대한 데이터베이스로 만드는 일을 했다. 7,000개가 넘는 원정대의 세부 기록과 산악인 55,600명의 신상 명세 그리고 광범위한 성향 분석이 들어 있는 거대한 자료는 2004년 10월 미국 알파인 클럽에서 '히말라얀 데이터베이스 — 엘리자베스 홀리의 원정대 자료'라는 제목의 CD로 발매되었다. 평생에 걸친 그녀의 작업이 이제 불멸의 유산으로 남게 된 것이다.

80세의 홀리는 건강이 허락하는 한 일을 계속해 나갈 것이라고 말했다. 그녀는 히말라야 재단의 업무 일부를 앙 리타에게 넘겼지만 감독으로서 고삐를 늦추지 않고 있고, 등산 관련 기사를 작성하는 데 여전히 많은 시간을 할애하고 있다. 미래를 생각할 때 마음을 억누르는 가장 큰 짐은 자신을 대신할 후계자를 키우지 않았다는 것이다.

결국 미국 알파인 클럽으로 귀속될 이 산악 파일과 책자의 미래적 가치는 상상할 수 없을 정도로 거대하다. 이 자료들은 신루트를 탐구하는 산악인, 등산 서적을 연구하는 작가들이 사용하게 될 것이다. 대부분 데이터베이스에 있는 목록과 통계자료에만 관심을 두는데, 홀리는 정말 가치 있는 자료는 파일 안에 있다고 주장했다.

메스너는 고령으로 계속 일할 수 없는 홀리의 일을 돕겠다고 나서는 사람을 본 적이 없어 앞일이 걱정된다고 말했다. 실제로 홀리는 이미 일하는 속도가 현저히 느려졌고, 기억력도 떨어졌다. 하지만 홀리는 일을 계속하고 싶어 했고, 1주일이 8일이면 얼마나 좋을까 아쉬워했다.

인터넷을 통한 자체 보고가 홀리의 업무를 대신할 수 있지 않느냐고 하는 사람들도 있다. 홀리도 자신과 같은 사람이 앞으로 계속 필요한지에 대해서는 의구심을 내비쳤지만, 자체 보고가 자신이 오랜 훈련을 통해서 체득한 치밀한 사실규명과 똑같지는 않을 것이라고 생각했다. 영국의 언론인 린제이 그리핀도 자체 보고가 등반을 완전히 이해할 수 있는 개요를 제공하지 못할 것이라는 데 동의했다.

홀리는 히말라야 등산역사 기록의 미래를 생각하며 다소 슬픈 표정을 지었다. 그리고 객관적인 저널리즘과 자신의 경력이 끝나 가고 있음을 아쉬워했다.

그녀는 자신의 업무 계승에 대하여 등산잡지 편집장들과 꾸준히 논의했지만 해법을 찾기가 쉽지 않았다. 이상적인 계승자는 네팔의 등산역사에 대한 충분한 지식을 갖고 있어야 하고, 관광성과 좋은 관계를 유지해야 하고, 많은 트레킹 회사를 알아야 하고, 카트만두 곳곳을 잘 알아야 하고, 영어를 할 줄 알아야 한다. 가장 중요한 것은 네팔 취업비자다. 홀리는 등반 기사 작성만으로는 취업비자를 받기 힘들어, 합법적인 직업이 필요하다고 말했다. 아마 홀리를 대신할 사람은 없을지도 모른다. 하나의 팀을 만드는 것은 어떨까? 홀리를 알고 있는 사람들은 '창업자 신드롬[197]Founder's Syndrome'을 우려하면서, 홀리가 자신의 평생 작업을 다른 사람에게 맡기는 것을 꺼려 할지 모른다고 말했다. 누군가의 감독을 받는다면, 이 작업은 홀리가 했던 방식대로 이루어지지 않을 것이다. 그녀는 『아메리칸 알파인 저널』의 편집장인 크리스티안 벡위스에게 보낸 편지에서 "내 뒤를 이을 사람을 위해 내가 해줄 수 있는 일은 무엇이든 해주고 싶습니다."라고 분명히 밝히기도 했지만, 이것이 쉬운 문제가 아니라는 것도 익히 알고 있었다. 홀리는 50년 넘게 자신의 역할을 진화시켜 왔지만, 계승자는 곧바로 이 일을 능숙하게 해내야 한다.

자신이 하고 있는 등산 관련 업무의 중요성도 알고, 자신의 후계자를 찾는 일이 거의 불가능하다는 것도 잘 알고 있었지만, 홀리는 자신이 산악계에 기여한 공로가 크지 않다면서 "저는 그냥 주변에 머물렀을 뿐입니다. 다만 산악인들이 가끔 저를 그 안으로 끌어들였죠."라며 겸손하게 말했다.

---

197   내 돈을 갖고 내 기술로 창업했으니 내 마음대로 하겠다는 의식을 말한다.

덧붙여 자신의 가장 큰 공로는 '정확하고 훌륭한 기록'이라고 말했다. 홀리는 자신을 '산악인들의 친구'로 바라보는 시각이 때때로 좋기도 하고 싫기도 했지만, 스스로를 '등반 커뮤니티'의 일원으로 여기지 않았다. 사실 홀리는 과거에 '등반 커뮤니티'가 '존재했다'고 생각하지 않는다. 그녀가 중요하게 여긴 것은 산악인들의 경험과 동기 그리고 기술력 뒤에 감춰진 폭넓은 다양성이었다. 높은 등반 가치를 추구했던 홀리는 누가 원정대에 포함돼 있나, 아마추어인가, 출세를 위해 등반하는 사람인가, 아니면 탐험가인가 하는 의문을 갖고 취재했다. 따라서 샌디 힐 피트먼[198]Sandy Hill Pittman과 아나톨리 부크레예프를 같은 수준의 산악인으로 분류하지 않았다.

하지만 어떤 사람들은 현재는 '등반 커뮤니티'가 '존재하며', 그 중심에 홀리가 있다고 생각한다. 최소한 카트만두에서는…. 데이비드 브리셔스는 엘리자베스 홀리 없는 카트만두는 예전 같지 않을 것이라고 단언했다. 그는 보리스가 죽었을 때와 지미 로버츠가 떠났을 때 카트만두 분위기가 얼마나 변했는지 기억하고 있었다. 그러면서 홀리는 이 모든 과정을 견뎌 냈다고 힘주어 말했다. "관광성이 변하고, 비행기 조종사들이 바뀌고, 트레킹 회사가 1개에서 150개로 늘

---

198 미국의 백만장자(1955~). 1996년 에베레스트 대재앙 생존자 중 한 명. 에베레스트 등정으로 미국 여성으로는 두 번째로 '7대륙 최고봉'을 달성했다.

어났지만, 결코 흔들리지 않는 힘을 가진 단 한 명이 바로 홀리였어요." 홀리는 라스트 모히칸이다. 마지막 사람까지 모두 집으로 돌아갔는데도, 그녀는 여기에 여전히 혼자 남아 있다.

홀리는 산악인 친구들과 일정한 거리를 유지했지만, 정작 그들은 홀리를 따뜻하게 받아 주었다. 브리셔스는 그녀를 유별난 기질을 참고 견뎌 볼 만한 가치가 있는 사람이라고 주장했다. "홀리를 정말로 좋아하기 때문에 유별난 기질을 참고 견디는 거죠. 그리고 어떤 측면에서는 그녀가 우리를 포기하지 않아서 그녀를 사랑합니다. 그녀가 등반의 기치를 내걸었고, 산악계는 그 중력 속으로 빨려 들어갔습니다. 그녀는 이질적인 그룹 — 체코, 일본, 폴란드, 불가리아 — 과도 대화를 나눴어요."

브리셔스는 산악인들에게는 일종의 독특한 동지애가 있어 산악서클 안에서만 어울린다고 설명했다. 시간이 지나면서 홀리도 이 서클의 일원이 되었는데, 이것은 산악인들이 카트만두를 거쳐 가면서 만든, 넓은 의미의 가족이었다. 홀리는 이들이 오가는 것을 지켜보았고, 이들 중 많은 사람들이 죽었다. 이 산악인들이 과연 살아서 돌아올 수 있을까 걱정하면서, 루클라로 향하는 비행기가 이륙하는 것을 지켜보는 그녀의 심정은 어땠을까? 그녀가 일정한 거리를 유지한 것은 감정을 다스리려는 생존전략일 수도 있다. 그리고 이 전략이 언제 어떻게 죽을지 모르는 사람들로부터 거리를 유지하는 데 도움을 줬을지도 모른다.

산악인들이 홀리에게 애정을 표시하는 방법도 등반 스타일만큼이나 다양했다. 빌 크루즈Bill Crouse는 홀리가 카트만두 시내를 운전하고 다닐 때 사용하라며 차량용 전기히터를 선물했다. 그는 홀리의 건강을 염려하며, 챙겨 주고 싶었다고 했다. 브리셔스는 많은 사람들이 홀리를 도와주고 싶어 했지만, 무뚝뚝하고 퉁명스러운 그녀의 태도 때문에 망설였다고 말했다. 카를로스 불러는 곰곰이 생각에 잠기더니 이렇게 말했다. "요즘, 인생의 가장 큰 기쁨은 살아서 돌아와 친구들과 재회하는 겁니다. 그리고 저는 홀리를 친구로 여깁니다." 하지만 홀리도 그를 친구로 여길지 확신하지 못했다. 그는 홀리의 집에 가 본 적도, 저녁식사를 같이 한 적도, 사원에 함께 가 본 적도 없었다. 홀리와의 유일한 교류는 등반에 관한 것이었는데, 그는 이 점을 아쉬워했다.

토마스 후마르는 홀리에게 상당한 애정을 표했다. "홀리는 나와 잘 맞는 친구입니다. … 가장 중요한 인물이죠. 힐러리 경보다도 더… 산과 관련된 사람은 모르는 사람이 없습니다." 그는 본토 발음은 아니지만 속사포처럼 빠르게 설명했다. "홀리는 많은 이야기를 알고 있습니다. 등산역사에서 가장 뛰어난 사람들을 만난 거죠. … 지구상에서 그런 기회를 가진 사람은 아무도 없었습니다." 그는 만일 다시 태어난다면 전설적인 산악인들과 함께 어울리기 위해 홀리처럼 살고 싶다고 말했다. "저에게 홀리는 네팔에 가면 꼭 들러야 하는 사원과 같습니다. 그녀와 차를 한 잔 마시는 것으로 제 영혼이 치유됩니다."

후마르는 슬로베니아의 집에서 심한 부상을 당했을 때 이 소식을 홀리에게 알렸다. 그는 마루의 보에서 도랑으로 떨어져 뼈가 몇 개 부러지고 발뒤꿈치가 으스러졌다. 병실에 누워 있던 그는 친구의 도움을 받아 11월 9일 홀리의 생일에 축하 인사를 하고 자신의 사고를 알렸다. 이 사려 깊은 행동에 그녀는 감동했다. 홀리는 특유의 쌀쌀맞고 짓궂은 방식으로 조금 깎아내리기는 했지만 이렇게 말했다. "지금은 물론 즐겁기는 하지만, 나를 신경 쓰는 이유를 모르겠어요. … 아마도 말할 상대가 없어서 카트만두에 전화한 것 같은데, 멋진 사람이에요. 그를 좋아합니다."

홀리는 독립적인 성향이 뚜렷한 사람이었지만, 많은 사람들은 그녀가 네팔에 혼자 사는 이유를 궁금해했다. 외로움을 탈까, 아니면 그냥 혼자 사는 것을 좋아할까? 강한 사람일까, 아니면 쉽게 상처받는 사람일까? 프랜시스 클라첼은 홀리에게 카트만두에 눌러앉게 된 이유를 한 번 더 물어 보았다. 그녀는 매일 무엇인가를 배울 수 있기 때문이라고 대답했다. 정말 기자다운 대답이었다. 클라첼은 홀리가 자신을 아껴 주는 친구들과 어울려 사는 것에 만족하는 사람이라고 생각했다. 홀리도 이 말에 동의하면서, 친구들과 정말 즐거운 시간을 보냈고 외로움을 느낀 적은 한 번도 없었다고 주장했다. 하지만 친한 친구인 맬 클라브로Mal Clarbrough는 어느 크리스마스에 우연히 그녀의 집에 들렀을 때 그녀가 식탁에 혼자 앉아 울고 있었고, 그 모습에 마음이 아팠다고 했다.

영국 작가 에드 더글러스는 홀리를 슬픈 사람, 즉 세상에 홀로 동떨어져 있는 사람으로 보았다. 그는 홀리의 집을 방문했을 때를 잊지 않고 있었다. "무엇을 원하세요? 모두가 내게는 뭔가를 원하기만 합니다." 그가 그냥 잠깐 들렀다고 말하자, 그녀는 놀라면서 기꺼이 차 한 잔을 대접했다는 것이다. 그는 홀리가 자기 내면의 연약함을 단단한 껍질 속에 보호하는 사람이라고 믿었다.

1953년의 에베레스트 원정대원이었던 조지 로우[199]George Lowe의 부인 메리Mary는 홀리가 외로움을 타는 사람이 아니라 '혼자' 있기를 좋아하는 사람이라고 설명했다. 그

---

[199] 뉴질랜드의 산악인(1924~2013). 1953년의 에베레스트 원정대원이자, 에드먼드 힐러리의 절친한 친구. 그는 에베레스트 초등 50주년을 기념해 『에베레스트 정복』을 출간했다.

녀는 많은 사람이 홀리를 낭만적인 — 낭만적인 사람들이 많은 낭만적인 장소에서 낭만적인 삶을 사는 — 사람으로 생각한다고 말했다. 하지만 홀리는 이런 낭만적인 사람들을 친구의 범주에 넣지 않는다고 한다. 사실 메리는 20년 동안 홀리를 알고 지내며 친구로 생각해 왔지만, 신중함을 유지했다. "우리를 대하는 방식을 보면 친구 같지 않아요. 홀리는 상황에 따라 우리 부부를 따뜻하게 환대합니다. 그렇지 않으면 우리는 기다려야 해요." 메스너는 너무나도 당연하게 홀리를 친구로 그리고 자기 가족의 친구로까지 여겼다. "홀리는 정말로 좋은 사람입니다."

많은 사람들이 홀리를 친구로 여기지만, 그녀는 그렇게 생각하지 않는다. 그녀는 가까운 두세 명의 산악인을 제외한 나머지는 그냥 지인일 뿐이라는 점을 명확히 했다. 이 말이 사실일까? 그렇게 생각하는 사람들이 오해하는 것일까? 브리셔스와 후마르, 불러와 로우도? 사람들은 홀리와의 우정을 자신들의 입장에서만 생각한 것이었을까? 어떤 식의 우정이든 모두 홀리의 입장에 달려 있다는 메리의 생각이 옳은 것일까? 아니면, 에드 더글러스의 추측 — 우정을 보이면 홀리가 자신의 속내를 드러낼 수도 있다는 — 이 진실에 더 가까운 것일까?

헤더 맥도널드는 홀리와 함께 일하면서 꽤 가깝다고 느

껐지만, 그녀에게 넘을 수 없는 벽이 있다는 사실을 인정했다. 그러나 집 안팎에서 함께 일을 해 나가면서 가까워지자, 그녀에 대한 인식이 '유명한 히말라야 기자'에서 귀걸이가 잘 어울린다든가, 컴퓨터가 애를 먹일 때 안타까움을 표시하는 '친구'로 바뀌기 시작했다. 헤더는 홀리가 사람을 가리기 시작한 것은 지미 로버츠나 힐러리 경에게 마음의 상처를 받은 어느 시점에 감정적으로 마음의 문이 닫혔기 때문이라고 확신했다.

홀리는 실제로 힐러리 경에게 좋은 감정을 갖고 있었다는 사실을 인정했다. "에드는 오랜 친구고, 나는 그를 존경하는 숭배자 중 한 명입니다. 아마도 서로 같은 생각일 거예요!" 하지만 그녀는 조심스럽게 역사적인 배경을 설명했다. 기금을 사용하면서 솔루쿰부 주민을 위해 병원과 다리, 학교 등을 짓기 시작한 1960년대 중반 이후부터 쭉 함께 일을 해 온 사이라는 것이다. 그들은 함께 많은 난관을 헤쳐 나갔다며 "에베레스트 초등 50주년 기념행사와 같은 좋은 시간도 있었고… 부인과 딸이 비행기 추락사고로 죽은 소식을 전하기 위해 헬기를 타고 갔을 때처럼 슬픈 일도 있었습니다. 힐러리 경은 제가 만난 사람 중 가장 좋은 사람이었습니다."라고 말했다.

힐러리 경 역시 홀리를 무척이나 칭찬했다. "리즈는 특별한 사람입니다. … 항상 특출한 뭔가가 있었지요. 우린 리즈에게 많이 의지했습니다. 정말 놀라운 사람이죠. 리즈를 대단히 존경하고, 매우 좋아합니다."

그렇다면 둘이 사귀었다는 유명한 소문의 진실은 무엇일까? 홀리는 그 질문을 듣고는 웃었다. "누군가의 잘못된 생각을 바로잡아야 해서 유감입니다. 사실을 말할게요. 그런 사이가 아닙니다." 홀리는 오랫동안 그런 소문이 떠돌아다닌다는 것을 알고 있었다. 그리고 그런 소문은 힐러리 경이 자주 아파트를 찾아오기도 하고, 많은 파티에 함께 참석하기도 해서 나왔을지 모른다고 말했다. 그러면서 그녀는 "믿어요. 우린 그런 사이가 아니었습니다."라고 주장했다. 하지만 힐러리 경의 첫째 부인이 죽은 후 잠시 동안 그의 다음 선택을 궁금해한 시기가 있었다는 것은 인정했다. 그럼에도 그녀는 이렇게 고백했다. "나는 결혼에 적합한 사람이 아니에요. 준[200]June처럼 외교관의 아내 역할을 훌륭하게 하지 못합니다."

홀리는 자신의 옛 사랑을 떠올리며 진지하게 결혼을 고민했던 사람들은 미키 웨더올과 마문 엘 아민이었다고 말했다. 소문이 난 다른 사람들 — 지미 로버츠, 에릭 십턴, 리젠드라 장군, 안드레이 자바다와 돈 윌런스 — 는 전혀 고려 대상이 아니었다고 한다. 홀리는 "절대 아닙니다. 내가 고백한 사

---

200 힐러리 경의 두 번째 부인

람들 말고는 아무도 없어요."라고 선을 그었다. 하지만 누가 알 수 있겠는가? 그녀 주위에는 항상 흥미로운 화젯거리가 즐비하다.

세계 여행가이자 호기심 많은 관찰자로서 30여 년 동안 스스로를 교육시키고 훈련시켜 온 홀리는 네팔에서 그녀를 기다리고 있던 모험에 잘 준비된 사람이었다. 그녀는 네팔의 첫 헌법 제정과 국민투표를 직접 보겠다는 목적의식을 갖고 네팔에 들어왔다. 단순히 한 번 둘러보기 위해 들어온 것이 아니라, 세계 역사의 중요한 순간을 경험하기 위해서 온 것이다. 네팔에서의 경험이 특별해서 홀리는 네팔에서 살면 자신의 인생이 독특할 것이라고 판단했다. 적어도 뉴욕에서처럼 한결같고 지루하지는 않을 것 같았다. 결과적으로 홀리는 이곳에서 특별하고 중요하고, 꼭 필요한 사람이 됐다.

40년도 넘게 카트만두에서 살면서 홀리는 자신의 인생을 독특하게 만들었다. 정치에 대한 관심을 시작으로, 그녀는 새로운 종류의 여행 산업에서 중요한 역할을 해 나갔다. 멈출 수 없는 호기심으로 산악계에 발을 들여놓았고, 이곳에서 전문가가 되었다. 그리고 고위 관료들과의 인맥과 근면 성실한 태도는 히말라야 재단의 업무에 상당한 도움이 되었다. 뉴욕을 떠난 그녀는 왕족과 총리, 탐험가들이 있는 집단의 일원이 됐다. 홀리는 산악계라는 집단의 존재를 인정하는 편이 아니었지만, 스스로는 차츰 전 세계 산악계에서 중요한 인물이 됐다. 네팔에서 그녀는 필요한 것을 다 해주는 집사와 요리사를 두고 비교적 편안하게 살면서 손님도 마음대로 초대할 수 있었다. 헤더 맥도널드는 "홀리 같은 인생은 상상이 안 돼요."라고 말했다. 이 모든 것에는 용기가 필요했다. 그녀는 여성이 혼자서 자신의 길을 개척하기가 쉽지 않았던 시기에 세계의 오지로 떠났다. 그녀에게는 안정된 직장도, 의지할 사람도 없었다. 그녀가 존경하는 산악인들처럼 그녀 역시 개척자였다.

홀리는 계속 카트만두에 머물 계획이다. 이곳에는 자신을 돌봐 주는 사람이 있고, 대를 이어 돌봐 줄 것이다. 네팔에는 노인을 존경하고 숭배하는 문화가 있는데, 홀리는 이제 그런 노인이 됐다.

홀리는 네팔을 떠나지 않을 것이다. 아직 목표가 있기 때문이다. 아직도 할 일이 있고, 그녀는 변화를 만들고 있다. 이것이 그녀가 살아가는 힘이다. 홀리의 조카는 인생을 평가하는 방식이 다양하다고 말했다. 어떤 사람은 돈을 벌고 어떤 사람은 세상을 바꾸는데, 자기 고모는 세상을 바꾸었다는 것이다. 그는 자신이 존경하는 영웅이 많지 않지만 '홀리 고모는 자신의 영웅'이라고 말했다.

항상 현실적인 홀리는 마오이스트 정권이 너무 어려워

지거나 자연재해로 도시가 파괴되는 극단적인 경우에는 이 곳을 떠날 것이라고 말하면서 "내가 무엇을 더 할 수 있겠어요?"라고 물었다. "내 건강이 허락하는 한 네팔에 머물고 싶어요. 혼자 살고 싶습니다. 다른 사람 집에서 나는 쓸모없는 존재입니다. 요리도 못해요. 그래도 식탁을 차리는 정도의 일은 할 수 있을 거예요. 마실 것은 만들 줄 알지만 방해만 될지 몰라요." 그러고 나서 흔들림 없는 까만 눈으로 나를 쳐다보면서 "내가 하는 일은 다른 곳에서는 할 수 없습니다. 네팔에서만 가능하죠."라고 말했다.

그 말에서 나는 그녀가 적응한 나라와 평생 동안 자신이 해온 일에 대한 사랑의 깊이를 순간적으로 이해했다. 그런 홀리의 모습이 오래토록 잊혀지지 않을 것 같다.

에필로그

2010년 7월의 어느 무더운 날, 엘리자베스 홀리는 카트만두 집 마룻바닥에 누워 심한 고통을 호소하고 있었다. 순간적으로 기억을 잃어버린 그녀는 미끄러진 것 같다는 생각이 어렴풋이 들었다. 오른쪽 엉덩이뼈가 골절된 그녀는 앰뷸런스로 카트만두의 CIWEC 병원으로 이송됐다. 수술은 성공적으로 끝났다. 병원에 입원해 있는 2주일 동안 의료진은 그녀의 상태를 정밀 진찰했다.

86세의 홀리는 생애 처음으로 심각한 부상을 경험했다. 지난 50년 동안 매일 12시간씩 일했던 그녀는 이제 꼼짝도 할 수 없는 처지가 됐다. 전 세계에 있는 그녀의 친구들과 친지들 사이에 이 소식이 이메일로 퍼졌다. "홀리가 쓰러졌다.

몹시 아프다. 다시 일할 수 없을지도 모른다."

1년 후 『히말라얀 데이터베이스 — 엘리자베스 홀리의 히말라야 등반 자료집』 공동 저자인 리처드 솔즈버리는 홀리가 곧 등반을 기록하는 일에 복귀하지만 자택 근무만 가능하다는 메시지를 띄웠다. 이제 원정대가 머무는 호텔을 방문할 수 없으니, 원정대장이 직접 찾아오거나, 전화 인터뷰를 하거나, 아니면 비서와 만나 인터뷰해야 한다고 전했다.

그러나 몇 달 후 홀리는 딜리 바자르Dilli Bazaar에 머무는 원정대를 찾아 나섰다. 계단이 많지 않은 호텔의 경우, 특수 제작된 지팡이를 이용해 방문 인터뷰를 재개한 것이다. 홀리는 "정형외과 의사가 억척스럽다고 하기에 그냥 내 일을 하는 것뿐이라고 말했어요. 내 건강은 괜찮아요."라고 말했지만, 계단을 오르는 데는 애를 먹었다. 솔즈버리는 "홀리의 회복상태가 상당히 빠르다."라는 내용의 이메일을 배포했다. 그리고 이것은 사실이었다. 2011년 11월, 88세 생일을 맞은 불굴의 홀리 여사는 일에 복귀했다. 비록 속도가 느리기는 했지만….

홀리가 사고 이후 업무에 복귀한 몇 달 동안 산악계 인사들은 해묵은 논쟁을 이어 갔다. 다시 말하면, 이 논쟁은 홀리가 하고 있는 업무의 가치, 후계자를 찾는 일의 중요성 그리고 등반 기록 관리의 전망에 대한 것이었다.

아시아 지역 고산에 대한 방대한 정보와 등반 활동을 소개하는 웹사이트 www.8000ers.com의 개설자이자 작가인 에베르하르트 주갈스키Eberhard Jurgalski는 홀리가 해온 등반 기록의 미래를 심각하게 걱정했다. "수십 년 동안 홀리 여사는 네팔과 그 국경 근처에 있는 산에 대한 도전과 등정 사실을 모두 모으고 분류해 왔어요. 많은 산악인들이 이 모든 일을 열정적으로 해온 그녀를 존경하고 있죠." 그는 만약 홀리 대신 일할 수 있는 자격과 헌신적인 자세를 갖춘 후계자를 찾지 못한다면 곧 정확한 기록은 사라질 것이라고 우려하면서 "이 대단한 여성의 평생 과업이 계승됐으면 좋겠어요."라고 호소했다.

하지만 다른 사람들은 주갈스키만큼 홀리에 대한 평가가 후한 편이 아니었다. 홀리의 후계자를 찾아야 할 필요가 없다고 보는 사람도 있었고, 이름을 밝히지 않았지만 그녀가 해온 일의 가치를 전혀 인정하지 않는 사람도 있었다. 어떤 사람들은 홀리의 기록이 실제 등반과 상당히 다르다고 주장하기도 했다. 이들은 특히 네팔 정부의 허가를 받지 않고 이뤄진 등반을 일부러 기록하지 않은 것은 기자와 역사가로서 변명의 여지가 없는 직무유기라고 비난했다. 또한 이들은 모험을 하는 산악인들에게 상업 등반이나 가이드 등반을 통해 아마다블람을 오른 사람들과 똑같은 양식에 기록하라고 고집하는 것을 보고, 홀리가 히말라야 등반의 전체 개념을 제대로 파악하지 못하고 있다고 여겼다. 캠프와 미리 정한 비박 장소, 계획된 하강 루트와 '계획된' 등반 루트는 진정한 모험을 하는 산악인들에게는 거의 가치가 없는 것이기 때문이다. 등반 중 많은 변수가 생기고, 따라서 처음부터 이 모든 세부 사항을 확정짓지 않는 것이 등반의 속성인데, 홀리는 이를 제대로 파악하지 못했다. 어떤 산악인들은 홀리가 여전히 8천 미터급 고봉, 특히 에베레스트에만 집착한다고 느꼈다. "홀리를 대신할 사람이 굳이 필요할까요?" 이것이 일반적인 견해였다.

하지만 홀리는 알파인 스타일 등반과 이 등반 스포츠의 미래를 묻는 질문에 사뭇 다른 입장을 내놓았다. 그녀는 "칸첸중가, 에베레스트, 또는 K2만큼 언론의 관심을 받지 못하지만, 6천 미터나 7천 미터급에서 흥미로운 등반을 하는 사람들도 있어요. 이렇게 '더 낮은 봉우리'를 등반하려는 사람들은 정말 좋아하는 마음으로 도전해야 합니다. 세상 사람들의 관심보다는 동료들의 존경을 받아야 하고, 결코 돈 많은 후원자를 끌어들여서는 안 되죠."라고 말했다. 홀리는 히말라야의 등반 수준을 끌어올렸다고 판단되는 산악인들 — 카자흐스탄 출신 데니스 우룹코[201]Denis Urubko와 미국인 데이

---

201 2009년 세계에서 15번째로 8천 미터급 고봉 14개를 완등했고, 시모네 모로와

비드 고틀립David Gottlieb, 영국인 닉 불럭Nick Bullock 그리고 스위스의 클라이머 율리 스텍[202]Ueli Steck ― 을 인터뷰하러 달려갔다. 하지만 그중에서도 정말로 수준 높은 등반이라고 생각한 것은 장 크리스토프 라파이유와 알베르토 이누라테기의 2002년 봄 안나푸르나 정상 능선 최초 횡단이었다.

라인홀드 메스너도 이 '후계자 논쟁'에 끼어들며, 홀리가 해온 업무의 중요성과 미래에 대해 자신의 의견을 피력했다. "홀리는 유일무이한 독특한 존재입니다. 아무나 그녀의 뒤를 이을 수 있다고 생각하지 않아요."라고 말한 뒤, "시대가 변하고 있습니다. 등반은 점점 스포츠가 되어 가고 있어요. 실내 암벽등반과 스카이러닝이 유행하고, 8천 미터급 고봉에서 스키 시합을 합니다. 어쩌겠어요? 하지만 저와 홀리는 이런 세태를 받아들일 수 없습니다."라며, 히말라야 등반의 변화에 우려를 드러냈다.

리처드 솔즈버리와 레이 휴이Ray Huey, 에베레스트 서릉 초등자 톰 혼바인을 포함한 미국 산악인들은 홀리의 업무량을 줄이는 방법과 홀리가 후계자를 훈련시킬 수 있는 방법에 대해 머리를 맞대고, 좀 더 현실적으로 접근하기 시작했

마칼루, 가셔브룸2봉을 올랐다.

202 2009년과 2014년에 황금피켈상을 수상했으며, 아이거 북벽의 속도등반으로 유명하다.

다. 이들은 취업비자 취득, 많은 시간 투자, 후계자가 부딪쳐야 하는 비우호적인 분위기가 문제라는 점을 파악했다. 홀리는 50년이 넘는 세월 동안 지식과 경험 그리고 영향력 있고 도움을 받을 수 있는 좋은 인간관계를 쌓아 왔다.

홀리는 이상적인 후계자의 조건을 이렇게 정리했다. 첫째는 네팔에 거주할 수 있어야 한다. 즉 네팔 국적을 갖고 있거나, 1년짜리 비자를 받고 적당한 수입을 올릴 수 있는 다른 일을 갖고 있어야 한다. 둘째는 영어를 말하고 쓰는 것에 능숙해야 한다. 셋째는 등반에 대해 어느 정도 알거나 빨리 배우는 데 적극적이어야 한다. 넷째는 차와 전화를 갖고 있어야 하고, 자발적으로 일할 수 있고 자립성이 있어야 한다. 즉, 모든 자질을 두루 갖춘 사람을 후계자로 원했다.

후계자 문제에 관심 있는 미국인들은 기술의 진보가 홀리의 업무를 용이하게 해줄 수도 있다고 생각했다. 즉, 일부 정보는 홀리가 고집하는 직접 인터뷰 대신 컴퓨터를 통해 수집할 수도 있다는 것이다. 또한, 특별하거나 획기적인 등반의 경우만 홀리가 지금까지 해온 대로 심층 인터뷰를 하면 된다고 주장했지만, 홀리는 직접 만나는 것이 중요하다고 강조했다. "산에서 돌아왔을 때 참가 대원들을 만나는 게 중요하다고 생각해요. 보디랭귀지가 중요한 거지요. 만일 우리가 이들이 하는 말이 이상하거나 완전히 틀렸다고 생각하면, 같은 시기에 같은 산에서 돌아온 다른 팀을 통해 곧바로 사실을 추가 확인할 수 있기 때문입니다." 홀리의 이 같은 반대에 부딪친 미국인들은 계획을 전면 수정해야 했다.

역사가들이 여러 선택과 가능성을 검토하는 동안 홀리는 카트만두에서 최근 몇 년간 일어난 사건들을 되돌아보며 추억에 잠겼다. 2008년 홀리는 1962년부터 기사를 써 온 로이터의 비상근 통신원에서 은퇴했다. 이제 등산 뉴스의 속보가 더 이상 필요하지 않았다. 2010년에는 20년간 지켜 온 네팔 최초의 뉴질랜드 명예영사 자리에서 물러났다.

최근 몇 년간 여러 산악인들이 유명을 달리했다. 홀리는 자신이 좋아한 산에서 사망한 산악인 목록과 기사를 꼼꼼하게 작성했다. 물론 그 중에는 가까운 지인들도 있었다. 장 크리스토프 라파이유는 2006년 마칼루에서, 토마스 후마르는 2009년 랑탕 리룽에서, 에라르 로레탕은 2011년 알프스에서 그리고 누구나 다 아는 절친한 친구 에드먼드 힐러리 경은 2008년 1월에 세상을 떠났다.

홀리의 마지막 네팔 출국은 힐러리 경의 장례식 참석차 뉴질랜드에 가기 위해서였다. 홀리는 이렇게 묘사했다. "88세의 노구는 닳고 닳아빠져 결국 심장이 멈췄다." 홀리는 오클랜드에서 뉴질랜드 국장으로 치러진 장례식을 또렷이 기억하고 있었다. 정부의 고위관료와 외교관, 외국 저명인사가 참석한 교회 장례식장에 3명의 의전담당 군인이 힐러리 경이 수상한 많은 상패와 트로피를 들고 조심스럽게 입장했고, 힐러리 경의 관 사방에 서 있는 의전담당 군인들이 고개를 숙인 채 총을 거꾸로 들고 있다가 차례로 세웠다고 한다. 힐러리 경은 뉴질랜드의 '살아 있는 아이콘'이라는 표현을 싫어했지만, 뉴질랜드 전역에는 조기가 나부꼈다. 오클랜드 일간 신문에는 천국의 문 앞에 '상중喪中'이라는 표시가 걸려 있는 만평이 실리기도 했다. 시간 당 475명의 조문행렬이 밤낮으로 이어졌다. 장례식 날 아침에는 뉴질랜드 사람들이 모두 일손을 놓은 것처럼 보였다. 화장터까지 이동하는 장례행렬을 따라 많은 사람들이 비를 맞으며 그의 마지막을 배웅했다. 한줌의 재가 된 유골은 대부분 오클랜드 항구에 뿌려졌으나, 일부는 카트만두를 거쳐 쿰부 문화의 심장인 텡보체 사원에 안치됐다.

홀리는 히말라야 재단이 설립되기 전인 1965년부터 힐러리 경과 일했고, 1972년 네팔 정부와 재단이 처음으로 협약서에 서명을 할 때도 그와 함께 있었다. 힐러리 경이 카트만두에 없을 때는 재단 일을 대신 맡았고, 그의 사망 후에도 그렇게 했다. 힐러리 경이 홀리의 인생에 끼친 영향은 컸다. "그는 아주 높은 윤리 기준에 따라 살았던 사람이죠. 다른 사람들을 위해 대단한 일을 했고, 그런 일을 하는 것을 매우 즐거워했습니다. 웃음을 좋아했고, 스카치와 진저에일을 즐겨 마셨죠. 따뜻한 가슴을 지닌 사람이었어요. 힐러리는 내가 만난 사람 중 가장 멋진 사람이었습니다."

세월이 흐르면서 친구들도 하나둘씩 세상을 떠났고 거동도 불편했지만, 홀리는 여전히 열심히 일했다. 장차 자신의 업무가 조금 다른 방식으로 처리될 것을 받아들이기 시작했지만, 그녀는 자신의 기존 업무 스타일을 고수했고, 바로 그 업무 방식이 홀리를 신비로운 존재, 숭배의 대상으로 만들었다. 홀리는 타고난 본성 그대로 강력하게 일을 추진해 나갔으나, 나이를 먹어 감에 따라 날카로운 성격이 다소 부드러워지면서 변화에 적응해 나갔다. 그녀는 지금까지 가장 즐겁게 하고 있는 일은 네팔 히말라야 원정을 기록하는 일과 힐러리 경의 '히말라야 재단' 일이라고 했다. 그러나 그녀는 새롭게 합류한 4명의 이사들이 운영하는 재단은 예전보다 더 서면 보고를 원하고, 체계적이고, 더 형식적이라고 비판했다. "에드가 없으니 히말라야 재단이 예전 같지 않아요."라며 근심을 드러내면서도 "하지만, 제가 여전히 자금의 흐름을 지켜보고 있죠."라고 덧붙였다.

꿋꿋하게 외길 인생을 살아온 홀리에게 확고한 것이 있다면, 바로 네팔이 고향이라는 사실이다. 이곳에서 거의 일생을 보냈던 그녀는 삶의 마지막도 이곳에서 맞이할 계획이다.

홀리는 "1960년 9월부터 이곳이 고향이었지요. 매일 『인터내셔널 헤럴드 트리뷴』을 읽고 있지만, 미국이 끊임없이 변하고 있어 그곳 사정은 자세히 몰라요. 다른 곳은 집처럼 편하지 않습니다."라고 말한 뒤, 눈을 반짝거리면서 "게다가, 나는 요리할 줄도 몰라요."라고 덧붙였다.

참고문헌

○ 정기간행물과 신문 ○

알팽Alpin nr. 9

아메리칸 알파인 저널American Alpine Journal 1970년, 1992년

방콕 월드Bangkok World 1970년 8월 17일

데일리 텔레그라프 런던판Daily Telegraph, London North Edition
　　　1972년 11월 16일

그립드Gripped 2004년 여름호

쿠알라룸푸르 스트레이츠 타임스Kuala Lumpur Straits Times
　　　1970년 8월 25일

네팔 타임스Nepali Times 2003년 4월 12일

뉴욕 타임스New York Times 1979년 10월 6일

아웃사이드 온라인Outside Online 2003년 12월 23일

페닌슐러 타임스 트리뷴Peninsula Times Tribune 1983년 8월 3일

록 앤드 아이스Rock & Ice, 1994년 11/12월 & 2004년 9월

산호세 머큐리 뉴스San Jose Mercury News, 1973년 8월 19일

더 선데이 타임스The Sunday Times, 1972년 5월 28일

타임Time 1986년 10월 27일

○ 일반 참고자료 ○

조지 밴드『에베레스트Everest — 세계 최고봉 50년사50 Years on Top of the World』(2003)

제레미 번스타인『더 와일디스트 드림스 오브 큐The Wildest Dreams of Kew — 네팔 개요서A Profile of Nepal』(1998)

도르 바하두르 비스타『운명론과 성장Fatalism and Development — 네팔의 근대화 투쟁Nepal's Struggle for Modernization』(2001)

크리스 보닝턴『에베레스트 — 험난한 길Everest the Hard Way』(1986)

아나톨리 부크레예프 & G. 웨스턴 디월트『등반The Climb — 에베레스트의 비극적 야심Tragic Ambitions on Everest』(1997)

짐 커란『위대한 성취자High Achiever — 크리스 보닝턴의 삶과 등반The Life and Climbs of Chris Bonington』(1999)

쿠르트 딤베르거『대기의 영혼Spirits of the Air』(1991)

에드 더글러스『초모룽마의 슬픈 노래Chomolungma Sings the Blues』(1997)

에드 더글러스 & 데이비드 로즈『심장 지대Regions of the Heart — 앨리슨 하그리브스의 승리와 비극The Triumph and Tragedy of Alison Hargreaves』(1999)

앤디 팬쇼 & 스티븐 베너블스『히말라야 알파인 스타일Himalaya Alpine-style』(1995)

조나단 그렉슨『하얀 설원의 피Blood Against the Snows — 네팔 왕국의 비극 스토리The Tragic Story of Nepal's Royal Dynasty』(2002)

엘리자베스 홀리 & 리처드 솔즈버리『히말라얀 데이터베이스The Himalayan Database — 엘리자베스 홀리의 히말라야 등반 자료집The Expedition Archives of Elizabeth Hawley』(2004)

요헨 헴렙, 래리 존슨, 에릭 시몬슨『에베레스트의 유령Ghosts of Everest』(1999)

에드먼드 힐러리『정상에서 본 풍경Views from the Summit』(1999)

루이즈 힐러리『크리스마스를 위한 야크A Yak for Christmas』(1969)

토마스 후마르『불가능한 길은 없다No Impossible Ways』(2001)

피코 아이어『카트만두의 비디오 나이트 그리고 동아시아 리포트
Video Night in Kathmandu and Other Reports from the Not-So-Far East』
(1998)

존 크라카우어『희박한 공기 속으로Into Thin Air』(1997)

에리카 로이히탁『에리카와 왕Erika and the King』(1958)

미셸 피셀『아침 식사용 호랑이Tiger for Breakfast』(1996)

존 로스켈리『정말 특이한 이야기들Stories Off the Wall』(1993)

콜린 심슨『카트만두Kathmandu』(1976)

한수인『산은 젊다The Mountain is Young』(1958)

타시 텐징『텐징 노르가이와 에베레스트 셰르파들Tenzing Norway and
the Sherpas of Everest』(2001)

스티븐 베너블스『에베레스트Everest ― 캉슝 벽Kangsung Face』(1989)

스티븐 베너블스『에베레스트Everest ― 성취의 정점Summit of
Achievement』(2003)

에드 비에스터스『왕국의 눈Snow in the Kingdom ― 에베레스트에서 보
낸 폭풍의 날들My Storm Years on Everest』(2000)

크슈토프 비엘리츠키『히말라야 왕관Crown of the Himalaya: 14x8000』
(1997)

찾아보기